企业资源规划（ERP）原理与实训

佘镜怀　刘　柳　张　祺　[主编]

首都经济贸易大学出版社
Capital University of Economics and Business Press
·北京·

图书在版编目(CIP)数据

企业资源规划(ERP)原理与实训／佘镜怀,刘柳,张祺主编.
-- 北京：首都经济贸易大学出版社,2023.9
 ISBN 978-7-5638-3557-7

Ⅰ.①企⋯　Ⅱ.①佘⋯　②刘⋯　③张⋯　Ⅲ.①企业管理
—计算机管理系统　Ⅳ.①F272.7

中国版本图书馆 CIP 数据核字(2023)第 146798 号

企业资源规划(ERP)原理与实训
佘镜怀　刘　柳　张　祺　主　编

责任编辑	徐燕萍
封面设计	风得信·阿东 FondesyDesign
出版发行	首都经济贸易大学出版社
地　　址	北京市朝阳区红庙(邮编 100026)
电　　话	(010)65976483　65065761　65071505(传真)
网　　址	http://www.sjmcb.com
E - mail	publish@ cueb.edu.cn
经　　销	全国新华书店
照　　排	北京砚祥志远激光照排技术有限公司
印　　刷	唐山玺诚印务有限公司
成品尺寸	185 毫米×260 毫米　1/16
字　　数	437 千字
印　　张	18
版　　次	2023 年 9 月第 1 版　2023 年 9 月第 1 次印刷
书　　号	ISBN 978-7-5638-3557-7
定　　价	59.00 元

图书印装若有质量问题,本社负责调换
版权所有　侵权必究

序言

企业资源规划（ERP）既是一个复杂的集成信息系统，又是蕴含着众多先进管理思想的管理工具，其功能覆盖了企业经营管理的方方面面。目前，为了弥补 ERP 理论教学的不足，提高学生动手能力和应用能力，许多高等院校都引进 ERP 厂商为现实企业开发的应用产品，这些产品拥有庞大的数据系统，需配备大型的服务器以及持续的配套软件和数据更新支持，这就使得学生在课余时间无法进行 ERP 系统的自学和操练。因此，我们选择 ERP 开放厂商所提供的免费的、不需专门服务器支持的 2BizBox ERP 产品作为模拟实训工具，以便学生能更便捷地接触 ERP，了解 ERP 和应用 ERP。另外，为了加强学生对现实企业管理过程的认知和了解，我们选择了 ERP 沙盘，通过团队协作和竞赛的办法来模拟现实企业的经营管理。

本书是在笔者已经出版的《企业资源规划（ERP）模拟实训教程》和《企业资源规划（ERP）原理与实训》（2015 年版）基础上的改进版本，除了对原书中的企业资源规划（ERP）沙盘模拟部分进行了完善之外，在企业资源规划（ERP）的基础原理和部分章节补充了相关案例。修订过程中，遵循"加快建设教育强国、科教强国、人才强国，坚持为党育人、为国育才，全面提高人才自主培养质量，着力造就拔尖创新人才"理念，体现课程思政并引导学生进行学以致用的思考。

本书采用模拟企业实际经营场景与功能模块相结合的方法设计 ERP 系统实训，配有 ERP 系统软件和相关的数据，以便学生自学、自测；在进行 ERP 沙盘推演时，还涉及大量的模拟表格。在使用本教材时，请用书教师扫描封底的"首都经贸教材服务"二维码，可以申请本教材的配套资源。

本书分为企业资源规划（ERP）理论与实施、企业资源规划（ERP）系统与实训以及企业资源规划（ERP）沙盘与模拟这 3 篇内容，共 17 个章节。在本教材的编撰过程中，佘镜怀教授主编并编撰第 1 章、第 2 章和第 3 章；刘柳编撰第 4 章、第 5 章、第 6 章和第 7 章；潘姿含编撰第 8 章、第 9 章和第 10 章；陈雅敬编撰第 11 章、第 12 章和第 13 章；张祺编撰第 14 章、第 15 章、第 16 章和第 17 章。本教材最终由佘镜怀教授统稿全文。在编撰过程中，笔者参考了大量文献与实训资料，在此向原作者致以最诚挚的谢意。由于知识水平有限，仍存在改进之处，敬请广大读者予以指正，以便教材再版时修正。

本书可作为信息管理类、工商管理类、企业管理类、计算机类本科生实训教材，也可作为相关专业硕士生、MBA 以及从事企业管理、信息管理、企业信息化等高级管理人员的培训教材和参考用书。

目 录

第 1 篇　ERP 理论与实施

第 1 章　ERP 概述 (3)
1.1　企业管理与信息化建设 (3)
1.2　ERP 的概念 (4)
1.3　ERP 的作用 (5)
1.4　ERP 的发展 (7)
1.5　ERP 与供应链管理 (9)

第 2 章　ERP 原理 (14)
2.1　物料需求计划（MRP） (14)
2.2　制造资源计划（MRPⅡ） (21)
2.3　MRPⅡ/ERP 的计划与控制 (29)
2.4　企业资源规划（ERP） (33)
2.5　ERP 模块 (35)
2.6　ERP 在我国的应用 (36)

第 3 章　ERP 实施 (38)
3.1　ERP 实施的步骤 (38)
3.2　ERP 实施的条件 (41)
3.3　ERP 实施绩效评价 (42)

第 2 篇　ERP 系统与实训

第 4 章　ERP 系统概述 (53)
4.1　ERP 系统 (53)

4.2 2BizBox ERP 系统简介 ……………………………………………………………… (55)

4.3 2BizBox ERP 系统功能 ……………………………………………………………… (58)

第5章 ERP 系统实训设计

5.1 ERP 系统实训总体设计 ……………………………………………………………… (66)

5.2 实训及软件环境 ……………………………………………………………………… (68)

5.3 实训报告说明 ………………………………………………………………………… (68)

第6章 启动系统和创建公司

6.1 启动系统 ……………………………………………………………………………… (70)

6.2 系统界面及功能介绍 ………………………………………………………………… (71)

6.3 创建公司 ……………………………………………………………………………… (76)

6.4 设置用户权限 ………………………………………………………………………… (78)

第7章 基础数据管理

7.1 工程模块简介 ………………………………………………………………………… (82)

7.2 工程模块操作 ………………………………………………………………………… (83)

第8章 进销存管理

8.1 采购管理 ……………………………………………………………………………… (92)

8.2 库存管理 ……………………………………………………………………………… (108)

8.3 销售管理 ……………………………………………………………………………… (123)

第9章 制造管理

9.1 工单管理 ……………………………………………………………………………… (137)

9.2 制造管理 ……………………………………………………………………………… (141)

第10章 财务管理

10.1 财务管理系统结构 …………………………………………………………………… (147)

10.2 财务管理主要业务 …………………………………………………………………… (148)

第11章 ERP 主流程实训

11.1 基础信息维护 ………………………………………………………………………… (164)

11.2 订单管理 ……………………………………………………………………………… (167)

11.3 生产排产 ……………………………………………………………………………… (170)

11.4 采购原材料 …………………………………………………………………………… (173)

11.5 采购付款 ……………………………………………………………………………… (179)

11.6 生产管理 ……………………………………………………………（180）
11.7 销售单发货 …………………………………………………………（183）
11.8 销售收款 ……………………………………………………………（184）

第3篇　ERP沙盘与模拟

第12章 ERP沙盘模拟概述 ………………………………………………（191）
　12.1 ERP沙盘模拟的内容 ………………………………………………（191）
　12.2 ERP沙盘模拟的作用 ………………………………………………（192）
　12.3 ERP沙盘模拟设计 …………………………………………………（193）

第13章 沙盘模拟预备 ……………………………………………………（200）
　13.1 模拟条件预备 ………………………………………………………（200）
　13.2 团队预备 ……………………………………………………………（200）
　13.3 运营流程预备 ………………………………………………………（203）

第14章 模拟企业概况 ……………………………………………………（205）
　14.1 模拟企业介绍 ………………………………………………………（205）
　14.2 沙盘初始状况设置 …………………………………………………（209）

第15章 沙盘模拟运营规则 ………………………………………………（212）
　15.1 筹资管理 ……………………………………………………………（212）
　15.2 投资管理 ……………………………………………………………（213）
　15.3 生产管理 ……………………………………………………………（220）
　15.4 营销管理 ……………………………………………………………（221）
　15.5 综合费用和税金规则 ………………………………………………（227）
　15.6 运行记录 ……………………………………………………………（227）
　15.7 破产规则 ……………………………………………………………（228）
　15.8 评分规则 ……………………………………………………………（228）
　15.9 总成绩规则 …………………………………………………………（228）

第16章 模拟运营实战 ……………………………………………………（230）
　16.1 年初运营 ……………………………………………………………（231）
　16.2 年中运营 ……………………………………………………………（244）

3

16.3　年末运营 …………………………………………………………（252）
第 17 章　模拟经营成果分析 ……………………………………………（259）
　　17.1　基本的财务指标 ………………………………………………（259）
　　17.2　综合财务分析 …………………………………………………（263）
　　17.3　企业发展潜力分析 ……………………………………………（272）

主要参考文献 ………………………………………………………………（280）

第1篇　ERP 理论与实施

本篇共 3 章内容,主要介绍 ERP 的基本概念、理论和实施等。

第 1 章介绍 ERP 的基本概念与发展沿革、ERP 在企业管理信息化中的作用等;

第 2 章简述 ERP 的基本工作原理,包括物料需求计划(MRP)、制造资源计划(MRPⅡ)和 ERP 等;

第 3 章讨论 ERP 实施的步骤、条件和绩效评价等内容。

第 1 章　ERP 概述

ERP作为一类常用的企业管理系统,是基于市场和客户需求,以优化企业内外资源配置,实现信息流、物流、资金流、价值流和业务流的有机集成和提高客户满意度为目标;以计划与控制为主线,以网络和信息技术为平台,集客户、市场、销售、采购、计划、生产、财务、质量、服务、信息集成和业务流程重组等功能为一体,面向供应链管理的现代企业管理思想和方法。

1.1　企业管理与信息化建设

在互联网快速发展和经济全球化背景下,随着生产经营规模的扩大,企业内部管理的复杂程度越来越高,传统的管理思想、模式和手段已难以满足市场激烈竞争的要求。许多企业认识到:要想将企业的物流、资金流和信息流等进行集成和动态管理,实现企业资源的优化配置,快速、灵活地适应市场需求变化,提高新产品开发效率,减低生产成本,抢占市场先机,就有必要实施企业信息化战略,并通过信息系统的实施和运行,加强与供应商、合作伙伴、经销商以及客户端合作,进一步增强企业的核心竞争力。

企业信息化指的是企业利用现代信息技术,通过信息资源的全面集成、深入开发和广泛利用,实现企业生产过程的全自动化、管理方式的网络化、经营决策的智能化和最优化以及商务运营的电子化,不断提高生产、经营、管理、决策的效率和水平,从而提高企业经济效益和市场竞争力的过程。企业的信息化建设不外乎两个方向,首先是电子商务网站,它是企业开向互联网的一扇窗户;其次就是管理信息系统,它是企业内部信息的组织管理者。电子商务的发展速度和规模是惊人的,各行各业的许多企业都已在互联网上建立起自己的网站。这些网站有的以介绍产品为主,有的以提供技术支持为主,还有一些企业网站则开展电子商务,利用互联网组织企业的进货和销售。

企业信息化的内涵极其丰富,不是简单的"计算机+企业网络"组合就算实现了信息化。一个企业是否实现了信息化,可以从下面5个方面加以判断。

(1) **管理思想、手段等是否现代化**。企业管理思想、手段和方式是否已经满足信息化管理的需求,企业管理是否已经围绕市场来开展等,都是企业信息化能否实现的关键因素。合理的管理体制、完善的规则制度、稳定的生产管理秩序、完整准确的基础管理数据是企业是否实现管理信息化的重要前提。

(2) **资源是否全面整合并有效利用**。判断一个企业是否实现了信息化,还需要考察该企业的所有资源数据是否已实现了集成,并能够加以综合利用。有的企业虽然各职能部门都建立了各自的管理信息系统,提高了本部门的工作效率,但由于这些系统没有建立在一个统一平台上,相互之间无法实现信息共享,形成了一个个信息"孤岛",这样的企业其实没有实现信息化,信息技术的优势没有得到充分发挥。

（3）**信息数据是否共享**。信息数据的共享是一个企业建立信息系统的最低目标，也是企业信息化是否实现的一个最低考核指标。原材料库存信息应能被采购部门、生产管理部门等使用，生产信息应能被销售部门、采购部门使用，这样才能提高这些部门的工作效率。

（4）**经营决策是否智能化**。企业在经营决策过程中，一方面需要借助全面、完整、准确的信息数据，另一方面又需要科学、有效的决策方法与手段。企业如果真正实现了信息化，那么决策时所依据的数据信息就应该完全由信息系统来提供，并可以对这些数据进行有效的挖掘、分析，同时在决策过程中，可以依靠计算机进行模型设计与模拟、数据统计与分析等复杂计算，对决策进行优化。

（5）**商务运行是否电子化**。企业信息化的最高目标是实现商务运作的电子化。随着计算机技术、通信技术的飞速发展，企业可以在全球范围内寻求合作，与其他企业结成联盟或合作伙伴关系。联盟内部企业在进行业务处理时，可以应用电子化的商务运作方案，克服时空限制，加快信息的传递。

1.2 ERP 的概念

ERP 是指建立在信息技术基础上，以系统化的管理思想，为企业决策层及员工提供决策运行手段的管理平台。ERP 系统集信息技术与先进的管理思想于一身，成为现代企业的运行模式，反映时代对企业合理调配资源，最大化地创造社会财富的要求，成为企业在信息时代生存、发展的基石。我们可以从管理思想、软件产品、管理系统这 3 个层次给出它的定义。

- 由美国著名的计算机技术咨询和评估集团 Garter Group Inc. 提出的一整套企业管理系统体系标准，其实质是在"制造资源计划"（Manufacturing Resources Planning，MRP II）基础上进一步发展而成的面向供应链（Supply Chain）的管理思想；
- 综合应用了客户机/服务器体系、关系数据库结构、面向对象技术、图形用户界面、第四代语言（4GL）、网络通信等信息产业成果，以 ERP 管理思想为灵魂的软件产品；
- 整合了企业管理理念、业务流程、基础数据、人力物力、计算机硬件和软件于一体的企业资源管理系统。

具体来讲，ERP 与企业资源的关系，ERP 的作用，以及与信息技术的发展的关系等可以表述如下。

(1) **企业资源与 ERP**

厂房、生产线、加工设备、检测设备、运输工具等都是企业的硬件资源，人力、管理、信誉、融资能力、组织结构、员工的劳动热情等就是企业的软件资源。企业运行发展中，这些资源相互作用，形成企业进行生产活动、完成客户订单、创造社会财富、实现企业价值的基础，反映企业在竞争发展中的地位。

ERP 系统的管理对象便是上述各种资源及生产要素，通过 ERP 的使用，使企业的生产过程能及时、高质地完成客户的订单，最大程度地发挥这些资源的作用，并根据客户订单及生产状况做出调整资源的决策。

(2) **调整运用企业资源**

企业发展的重要标志便是合理调整和运用上述的资源，在没有ERP这样的现代化管

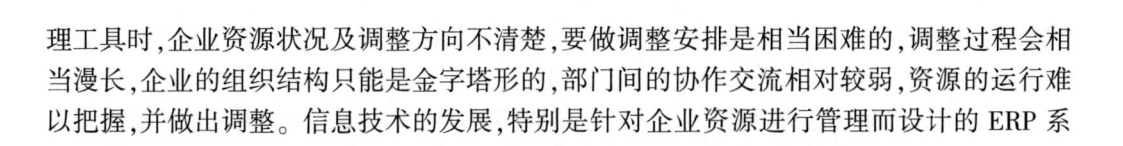

理工具时,企业资源状况及调整方向不清楚,要做调整安排是相当困难的,调整过程会相当漫长,企业的组织结构只能是金字塔形的,部门间的协作交流相对较弱,资源的运行难以把握,并做出调整。信息技术的发展,特别是针对企业资源进行管理而设计的 ERP 系统正是针对这些问题设计的,成功推行的结果必使企业能更好地运用资源。

(3) 信息技术对资源管理作用的阶段发展过程

计算机技术特别是数据库技术的发展为企业建立管理信息系统,甚至对改变管理思想起着不可估量的作用,管理思想的发展与信息技术的发展是互成因果的环路。实践证明信息技术已在企业的管理层面扮演越来越重要的角色。

信息技术最初在管理上的运用,也是十分简单的,主要是记录一些数据,方便查询和汇总,而现在发展到建立在全球 Internet 基础上的跨国家,跨企业的运行体系,可粗略分成如下阶段:

- MIS(Management Information System)系统阶段

企业的信息管理系统主要是记录大量原始数据、支持查询、汇总等方面的工作。

- MRP(Material Requirements Planning)阶段

企业的信息管理系统对产品构成进行管理,借助计算机的运算能力及系统对客户订单,在库物料,产品构成的管理能力,实现依据客户订单,按照产品结构清单展开并计算物料需求计划。实现减少库存,优化库存的管理目标。

- MRP Ⅱ(Manufacture Resource Planning)阶段

在 MRP 管理系统的基础上,系统增加了对企业生产中心、加工工时、生产能力等方面的管理,以实现计算机进行生产排程的功能,同时也将财务的功能囊括进来,在企业中形成以计算机为核心的闭环管理系统,这种管理系统已能动态监察到产、供、销的全部生产过程。

- ERP(Enterprise Resource Planning)阶段

进入 ERP 阶段后,以计算机为核心的企业级的管理系统更为成熟,系统增加了包括财务预测、生产能力、调整资源调度等方面的功能。配合企业实现 JIT 管理全面、质量管理和生产资源调度管理及辅助决策的功能。成为企业进行生产管理及决策的平台工具。

- 电子商务时代的 ERP

Internet 技术的成熟,增强了企业信息管理系统与客户或供应商之间实现信息共享和直接的数据交换的能力,从而强化了企业间的联系,形成共同发展的生存链,体现企业为达到生存竞争的供应链管理想。ERP 系统协助实现了这方面的功能,使决策者及业务部门实现跨企业的联合作战。

由此可见,ERP 的应用的确可以有效地促进现有企业管理的现代化、科学化,适应竞争日益激烈的市场要求,它的应用已经成为大势所趋。

1.3 ERP 的作用

当今时代,在全球竞争激烈的大市场中,无论是流程式还是离散式的制造业,无论是单件生产、多品种小批量生产、少品种重复生产还是标准产品大量生产的制造,制造业内部管理都可能遇到以下一些问题:如企业可能拥有卓越的销售人员推销产品,但是生产线上的工人却没有办法如期交货,车间管理人员则抱怨说采购部门没有及时供应他们所需要的原料。实际上,采购部门的效率过高,仓库里囤积的某些材料10年都用不完,仓库库位饱和,资金周转很慢;许多公司要用6个~13个星期的时间,才能计算出所需要的物料量,所以订货周期只能为6个~13个星期;订货单和采购单上的日期和缺料单上的日期都不相同,没有一个是肯定的;财务部门不信任仓库部门的数据,不以它来计算制造成本……

不能否认,以上这些情况正是大多数企业目前所面临的一个严峻的问题,然而,针对这一现象,我们又能有什么有效的办法来解决它呢?——事实是,在中国的企业界还没有完全意识到这一问题严重性的时候,国外的ERP/MRP II的软件厂商悄然走进了中国市场,随着时间的推移,ERP开始逐渐被中国的企业界、理论界所认识。

如今我们随手翻阅管理、信息技术相关的报纸杂志,就能看到大量的各式各样的MRP II/ERP广告和相关报道。在人们还在为到底什么是ERP而感到困惑的时候,新一代的像"电子商务时代的ERP""iERP"等概念又不断地扑面而来。

事实上,ERP所能带来的巨大效益确实对很多企业具有相当大的诱惑力。据美国生产与库存控制学会(American Production and Inventory Control Society,APICS)统计,使用ERP系统后,可以为企业带来如下平均经济效益:

(1) **库存下降30%~50%**。这是人们说得最多的效益。因为它可使一般用户的库存投资减少1.4~1.5倍,库存周转率提高50%。

(2) **延期交货减少80%**。当库存减少并稳定的时候,用户服务的水平提高了,使用ERP/MRP II企业的准时交货率平均提高55%,误期率平均降低35%,这就使销售部门的信誉大大提高。

(3) **采购提前期缩短50%**。采购人员有了及时准确的生产计划信息,就能集中精力进行价值分析、货源选择、研究谈判策略、了解生产问题,缩短了采购时间和节省了采购费用。

(4) **停工待料减少60%**。由于零件需求的透明度提高,计划也能够做到及时与准确,零件也能以更合理的速度准时到达,因此,生产线上的停工待料现象将会大大减少。

(5) **制造成本降低12%**。由于库存费用下降、劳力的节约、采购费用节省等一系列人、财、物的效应,必然会引起生产成本的降低。

(6) **管理水平提高,管理人员减少10%**。实施ERP后,企业生产经营数据得到共享,企业业务流程得到了优化,从而消除了管理工作中大量无效的劳动,企业内部机构臃肿现象得到明显改善。

(7) **企业生产率可提高10%~15%**。由于生产过程中的待料问题得到了控制,有效地减少了生产制造过程的停工现象,使一线生产人员的生产率得到提高。同时产品质量得到了进一步的保证。

(8) **新产品投放市场时间缩短15%**。应用ERP系统后,企业内部资源得以共享,工程技术部门可随时掌握产品的销售动向和顾客的需求变化,随时对顾客意见做出响应,从而加快了产品更新的步伐。同时由于产品生产周期的缩短和生产效率的提高,加快了产品投放市场的速度。

此外,近年来ERP市场的飞速成长也显示出了它的巨大发展潜力。

从国内的情况来看,中国的MRP II/ERP行业自1995年至1997年均增长速度约为

27%,而 1998 年增长速度竟高达 35%左右(不包括财务软件),市场销售额达到了 4.2 亿元。1999 年由于亚洲金融危机滞后效应等因素的影响,ERP 市场有较大的回落。据统计,目前中国注册企业约有 1100 万家,其中 10%为大型企业。在南方企业中,约有半数以上的大中型企业有采用和购买 ERP 产品的计划,但中小型企业较少,而北方企业购买 ERP 产品则有逐渐增加的趋势。

从整个国际上的情况来看,据美国权威市场预测研究机构 AMR Research 宣布,全球 ERP 市场在近 5 年内将以年综合增幅 37%的速度发展。

由以上的数字可以看出,无论是在中国还是在全世界,ERP 都掀起了一场关于管理思想和管理技术的革命,并已经在短短的几年时间内一跃发展成为现今的电子商务时代下的 ERP。可见,这一新的管理方法和管理手段正在以一种人们无法想象的速度在中国的企业中如火如荼地被应用和发展起来了,它无疑给我们在市场经济大潮中奋力搏击的众多企业注入了新鲜血液。因此,为了更好地掌握和使用这一新的管理工具,我们很有必要先对 ERP 有一个清晰的认识。

1.4　ERP 的发展

在传统管理模式下,由于信息传递延误迟缓、统计方法不规范、汇集信息的时间不及时和不一致,各个部门的数据会相互矛盾,使企业各级管理人员决策时得不到及时可靠的依据。因此,要建立一个完整的高度集成的信息化管理系统,任何一个数据由一个部门的一位员工负责录入系统后,立即存储在指定的数据库中,并且自动显示在所有相关的记录和报表上,不再需要第二个部门或其他任何员工再录入一遍;由员工负责录入系统的数据或一组来自不同部门的相关数据按照事先设定的规则进行运算、处理,将其结果也存储在指定的数据库中。这样一来,所有企业管理人员决策时所需的信息都能够及时存储在统一的数据库中,可以按照各级管理人员要求制成各种图表,用各种最直观的方式显示出来,随时供取得授权的管理人员检索查询并作为决策的依据。手工管理时"数出多门,相互矛盾"的现象可完全避免,信息及时、可靠,管理人员的工作将变得更主动、有效。从 20 世纪 60 年代的 MRP 到 20 世纪 90 年代的 ERP 的发展过程也是信息化管理系统不断提高集成度的过程,如图 1-1 所示。

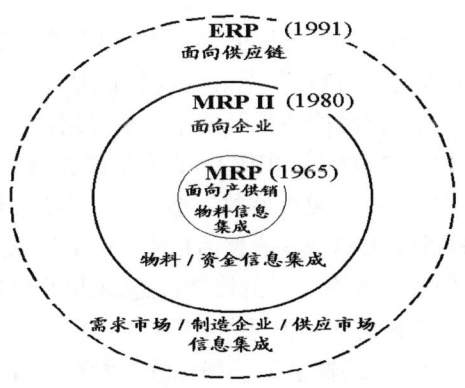

图 1-1　MRP—MRP II—ERP 的扩展关系

要做到管理信息集成,需要具备以下主要条件:①信息必须规范。所有信息数据都必须有统一的名称、有明确的定义和编码、有标准的格式和字段要求;信息之间的关系也必须明确定义。例如,在一个工厂内,不同产品所用的相同零件的编码应当一致;在一个大的集团公司内,各分公司物料编码不能相互重叠。②信息处理流程必须规范。处理信息要遵守一定的业务流程,不能因人而异;只有流程规范,才能保证信息的及时性、准确性和完整性,查询、分析和决策才有充分的依据。③信息的采集、处理和报告要由专人负责,责任明确。既不要有冗余的信息采集和处理工作,又要保证信息的及时、准确、完整;既不能有错误的信息,也不能有冗余的"垃圾"信息。④信息覆盖的时间应包括历史、当前和将来,保证有完整的可借鉴性和可预见性。

实现信息化管理不但需要有一定的条件,而且需要有一个良好的运行环境。如图 1-2 所示,最外一圈表示运行环境的三个基本要素。第一个基本要素是企业的体制和机制。ERP 系统是一种市场竞争的有力武器,它只有在一个比较完善的市场竞争机制下,才能发挥作用;而企业为了适应市场竞争环境,又必须建立现代企业制度;第二个基本要素是企业的长远经营战略。企业信息化建设是一种长期的战略任务,必须与企业的长远经营战略相适应;第三个基本要素是企业全体员工的综合素质。现代化建设管理与信息技术属于高新技术,需要有较高综合素质的员工来掌握与应用。要运行 ERP 系统,不仅要求员工有较高的技术水平,更重要的是要有正确的思维方式、现代管理观念和意识,处理各种事务时要有必要的行为规范及创新意识。

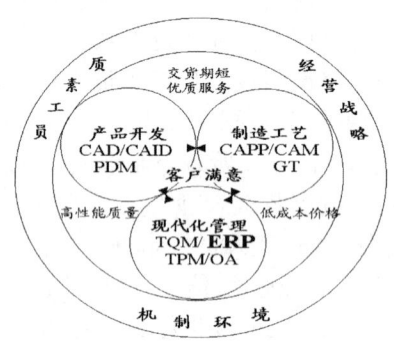

图 1-2 信息集成的环境

ERP 是企业信息化建设所不可缺少的,但它不是企业信息化建设的全部。在一个制造业企业的信息化建设中,产品开发、制造工艺和现代化管理是三个主要方面。制造业企业首先要制造并销售产品,应当在产品的研究开发中尽量采用计算机辅助设计(CAD)、计算机辅助工业设计(CAID)、快速原型制造(RPM)和产品数据管理(PDM)技术,提高产品开发速度和开发水平。有了好的设计,还要有好的制造工艺。因此,还应采用计算机辅助工艺设计(CAPP)、计算机辅助制造(CAM)等信息话技术。CAD、CAPP、CAM 等主要是技术方面的投入,有了先进的技术,还必须有先进的管理措施,采用全面质量管理 TQM、全员生产力维护 TPM、办公自动化 OA,特别是 ERP 系统。

对制造业企业来讲,产品开发、制造工艺和先进的管理三者是相互依存、相互支持的三块基石。在这个基础上,才能把高质量、低成本和优质服务的产品交到客户手中,使客户满意,从而给企业带来利润。当然,并不是这里提到的信息化技术都必须采用,各个企业应根据自己的特点集成合适的技术,提高自己的竞争力。

1.5 ERP 与供应链管理

供应链管理是在满足服务水平需要的同时,为了使得系统成本最小而采用的把供应商、制造商、销售商有效地结合成一体来生产商品,并且把正确数量商品在正确的时间配送到正确地点的一套方法。供应链管理涵盖了从供应商的供应商到客户的客户之间有关最终产品或服务的形成和交付的一切业务活动——不仅涉及制造商和零件/原材料供应商,也涉及批发/分销商、零售商和客户。供应链管理与信息技术应用的关系如图1-3所示。一个企业内部如果开发了一些单项信息化管理系统,则可以称之为单项管理信息系统(Management Information System,MIS);如果进一步运用时间坐标上的产品结构及需求计算原理,集成产供销信息,完成销售订单处理、发货与交付处理、销售分析、车间作业、采购作业、产品成本计算、应收账和应付账等计划与控制功能,并把供应商和客户的文档资料纳入管理系统,就形成 MRP/MRP Ⅱ 系统;如果把分散在各地的仓储、分销的管理也纳入系统,处理物料调度和库存补充的问题,就形成分销资源计划(Distribution Requirements Planning,DRP);如果要把与最终客户进行交流的信息纳入进来并使之与企业相关业务部门沟通,就需要客户管理系统(Customer Relationship Management,CRM);如果把供应商的供应商、企业的合作伙伴以及各个节点之间的运输、仓储和配送再纳入进来,就是一个覆盖整个供应链的 ERP 系统。这里,可以把供应链管理(Supply Chain Management,SCM)看成 ERP 的理论基础和思想原则,而不是指一个软件模块;ERP、DRP、SCM、CRM 等都要从管理理念上来理解,不能把它们同某一套软件系统的各模块一一对应起来。

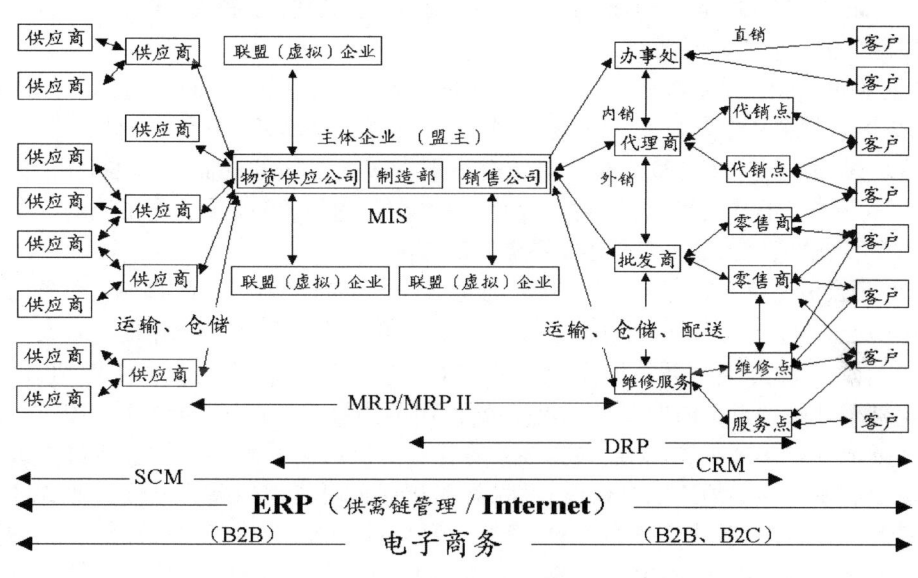

图 1-3 供应链管理与信息技术

在一个组织内部,供应链管理涵盖实现客户需求的所有职能,包括新产品开发,采购,生产,分销,财务和客户服务等等。供应链是动态的,其中包含了信息,产品和资金在供应链上各组织之间的流动;供应链的每个组织环节执行不同的流程,与供应链的其他组织相互作用。研究供应链管理的主要目的在于把握真实的需求、快速组织供应、优化供应链上各种资源的配置和应用,改革不适合供应链竞争的文化理念。为此,首先要理解供应链上的各种"流"的性质和流动。这些流是:信息流、物流、资金流、价值流和工作流(业务流);它们相互关联、相互影响,形成一个完整的系统。供应链管理实质上就是对这几种"流"进行不断优化的管理,而 ERP 系统提供了相应的功能来实现这种管理要求。供应链是一种错综复杂的网络,图 1-4 以一个核心企业为中心说明供应链上这 5 种流的意义。

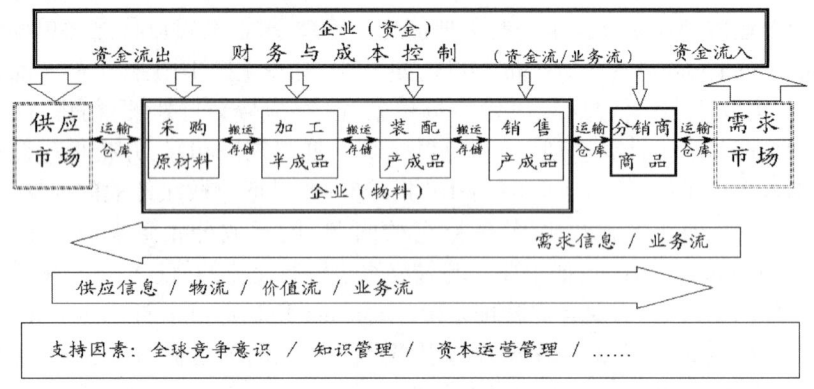

图 1-4　供应链上的 5 种流及支持要素

(1) **信息流**。信息可分成需求信息和供应信息两种。需求信息(如预测、客户订单、生产计划、作业计划、采购合同等)从需方向供方流动,它引发物流,是供应链存在的源头。供应信息(如入库单、完工报单、库存记录、可供销售量、提货单等)与物料一起沿着供应链从供方向需方流动。

(2) **物流**。物流是供应链上最显而易见的物资流动,这也是人们习惯称其为"供应链"的原因。物料从供方开始,沿着链上各个环节向需方移动。为保证物料的流动,在各个环节之间,都存在运输、搬运和作为供需不平衡缓冲措施的仓储。总体上讲,作为主流,物料是从供方向需方流动的;对不合格品的退货、返修,可以看成是物流的一种局部短暂的"负"流动,因为最终产品还是要流向需方的。

(3) **资金流**。物料是有价值的,其流动将引发资金的流动。企业的各项业务活动都会消耗一定的资源、发生成本,导致资金流出;只有当消耗资源生产出的产品或服务出售给顾客后,资金才会重新流回企业并产生利润。一个商品的经营生产周期,是从接到客户订单开始到真正回收货款为止。为合理利用资金,加快资金周转,必须通过企业的财务成本系统来监控、调整供应链上的各项生产经营活动;或者说,通过资金的流动来监控和调剂物料的流动,通过投资收益率和资金周转率的高低评价企业的经营效益。对此,ERP 系统提供了资金预算、资金流动监控、分析产品获利性和优化总体营运成本的各种功能。因此,ERP 系统中的计划与控制功能不仅针对物流,而且也是针对资金和成本。

(4) **价值流**。由于物料的价值特性,伴随物料的流动,同时存在着价值流。各种物料在供应链上移动的过程,也是物料不断增加其技术含量及附加值的增值过程。因此,供应链还有增值链或价值链的含义。根据价值链的概念,一些 ERP 软件系统提供了定义和分析增值作业与无效作业的功能。

(5) **工作流(业务流)**。信息、物料、资金的流动要靠工作流或业务流驱动;工作流决定了其他各种流的流速(生产率)和流量(产量),也决定了企业的效益。企业的体制和组织机构必须保证工作流的畅通,以便对瞬息万变的竞争环境迅速作出响应,加快各种流的流速;在此基础上增大流量,为企业谋求更大的效益。ERP 系统是按流程的概念(不只是功能)设计开发的,它充分支持业务流程的优化和重组。

供应链管理的运作,需要一系列支持因素,诸如知识、人才、技术、产品开发、工艺、质量、资本运作服务以及各种资源。这些因素归结起来,就是知识管理、人力资源管理、全面质量管理和资本营运管理。ERP 系统正在扩大在这些方面的支持功能,把人才市场和资本市场看成支持供应链管理的两个重要市场,提供人力资源管理,全面管理知识和人才。同时,一些 ERP 软件还提供融资、投资以及资本运作管理的相关功能。这也说明,ERP 是一套高度集成的信息化管理系统。

案例 1 徐州工程机械制造厂应用 ERP 的效益

徐工集团徐州工程机械制造厂(以下简称徐州机械)是中国目前最大的成套筑路机械制造厂,十几年来在筑路机械方面一直保持 50%以上的市场占有率,在 2001 年实现产品销售收入 7.2 亿元,目前该厂已经明确提出打造中华民族工业旗舰,跻身世界压实机械前五强的宏伟目标。对于这样一个能够迅速成长起来的机械制造企业,并且多年占据压实机械市场的半壁江山,它所依赖的不仅仅是不断吸收先进的技术和管理经验,同时还需要支持先进管理方法的手段—ERP。

徐州机械的产品包括压实机械、拌和机械、养护机械和路面机械四大系列,100 多个品种,已形成材料搅拌、摊铺、压实和养护一条龙的筑路机械成套设备开发与生产基地。多年来,企业领导非常注重从国外引进先进的产品技术,借鉴国外企业先进的管理经验,以求企业的管理和产品质量达到国际水平,企业领导也一向认为企业的管理水平还是比较先进的。但是,1993 年发生的一件事打破了企业领导者的这种认识。

1993 年,国内出现了持续几个月的经济过热的情况,在很短的时间里,基础建设的投资加大,压路机市场看好,整个行业需求量激增,以至于发展到用户拿着钱到厂家来购买压路机却买不到。在市场经济的条件下,出现如此火爆的市场需求,对于厂家来说应该是求之不得的。为了最大限度地满足用户的需求,工厂要增加产量,增加产量必然要增加采购资金,采购资金增加了,但做不出产品,必然要延长工人的工作时间,延长工作时间的情况下还做不出足够的产品,必然有一些原来自制的部件进行外协,整个企业的物流体系一片混乱。这种传统的"革命加拼命"的管理方法,并没有一套科学的计划体系,而是靠人的主观臆断进行计划,可想而知生产计划的科学性是非常差的。

在这种情况下,最高一个月的产量达到了 200 台,而当时平均一个月最多生产 100 多台,管理层和工人感觉整个企业的生产能力已经到了极限。好在后来国家实行经济软着陆,很快就扭转了这种局面。出了这件事之后,企业高层管理者和中层开始对为什么会出现这种混乱的局面进行了思考。

20世纪90年代中期,知道ERP的人并不多,徐工集团的一些领导到国外考察,零零碎碎地知道一些国外企业在管理方面正在使用了某些系统和模式。令徐州机械计算机中心李主任印象深刻的是,领导曾经讲到国外企业通过实施ERP,每一个制造订单,亏损或者赢利,超过标准成本还是低于标准成本都能够很快知道。而当时在徐州机械,想要核算每一笔订单中的水、电的消耗,以及细化到每一个部件的成本都是非常困难的。

徐州机械存在两个让领导颇为头痛的问题:不是很清楚能否在客户要求的交货期完成生产,同时也不清楚单笔订单中客户支付的价格是否抵消该产品的成本,同时又让自己赢利。生产的计划、排产、库存和物流等方面都是根据以往的经验进行的。在整个企业的赢利和增长中,每年都有一些单笔订单的亏损无法显示出来。

如何解决这些问题?与国外先进企业的差距在哪里?徐工集团、徐州工程机械厂的领导通过对国外企业的参观和学习,将自身企业的现状与国外的先进企业进行了分析和对比,认为企业要在激烈的市场竞争中生存和发展,必须实现管理科学化和企业信息化,ERP就是解决这个问题的关键。

1996年,徐州机械确定选择美国Fourth Shift ERP作为"863"CIMS一期工程ERP系统软件,在全厂进行全面实施,包括整个企业的物流、生产制造环节和财务的标准成本三大部分。由于徐州机械最大的问题就是制约其发展的计划体系的问题,实施了ERP之后,管理和效益方面的各项指标都有了很大的改善。现在的徐州机械终于有了一个准确、统一的数据库。各个部门之间进行数据共享,利用它进行生产和采购的计划、跟踪、信息查询、报表输出等工作,大大提高了工作效率。ERP作为科学管理的手段和方法在徐州机械得到了成功的应用,为其创造了巨大的经济效益。

徐州机械的生产品种多、批量小,零部件的周转速度快,长期以来对零部件在各道工序之间的周转缺乏有力的控制手段,配套率始终徘徊在75%左右,使用四班软件后,统一的数据信息使各道工序间的衔接更科学、合理,从根本上治愈了困扰企业生产的顽症,配套率提高到95%。

为适应市场需求的增长,各个分厂增加了零部件的外购量,利用Fourth Shift ERP系统对设备、厂房、人员、生产能力进行平衡,加强了统一管理,改变了过去的散乱无序,为公司节约了大量资金。

随着生产管理的制度化和程序化,将不合理的零部件工时进行修订,各工作中心将工作重点放在完成工时上,使产品及时交货率从83%提高到98.5%,标准客户订单提前期由40天缩减到20天,生产计划的准确、迅速使得徐州机械的月产量由130台提高到320台,高峰时可达到405台。

Fourth Shift ERP帮助徐州机械加速了库存周转,周转次数从1.76提高到2.88,提高了库存的准确率,达到了98%,改变了以前到处乱堆的情况,厂区变得整洁、宽敞了。

Fourth Shift ERP系统的成功实施还帮助徐州机械盘活了大量不良资产。长期以来,企业内部沉淀了大量的不良及闲置资产,对企业的生产经营活动造成了很大的影响。使用Fourth Shift ERP系统后,消化结转了车50台,压轮70台,各种车架50台,这些资产都得到了充分有效的利用。

资料来源:企业信息化论坛(http://www.e-works.net.cn/)

启发思考题

1. 徐州工程机械制造厂运用 ERP 对企业实现管理与信息化建设带来哪些效益？
2. 徐州工程机械制造厂在运用 ERP 提升效益的过程中做出了哪些关键性改变与努力？
3. 如何辩证地看待 ERP 在企业实现管理科学化与企业信息化过程中所承担的角色？

第 2 章 ERP 原理

企业资源规划(ERP)是在物料需求计划(MRP)和制造资源规划(MRP Ⅱ)的基础上发展起来的,为了说明 ERP,还得从 MRP 讲起。当人们想使物流信息同资金流信息集成时,首先要做到物流信息的集成;在一个制造企业内部也就是产、供、销三方面信息的集成。MRP 的原理是制造业企业信息化时必须树立的概念,几乎所有 ERP 软件都包含 MRP 的功能;MRP 可以说是 ERP 的核心。

2.1 物料需求计划(MRP)

2.1.1 订货点法

在 MRP 问世之前,库存计划通常采用订货点法。订货点法是一种使库存量不得低于安全库存的库存补充方法:当库存量降到某一点(订货点),剩余的库存量(扣除安全库存)可供消耗的时间刚好等于订货所需的时间,此时就要下订单补充库存。

在稳定消费的情况下,订货点是一个固定值。当消费加快时,如果保持订货点不变,就会消耗安全库存;如果还要保持一定的安全库存,就必须增加订货量以补充消耗掉的安全库存;如果不增加订货量,又不消耗安全库存,就必须提高订货点,即提前订货。相反,如果消费减缓,就要降低订货点。因此,对需求量随时间而变的物料,订货点会随消费速度的快慢而升降,无法设定一个固定的订货点,如图 2-1 所示。

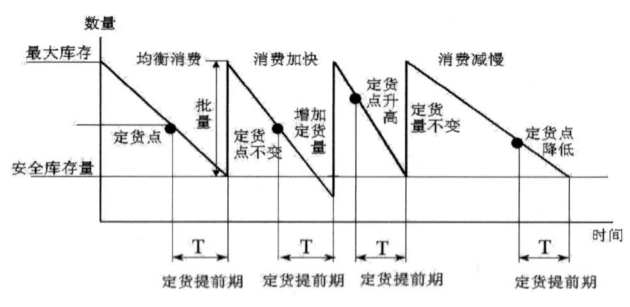

图 2-1 订货点法

如上所述,订货点法只能保证稳定均衡消耗情况下不出现短缺,它不能保证消耗量和消耗速度多变情况下不出现供应短缺。"不出现供应短缺"和"降低库存"是两个相互矛盾的目标;为解决这对矛盾的目标,IBM 的管理专家约瑟夫·奥列基博士从分析产品结构入手,在 1965 年提出把产品中各种物料分为独立需求和相关需求两种类型的概念,并进而提出了按需用时间的先后(也就是需求的优先级)及提前期(生产周期或采购周期)的长短分时段确定各个物料需求量的物料需求计划(MRP)解决方案。

2.1.2 产品结构

任何制造业的产品,都可以按照从原料到成品的实际加工装配过程,划分层次,建立上下层物料的从属关系和数量关系,确定产品结构。通常,我们称上层物料为母件,称下层物料为子件。图 2-2 以一个简单的方桌为例来解释产品结构。方桌这类产品的产品结构是一个上小下宽的正锥形树状结构,其顶层"方桌"是出厂产品,是属于企业营销部门的业务(也是生产部门的最后一道装配或包装工序);各分枝最底层物料均为采购的原材料或配套件,是企业供应部门的业务;介于其间的是加工制造件或装配组件,是生产部门的业务。我们把由市场(企业外部)决定性能规格和需求量的物料称为独立需求件,即不是企业所能决定的需求;把由出厂产品决定性能规格和需求量及需求时间的各种加工和采购物料称为相关需求件,即这些物料的需求受独立需求件的制约。

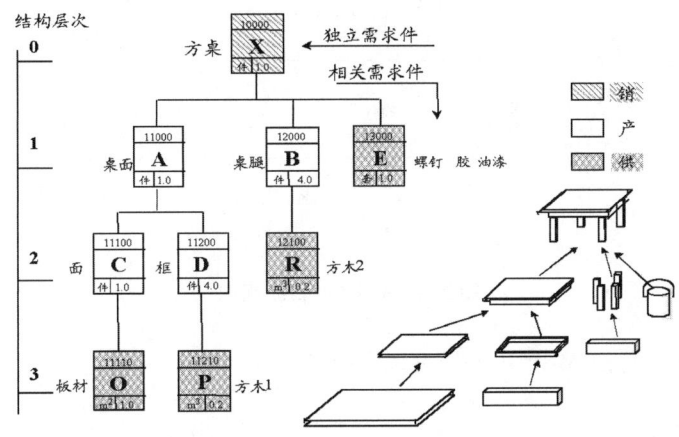

图 2-2 方桌的产品结构图

如果我们把结构层次的坐标换成时间坐标,产品结构各个方框之间的连线代表生产周期和采购周期,得到的是"时间坐标上的产品结构图"(见图 2-3)。现在,我们就可以根据需求的优先顺序(完工日期或需用日期的先后),按照加工或采购周期的长短,以需求日期为基准倒排计划。时间坐标上的产品结构图相当于关键路线法中的网络计划图,累计提前期最长的一条线相当于产品生产周期中的关键路线,它把企业的"销产供"物料的数量和所需时间的信息集成起来,是物料需求计划基本原理的核心。

2.1.3 物料需求计划(MRP)逻辑流程

物料需求计划(MRP)在产品结构的基础之上,运用网络计划原理,根据产品结构各层次物料的从属关系和数量关系,以每个物料为计划对象,以完工日期为时间基准倒排计划,并按提前期长短区别各个物料计划下达时间的先后顺序。这里"物料"一词是指为了产品出厂需要列入计划的一切不可缺少的物的总称,不仅是通常理解的原材料或零件,而且还包括配套件、毛坯、在制品、半成品、成品、包装材料、工装工具、能源等一切物料。通俗地讲,MRP 是一种"既要降低库存,又要不出现物料短缺"的计划方法,其逻辑流程如图 2-4 所示。

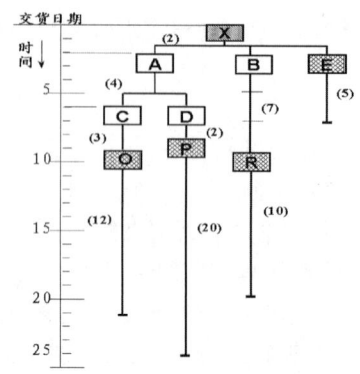

图 2-3　时间坐标上的产品结构图

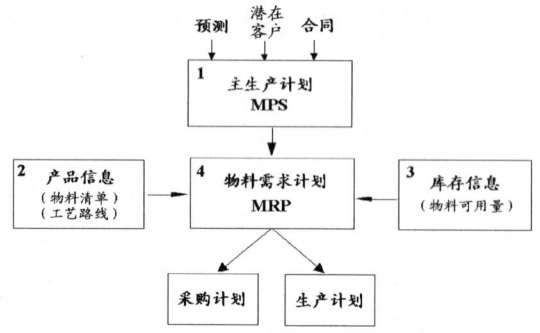

图 2-4　MRP 逻辑流程图

从逻辑流程图上看,MRP 主要回答以下 4 个问题:
- 生产什么?
- 要用到什么?
- 已经有了什么?
- 还缺什么?什么时候下达采购或加工计划?

这 4 个问题是任何制造业在编制计划时都要回答的问题,被人们称为"制造业的通用公式"。第一个问题指的是为了满足市场(或客户)需求需要出厂的产品,是独立需求件。产品的出厂计划是根据销售合同或市场预测,由主生产计划(Master Production Schedule,MPS)确定的。第二个问题指的是产品结构或某些在制造过程中必要的资源(如能源、工具等),由产品信息或物料清单来回答。物料清单(Bill of Material,BOM)是计算机可识别的产品结构数据文件,是 MRP 的主导文件。第三个问题由库存信息(即物料可用量)来回答。物料可用量不同于手工管理的库存台账,它是一种动态信息。

主生产计划、物料清单和物料可用量是运行 MRP 的三项基本输入数据,它们都是手工管理中不曾用到的新概念。其中,主生产计划是最关键的输入信息,它必须能够准确地反映市场需求,它决定物料需求计划的必要性、可行性和稳定性;另外两项是计算需求数量和时间的基础数据,它们的准确性直接影响 MRP 的运算结果。

2.1.4　主生产计划

MRP 的三项主要输入,首先就是主生产计划(Master Production Schedule,MPS)。

MPS以出厂产品为对象,按每一种产品分别显示计划报表。报表的生成主要根据预测和合同信息,显示该产品在未来各时段的需求量、库存量和计划生产量。MPS报表格式有横式和竖式两种:横式报表说明需求计算的来龙去脉,竖式报表说明供应数量和时间与需求数量和时间的对应关系。图2-5是一种MPS横式报表。

物料号: 100000									计划日期: 2000/01/31		
物料名称: X				安全库存量: 5					计划员: CS		
提前期: 1周				批量: 10					需求时界: 3		
现有库存量: 8				批量增量: 10					计划时界: 8		

时段	当期	1 02/03	2 02/10	3 02/17	4 02/24	5 03/03	6 03/10	7 03/17	8 03/24	9 03/31	10 04/07	11 04/14
预测量		5	5	5	5	5	5	5	5	5	5	5
合同量		12	8		2	7	6		13	5		2
毛需求		12	8		5	7	5		13	5	5	5
计划接收量		10										
预计库存量	8	6	8	8	13	6	10	5	12	7	12	7
净需求			7		2		5		13	3		
计划产出量			10		10		10		20	10		
计划投入量		10		10		10		20	10			
可供销售量		6	2		1		4		2	8		

图2-5　主生产计划报表

MPS报表与传统的手工计划报表有一些不同之处。首先,由于它要提供每种出厂产品的各种相关信息,因此一张报表只说明一种产品的计划。其次,在表的上端横向显示的时间段是可以根据管理的需要人为设定的,可以设定为日、月、季、年,也可以开始几个时间段是周,接下来的时间段是月,然后是季;不断向前推移,体现滚动计划的精神,从而非常灵活地应用。

主生产计划是沟通企业的前方(市场、销售)和后方(制造、供应)的重要环节。在主生产计划报表上,有来自市场、销售部门的预测和合同信息,有系统按照设定的规则计算出的毛需求、净需求、计划投入量、计划产出量,有系统根据初始库存及各个时段的净需求与产出的余额计算得出的各个时段的库存量,有系统根据某时段的计划产出量以及下一次计划产出之前各时段合同总量计算得出的各个时段的可供销售量,信息量相当丰富。主生产计划报表是一个体现了信息集成的报表,是一个前方(市场、销售)、后方(制造、供应)各部门都要经常查阅的管理文件。

2.1.5　物料清单

MRP的第二项主要输入是产品信息,产品信息用物料清单(Bill of Material,BOM)来体现。物料清单反映了产品结构,但它所包含的信息量要远远超过产品结构;它是在物料主文件的基础上建立的管理文件。物料主文件是描述物料各种管理属性和业务参数的管理文档,也可称为物料主记录或物料档案。一种物料可以出现在不同的产品上,但档案只有一份。物料主文件主要包括与设计管理、物料管理、计划管理、销售管理、成本管理、质量管理等相关的信息。

图2-6显示了物料清单的基本内容。对制造业来讲,物料清单在MRP/ERP系统中是一个非常重要的管理文件,系统要通过它识别企业生产的所有产品,几乎企业所有主要的业务部门都要用到它。物料清单如同一个管理枢纽,把各个部门的业务有机地联系在一起。

```
物 料 号: 10000    计量单位: 件    批量: 10    现有量:      8
物料名称:    X     分类码:   08   提前期: 2   累计提前期: 28
```

层次	物料号	物料名称	计量单位	数量	类型	生效日期	失效日期	成品率	累计提前期	ABC码
1	11000	A	件	1.0	M	19990101	99999999	1.00	26.0	A
.2	11100	C	件	1.0	M	19990101	99999999	1.00	15.0	A
..3	11110	O	m²	1.0	B	19990101	99999999	0.90	12.0	B
.2	11200	D	件	4.0	M	19990101	99999999	1.00	22.0	C
..3	11210	P	m³	0.2	B	19990101	19991231	0.90	20.0	C
1	12000	B	件	4.0	M	19990101	99999999	1.00	17.0	B
.2	12100	R	m³	0.2	B	19990101	99999999	1.00	10.0	C
1.	13000	E	套	1.0	B	19990101	99999999	1.00	5.0	C

图 2-6 物料清单的基本内容

物料清单最原始的出处是产品的设计图纸，但它又不同于图纸上的零件明细表。首先，它是用数据报表形式来表达产品结构，依据的是产品实际加工装配一直到包装的顺序，而不是设计图纸上所标明的顺序（两者有时是很不一样的），列出了结构层次和相关数量。其次，它包括了出厂产品不可缺少的一切物料，远远超出零件明细表的内容（零件明细表往往仅列出图纸上出现的物料）。此外，它还说明了哪些物料是自制或采购的，给出了物料的有效期、成品率和提前期，以及物料的 ABC 分类等计划管理和物料管理所需要的信息。物料清单是一个管理文件而不是技术文件；其准确性非常关键。

2.1.6 物料可用量计算

MRP 的第三项主要输入是库存信息，通常用"物料可用量"（也就是可以参与净需求计算的物料库存量）表示。物料需求计划是一种分时段的计划，物料可用量也是按时段来显示的：

某时段的物料可用量＝现有量＋计划接收量－已分配量－不可动用量

计划接收量是指正在执行中的订单，目前不在库里，但预期在某个时段即将入库。已分配量指目前虽未出库但已分配用途的物料，它有两种情况：将要供应车间订单使用的原材料或半成品是"生产用分配量"，将要出库发运的成品或备件，是"销售用分配量"。如果规定了"不可动用量"，如等待质量检验或准备向外调拨，则也要扣除。以上各种物料数量均按各个时段分别计算。

安全库存量是否动用，要事先在系统中设定；原则上需要时可动用，否则安全库存的缓冲作用就失去意义。但当库存量低于安全库存时，系统会自动生成净需求，提示要补充安全库存。

2.1.7 物料需求计划（MRP）的展开

在了解了 MRP 的三项主要输入后，让我们来看看它是怎样展开计算的。我们以图 2-7(a) 所示的 X、Y 两种产品中的 A、C 两个子件为例（为简化起见，暂不考虑其他零部件）说明 MRP 的运算方法。例中 A 件是产品 X 的 1 层子件，C 是 X、Y 两种产品的通用件，但在两种产品中所处的层次不同，需用的数量（括号内的数字）也不同。MRP 的展开计算如图 2-7(b) 所示。

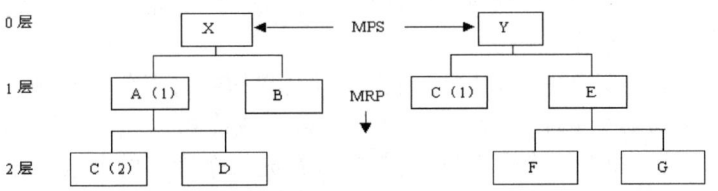

(a) X、Y 产品结构图

批量	提前期	现有量	已分配量	安全库存	低层码	物料号	时　段	当期	1	2	3	4	5	6	7	8
1	1	0	0	0	0	X	MPS 计划产出量 MPS 计划投入量		10	10	10	10	20	20	10	10
1	2	0	0	0	0	Y	MPS 计划产出量 MPS 计划投入量		20	20	20	20	20	20		
1	2	15	0	0	1	A	毛需求 计划接收量 预计库存量（后） 净需求 计划产出量 计划投入量	15	10 5 5	10 5 20	20 0 5 5 10	10 0 	0 20 20 20	0	10 10 10	0
50	2	40	5	10	2	C	毛需求 计划接收量 预计库存量（后） 净需求 计划产出量 计划投入量	35	30 50 55 50	55 50	60 45 15 50 50	45	40 55 5 50	55	55	55

(b) MRP 的运算方法

图 2-7　MRP 的展开

图 2-7(b)实际上是由 4 个报表合并组成的,即成品 X、Y 的部分 MPS 报表(仅摘录计划产出量和计划投入量)及物料 A 和 C 的 MRP 报表。MRP 报表的格式与主生产计划 MPS 报表的格式基本一样,只是没有预测量、合同量和可供销售量等项;为了方便说明 MRP 的运算方法,这里把报表上部表头各项集中放在图 2-7(b)的左侧。下面分项进行解释。

1. 表头栏目。

表头栏目包括以下各项:

(1) **批量**。计划投入量并不总是等于净需求,往往受工艺和设备条件(如热处理装炉量)或采购条件(如供应商或运输要求、折扣优惠等)的影响,要进行一些调整。确定批量的方法有多种,我们通常称为批量规则。

(2) **已分配量**。指库存量中仍在库中但已分配为其他用途的,如已为某订单配套的数量。只要某个订单进入配套、领料或提货阶段,系统会自动记录已分配量,并从预计可用库存量中扣除,然后再运算MRP。

(3) **安全库存量**。安全库存量与已分配量不同,它的数量仍包括在预计可用库存量中,只是当库存量低于安全库存量时,系统会自动生成净需求,提示要补充安全库存。表中物料C在时段3和5的净需求量中,都包含补充安全库存的因素。如时段5,预计可用库存量45本来可以满足毛需求40,但库存结余5小于安全库存10,因此系统生成净需求5。

(4) **低层码**。同一种物料在各种产品中所处的层次可能是不同的;即使在同一种产品中,也可能在不同的层次上出现。如图2-7(a)所示,物料C在成品X中出现在第2层,而在成品Y中出现在第1层。进行MRP运算时,要把MPS中所有产品的通用件汇总起来,合并计算它们在各个时段的需求量。MRP的运算是自上而下展开的,当展开到1层遇到成品Y的C物料时,由于C物料的低层码是2,因此还会在成品X的2层出现;系统根据C的低层码,把展开到1层的结果暂存,待展开到2层时,再把成品X对C物料的需求量合并在一起,显示运算结果。一个物料出现在系统的各种产品中最低的那个层次,即该物料的低层码。

2. 表体栏目。

图2-7(b)的右侧为各报表的表体栏目。MRP报表的表体栏目同MPS几乎是相同的。MRP的计划对象是相关需求件,它的毛需求是由上层物料的计划投入量确定的,与预测量或合同量没有直接关系;也没有可供销售量。

下面用C件在时段1的需求计算来说明MRP的运算方法。某时段下层物料的毛需求是根据上层物料在该时段的计划投入量和上下层之间的数量关系计算的。在时段1,X件的计划投入量为10,引发对A件的毛需求10;A件现有库存量为15,可以满足。但在时段3,A件的预计可用库存量5不能满足毛需求10,系统显示负值-5,说明将出现短缺,并生成计划产出量5以补足短缺。按A件提前期为2时段倒排计划,在时段1生成A件的计划投入量5。每件A需要2件C,共需10件C。再将Y件计划投入量20对C件的需求20合并,生成C件在时段1的毛需求:

$$(5\times2)+20=30$$

物料有废品率或损耗率时,系统会自动计算增补量,并加到计划投入量中。此时,计划投入量会大于计划产出量。物料有备件或其他需求时,报表应增加一栏"其他需求";一般指不经物料清单展开或由人工添加的需求。

2.1.8　物料需求计划(MRP)的性质与特点

物料需求计划(MRP)的原理依据来源于企业生产管理实践,没有复杂的数学理论,只是直观的流程图解,很容易理解。一方面它从分析制造业的产品结构出发,建立"时间坐标上的产品结构",提出了新的期、量标准概念,另一方面它按照"制造业的通用公式"进行逻辑运算。这两点是MRP最基本的概念和出发点。

MRP的特点是由它的原理决定的。既然强调时间坐标,就意味着按照需求(交货)时间的先后顺序制订计划,是一种"优先级"计划。为了分辨优先顺序,时间段必须细化到周甚至天,是一种分时段的计划。为了快速响应市场,它必须是一种能借助计算机的强大功能进行快速修订的计划。

为了正常运行 MRP 系统,需要准确把握市场需求。在 MRP 阶段,还没有集成供应链的各方面信息,这个问题还难以完美解决。

2.2 制造资源计划(MRP Ⅱ)

企业资源规划(ERP)发展过程的第二个阶段是制造资源计划(MRP Ⅱ);它的主要特征是实现了物流信息和资金流信息的集成,也就是实现了财务账与实物账的同步生成,或者叫财务与业务一体化;目的是通过资金流动的状况来反映业务的经营状况,并予以指导和控制。

2.2.1 闭环 MRP

物料需求计划(MRP)系统要能正常运行,需要有一个相对稳定、现实可行的主生产计划。但是,各种客观情况总是不断变化的,企业必须能及时调整计划去适应客观变化,计划的可执行性必须符合客观实际,信息必须能及时上下沟通。因此,在 MRP 的基础上必须增加能力计划和执行计划的功能;需求计划必须同能力计划结合起来,反复运算,经过平衡以后才能执行。能力同负荷必须平衡,超出能力的计划是不可能实现的。在闭环 MRP 阶段,根据对所有物料的需求,计算各个时段对每个能力单元(即工作中心)的能力需求,对能力进行规划与调整,使之尽可能满足物料需求。此外,能力管理也包括在各个时间段内合理搭配组合各产品品种的产量,提高设备和设施的完好率,提升产品质量和物料的合格率以及合理利用企业能力资源等内容。闭环 MRP 的逻辑流程图如图 2-8 所示。闭环 MRP 体现了一个完整的计划与控制系统,它把需求与能力结合起来,实现有效的控制。一个生产管理软件最起码的模块配置,应当实现闭环 MRP 系统,才能把计划的稳定性、灵活性和适应性统一起来。

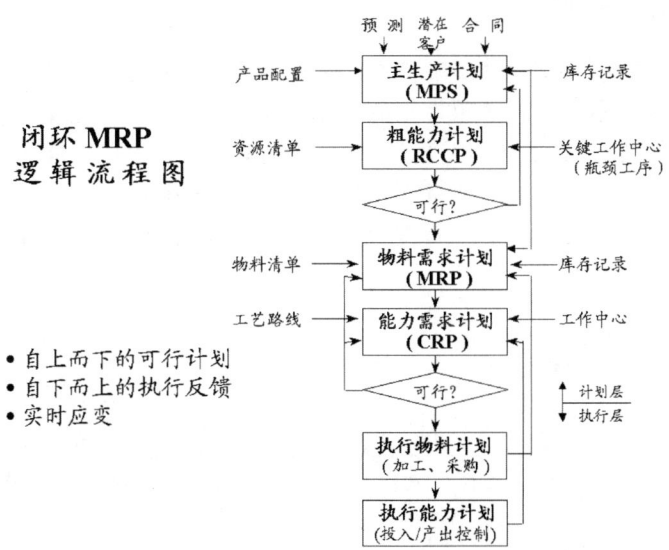

图 2-8 闭环 MRP 的逻辑流程图

从闭环 MRP 的逻辑流程图可以看出,它在两个方面弥补了 MRP 的不足。

1. 能力计划

在每一个需求计划层,同时进行能力计划;对应 MPS 层次,进行粗能力计划(Rough Cut Capacity Planning,RCCP),对应于 MRP 层次,要进行详细能力计划或能力需求计划(Capacity Requirements Planning,CRP)。

粗能力计划的输入项是生产产品所需的资源清单(资源清单的主要内容是列出少数关键工作中心以及加工产品及零部件使用这些关键工作中心的时间段和小时数)和关键工作中心能够提供的能力(各个时段的小时数)。在粗能力计划阶段,要用到约束理论(Theory of Constraint,TOC),找出制约产出量的瓶颈工序。

只有通过了粗能力计划运算,证实主生产计划是可行的,方可进入物料需求计划层次。物料需求计划需要通过能力需求计划来验证。能力需求计划的输入项是所有物料的工艺路线(工艺路线主要说明使用各个工作中心的时间段和小时数)和所使用的工作中心的平均可用能力。在多数情况下,如果粗能力计划已经把所有瓶颈工序都考虑周到了,则可以不再进行能力需求计划。

2. 反馈信息

闭环 MRP 弥补 MRP 的另一个不足是增加了反馈信息。由 MRP 产生的计划经能力计划落实后,可以下达执行。执行的结果可以从两方面来核实:一个是物料计划的执行情况,如采购件是否按时到货,加工件是否按时完成;另一个是能力计划的执行情况,如工作中心的预计可用能力是否实现,是预计不准还是出现故障。如果计划的执行情况未能满足或不符合计划要求,则必须把实际执行的信息反馈给计划部门,进行调整、修订以后,再下达执行。这就是说,闭环 MRP 验证了供应是否满足需求;如果有问题,则及时反馈修正,使需求计划正常执行。这样,既有自上而下的计划信息,又有自下而上的执行信息,形成一个闭环的信息流和业务流。

2.2.2 能力需求计划

为进一步理解能力需求计划的必要性,我们先来了解能力需求计划与物料需求计划的关系,如图 2-9 所示。物料需求计划的计划对象是物料,而且是针对每一项单个物料编制计划。不同的物料有不同的工艺路线,不同的工艺路线上的不同工序完全可能要使用同一个工作中心。如果几个物料需要在同一时间段使用同一个工作中心,这个工作中心就有可能超负荷,成为制约生产的瓶颈。这种问题在物料需求计划阶段还没有暴露,必须进行能力需求计划。

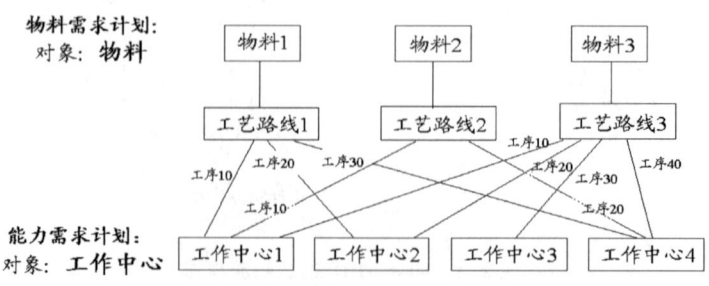

图 2-9 物料需求计划与能力需求计划

每一个物料都有一条工艺路线,一条工艺路线有若干个工序,每一个工序对应一个工作中心。根据物料需求计划,可得出所有物料在各个时间段使用每个工作中心所占用的小时数,绘制成工作中心的负荷图,进行能力计划。能力需求计划主要是通过人机对话的方式来平衡需求与能力的,其逻辑流程如图 2-10 所示。

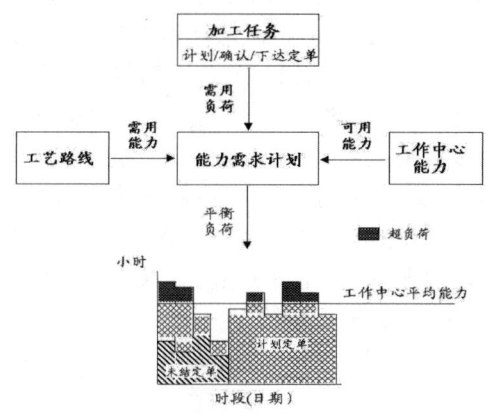

图 2-10 能力需求计划逻辑流程

能力需求计划的对象是工作中心(能力单元)的能力,它的运行就是把使用同一能力单元的物料负荷与该能力单元的可用能力进行对比,把超负荷时段的负荷调整到低负荷时段,使各个时段工作中心的负荷不出现超载或趋于平衡,从而使物料需求计划变得可行。

物料需求计划的对象是物料,物料是具体、可见的;而能力需求计划的对象(工作中心的能力)会受生产效率、人员变动、设备完好率的影响而变化,不定因素比较多,比较抽象。能力需求计划逻辑流程图与物料需求计划逻辑流程图有类似之处,也要回答以下几个问题:

- 生产什么?何时生产?
- 使用什么工作中心?负荷(需用能力)是多少?
- 工作中心的可用能力是多少?
- 分时段的能力需求情况如何?

总之,能力需求计划是把物料需求转化为能力需求;它不但考虑 MRP 订单,还要考虑已下达但尚未完成的订单所需的负荷。另外,它还要结合工作中心的工作日历,考虑工作中心的停工及维系等非工作日,确定各工作中心在各个时段的可用能力。

2.2.3 制造资源计划(MRP Ⅱ)

闭环 MRP 虽然是一个完整的计划与控制系统,但是它没有说清楚执行计划后能给企业带来什么效益;这效益是否能实现企业的总体目标。在制造资源计划(MRP Ⅱ)中,系统在处理物料计划信息的同时,同步地处理财务信息:把产品的销售计划用金额表示以说明销售收入;对物料赋予货币属性以计算成本并方便报价;用金额表示能力、采购和外协计划以编制预算;用金额表示库存以反映资金占用等等。也就是说,财务系统能同步地从生产系统获得资金信息,随时控制和指导经营生产活动,使之符合企业的整体战略目标。MRP Ⅱ 在闭环 MRP 的基础上,把企业的宏观决策纳入系统,即把说明企业远期经营目标的经营规划、说明产品系列和企业销售收入的销售与运作规划纳入系统中来。这几个层次确定了企业宏观规划的目标与可行性,形成一个小的宏观闭环,是企业计划层的必要依据。同时 MRP Ⅱ 把对产品成本的计划与控制纳入系统的执行层,企业可以对照总体目标,检查计划执行效果。总之,MRP Ⅱ 把物料流动和资金流动结合起来,形成一个完整的经营生产信息系统。MRP Ⅱ 中物流信息和资金流信息集成的方法是:

- 为每个物料定义标准成本和会计科目,建立物料与资金的静态关系;
- 为物料的移动(实际的或逻辑的)或数量、价值的调整等这类库存事务,建立凭证,定义相关的会计科目和借贷关系,说明物流和资金流动态关系。

MRP Ⅱ 的逻辑流程如图 2-11 所示。其中右侧是计划与控制的流程,包括宏观决策层、计划层和执行控制层,可以理解为经营计划管理的流程;左侧是主要的财务系统,这里只列出总账、应收账和应付账;中间是基础数据,这些数据信息的集成,把企业各个部门的业务沟通起来,可以理解为数据库系统。

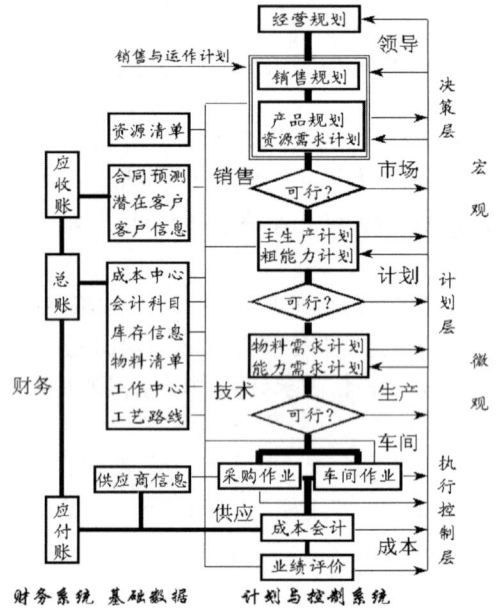

图 2-11 制造资源计划(MRP Ⅱ)的逻辑流程

在 MRP Ⅱ 系统中,每运行一次需求计划必须同时运行能力计划,以保证所下达计划的可执行性。在销售与运作规划阶段,要同时运行"资源需求计划"。在宏观计划层次,"资源"的内容可以包括可能筹措的资金、供应商提供的关键材料、关键能源、关键工作中心等。要实现企业的战略计划,必须有相应的资源分配计划,说明使用企业资源的优先顺序和日程。

2.2.4 基础数据

MRP Ⅱ/ERP 是一种管理信息系统,要进行大量的数据处理。通常,我们可以把 MRP Ⅱ/ERP 处理的数据归纳为三类。

(1)**静态数据**(或称固定信息)。一般指生产活动开始之前要准备的数据,如物料清单、工作中心的能力和成本参数、工艺路线、仓库和货位代码、会计科目的设定等。因为客观条件是不断变化的,所以静态也是相对的;静态数据也要定期维护,保持其准确性。

(2)**动态数据**(或称流动信息)。一般指生产活动中产生的数据,会不断发生、经常变动,如客户合同、库存记录等。

(3)**中间数据**(或称中间信息)。中间数据是根据用户对管理工作的需要,由计算机系统按照一定的逻辑程序,综合上述静态和动态两类信息,经过运算形成的各种报表。它是一种经过加工处理的信息,供管理人员掌握生产经营状况以及进行分析和决策,如主生产计划、物料需求计划等。管理软件功能的强弱往往体现在它能提供多少有用的中间信息。如果人们对 MRP Ⅱ/ERP 原理理解得比较清楚透彻,报表设置得比较合理,就能有效地发挥这些中间数据的作用。

运行 MRP Ⅱ/ERP 系统需要一系列最基本的数据,这些主要的基本数据的相互关系及输入顺序如图 2-12 所示。这些数据可以分为以下几种主要类型。

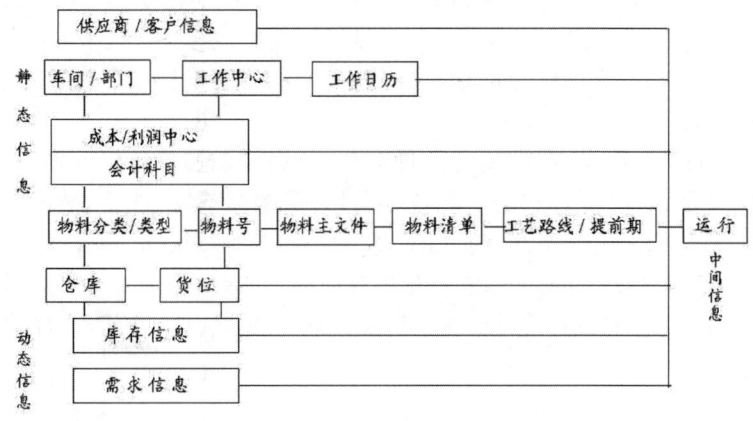

图 2-12 基本数据的相互关系及输入顺序

(1)**物料与产品信息**(图中第4行)。之前介绍过,产品信息是通过物料清单来描述的。物料清单中所涉及的物料都必须建立文档,即物料主文件。在建立物料主文件之前,要对每个物料进行编码和规定物料号,还要按照软件的要求确定所有物料的类型和分类。

(2)**能力信息**(图中第2行)。物料计划要与能力计划相伴运行,占用能力资源是通过工艺路线文件及其时间定额来确定的。MRP Ⅱ/ERP 系统中主要的能力资源是工作中心,工作中心又是属于某个车间或部门的,要事先定义。各种作业活动只能在工作日进行,必须设定各种用途的工作日历。

(3)**库存信息**(图中第5、6两行)。运行物料需求计划必须知道物料的可用量,各种物料按照定置管理的要求必须有存放地点,也就是仓库和货位。

(4)**财务信息**(图中第3行)。MRP Ⅱ 要实现物流信息与资金流信息的集成,每一种物料要有对应的会计科目。为了控制成本,要对厂、车间、部门或工作中心设置利润中心或成本中心。

(5)**需求信息**(图中最下一行)。所有计划都是为了满足市场需求,必须先有需求信息(包括预测量、合同量以及企业内各部门之间的需求等)才能编制生产计划。

(6)供需方信息(图中最上一行)。系统执行采购作业必须先建立供应商文档;执行销售作业必须先有客户信息。

可以看出,以上这些信息都是运行 MPS/MRP 不可缺少的必要信息。这些信息中,(1)(2)(4)(6)和(3)中的仓库与货位信息是静态信息,其余为动态信息。动态信息一般在建立产品信息之后建立。有些静态信息本来就是企业的基础工作内容,在系统安装之前就可以着手准备。

以上各种信息中,有些与现行管理所用的数据可能会有一定出入;有的需要适当加工,有的则要分析后才能确定。对有些企业来说,准备规范化的数据会有相当大的工作量,但这些规范化的数据对一个信息化管理系统是绝对必要的。

2.2.5 提前期与工艺路线

提前期和工艺路线也是运行 MRP Ⅱ/ERP 的重要信息。

1. 提前期

以交货或完工日期为基准,倒推到加工或采购的开始日期的这段时间,被称为提前期(lead time)。销售部门同客户洽谈合同,计划部门编制、修改生产、采购计划、计算工作中心负荷和能力计划,都要用到提前期。因此,提前期的准确性十分重要。提前期是期量标准中"期"的概念。

从完成订单的概念出发,提前期有两种类型:总提前期和累计提前期。产品的整个生产周期,包括产品设计提前期,生产准备提前期,采购提前期,加工、装配、试车、检测、包装发运提前期,称为总提前期;采购、加工、装配提前期的总和称为累计提前期。

总提前期和累计提前期可以看成一种标准提前期。如果从工序的概念出发,在实际运作时,有些工序可以通过采取重叠进行或分割在多个工作中心进行等措施以缩短提前期。

2. 工艺路线

工艺路线是说明零部件加工或装配过程的文件,它要根据企业通常的工艺过程卡编制,但它不是技术文件,而是计划文件或管理文件。为了使屏幕报表比较简练,通常并不详细说明加工的技术要求和方法(必要时可在注释中说明)。工艺路线报表的典型格式如图 2-13 所示。

物料号:11100　　　　生效日期:201014
物料名称:C　　　　　失效日期:220430

工序	工序名称	工作中心 编号	工作中心 名称	标准时间(小时) 准备	标准时间(小时) 加工(工时)	标准时间(小时) 机器(台时)	排队时间(天)	传送时间(天)	工人数 准备	工人数 加工	外协费(元)
10	下料	01001	锯床	0.5	0.25	…	1.0	1.0	1	1	
20	车削	02030	车床	1.0	1.25	…	1.0	1.0	1	1	
30	热处理	06010	电炉	1.2	…	5.00	2.0	1.0	2	1	
40	磨削	02052	磨床	1.0	2.00	…	3.0	1.0	1	1	
50	电镀	90001	(外协)	…	…	…	10.0	…	…	…	200.00
60	检验	08015	质检	…	0.10	…	1.0	…	…	1	

图 2-13　工艺路线报表的典型格式

工艺路线的主要作用有：①计算加工件的提前期，提供运行 MRP 的计算数据；②计算占用工作中心的负荷小时，提供运行能力计划的计算数据；③计算派工单中每一道工序的开始时间和完工时间；④提供计算加工成本的标准工时数据；⑤按工序跟踪在制品。

2.2.6 产品成本累加

成本核算是 MRP II在闭环 MRP 基础上增加的一个重要功能。MRP II系统计算产品成本时完全按照成本实际发生的过程，而且是在产品结构的基础上进行运算的，如图 2-14 所示。

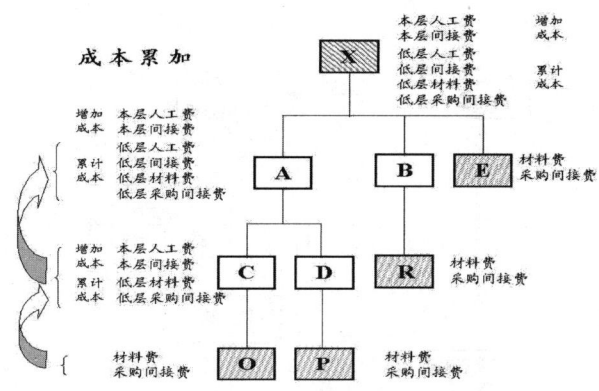

图 2-14 产品成本累加

在图 2-14 中，所有分枝最底层(树叶)都是采购件，其成本记入材料费和采购间接费(如运输费、保管费、保险费、管理费等)。到了上一层加工件，首先累计底层成本，然后把本层所发生的人工费和间接成本合计到一起，形成本层加工件的成本。以此类推，自下而上地一层层累加起来，最后得出最终产品的成本。MRP II就是这样根据产品成本的实际发生过程，从材料费开始，经过工艺路线的每一道工序时把加工费累加上去，最后把产品中所有采购件和加工件的成本汇总起来，形成最终产品的成本。这种方法称为成本累加或成本滚加。

与产品结构用物料清单表示一样，产品成本是用"成本物料单"来表达的；如图 2-15 所示。

物料号：10000
物料名称：X   成本类型：标准成本

层次	物料号	物料名称	计量单位	数量	材料费(元)	人工费(元)	变动间接费(元)	固定间接费(元)	合计(元)
本层					----	2.500	3.000	2.000	7.500
1	11000	A	件	1.0	----	1.950	1.900	2.000	5.850
.2	11100	C	件	2.0	----	0.800	1.000	0.600	2.400
..3	11110	O	件	2.0	8.250	----	----	----	8.250
.2	11200	D	件	1.0	----	1.500	2.000	1.000	4.500
..3	11210	P	Kg	0.5	6.000	----	----	----	6.000
1	12000	B	件	1.0	----	1.000	1.200	0.800	3.000
.2	12100	R	件	1.0	5.500	----	----	----	5.500
1	13000	E	件	1.0	4.750	----	----	----	4.750
			合计		24.500	7.750	9.100	6.400	47.750

图 2-15 成本物料单

2.2.7 制造资源计划（MRPⅡ）的模拟功能

MRPⅡ系统与MRP的区别,除了实现物流信息和资金流信息的集成外,另一个特点就是它的模拟功能。因为MRPⅡ系统包罗了企业的主要管理业务,模拟能够反映企业内外环境变化对各个方面的影响,所以它才有应用的意义。模拟(或仿真)并不是MRPⅡ独有的功能,但在许多场合下,当环境发生变化需要作出响应时,有模拟功能可以利用,将是非常方便的。为了不影响业务的正常运行,通常是把当前的数据复制下来,在不影响系统正常运行的情况下进行调整修订和模拟,如图2-16所示。通常,在需要判断环境变动对计划或成本的影响的情况下,才有必要进行模拟运算。

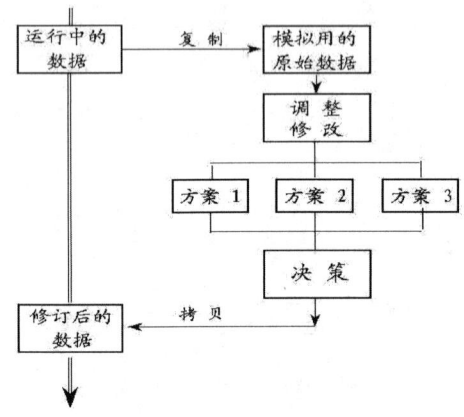

图2-16　MRPⅡ的模拟流程

2.2.8 制造资源规划（MRPⅡ）的管理特点

MRPⅡ的主要特征是信息集成;信息集成会带来一系列特点,每一点都含有管理模式变革和员工行为规范变革两方面的内容。这些特点是互相影响互为因果的,现归纳如下。

(1) **计划的一贯性与可行性**。MRPⅡ是一种以计划为主导的信息化管理系统,通过计划把企业的资源充分调动起来,实现企业的总体战略目标。计划层次从宏观到微观,从战略到战术,由粗到细逐层细化,但始终保持与企业总体战略目标一致。"一个计划"是MRPⅡ的原则精神。这一点在下一节中还要详细说明。为了做到这一点,企业全体员工都必须以实现企业的总体战略目标为准则,绝不允许各行其是。

(2) **管理系统性**。MRPⅡ把企业所有与生产经营活动直接相关的部门的工作通过信息集成联结成一个整体,每个部门的工作都是整个系统的有机组成部分。因此,要求每一个员工都能从整体出发,十分清楚自己的工作同其他职能的关系。

(3) **数据共享性**。作为一种管理信息高度集成的系统,企业各部门都依照同一数据库提供的信息,按照规范化的处理程序进行管理和决策,数据高度共享。为了做到这一点,要求企业员工用严肃的态度对待数据,专人负责维护,提高信息透明度,保证数据的及时、准确和完整。

(4) **动态应变性**。MRPⅡ是一种闭环的信息系统,它要求不断跟踪、反馈和控制瞬息万变的实际情况,使管理人员可随时根据企业内外环境条件的变化,迅速作出响应,满足市场不断变化着的需求,并保证生产计划正常进行。为此,必须树立全体员工的信息意识,建立必要的工作规范和准则,保证各个岗位上的业务人员能够及时准确地把变动了的情况输入系统。

(5) **模拟预见性**。MRPⅡ是生产经营管理规律的反映,按照规律建立的信息逻辑很容易实现模拟功能,可以模拟比较长远的时间内可能发生的问题,以便事先采取措施消除隐患。为此,管理人员必须熟练运用系统的查询功能,熟悉系统提供的各种信息,致力于实质性的分析研究工作,熟练掌握模拟功能,进行多方案比较,作出合理决策。

(6) **物流信息和资金流信息的集成性**。集成物流信息和资金流信息是MRPⅡ区别于MRP的主要特点。MRPⅡ包括了财务收支和管理会计的功能,可以由生产活动直接生成财务数据,把实物形态的物料流动直接转换成价值形态的资金流动,保证生产和财务数据的一致性。决策人员应会同财务人员及时运用从系统中得到的资金和成本信息,控制成本,随时分析企业的效益。

这些特点表明MRPⅡ是实现制造业企业整体效益的有效管理模式,是提高企业竞争力的有力武器。

2.3 MRPⅡ/ERP的计划与控制

MRPⅡ/ERP是一种计划与控制主导型管理系统。计划的实质是使企业通过制造和销售产品获取利润,其作用是:①使企业的产出(包括产品和服务)满足市场的需求;②有效地利用企业的各种资源,生产出合理组成的产品;③使投入能以最经济的方式转化为产出。控制的作用是使计划执行的结果不超出允许的偏差;这个允许偏差是指在时间和数量上客户或市场能够接受的偏差。

2.3.1 MRPⅡ/ERP系统的时间

谈到计划,就离不开时间这个概念。MRPⅡ/ERP系统与手工计划管理在时间的处理方法上有所不同,这种不同是由于手工管理难以处理庞大的数据量造成的,这也是手工管理往往出现生产不均衡、交货不按时、库存居高不下的原因之一。

MRPⅡ/ERP系统的时间出发点是:时间本来是连续的,因此,1月31日和2月1日虽然在报表上可能分别属于两个月份,但它们之间的关系与2月1日和2月2日之间的关系并无本质上的区别,都是一日之差。在说明MRPⅡ/ERP系统的计划与控制之前,必须先理解MRPⅡ/ERP系统在计划管理中用到的三项时间要素:计划期、时段、时区与时界。

1. 计划期

计划期是计划管理中一向都要用到的基本概念,但对于计划期该设多长,传统的手工管理并无十分明确的规定,也没有按照不同的产品分别设置不同的计划期。设置计划期的目的,是为了控制产品生产的全过程,提高计划的预见性,而不同的产品生产周期长短不一,各自的计划期应有所区别。每个产品的计划期长度,应不小于产品的总提前期。在MRPⅡ/ERP系统中,产品的需求计划是按每一个产品分别单独显示的,计划期是在产品各自的物料主文件中根据产品的总提前期等参数定义的,不是一个统一的数值;这是MRPⅡ/ERP系统不同于传统手工管理的一个主要区别。

2. 时段

MRPⅡ/ERP系统认为企业只有一个计划;在计划报表中出现的年计划、季计划、月计划等等,只是为了统计、结算和报告的需要。MRP Ⅱ/ERP 系统把年、季、月、旬、周、日等时间跨度统称为时间段,简称时段。划分时段的目的是规定计划报表显示需求量和需求时间的详细程度,从而区别物料需求的优先级。

需求量的原始数据是按照具体日期输入的(最粗可用每周的最后一天表示)。计划报表显示各个时段的长短,由计划人员根据需要自行设定。如果设定为季,系统会自动汇总,显示每个季度的需求量;如果设定为月,系统又自动把各月的需求量汇总显示。日常管理工作使用的报表可以把近期的时段定义为日或周,中期为月或季;这样,计划人员掌握的需求与供给信息,在时间上是连续的;随着时间的推进,只要重新设定计划开始日期,中期计划又成为近期计划。由于近期信息总是比较具体可靠,因此计划可以细化,报表总是按近期细远期粗来显示,体现滚动计划的精神。时段划分与需求量显示如图 2-17 所示。

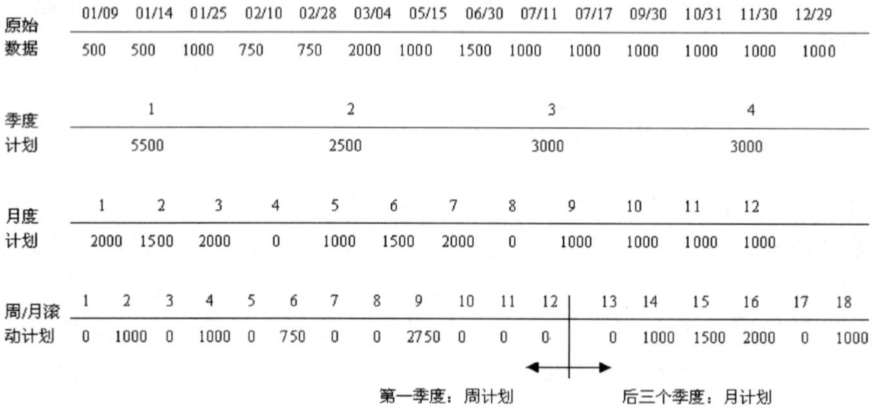

原始数据	01/09	01/14	01/25	02/10	02/28	03/04	05/15	06/30	07/11	07/17	09/30	10/31	11/30	12/29
	500	500	1000	750	750	2000	1000	1500	500	1000	1000	1000	1000	1000

季度计划	1		2		3		4	
	5500		2500		3000		3000	

月度计划	1	2	3	4	5	6	7	8	9	10	11	12
	2000	1500	2000	0	1000	1500	2000	0	1000	1000	1000	1000

周/月滚动计划	1	2	3	4	5	6	7	8	9	10	11	12	13	14	15	16	17	18
	0	1000	0	1000	0	750	0	0	2750	0	0	0	0	1000	1500	2000	0	1000

第一季度:周计划　　　　后三个季度:月计划

图 2-17　时段划分与需求量显示

手工管理确定交货期时,往往用某个月份交货表示,月初和月底相差 30 天,这样的计划很难有指导意义。图 2-17 只有一种产品;如果有几种产品都要求在同一个月里交货,就必须区分优先级,根据需求时间安排生产。也就是说,必须把时段划细,至少是周。在能力计划里,往往在一个跨度较长的时段中,能力可以满足负荷需求,但如果把时段划细,就可能在某个时段出现超负荷。物料需求计划的主要特点就是说明了物料需求的优先级,是一种分时段计划。离开计算机,手工管理很难处理它所需要的数据量。

3. 时区与时界

客观环境总是不断变化的,生产计划应该适应客观变化。但是,如果一味追随变化,朝令夕改,势必造成生产混乱。因此,控制计划变动是保证计划可执行度的重要内容。当需要变动时,要分析变动计划的限制条件、难易程度、需要付出的代价并确定审批权限,从而谋求一个比较稳定的主生产计划。MRP Ⅱ/ERP 系统的时区与时界概念,向主计划员提供了一个控制计划的手段,如图 2-18 所示。

图 2-18 中,以当前日期为起点,以产品总装配提前期为时间跨度的这段时间,称为第 1 时区。仍以当前日期为起点,以产品累计提前期(含采购、加工、装配提前期)为时间跨度的这段时间,超出第 1 时区以外的部分称为第 2 时区。第 2 时区以后的时期称为第 3 时区。1、2 时区的分界线称为需求时界(Demand Time Fence,DTF);它提醒计划人员,

时区	起点	需求时界			计划时界					计划期		
时 区		1			2					3		
时 段	1	2	3	4	5	6	7	8	9	10	11	12 …
跨 度	总装提前期			累计提前期（加工/采购）					累计提前期以外			
需求依据	合 同			合同与预测取舍 • 二者之大值 • 仅合同 • 二者之和 • 仅预测					预 测			
定单状况	下 达			下 达 确 认					计 划			
计划变动难易	难，代价极大			系统不能自动更改 人 工 干 预 改 动 代 价 大					系统自动更改			
计划变动审批权	厂 长			主生产计划员					计 划 员			
临时需求	临时需求小于可供销售量			临时需求小于可供销售量 通过主生产计划员					无 限 制			

图 2-18 时区与时界

早于这个时界的订单已经在进行最后的总装,除非有极其紧急的情况,绝对不要轻易变动,需要保持稳定。2、3 时区的分界线称为计划时界(Planning Time Fence,PTF)或确认计划时界(Firm planned Time Fence,FTF);它提醒计划人员,这个时界和需求时界之间的计划已经确认,一些采购或生产周期较长的物料的订单已经下达,资金已经投入,材料和能力资源已经开始消耗。在这个时区里,如果要修改计划,只能由主生产计划员来控制,判断有无修改的必要以及如何修改;系统只能显示提示信息,不能自动更改。在计划时界以后的时期,也就是第 3 时区,所有的订单只是系统生成的建议性计划订单,情况出现变动时,允许系统自动更改。

不难看出,提前期越短,计划的应变能力就越强。

2.3.2 MRP Ⅱ/ERP 的计划层次

MRP Ⅱ/ERP 有 5 个计划层次,即:经营规划、销售与运作规划(生产规划)、主生产计划、物料需求计划、车间作业控制(生产作业控制),如图 2-19 所示。采购作业也属于第 5 个层次,但它不涉及企业本身的能力资源。在上面的 5 个计划层次中,经营规划是后面 4 个计划层次的基础和依据,它不在 MRP Ⅱ/ERP 软件的功能范围里;后面 4 个计划层次要依据经营规划层层展开、细化,这 4 个计划层次在 MRP Ⅱ/ERP 软件的功能范围内。

划分计划层次的目的是体现计划管理由宏观到微观,由战略到战术、由粗到细的深化过程。在对市场需求的预测成分占较大比重的阶段,计划内容比较粗略,计划跨度也比较长;一旦进入客观需求比较具体的阶段,计划内容比较详细,计划跨度也比较短,处理的信息量大幅度增加,计划方法与传统手工管理的区别也比较大。划分计划层次的另一个目的是明确责任,不同层次计划的制订或实施由不同的管理层负责。

在 5 个计划层次中,经营规划和销售与运作规划带有宏观规划的性质;主生产计划是宏观向微观过度的层次;物料需求计划是微观计划的开始,是具体的详细计划;而车间作业控制或生产作业控制则进入执行和控制阶段。通常把前三个层次称为主控计划(master planning)。

企业的计划必须是现实、可行的,否则,再宏伟的目标也是没有意义的。任何一个计划层次都包括需求和供给两方面,也就是需求计划和能力计划。要进行不同深度的供需平衡,并根据反馈的信息,运用模拟的方法加以调整、修订。每一个计划层次都要回答 3 个问题。

MRP II/ERP 计划层次

阶段性质	计划层次 ERP	习惯叫法	计划期	计划时段	复核间隔期	主要计划内容	主要计划单位	主要编制依据	能力计划	编制主持人	ERP软件
宏观计划（战略的）	经营规划	五年计划、长远规划	3～7年	年	年	产品开发、市场占有率、销售收入、利润；经营方针策略；基建、技改措施	元	· 市场分析 · 市场预测 · 技术发展	· 企业资源（关键资源、资金、材料、能源、技术力量）	企业最高领导（会同市场、开发、生产、物料、财务等部门）	软 件 功 能 范 围
	销售与运作规划（生产规划）	年度大纲	1～3年	月	月～季	产品大类、产品系列（品种、质量、数量、成本、价格）；平衡月产量；控制库存量或短欠量	吨或台	· 经营规划 · 销售预测	· 资源需求计划（固定资产、流动资金、关键材料） · 提出增添能力方案	企业最高领导（会同市场、开发、生产、物料、财务等部门）	
	主生产计划（MPS）	（与习惯叫法不完全对应） · 集中由厂级部门制定	3～18周	近期日/周，远期月/季	周～季	最终成品（品种、数量、进度）；独立需求型物料计划	台、件	· 生产规划 · 合同 · 预测 · 售后服务	· 粗能力计划（RCCP）（关键工作中心） · 落实MPS，可行	主生产计划员	
微观计划（战术的）	物料需求计划（MRP）	· 计划期根据提前期确定 · 计划时段近细远粗	3～18周	周、日	日～周	· 产品分解零部件（自制件、外购件） · 相关需求型物料计划 · 确定订单优先级	件或重量、长度单位	· 主生产计划 · 物料清单 · 工艺路线 · 提前期 · 库存信息	· 能力需求计划（CRP）（工作中心能力） · 采取外协分包、加班、改变工艺路线等措施	主生产计划员或分管产品计划员	
	车间作业控制（生产作业控制）SFC	车间作业计划	1周	日	小时～日	· 执行计划 · 确定工序优先级 · 调度 · 结算	件或重量、长度单位	· MRP · CRP	· 投入产出控制	车间计划调度员	

图 2-19 MRP II/ERP 的计划层次

- 生产什么？生产多少？何时生产？（What？How much？When？）
- 需要多少能力资源？
- 有无矛盾？如何协调？

换句话说，每一个层次都要处理好需求与供给的矛盾，做到计划既现实可行，又不偏离经营规划的目标；上一层计划是下一层计划的依据，下层计划要符合上层计划的要求。如果企业的下层计划偏离了经营规划，即使计划执行得再好，也没有意义。全企业遵循一个统一的计划，是MRPⅡ/ERP计划管理最基本的要求。

2.4 企业资源规划（ERP）

随着市场全球化和大型企业的多元化经营，以及精益生产、敏捷制造、约束理论、供应链管理等先进管理思想的诞生，主要侧重于对企业内部的人、财、物等内部资源管理的MRPⅡ系统已经不能满足一些大型企业的管理需求。为了迅速响应需求并组织供应以满足全球市场竞争的要求，这些企业迫切需要扩大管理系统的功能，把"前端办公室"（市场与客户）和"后端办公室"（供应商与外包商）的信息都纳入信息化管理系统中，扩大信息集成的范围，以面对经济全球化的挑战。在这一背景下，MRPⅡ进一步发展为面向如何有效管理和利用整个供应链整体资源的新一代信息化管理系统——企业资源规划（ERP）。其发展脉络和功能拓展如图2-20所示。

2.4.1 ERP系统的管理思想

ERP的核心管理思想就是实现对整个供应链的有效管理，主要体现在以下3个方面：

(1) **体现对整个供应链资源进行管理的思想**。现代企业的竞争已经不是单一企业与另一企业间的竞争，而是一个企业供应链与另一个企业的供应链之间的竞争；企业不但要依靠自己的资源，还必须把经营过程中的有关各方如供应商、制造工厂、分销网络、客户等纳入一个紧密的体系中，才能在市场上获得竞争优势。ERP系统正是适应了这一市场竞争的需要，实现了对整个企业供应链的管理。

(2) **体现精益生产、同步工程和敏捷制造的思想**。ERP系统支持混合型生产方式的管理，其管理思想表现在两个方面：其一是"精益生产"（Lean Production，LP）的思想，即企业把客户、销售代理商、供应商、协作单位纳入生产体系，同他们建立起利益共享的合作伙伴关系，组成一个企业的供应链，消除一切不增值的作业活动，提高快速响应的能力。其二是"敏捷制造"（Agile Manufacturing，AM）的思想。当市场上出现新的机会，而企业的基本合作伙伴不能满足新产品开发生产的要求时，企业组织一个由特定的供应商和销售渠道组成的短期或一次性供应链，形成"虚拟工厂"，把供应和协作单位看成企业的一个组成部分，运用"同步工程"（Simultaneous Engineering，SE）组织生产，用最短的时间将新产品打入市场，时刻保持产品的高质量、多样化和灵活性，这即是"敏捷制造"的核心思想。

(3) **体现事先计划与事中控制的思想**。ERP系统中的计划体系主要包括：主生产计划、物流需求计划、能力计划、采购计划、销售执行计划、利润计划、财务预算和人力资源计划等，而且这些计划功能与价值控制功能已完全集成到整个供应链系统中。另一方面,ERP 系统通过定义与事务处理(Transaction)相关的会计核算科目和核算方式,在事务处理发生的同时自动生成会计核算分录,保证了资金流与物流的同步记录和数据的一致性;从而实现了根据财务资金现状可以追溯资金的来龙去脉并进一步追溯所发生的相关业务活动,便于实现事中控制和实时作出决策。

2.4.2　ERP 与 MRP Ⅱ 的主要区别

我们可以通过图 2-20 对 ERP 发展的几个主要阶段进行一下简要的回顾与展望。并对 ERP 与 MRP Ⅱ 进行比较。

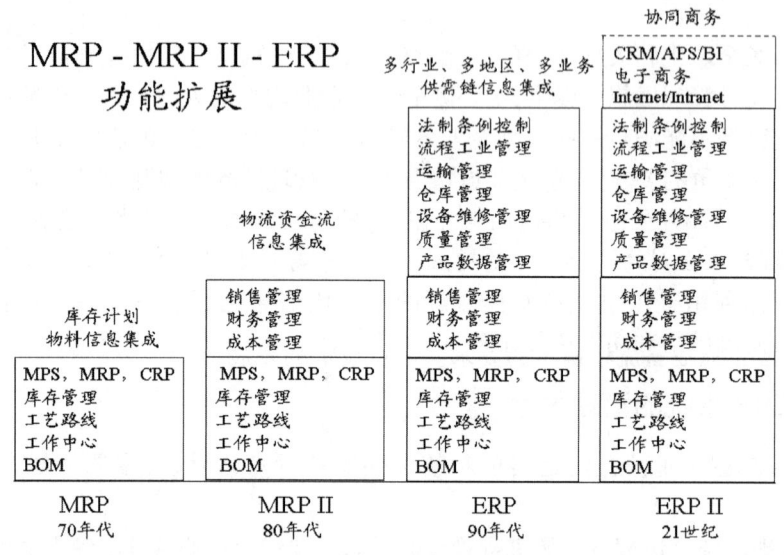

图 2-20　MRP—MRP Ⅱ—ERP 的功能扩展

(1) 在资源管理范围方面的差别。MRP Ⅱ 主要侧重对企业内部人、财、物等资源的管理,ERP 系统在 MRP Ⅱ 的基础上扩展了管理范围,它把客户需求和企业内部的制造活动以及供应商的制造资源整合在一起,形成一个完整的供应链并对供应链上所有环节如订单、采购、库存、计划、生产制造、质量控制、运输、分销、服务与维护、财务管理、人事管理、实验室管理、项目管理、配方管理等进行有效管理。

(2) 在生产方式管理方面的差别。MRP Ⅱ 系统把企业归类为几种典型的生产方式进行管理,如重复制造、批量生产、按订单生产、按订单装配、按库存生产等,对每一种类型都有一套管理标准。而在 20 世纪 80 年代末和 90 年代初期,为了紧跟市场的变化,多品种、小批量生产以及看板式生产等成为企业经常采用的生产方式,由单一的生产方式向混合型生产发展。ERP 能很好地支持和管理混合型制造环境,满足了企业的这种多角化经营需求。

(3) 在管理功能方面的差别。ERP 除了 MRP Ⅱ 系统的制造、分销、财务管理功能外,还增加了支持整个供应链上物料流通体系中产、供、销各个环节之间的运输管理和仓库管理;支持生产保障体系的质量管理、实验室管理、设备维修和备品备件管理;支持对工作流(业务流程)的管理。

(4) 在事务处理控制方面的差别。MRP Ⅱ 是通过计划的及时滚动来控制整个生产过程,它的实时性较差,一般只能实现事中控制。而 ERP 系统支持在线分析处理(Online Analytical Processing,OLAP),强调企业的事前控制能力:它可以将设计、制造、销售、运输等通过集成并行地进行各种相关的作业,为企业提供了对质量、适应变化、客户满意、绩效等关键问题的实时分析能力。

此外,在 MRP Ⅱ 中,财务系统只是一个信息的归结者,它的功能是将产、供、销中的数量信息转变为价值信息,是物流的价值反映。而 ERP 系统则将财务计划和价值控制功能集成到整个供应链管理上。

(5) 在跨国(地区)经营事务处理方面的差别。现在企业的发展,使得企业内部各个组织单元之间、企业与外部的业务单元之间的协调变得越来越多、越来越重要,ERP 系统应用完整的组织架构,从而可以支持跨国经营的多国家地区、多工厂、多语种、多币制应用需求。

(6) 在计算机信息处理技术方面的差别。随着 IT 技术的飞速发展和网络通信技术的应用,使得 ERP 系统得以实现对整个供应链信息进行集成管理。ERP 系统采用客户/服务器(C/S)体系结构和分布式数据处理技术,支持 Internet/Intranet/Extranet、电子商务(E-business、E-commerce)、电子数据交换(EDI)。并还能实现在不同平台上的互操作。

(7) 适应企业业务流程重组的要求。信息技术的发展加快了信息的传递速度,扩大了业务的覆盖面。为了使工作流和信息流传递流畅响应及时,必然会要求实现企业业务流程、信息流程的重组和组织机构的改革。

2.5 ERP 模块

ERP 原理与实训的主要目标是了解和掌握企业的业务全貌,熟悉具体的业务流程和处理方法,学会系统性地利用信息化思维来解决问题。因此,在开始实训之前,有必要了解企业内部业务流程,知道 ERP 综合实训涉及的主要业务部门之间的关系,以及数据传递的过程,以便下一步进行企业经营模拟和 ERP 软件操作的训练。业务部门关系和数据传递过程如图 2-21 所示。

企业销售部门业务员根据客户的需求,对客户进行报价,从产品、规则、价格、期限、折扣等方面,了解客户的需求;当与客户签订了购销合同后,将客户的实际需求和市场预测的需求相结合,由规划部门制作主生产计划和物料需求计划,进一步结合企业的产能情况编制企业的采购计划、生产计划和委外计划,以便采购部门和生产部门组织对外采购和生产制造的业务工作;采购部门按照采购计划组织安排采购人员开展采购业务工作,生产部门根据生产计划组织车间完成生产任务,按照委外计划安排委外商来企业领料回厂加工生产;采购部门将采购到货的物料交接给仓库,仓库负责入库处理;委外加工完成和生产完工的物品交给仓库,仓库负责入库处理;销售部门根据销售合同组织向客户发货,仓库负责出库处理;财务部门负责对采购、委外料品的款项进行付款计算和账务处理,对销售部门销售的料品进行收款结算和账务处理。

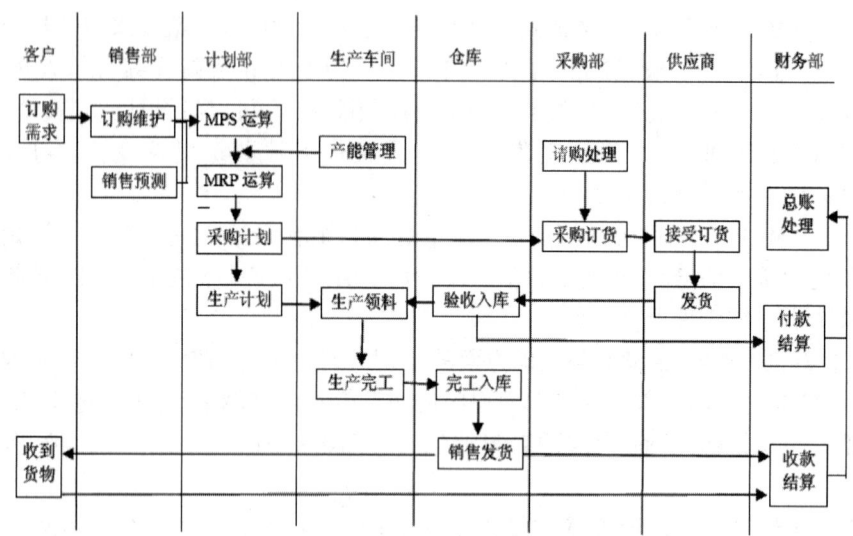

图 2-21 ERP 系统功能模块及数据传递

2.6 ERP 在我国的应用

ERP 在我国的应用是从 1981 年沈阳第一机床厂从德国工程师协会引进了第一套 MRP Ⅱ 软件开始的,至今已有 40 多年的历史,这一应用过程可分为 4 个阶段。

1. 认识阶段

20 世纪 80 年代,我国改革开放的步伐才刚刚迈开,市场经济的概念也刚接触,这时的企业对市场竞争理解得还不深入,企业参与市场竞争的意识尚不具备或不强烈,面临的市场压力也不大,但计划经济带给企业的弊端已逐渐暴露出来,企业不以市场需求为导向,拼命按计划生产,结果造成产品的大量积压,资金占用量大,同时生产周期过长,生产效率低下,设备利用率低等等。在这种情况下,部分具有超前意识的企业逐步意识到应走"抓管理促发展"之路。这时,人们才接触到了 MRP Ⅱ 的概念。

而国家 863 计划的出台,在更高的层次上提出了现代管理技术与现代制造技术的应用对企业的作用。这时,一些高等学府、社会团体、企业开始了 MRP Ⅱ 理论的研究与应用尝试。如上海于 1987 年成立了我国第一个 MRP Ⅱ 学术研究团体——上海市生产与库存管理研究会(SPICS),沈阳第一机床厂、成都飞机制造厂、沈阳鼓风机厂、北京第一机床厂、第一汽车制造厂、广州标致汽车公司等一批企业开始了 MRP Ⅱ 系统的应用尝试。但由于受多种因素的制约,应用的效果有限,被人们称之为"三个三分之一论"阶段。

2. 启动阶段

20 世纪 80 年代末至 90 年代中期,市场经济得到了快速发展,传统管理方式已显得格格不入,不少企业已意识到了传统管理给企业发展带来的负面影响,他们急需一种新的管理模式以帮助企业顺利实现从计划经济向市场经济的转轨。而外资企业在带来资金的同时,也带来了大量新的管理思想和管理模式,特别是 MRP Ⅱ 系统在这些外资企业中的应用,带动了国内更多的本地企业应用 ERP。

在此期间国内高等学府、社会团体和企业对 ERP 的研究与应用也取得了巨大的成功。1994 年,清华大学国家 CIMS 工程研究中心获得了美国 SME(制造工程师学会)的 CIMS"大学领先奖",这标志着我国 CIMS 研究水平进入了国际先进水平。1995 年,北京第一机床厂的管理信息系统实现了以生产管理为核心,联接物资供应、生产、计划、财务等各个职能部门,可以迅速根据市场变化调整计划、平衡能力,效率提高了 30 多倍,为此荣获 SME 的 CIMS"工业领先奖",这标志着我国一些企业的 CIMS(ERP)应用水平达到了国际先进水平。广东科龙容声冰箱厂的 MRP II 项目,经美国 APICS 的专家认定达到了 A 级应用水平。1995 年 10 月成都飞机制造厂、沈阳鼓风机厂、北京第一机床厂等三家企业获得我国首批企业 CIMS 应用领先奖。这三家企业都从实施 CIMS 及其核心内容 ERP 系统中获得了良好的经济效益,并大大增强了参与国内外市场竞争的能力,为我国制造业应用 ERP 走出了一条具有示范作用的路子。

3. 接受阶段

20 世纪 90 年代中期至 21 世纪的最初两年,市场观念已深入人心,特别是新经济时代的到来,大部分企业都已意识到信息的重要性,如何有效地利用信息已经成为企业生存的关键。信息技术、网络技术的发展与应用,又为人们有效地获取信息、利用信息、加工信息提供了可能。而更多企业 ERP 实施的成功更是给众多"后来者"带来了信心。人们开始逐步接受 ERP 理念,同时也开始接触一些新的概念,如供应链管理(SCM)、客户关系管理(CRM)、电子贸易(EC)、电子商务(EB)。同时,在这一阶段,ERP 系统不断完善,应用领域逐步从制造业扩大到其他行业。

4. 发展阶段

进入 21 世纪,各种新思想、新理念、新模式不断涌现,企业参与市场竞争的方式已经发生了根本性的改变,原先单个企业之间的竞争大多已经被供应链与供应链之间的竞争所取代,协同商务的概念也得到了不断强化。为适应协同商务的运作模式,ERP II 应运而生了。当前阶段,企业为了适应我国加入 WTO 后市场竞争的进一步加剧,必然会建立信息化系统来面对市场的迅速变化,灵活地组织企业的生产经营,解决生产与市场之间的矛盾,最终使企业能集中更多的精力于"前端"竞争中。

在此阶段,各级政府机构陆续出台了一系列政策措施,鼓励各地方、企业建立信息化系统。如科技部批准上海市、江苏省、广东省、山东省等为信息化示范省市,以此来激励各地方的信息化建设工作。而各地又将一批企业确立为制造业信息化示范项目,希望通过以点带面来推动企业的信息化建设工作。

但我们还应看到,尽管现在 ERP 在我国呈现出了迅猛发展之势,却仍有很多企业对 ERP 的应用存在着一些不正确的态度和看法,这无疑会在很大程度上影响到这些企业实施 ERP 的效果,对于 ERP 今后在中国的进一步推广与应用也是不利的。因此,为了适应未来全球化的激烈竞争,企业无论是对 ERP,还是对先进的管理技术和思想,都应该有一个全面清醒的认识。

第 3 章 ERP 实施

3.1 ERP 实施的步骤

在引入 ERP 系统的过程中,实施是一个极其关键的环节,因为实施的成败最终决定着 ERP 效益的充分发挥。据不完全统计,从 1991 年起,国内企业开始引进 MRP Ⅱ/ERP 系统,目前已有近千家企业购买了 MRP Ⅱ/ERP 软件。而在所有的 ERP 系统应用中,存在三种情况:按期按预算成功实现系统集成的只占 10%~20%,没有实现系统集成或实现部分集成的只有 30%~40%,而失败的却占 50%,并且在实施成功的 10%~20% 中大多为外资企业。如此令人沮丧的事实无疑向我们表明,ERP 实施情况已经成为制约 ERP 效益发挥的一大瓶颈因素。实施 MRP Ⅱ/ERP 时,应注意一定要首先理解企业的业务流程,然后结合信息集成环境进行业务流程的简化和优化,最后再实现操作自动化。对于美国 Michael Hammer 和 Jame Champy 提出的业务流程重组(Business Process Reengineering, BPR)——根本性思考和彻底重组,则应非常慎重。目前我国尚未实现工业化,大多数企业管理水平还较低,进行彻底重组,风险非常大。即使在美国,据报道 BPR 的成功率也是非常低的。

如图 3-1 所示,一个典型的 ERP 实施进程主要包括前期工作、实施准备、原型模拟、二次开发、切换实施、巩固提高等几个阶段。

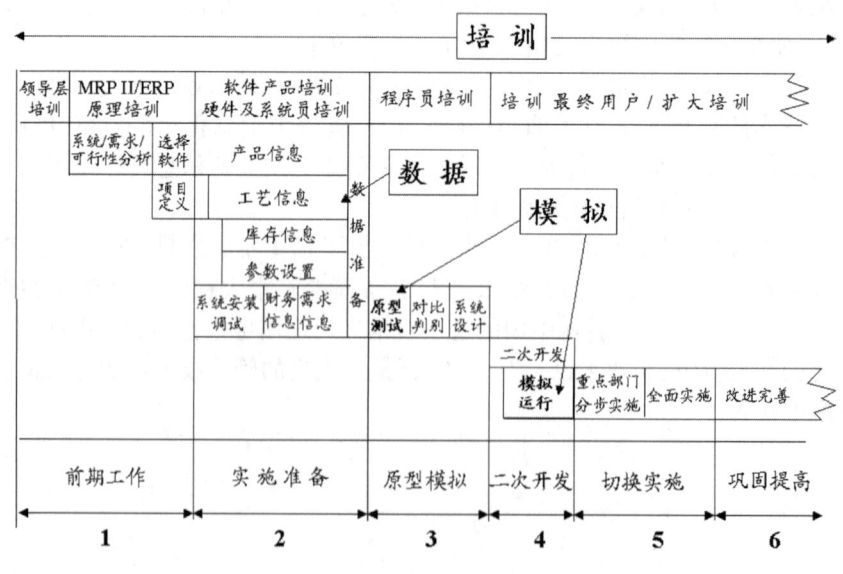

图 3-1 MRP Ⅱ/ERP 项目实施进程

3.1.1 项目的前期工作（软件安装之前的阶段）

这个阶段非常重要，关系到项目的成败，但往往在实际操作中容易被忽视。这个阶段的工作主要包括：

(1) 领导层培训及 ERP 原理的培训。主要的培训对象是企业高层领导及今后 ERP 项目组人员，让他们掌握 ERP 的基本原理和管理思想。企业的各级管理者和员工才是真正的使用者，真正了解企业的需求，只有他们理解了 ERP，才能判断出来企业需要什么样的 ERP 软件，才能更有效率地运用 ERP。

(2) 企业诊断。由企业的高层领导和项目组人员用 ERP 的思想对企业现行管理的业务流程和存在的问题进行评议和诊断，找出问题，寻求解决方案，用书面形式明确预期目标，并规定评价实现目标的标准。

(3) 需求分析，确定目标。企业在准备应用 ERP 系统之前，还需要理智地进行立项分析：

- 企业是不是到了该应用 ERP 系统的阶段？
- 企业当前最迫切需要解决的问题是什么？ERP 系统是否能够解决？
- ERP 系统的投资回报率或投资效益的分析？
- 在财力上企业能不能支持 ERP 的实施？
- 上 ERP 的目的所在，系统到底能够解决哪些问题和达到哪些目标？
- 基础管理工作有没有理顺或准备在上 ERP 之前让咨询公司帮助理顺，人员的素质够不够高？
- 将以上分析的结果写成需求分析和投资效益分析正式书面报告，做出是否上 ERP 项目的正确决策。

(4) 软件选型。在选型过程中，首先要知己知彼。知己，就是要弄清楚企业的需求，即先对企业本身的需求进行细致的分析和充分的调研，这在需求分析阶段已经完成；知彼，就是要弄清软件的管理思想和功能是否满足企业的需求。这两者是相互交织进行的，可以通过软件的先进的管理思想来找出企业现有的管理问题，特定的软件则可能由于自身的原因，不能够满足企业的特殊需求，也需要一定的补充开发。此外，还要了解实施的环境。这里的环境包括两个方面：国情（像财务会计法则等一些法令法规，还包括汉化等）、行业或企业的特殊要求。根据这些来确定流程和功能，从"用户化"和"本地化"的角度来为 ERP 选型。

3.1.2 实施准备阶段（包括数据和各种参数的准备和设置）

这一阶段要建立的项目组织和所需的一些静态数据可以在选定软件之前就着手准备和设置。在这个准备阶段，要完成这样几项工作：

1. 项目组织

ERP 的实施是一个大型的系统工程，需要组织上的保证。如果项目组的人选不当、协调配合不好，将会直接影响项目的实施周期和成败。项目组织应该由三层组成，每一层的组长都是上层的成员，如图 3-2 所示。

(1) 领导小组。由企业的一把手牵头，并与系统相关的副总一起组成领导小组。这里要注意的是人力资源的合理调配，像项目经理的任命、优秀人员的发现和启用等。

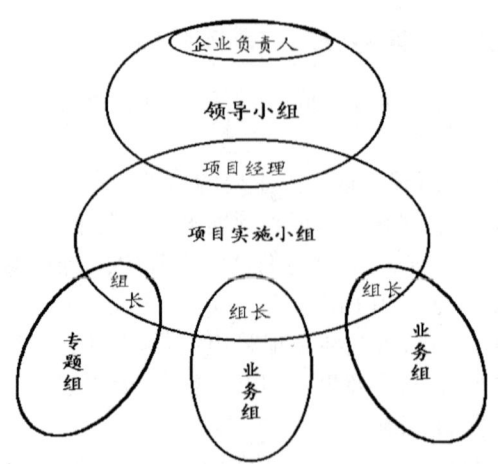

图 3-2　MRPⅡ/ERP 项目组织

（2）项目实施小组。主要的大量 ERP 项目实施工作是由他们来完成的，一般是由项目经理来领导组织工作，其他的成员应当由企业主要业务部门的领导或业务骨干组成。

（3）业务组。这部分工作的好坏是 ERP 实施能不能贯彻到基层的关键所在。每个业务组必须有固定的人员，带着业务处理中的问题，通过对 ERP 系统的掌握，寻求一种新的解决方案和运作方法，并用新的业务流程来验证，最后协同实施小组一起制订新的工作规程和准则；此外还要完成基层单位的培训工作。

2. 数据准备

在运行 ERP 之前，要准备和录入一系列基础数据，这些数据是在运用系统之前还不存在或未明确规定的，需要做大量分析研究工作才能得出来。它包括一些产品、工艺、库存等信息，还包括了一些参数的设置；如系统安装调试所需信息、财务信息、需求信息等等。

3. 系统安装调试

在人员和基础数据已经准备好的基础上，就可以安装系统并进行一系列的调试活动了。

4. 软件原型测试

这是对软件功能的原型测试（prototyping），也称计算机模拟（computer pilot）。由于 ERP 系统是信息集成系统，所以在测试时，应当是全系统的测试，各个部门的人员都应该同时参与，这样才能理解各个数据、功能和流程之间相互的集成关系，找出不足的方面，提出解决企业管理问题的方案，以便接下来进行用户化或二次开发。

3.1.3　模拟运行及用户化

这一阶段的目标和相关的任务如下所示。

（1）模拟运行及用户化。在基本掌握软件功能的基础上，选择代表产品，将各种必要的数据录入系统，带着企业日常工作中经常遇到的问题，组织项目小组进行实战性模拟，提出解决方案。模拟可集中在机房进行，所以也称之为会议室模拟（conference room pilot）。

（2）制定工作准则与工作规程。进行了一段时间的测试和模拟运行之后，针对实施中出现的问题，项目小组会提出一些相应的解决方案，在这个阶段要将与之对应的工作准则与工作规程初步制定出来，并在以后的实践中不断完善。

(3) **审批**。在完成必要的用户化的工作、进入现场运行之前,还要经过企业最高领导的审批通过,以确保 ERP 的实施质量。

3.1.4 切换运行

这要根据企业的条件来决定应采取的步骤,可以各模块平行一次性实施,也可以先实施一两个模块。在这个阶段,所有最终用户必须在自己的工作岗位上使用终端或客户机操作,处于真正应用状态,而不是集中于机房。如果手工管理与系统还有短时并行,可作为一种应用模拟看待(live pilot),但时间不宜过长。

3.1.5 新系统运行

一个新系统被应用到企业后,实施的工作其实并没有完全结束,而是将转入业绩评价和下一步的后期支持阶段。这是因为我们有必要对系统实施的结果做一次小结和自我评价,以判断是否达到了最初的目标,以便在此基础上制订下一步的工作方向。由于市场竞争形势的发展,将会不断有新的需求提出,再加之软件的更新换代、信息技术的进步都会对原有系统构成新的挑战,所以无论如何,都必须在巩固的基础上,通过自我业绩评价,制订下一目标,再进行改进,不断地巩固、优化系统。

以上我们对 ERP 的实施过程做了简要的介绍。当然,这些阶段是密切相关的,一个阶段没有做好,决不可操之过急地进入下一个阶段,否则,只能是事倍功半。值得注意的是,在整个实施进程中,培训工作是贯彻始终的。因为员工才是系统的真正使用者,只有他们对相关的 ERP 软件及所要求的硬件环境有了一定的了解,才能够保证系统最终的顺利实施和应用。

3.2 ERP 实施的条件

3.2.1 先天条件

企业要想避免风险地成功实施 ERP,应具备一定的"先天"条件,也就是先决条件。就是说如果"先天不足"就不要急于上 ERP 系统,否则必败无疑。这些先决条件可以归纳为以下 5 个方面:

(1) 企业有实现现代企业制度的机制和长远经营战略,并在此基础上建立企业信息化,通俗地讲就是"总体规划,分步实施"。这个总体规划既包括了 CAD/CAID/PDM/CAPP/CAM/GT 等产品开发与制造工艺方面的信息化,也包括了电子商务以及 OA/TQM/SCM/CRM 等管理方面的信息化。企业信息化建设是长期投资,不是一次性的消费,所以要同企业的经营战略结合起来考虑。

(2) 产品有生命力,就是说要有稳定的经营环境,要抓住企业经营状况呈上升趋势的大好时机来上 ERP 系统,但 ERP 系统是治病良方,不是救命稻草。因此,如果企业不能提供社会和市场所需的产品和服务,没有一个比较稳定的市场,甚至经营亏损,是没有条件上 ERP 系统的。有的企业没有注意市场发展的趋势,没能及时调整自己的产品结构和增值方向,出现经营滑坡,结果 ERP 实施半途而废。

(3) 有改革开拓决心和不断进取的高层管理班子。领导班子要一致,绝对不能"一把手积极,二把手反对,三把手支持,四把手观望"。既要有民主,更要有集中。

(4)管理基础工作要扎实。不仅档案齐全、数据可靠,而且制度完善,政令通畅。"学习型"和"追求卓越,永无止境"的企业文化,将更有利于 ERP 系统的成功实施。

(5)各级一把手理解 ERP,有一致的明确目标。避免盲目和攀比,一定要强调按照"ERP 基本原理培训-企业诊断-需求分析和可行性分析-决策"这样的规范化步骤来做好前期工作。

3.2.2 后天条件

在项目实施过程中还有一些属于"后天"的条件:
(1)有得力的项目经理,项目组织人选得当;
(2)重视培训教育,重视提高全体员工的素质;
(3)管理人员同信息技术人员必须配合默契;
(4)重视数据准确、及时和完整应成为全体员工的工作意识;
(5)选择适用的软件及长期合作的软件商;
(6)坚持项目管理实施方法,有良好的实施指导和服务支持;
(7)严格的工作纪律,制订严明的工作准则与规程;
(8)深化改革,重视业务流程重组,不能"穿新鞋走老路";
(9)健全激励机制,在促进人才成长、数据准确、系统应用、管理改革等方面起正面促进作用;
(10)有意识地建立一支既精于管理又善于应用信息技术的管理人员,有一支能开发和维护管理系统的信息技术专业人员。

3.3 ERP 实施绩效评价

ERP 实施绩效评价体系由评价制度体系、评价组织体系和评价指标体系这 3 个部分组成。其中评价指标体系是 ERP 实施绩效评价体系中的主要组成部分。ERP 项目是一个企业管理系统工程,而不是一个简单的企业管理信息系统工程或者是企业信息化建设工程。因此,ERP 实施绩效评价指标体系既要定性地反映企业通过实施 ERP 后在管理方面有哪些明显的改进、提高和创新,又要用相关经济指标定量地反映企业综合能力和管理过程状况的改进和提高,重点应突出企业管理创新。为此,ERP 实施绩效评价指标体系的具体评价内容主要包括以下 6 个方面。

(1)运行 ERP 系统所需的各种基础数据是否准确、及时、有效,其准确率是否达到 95%以上,如:物料数据、物料单数据、计划数据、工作中心数据、加工路线数据、成本数据和财务数据等等。其中,物料单数据的准确率应争取达到 100%;

(2)企业是否运用 ERP 系统对整个供应链管理中的各相关环节和企业资源实行有效的规划和控制;

(3)有无促使企业在管理思想、管理模式、管理方法、管理机制、管理基础、业务流程、组织结构、过程评测、质量管理、规章制度、全员素质、企业竞争力、企业形象、科学决策和信息化建设等方面发生一些明显的改进、提高和创新;

(4)通过财务分析,企业在市场预测分析、加强财务管理、合理组织生产、资源优化配置、压缩生产周期、降低物料库存、减少资金占用、降低产品成本、提高产品质量、扩大市场销售和改善客户服务等方面有无产生相应的经济效益;

（5）评价企业综合能力的主要经济指标和企业管理过程状况的评测指标有无发生相应的改进和提高，如：利税占有率、全员劳动生产率、成本费用利润率、流动资产周转率、总资产报酬率、市场预测准确率、合同履约率、计划有效率、生产均衡率、原材料利用率、零部件配套率、完工准时率、存货周转率、原材料周转率、在制品周转率、产成品周转率、库存准确率、交货准时率、废品率、返修率、工程更改率、工时定额、材料定额、生产周期、生产批量、采购周期、采购批量、安全库存量、成本利润率、制造费分摊率、应收款周转率、财务预算准确率、应收账准确率、应付账准确率、总账准确率；加班加点比率、人工效率、人工费率、设备完好率、设备利用率和客户满意率等等。

（6）ERP项目的实施周期、投资收益率、投资利润率和投资回收期。

案例2　G公司的ERP之路

G公司创始于1952年，1994年由国有企业改组成为股份有限公司，2005年在深圳证券交易所挂牌上市。总部设在广州，在香港、洛杉矶和法兰克福设有全资直属子公司，是国际电声器件行业知名的OEM。

G公司的企业信息化进程始于20世纪90年代初：1992年建立了会计电算化系统，1994年建立了进销存管理系统，1997年实现了工程设计CAD化，1998年开始实施ERP；2003年度，G公司被国家信息化测评中心认定为"中国企业信息化500强"之一。

1. 第一次实施ERP系统

1.1　引进ERP的背景

应该说，1998年引进和实施ERP，是G公司全面系统地实施企业信息化战略的起点。此前企业已经建立起自主开发的进、销、存管理系统，经过四年的开发和实施，运行情况良好，手工账册已经完全被电子账册所代替，作业效率提高较明显。但公司仍面临相当多问题，最为突出的是库存居高不下，由此引发的资金积压、物料过期报废造成的损失相当严重，而由于物料的供应问题以及生产的调度问题导致的停产现象也日益频繁。公司最高管理层对这些问题非常焦急。

1998年7月，公司当时的执行董事林先生在香港的一次展会上接触到了ERP的概念，此后了解到G公司的第一大客户PHILIPS早已运用这种理念和工具来进行生产管理。林董认为，ERP的理念和方法非常适合解决G公司的问题，并且G公司作为一个外向型的企业，在管理上必须与国际保持同步，要善于接受先进的思想，因此应该尽快抛弃现有的进、销、存软件和自行开发管理软件的信息化模式，引进ERP。这在企业高层中招致了强烈的反对声音，当时主管信息化的董事副总经理陈先生认为，ERP不符合中国国情，并挖苦道"那玩意儿（ERP）就像是一辆豪华轿车进了粤北山区的羊肠小道，还不如牛车好使。"

系统选型与对咨询服务商及成功用户的考察并没有因激烈的争论而停顿，1998年9月G公司与香港怡和科技集团（JOS©）签订了购买和实施由美国Lilly Software开发的ERP系统Visual Manufacturing™（VM）[①]的合同。

1.2　实施上线

1998年10月，根据JOS顾问组的建议，G公司成立了ERP项目领导小组，由林董担

---
① Lilly软件公司后被Infor公司并购，其产品Visual Manufacturing现已更名Infor Visual™。

任组长，小组成员为各部门经理，项目小组建立了定时例会的制度。G公司在原电脑室的基础上扩充成立了信息中心，行政上由总经理办公室领导，承担项目实施的日常工作。项目正式启动，JOS方面预计系统上线过程耗时6个月；

1998年10月~11月是蓝图设计阶段，主要是培训中高层管理人员的ERP系统观念和原理，建立系统的测试和培训环境，进行当前组织机构和业务流程的整理与分析，设计并规划新的组织机构与业务流程，提出业务流程重组的方案，针对确定的重组后的业务流程，编写业务流程定义（BPD）文档。

1998年11月至1999年3月是系统实现阶段，主要完成关键用户及信息系统部人员专业知识培训，按蓝图设计阶段确定的新的组织机构和业务流程定义，进行基准系统配置和测试确认，系统最终配置和测试确认，设计用户需要的非标准报表，建立用户权限策略和主要用户组的权限，建立文件和数据归档与备份的策略，集成测试，编写业务流程过程（BPP）文档。

1999年3月~4月是并行阶段，主要进行最终用户培训、初始数据收集、盘点、数据转换工作，ERP系统开始与原进销存管理软件并行运作。

1999年5月6日，关闭原进销存管理软件，ERP系统正式切换上线。

第一阶段相当顺利，JOS的顾问对G公司的管理层做了多次ERP理念的培训，接下来项目小组和顾问一起根据ERP的要求对公司的流程进行了重新规划，并根据ERP非常强调计划的特点新设立了相当于部门经理级的"生产总调度"岗位。

第二阶段开始遭遇较多问题，主要有两个原因：

（1）G公司出于避税、利用国家优惠政策等原因的考虑，注册了"G股份有限公司"（国有控股）和"广州G有限公司"（中外合资）两个实体，其实是一套人马、一套资源。两公司在订单、采购环节是分开的，但生产线、物料要求共用，而财务在形式上又要求各自独立核算。一方面两家公司的业务上、产权上的界限是模糊不清、不规范的。这给系统的实施造成了一对难以协调的矛盾：按一个实体设置系统，财务模块将无法使用，按两个实体设置系统，则生产计划模块无法使用；而另一方面，由于巨大的利益的诱惑，管理层当然不愿意改变这种并不规范的产权和业务结构。

（2）一方面，G公司直接面对的客户不是来自消费市场而是整机生产厂商，厂商客户为了转嫁市场风险，下的订单通常都非常紧急，往往连一般情况下合理的采购提前期都不够，而且取消、更改订单的情况比较频繁，这给主生产计划（Master Production Schedule，MPS）和物料需求计划（MRP）提出了非常苛刻的要求；另一方面，激烈的市场竞争使企业面对持续性的降价压力，出于成本的考虑G公司不可能对物料供应商的素质过分挑剔，因此供应商能否按计划准时按单交货，是个大问题。

在遭遇较大困难的情况下，原先已经减弱了的反对声音又重新强大起来，第一阶段确定的许多流程、目标以及进度计划也被质疑而不得不重新拿出来争论、修改。JOS的实施顾问本身倒是不乏制造业的从业经验，但对于G公司内部的意见分歧，他们是无法解决的。项目组也一时陷于迷惘，脚步自然地放慢了。直到1999年8月，项目组决定上线初期暂不启用ERP本身的财务模块，而采取将ERP系统中的进、销、存数据传递到现行独立财务软件中处理的方式，这实际上是权衡了各种矛盾后，对系统的一项重要功能做出了暂时的放弃，而事后证明，这次"暂时"终成"永久"。

1999年9月，实施比预定计划拖延了6个月后进入了第三阶段，ERP系统启动，与原进销存管理系统开始并行运作。这时又遇到了棘手的问题：两个系统的流程实际上是不一样的，差异还比较大，两个差异比较大的流程在要求不能影响生产的情况下如何"并行"呢？

"并行"进行了三天后被迫中止。项目组分析认为，两个系统的切换过程，无非有突变和渐变两种方式。采取前者，企业很可能无法适应而使生产或项目很快陷于停顿，故应当采取后者，在并行期间应尽量保持工作流程、操作方式不要与原来变化太大。在这个思想的指导下，项目组决定并行期间先跳过 MPS 和 MRP，这两部分仍按原人工方式进行。同时，信息中心开始对系统进行二次开发，包括实现各种单据、查询、接口等功能的临时性外挂程序，以支持原有流程。事后证明这些"临时"程序全部都成为了永久程序，比系统本身的功能更广泛地被使用。

由于二次开发耗用了较多的时间，重新并行已经是 2000 年 3 月份，直到 2000 年 6 月 1 日，进、销、存管理软件关闭，ERP 系统正式上线运行，历时 20 个月，比原定计划多用了 14 个月，其时上线的模块包括工程及生产项目定义、车间生产控制、库存控制、客户订单管理、MPS、采购、行政信息等，未上线模块尚有 MRP、总账、应收应付、批号管理、生产项目成本核算、报价与预算等。

1.3 流程重组

一般而言，企业在实施 ERP 以前的生产管理流程与 ERP 所要求的是有较大出入的，因此流程重组（Business Process Reengineering，BPR）在 ERP 的实施中是难以避免的。在 G 公司的 ERP 项目的整个上线过程中，为暂时规避某些重大的困难，实际上是通过放弃系统某些功能，以及通过二次开发改造系统本身来迎合了原有的流程，也就是说，几乎没有进行 BPR。系统"正式"上线，严格地说只是实现了原有进、销、存管理软件的功能，ERP 的核心功能 MRP 都未投入使用。BPR 因而从 MRP 入手展开。

图 3-3 是在流程设计中拟实现的流程：MRP 根据订单生成成品需求，通过先进排程（Advance Production Schedule，APS）系统生成生产计划，调整确认后 MRP 自动调整零部件需求，确认后生成采购计划，整个过程是非常紧凑的。

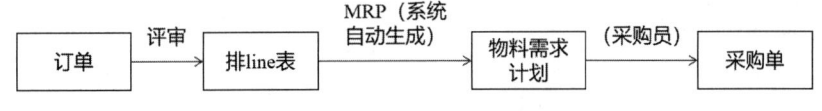

图 3-3　VM 系统的标准流程①

G 公司的具体情况是，客户下达订单后通常在一段时间内更改的可能性很大，因而除订单外还会滚动地给出一段时间的交货排期表，G 公司实际上是按照该表来组织生产和交货。G 公司也如法炮制地给供应商下采购单（对供应商而言就是订单）：通常在一段时间内会根据客户需求更改而更改，因而除采购单外还会滚动地给出一段时间的供应商交货排期表，供应商实际上是按照该表来组织生产和交货。

一个供应链系统，常常会存在所谓的"牛鞭效应"，即供应链下游环节需求较小的波动，传递到上游环节就会被放大成一个较大的波动，这种效应在同一个企业内部的供需环节上也同样存在。因此，客户需求的频繁更改通过交货排期表转化为订单更改传递到系统中后，牵一发而动全身，给 MPS、MRP、生产、采购等环节带来了巨大的压力，为争取

---

① 图中的"排 line 表"是粤港地区的习惯提法，实指 MPS 的输出，下同。

时间生产调度和物料计划等相关岗位的工作人员往往会跳过系统的标准计划流程而直接利用电话、手写"白条"等方式进行指挥，久而久之就形成了如图 3-4 所示的业务流程，其间经过生产总调度和采购计划员的三次排产、采购计划员和物控员的双重共三次人工"拆单"（将成品需求分解成零部件需求，或将总需求按时间或供应商等条件拆分为分需求），产生采购单和交货排期表两份文件。这两份文件都会交给供应商，但供应商一般会按其中的交货排期表交货。

分析图 3-4 不难发现，这是一个双重业务流程，要求供应商的交货期存在双重标准，ERP 系统内在的关系也被人为割裂，系统中 MPS 难以实时有效地更新，更糟糕的是，有大量信息和业务流程实际上没有进入系统。这种情况下系统自动生成的物料需求计划可信度必然不高，主要仍须以人工进行物料计划，工作非常繁重，周期也较长，因此留给供应商的交货周期更短，以至于无法按时交货，这使得排 MPS 不得不更频繁地被更改，从而形成恶性循环（如图 3-5）。形成这种情况除业务本身的原因外，也有组织设置方面的原因，涉及计划的岗位包括生产总调度、物料计划员、物控员、生产管理员分属总经理办公室、物料部和生产部等若干部门，各自为政的情况比较严重，这非常不利于计划的统一性和计划过程的密切沟通与合作。

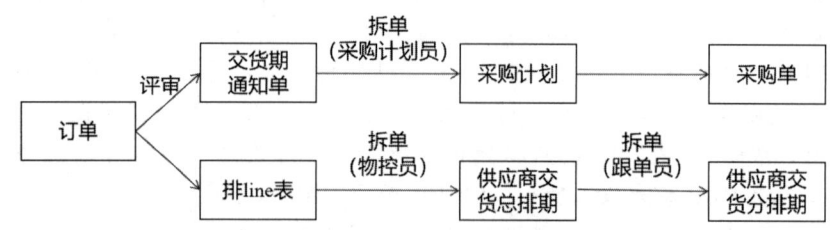

图 3-4　G 公司实际物料供应中的双重业务流程

当务之急是通过 BPR，撤并双重的业务流程，实现物料供应的良性循环（如图 3-6）。但前提是必须进行机构重组：应将前述涉及计划的岗位与职能从各部门分离出来，成立计划部，对 MPS 和 MRP 全盘负责。

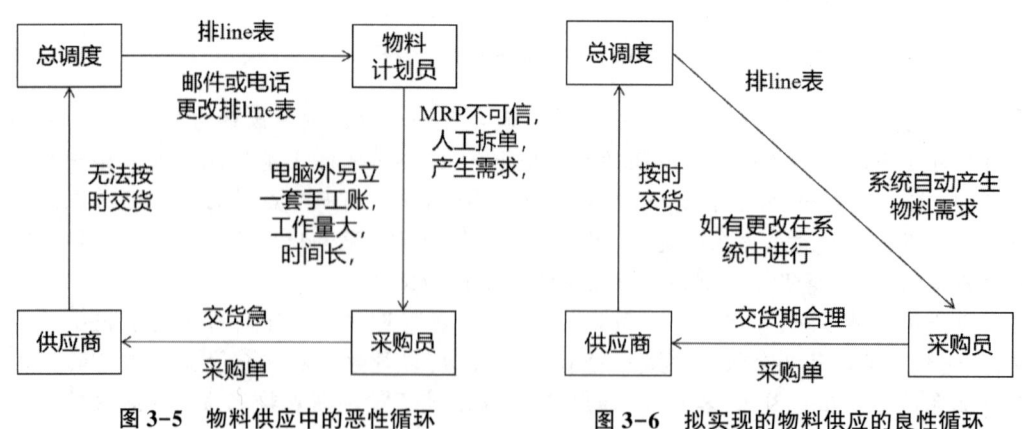

图 3-5　物料供应中的恶性循环　　　　图 3-6　拟实现的物料供应的良性循环

其时已进入 2001 年，项目启动时的项目组成员由于工作调动等原因大都已实际离开了项目组,林董因身体原因也处于半退休状态,项目的推动基本交给了信息中心。朱江当时作为信息中心的主任工程师,并未能说服公司和相关部门的领导推动机构重组,因此在 BPR 方面经过努力虽有一些改进,但总体而言进展不大。

1.4 成效

即便如此,ERP 系统的应用在 G 公司还是取得了一定成效的,主要有两个方面。

(1)运营指标有所改善。

我们可以关注以下的运营指标 2000 年度到 2001 年度的变化:平均成品库存资金占用从 982 万元下降到 316 万元,平均零部件库存资金占用从 1650 万元下降到 1350 万元,存货周转率由 4.68 提高到 6.43(有资料称在美国的电子制造业中该指标一般超过 10,在日本则接近 20),流动资金周转率由 1.25 提高到 1.28;装配工时利用率从 90%提高到 96.05%。

但这里面也有个问题,我们无法断言这些指标的改善就是应用了系统后直接导致的,以及有多大程度是系统的贡献。

(2)国际知名的管理系统增加了客户的认同感。

G 公司的客户多为知名跨国企业,这些企业对于供应商的选择是非常严格和谨慎的,它们不但关心产品本身,更会全面仔细地考察供应商的管理体系是否健全和先进,是否能符合其配套体系的要求。G 公司使用国际知名的管理系统,无疑使客户对其合作能力的信心大为提高。

2. 第二次引进和实施 ERP

2.1 背景

2002 年 5 月,新任公司董事兼物料部郝旭明经理赴浙江参加全国行业年会,会上,G 公司的同行 H 公司在介绍其信息化经验时展示了自行开发的一套名为"全方"的管理软件引起了郝的极大兴趣。同年 7 月郝旭明与朱江专程飞赴浙江对该软件的实际应用进行考察。

经过仔细地考察发现 H 公司自行开发的该软件从本质上讲是一个建立在进、销、存管理基础上的办公自动化(Office Automation,OA)系统,其特点是将公司的各项业务例如出物料入库、采购、考勤,甚至费用报销等的作业、申请、审批、催办等等都通过分用户的任务列表传达给对应的用户,限时完成,否则将通过系统自动报告给上级管理人员,对其进行督促。

"全方"系统基本上未具备 MRP 功能,对于规模尚不大的 H 公司是适用的,事实上也应用得不错,但对于 G 公司较大规模的生产来说该软件并不能解决主要矛盾,企业计划能力不强、计划质量不高、客户和供应商环境的复杂性等问题都不是通过任务列表要求职员限时完成就能够解决的。

其时对 ERP 尚无任何概念的郝旭明已经迷上了"全方"系统,打算引进到 G 公司并取代"用得很差"的 VM,并在物料部公开对职员们称:"用了这套系统,至少可以炒掉你们一半人!"而朱江认为"这只能使我们以更快的速度但错误的方法去做一件事情",VM 本身的思想是先进的,我们应该按照这种思想继续努力改进我们的管理而不是半途而废。考察结束后在全体管理人员参加的信息化工作专题会上,朱江和郝旭明因观点分歧而发生了激烈的争论。

董事长起初并不同意更换软件,但由于郝旭明强硬坚持,也就做了一些让步:如确有必要可以更换软件,但"全方"由于出自同行业竞争者,不宜考虑,应考察其他商品化软件。同时在郝旭明的主动请缨下,董事长授权其全权领导公司信息化方面的工作。

2.2 系统选型

既然更换软件已经成为公司的决定,朱江只能服从,无奈之下转而将精力投入了系统的选型工作。有了第一次实施ERP系统的经验教训,朱江也希望通过重新选择软件和合作伙伴,以及再次高强度的系统实施,实现原来未能实现的战略意图。

ERP系统作为一种战略性的工具,对于企业管理进步的影响将是非常深远的,因此企业在进行系统选型的时候通常是相当慎重的,并且会为此投入大量的人力物力和时间。G公司管理层成员几乎都参与了本次系统的选型工作,从2002年8月~12月,先后考察了包括SAP、IFS、用友软件等在内的6家系统提供商及其系统,反复观看系统演示,并参观了各自的成功用户。

即便如此,真要经理们说说各个软件的区别,除了笼统的A的"思路比较清晰"、B的"流程比较流畅"、C的"界面比较友好"、D的"某功能好像挺强"外,恐怕再很难说得出更多。面对复杂的ERP系统,如何进行选择?

朱江认为,从表面上看,各种商品化的ERP系统所遵循的基本原理、包含的功能等似乎相差不多,但实际上它们之间还是存在本质区别的,根据以往的经验,这主要体现在系统的柔性和对业务支持的深度上。所谓柔性是指当企业的业务流程需要调整、生产模式发生变化,或是增加了与原先不同的业务类型时,系统是否能够通过调整适应这些变化。一个正在快速发展或变革中的企业,如果选择了一个柔性欠佳的系统,就很容易受之束缚。所谓对某项业务支持的深度是指系统对该业务的处理方式的设计是否细致、周到,提供多少方式或策略选择等,这将直接影响系统在处理各种业务时是否灵活和方便。

随着选型工作的深入,朱江与郝旭明在该问题上也开始出现了严重的分歧。郝旭明比较关注软件的"界面友好",对前述软件的内涵性的因素关注不足,认为一个简单明了的系统,实施过程会因阻力较小而比较顺利。朱江则认为其实不尽然:系统复杂一些,对IT技术人员的要求当然会高一些,但不等于操作人员操作起来复杂;系统功能如果不够强大和灵活,做业务时就会受限制,实施时就要做更多开发或迁就,方案会更复杂,阻力会更大,周期会更长,效果会更差。双方各执一词,谁也无法说服对方,双方都在管理层中游说,争取获得最大的支持,选型变成了一场拉锯战。

长时间的悬而不决自然不是办法,2003年2月底郝旭明以行政拍板的形式给选型画了句号,G公司与一家小型软件公司签订了购买与实施"S"ERP系统的合同。

2.3 实施

2003年3月3日,朱江被任命为项目经理,同日S项目正式启动。按照合作方制订的详细实施计划,上线过程将历时6个月,2003年9月1日上线运行。为了便于叙述,本文将实施工作分划为两个阶段:从2003年3月到9月为第一阶段,2003年10月至今为第二阶段。

(1) 第一阶段。

与第一次实施ERP相比,本阶段的实施有以下特点:

① 大力抓培训。

G公司对系统培训尤其是实施初期的培训投入了很大的力量,这种培训包括针对管理层的概念培训和针对一般用户的操作培训。应该说后者较之前者的效果要好得多。

在对各部门的操作员培训班中,软件公司从计算机的基本知识开始进行了系统的培训,并进行了较为严格的考试,给合格的员工颁发上岗证。参加培训的是一些基层的员工,不同于管理人员的懒惰,由于强烈的危机感他们表现出了较高的学习热情,常常主动加班学到晚上,在系统上线以前早已熟习系统的操作。

②高度重视流程规划。

VM 项目的经验表明,能否成功推动流程的重组是 ERP 项目能否达到管理目标的关键因素,因此从 S 项目一开始就非常重视按照 ERP 的要求对公司生产作业管理流程进行重新规划,以便为后续的 BPR 提供一份蓝图。

虽然 G 公司与其他有着国资背景的企业一样,存在着流程制订容易执行难的问题,花费了大量人力物力和时间讨论出来的流程成为一纸空文的情况并不鲜见,但蓝图仍然是必须的,其至少可以保证努力的方向是明确的。

③计划环节的问题。

早在选型阶段,郝旭明就认为,"MRP 只是 ERP 系统中一个很小的部分",因而在选型和实施工作的前期都未对该模块给予足够的重视。而 MRP 其实正是 ERP 实施中最关键和困难的环节,而这又恰恰是 S 系统的短板。2003 年 8 月中旬,生产总调度和物料计划员岗位在上线前的模拟操作中发现 S 软件的 MPS 和 MRP 模块在功能上存在缺陷:不支持有限产能的生产排程,也不支持 MPS 和 MRP 的双向互动和调整,无法满足公司业务的要求。

在这种情况下,只能要求软件提供方重新开发,原定 9 月份的上线计划被迫推后。

(2) 第二阶段。

在确认软件功能确实存在缺陷的情况下,只能通过开发解决问题。软件开发商投入了两个月时间,以 VM 为模版重写了 S 系统的 MPS 和 MRP 模块。

与此同时,原定 9 月的上线受阻所暴露出来的问题使 G 公司高层认识到了集中统一的计划在 ERP 中的核心地位,最终下决心将分散于销售、生产、物料等部门的生产计划、物料计划等职能独立出来成立了计划部,这是 G 公司几年来在 ERP 问题上迈出的一大步。正如前述,BPR 在 ERP 的实施过程中通常难以避免,BPR 需要有组织保证,为进行 BPR 首先进行组织机构调整是非常必要的。

2004 年 3 月 1 日 Visual Manufacturing 系统关闭,S 系统正式上线运行,项目的重点转向 BPR,目标和思路仍如前面 1.3 小节所述。

2.4 失败

在项目开始阶段,全公司上下对系统的期望值是相当高的,但随着实施的深入,尤其是 S 系统"上线运行"后,各种管理上的困难越来越多,并且有相当一部分是由于现阶段的战略安排企业无法或是不愿意改变的,项目组在实践中只能采取规避的方法,结果用郝旭明的话说就是:"我们对系统的要求是越来越低了。"朱江则认为,S 项目是因为 OA 的需求而上马的 ERP 项目,"从一开始就是个错误"。2004 年初,当地电视台对 G 公司信息化建设的"先进"事迹进行了专访和报道,事实上,此时一起出现在镜头前的项目领导班子已是貌合神离。

不久后的 2004 年 5 月,朱江被免去项目经理职务,继任者是原 S 系统的开发商派驻 G 公司的一名技术人员;2004 年底,郝旭明被调离公司的主营业务,S 项目归口由财务总监郑崖民主持。2005 年,公司财务部门以 S 系统的财务管理模块不适用为由,购买并开始实施独立于 S 系统的用友 U8™ 财务管理系统。此后,S 系统的状态按照业内常用的说法就是:"不好不坏地运行着"。

2006 年底,回顾 G 公司走了 8 年的 ERP 之路,朱江认为,从整个 ERP 推行的角度看,取得了一定的成效(这在前面已有提及),但如果单独地看 S 项目,则是失败的,因为该项目在实施的过程中遇到的管理问题与 VM 项目是完全类似的,并且在花费了巨大的人力物力和时间后,S 系统也未能在任何重要方面超越 VM 系统而克服这些问题。

来源:朱江等编著的《企业资源计划》(第二版)

启发思考题

1. G 公司 8 年的"ERP 试行之路"引发了哪些思考?
2. ERP 模块中系统的切换方式有哪些?各自有什么异同之处?分别适用于什么场景?
3. 如何看待与处理 ERP 系统试运行过程中,最终用户对系统功能不断更新变化的新要求?

第 2 篇　ERP 系统与实训

本篇主要解析了企业资源规划(ERP)系统构成、2BizBox ERP 系统的特点及其实训设计。本篇包括第 4 章到第 11 章,共 8 章。

第 4 章主要概括了一般企业资源规划(ERP)系统的基本系统构成和功能;

第 5 章详细地介绍了 2BizBox ERP 系统的各项构成与功能以及实训设计;

第 6 章、第 7 章、第 8 章、第 9 章和第 10 章对 ERP 系统各分模块加以训练,以便读者熟练理解和掌握 ERP 系统;

第 11 章通过 ERP 系统全流程的实训,完整了解整个企业 ERP 系统的流程。

第4章 ERP系统概述

4.1 ERP系统

随着越来越多的企业了解并使用ERP,对ERP原理及应用的需求也不断增大。如何理解ERP管理思想,如何认识ERP系统、如何应用ERP系统迫在眉睫。

ERP系统是一个复杂的集成的信息系统,蕴含着众多的管理思想和信息技术应用成果,其功能覆盖了企业运营和管理的方方面面;从管理角度来看,ERP系统又是一个解决方案,其核心问题是如何将ERP系统应用于企业特定需求的设计与现实之中。

市场上的ERP产品非常多,各厂家产品的风格与侧重点不尽相同,因而ERP产品的模块结构相差较大。对于初次了解ERP的读者来说,有时可能会觉得弄不清到底哪个才是真正的ERP系统。这里撇开实际的产品,从企业的角度来简单描述一下ERP系统的功能结构,即ERP能够为企业做什么,它的模块功能到底包含哪些功能。

ERP将企业所有资源进行整合集成管理,简单地说是将企业的"三流":物流、资金流、信息流进行全面一体化管理的管理信息系统。它的功能模块不同于以往的MRP或MRP Ⅱ的模块,不仅可用于生产企业的管理,而且在许多其他类型的企业如一些非生产性、公益事业的企业也可导入ERP系统进行资源计划和管理。对于企业的"三流"不仅包括对其进行的管理,更反映了它们相互之间的广泛接口。

从企业管理方面看,一般的管理主要包括三方面的内容:生产管理(计划、制造、控制)、物流管理(分销、采购、库存管理)和财务管理(会计核算、财务管理)。这三大系统本身就是集成体,它们互相之间有相应的接口,能够很好地整合在一起来对企业进行管理。另外,随着企业对人力资源管理重视的加强,已经有越来越多的ERP厂商将人力资源管理纳入进来,使之成为了ERP系统的一个重要组成部分。

随着信息技术应用的深入,ERP系统的功能在不断扩展,同时也在同电子商务等应用不断集成,但就最基本概念而言,典型ERP系统的功能主要包括财务管理、物流管理、生产计划与控制管理、人力资源管理等方面(如图4-1)。

4.1.1 财务管理

企业中,清晰分明的财务管理是极其重要的。所以,在ERP整个方案中它是不可或缺的一部分。ERP中的财务模块与一般的财务软件不同,作为ERP系统中的一部分,它和系统的其他模块有相应的接口,能够相互集成,比如:它可将由生产活动、采购活动输入的信息自动计入财务模块生成总账、会计报表,取消了输入凭证繁琐的过程,几乎完全替代以往传统的手工操作。一般的ERP软件的财务部分分为会计核算与财务管理两大块。

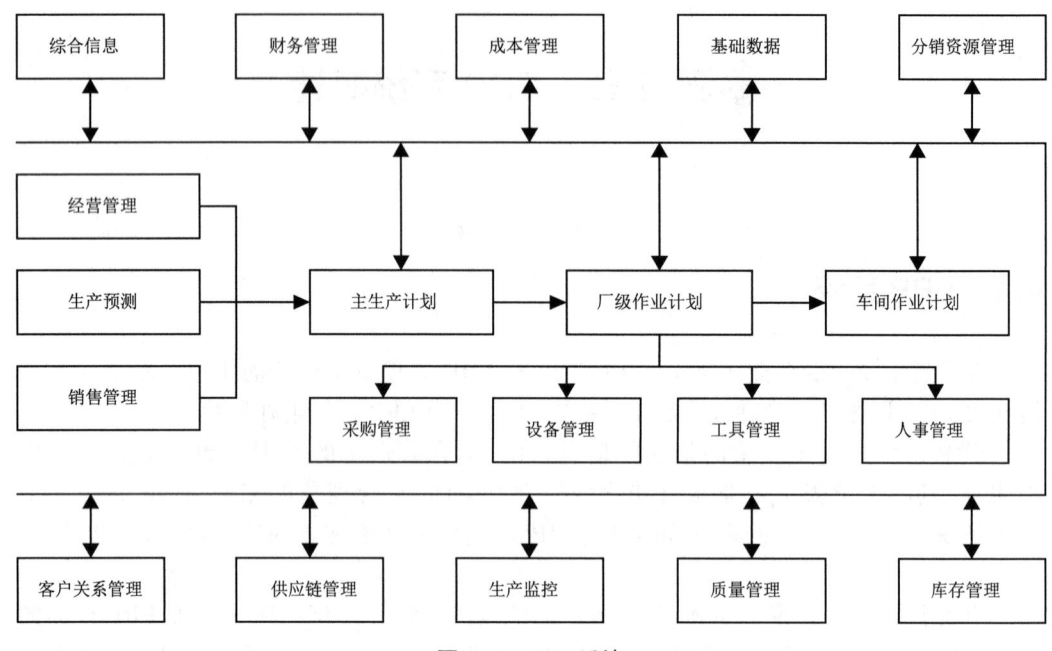

图 4-1　ERP 系统

4.1.2　物流管理

物流是一个被广泛应用而含义各异的名称,大体分为分销管理、库存控制和采购管理。

(1) 分销管理

销售管理是从产品的销售计划开始,对其销售产品、销售地区、销售客户各种信息的管理和统计,并可对销售数量、金额、利润、绩效、客户服务做出全面的分析,这样在分销管理模块中大致有三方面的功能,即对于客户信息的管理和服务、对于销售订单的管理和对于销售的统计与分析。

(2) 库存控制

用来控制存储物料的数量,以保证稳定的物流支持正常的生产,但又最小限度地占用资本。它是一种相关的、动态的、真实的库存控制系统,能够结合、满足相关部门的需求,随时间变化动态地调整库存,精确的反映库存现状。

(3) 采购管理

确定合理的订货量、优秀的供应商和保持最佳的安全储备。能够随时提供订购、验收的信息,跟踪和催促对外购或委外加工的物料,保证货物及时到达。建立供应商的档案,用最新的成本信息来调整库的成本。

4.1.3　生产计划与控制管理

这一部分是 ERP 系统的核心所在,它将企业的整个生产过程有机地结合在一起,使得企业能够有效地降低库存,提高效率。同时,各个原本分散的生产流程的自动连接,也使得生产流程能够前后连贯,不会使生产脱节,耽误生产交货时间。

生产控制管理是一个以计划为导向的先进的生产、管理方法。首先,企业确定它的一个总生产计划,在经过系统层层细分后,下达到各部门去执行。即生产部门按此生产,采购部门按此采购等等。

4.1.4 人力资源管理

以往的 ERP 系统基本上都是以生产制造及销售过程(供应链)为中心的。因此,长期以来,企业一直把与制造资源有关的资源作为企业的核心资源进行管理。但近年来,企业内部的人力资源,开始越来越受到企业的关注,被视为企业的资源之本。在这种情况下,人力资源管理,作为一个独立的模块,被加入到了 ERP 的系统中来,和 ERP 中的财务、生产系统组成了一个高效的具有高度集成性的企业资源系统。它与传统方式下的人事管理有着根本的不同。

4.2 2BizBox ERP 系统简介

2BizBox ERP 是针对按订单生产模式制造业开发设计的 ERP 软件,旨在帮助这些企业全方位提高运作效率。2BizBox ERP 系统提供 10 多个模块,60 多个子模块,包括工程设计、采购、销售、库房、制造、工单、财务、人力资源管理等内容。

大多数中小型企业没有自己的 IT 部门来专门维护一个 ERP 系统,2BizBox ERP 从根源上解决这个问题。首先,2BizBox ERP 提供很方便的下载安装程序,用户只需单击下载,双击安装即可运行软件;其次,它的设计简单易用,注重用户友好性;最后也是最主要的是 2BizBox ERP 将所有用户手册以及辅助完成自实施的文档公布出去,通过在线论坛等供用户自实施。

2BizBox ERP 采用 Java EE(Java Enterprise Edition)平台技术:稳固、灵活、轻量、安全、可扩展;它建立在 Java 技术以及其他像 JBoss、MySQL、Linux、Hibernate 等开源技术基础上,可以部署在所有支持 Java 语言的操作系统中,包括 UNIX、Linux 和 Windows。2BizBox ERP 既能运行在一台普通的笔记本电脑上,也能运行在大型企业级服务器上。

2BizBox ERP 是功能强大的 ERP 系统,包括 60 多个分支如工程设计管理、销售管理、采购管理、库房管理、制造管理、工单管理、财务管理和人力资源管理等,为中小型制造企业信息化提供一套完善的解决方案,如图 4-2 所示。

4.2.1 2BizBox ERP 架构

2BizBoxERP 是典型的 CS 架构,分客户端和服务器两个运行程序。客户端从服务器请求、显示数据,并完成与用户的交互,服务器程序对客户端的交互操作与数据请求做相应的反馈,将最终结果保存至数据库。2BizBox ERP 使用 HTTP 协议和 80 端口来进行服务器与客户端的数据传输。服务器可分为四部分:网络服务器、应用程序服务器、FTP 服务器与数据库服务器,通常这些服务应用可以部署在一台服务器上,但为了数据的安全起见,2BizBox ERP 推荐用户将 FTP 资源放置在单独的一个服务器上,包括文档、工程图纸、图片以及其他机密文件。

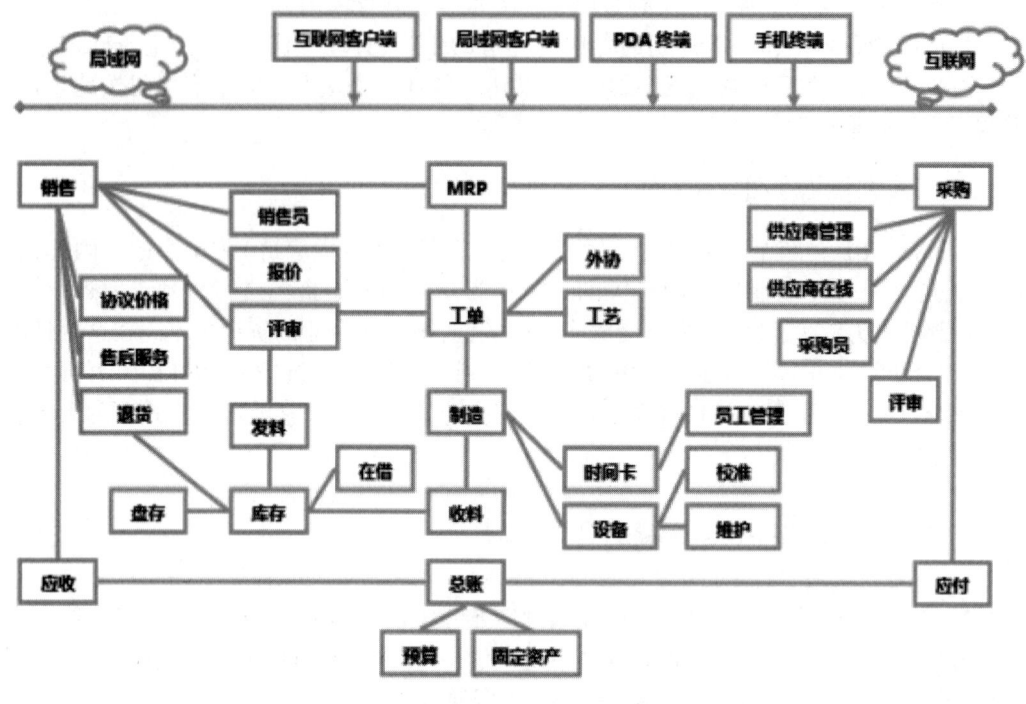

图 4-2　2BizBox ERP 概况

2BizBox ERP 服务器可以部署在内部服务器上，也可以部署在网络服务器上，所有员工可以通过 LAN 服务登录 2BizBox ERP 系统（如图 4-3 所示），并确保可以从网络访问服务器 80 端口。

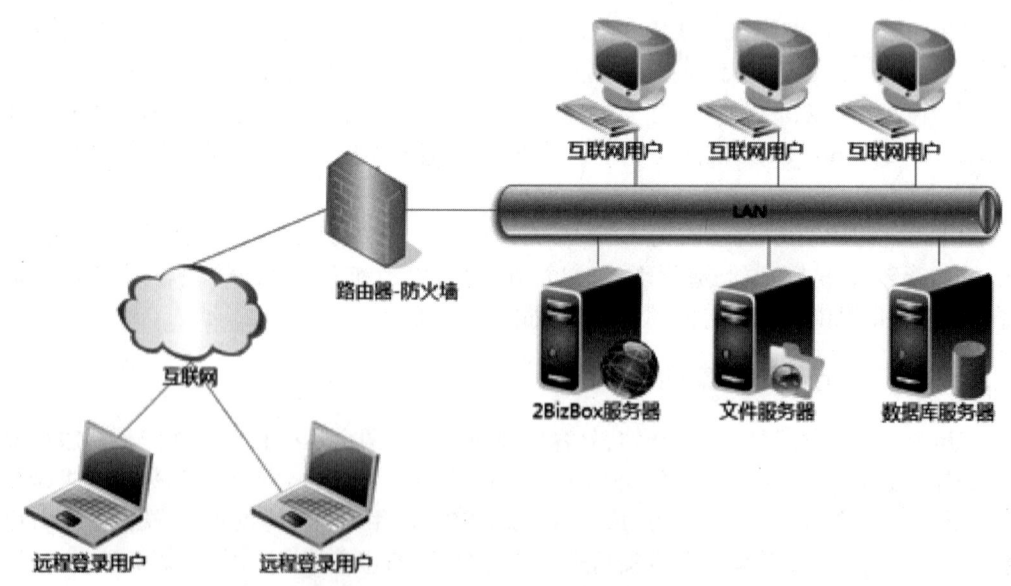

图 4-3　通过 LAN 访问 2BizBox ERP 系统

运行 2BizBox ERP 的另一种方式是将 2BizBox ERP 服务器部署在网络服务器上，企

业在厂以及在外员工可以通过互联网访问链接 2BizBox ERP 服务器。如图 4-4 所示

　　2BizBox ERP 支持一台服务器多公司部署，多个公司共享一个 2BizBox ERP 服务程序，但是每个公司的数据存放在单独的数据库中。例如，2BizBox ERP 程序中默认有 Default 公司和 Test 公司，一个为正式系统，另外一个是测试系统，这两个公司的数据库是完全分开的，互不影响。对于很多只有几个用户的小型企业，可以多个企业共同部署一个 2BizBox ERP 程序，这样可以节省服务器资源。如图 4-5 所示。

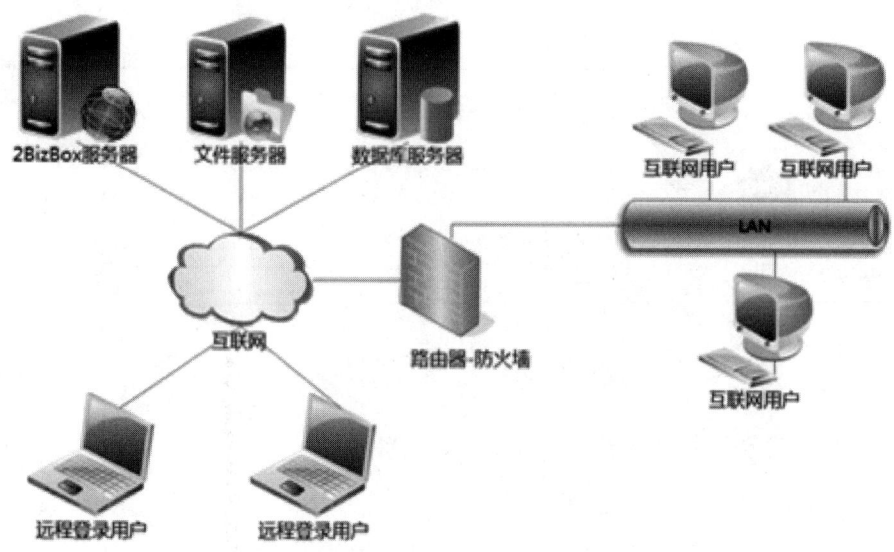

图 4-4　通过互联网访问 2BizBox ERP 系统

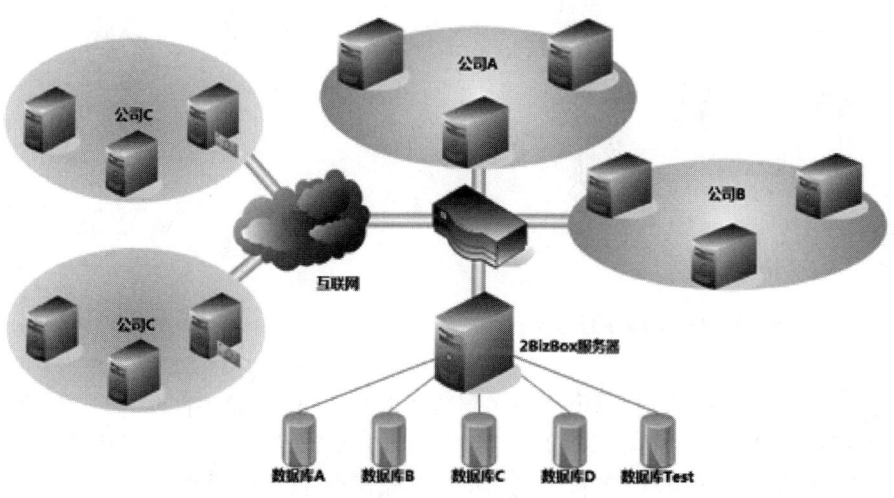

图 4-5　多公司部署一个 2BizBox ERP 程序

4.2.2　2BizBox ERP 的主要业务流程

　　2BizBoxERP 为制造企业提供符合 ISO-9000 认证的标准化作业流程，它可以帮助用

户自动生成很多符合 ISO-9000 标准要求的反映制造管理问题的报表；2BizBox ERP 中的质量控制体系由工程设计控制（EDC）、工程更改请求（ECR）和工程更改通知（ECN）组成，符合制造企业质量控制要求；质量模块中对生产制造的所有材料输入与成本输出都有明确的质量保证程序，使得所有质量问题可追溯、有明确定义；最重要的是系统中提供改良措施，比如纠正措施（CAR），预防措施（PAR）等；最后 2BizBox ERP 对每个重要单据都提供文档控制支持，以及输出报表功能。很多用户都通过 2BizBox ERP 的报表辅助以及标准化流程规范获得了 ISO 质量认证。2BizBox ERP 的主要业务流如图 4-6 所示。

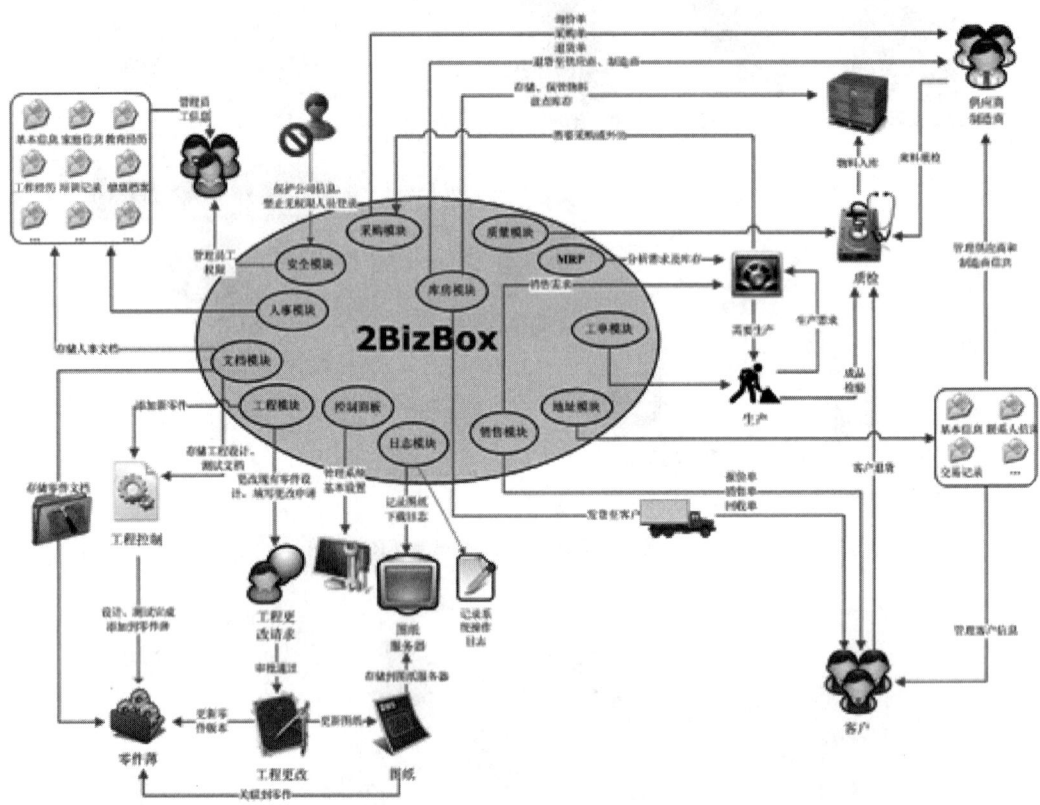

图 4-6　2BizBox ERP 的主要业务流程图

4.3　2BizBox ERP 系统功能

2BizBox ERP 是针对按订单生产模式制造业开发设计的 ERP 软件，旨在帮助这些企业全方位提高运作效率。2BizBox ERP 系统提供 10 多个模块，60 多个子模块，包括工程设计、采购、销售、库房、制造、工单、财务、人力资源管理等内容，具体如下所述。

（1）工程模块

包括：物料、物料文档、物料清单、物料图纸、ECN-工程更改、ECR-工程更改请求、EDC-工程控制；

（2）采购模块

包括：采购单、询价单、RTV-退货单、采购单工作簿、MRP-物料需求计划、采购单报表、采购单审批控制；

(3) 销售模块

包括：销售单、报价单、RMA-回收单、客户反馈、产品事件、销售单报表；

(4) 制造模块

包括：刀具/工具房、刀具/工具清单、设备管理、工作站、工艺、工艺更改请求、工艺审批控制；

(5) 安全模块

包括：用户管理、角色管理、权限管理、操作日志；

(6) 工单模块

包括：工单、工单发料、工单报表、工单工作簿、工单审批控制；

(7) 财务模块

包括：应收账款、预收款、出纳、应收抵账单、应付账款、预付款、应付账款出纳、应付抵账单、总账、库存财务管理、固定资产与折旧管理、财务报表；

(8) 质量模块

包括：产品序列号材料证明、NCR-不合格报告单、IR-检验单、CAR-纠正措施、PAR-预防措施、不合格代码、供应商质量组、质量组管理；

(9) 库房模块

包括：发货管理、退货单发货、形式发货、收料管理、回收单收料、库存管理、盘存、领料清单、库房报表；

(10) 地址模块

包括：客户地址、供应商地址、制造商地址；

(11) 人力资源模块

包括：员工管理、临时工管理；

(12) 控制面板

包括：系统基本设置、财务设置、任务管理设置、审批控制、文档设置；

另外，从应用的角度，2BizBox ERP 可分为 4 个层次，如图 4-7 所示。

图 4-7　2BizBox ERP 的 4 个层次

2BizBox ERP 应用第 1 层是工程设计管理,如图 4-8 所示。在这一步 2BizBox ERP 扮演一个产品数据中心和文档库的角色,记录产品结构与工程设计开发历史,同时也将产品信息在企业或组织中信息共享,包括工程技术部,销售人员,购买者和生产制造部门。2BizBox ERP 管理维护的数据包括工程技术文档、工艺、图纸、工程更改请求、工程更改单、零件图片、物料清单(总成结构)以及制造商信息,只需应用 2BizBox ERP 工程模块,即可达到全企业或组织共享数据的效果。总之,2BizBox ERP 应用第一层可以作为多数小型企业或组织 PDM(产品数据管理)工具。

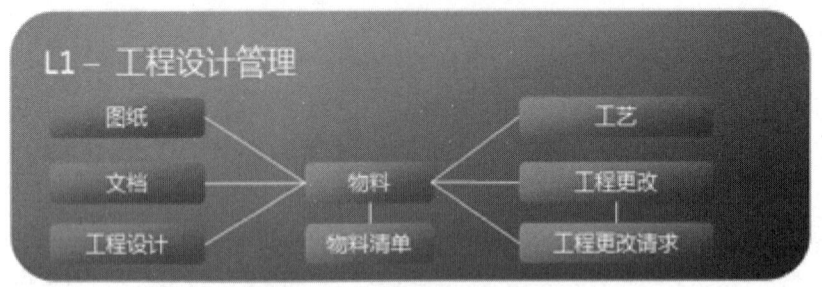

图 4-8　L1-工程设计管理

2BizBox ERP 应用第 2 层更深一步完善到了库房管理,如图 4-9 所示。这一层管理中 2BizBox ERP 提供满足任何规模大小的企业或组织的进销存管理系统,包括采购管理、销售管理、库房管理以及一系列功能报表,企业或组织在进销存信息化的帮助下可以将业务效率提高一层,在行业竞争中领先一步。总之,2BizBox ERP 应用第 2 层可以作为零售、贸易、服务型企业管理信息化的参考。

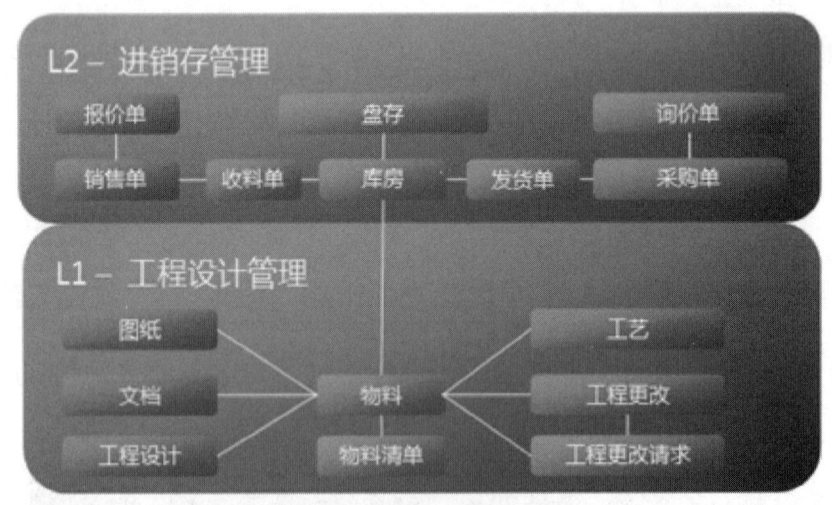

图 4-9　L2-进销存管理

2BizBox ERP 应用第 3 层是生产制造管理,如图 4-10 所示。这一层应用中包括物料需求计划、工单管理、制造管理、质量管理、交货周期控制、成本控制和质量保证等功能。在 2BizBox ERP 的帮助下,生产部门可以更高效地做出生产计划,合理有效地安排工作站生产任务,减少交货周期,有效提高生产效率。总之,2BizBox ERP 应用第 3 层适合所有制造型企业。

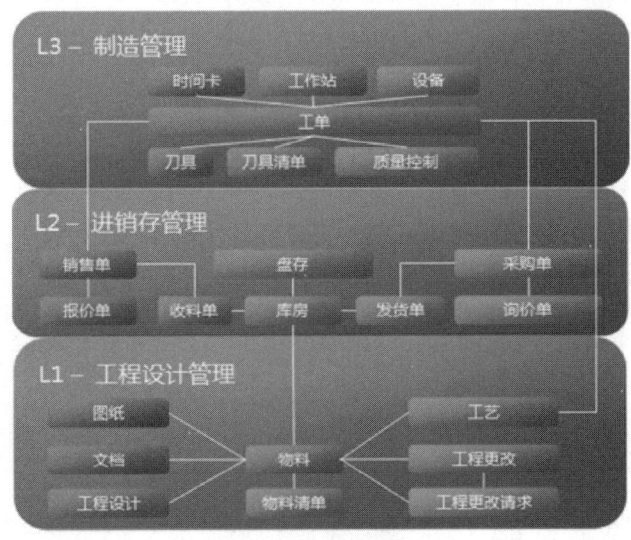

图 4-10　L3-制造管理

2BizBox ERP 应用第 4 层是财务管理,如图 4-11 所示。2BizBox ERP 提供日常财务管理功能和实时的财务报表,所有财务数据均来自生产制造、进销存业务流程,包括应收账款、应付账款、现金出纳、付款、会计科目、多币种预算、固定资产以及各种财务报表等业务,最大化地减少了手工单据的录入。企业或组织在 2BizBox ERP 财务管理的帮助下,可以有效地进行成本控制,追溯财务数据的单据来源,将采购-收料-应付、销售-发货-应收等流程化管理。总之,2BizBox ERP 应用第 4 层包括了所有企业信息化管理功能。

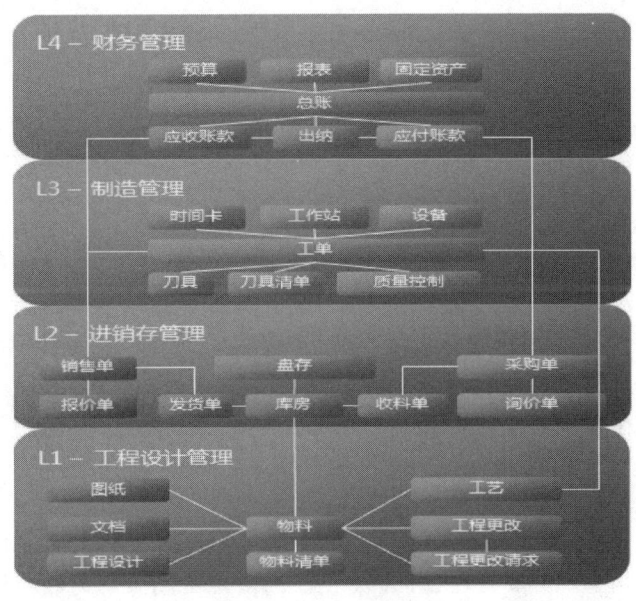

图 4-11　L4-财务管理

ERP 系统是一个功能非常丰富的通用软件,实现了对企业所有资源的集成管理,它需要满足不同企业、不同组织结构的各种业务需求;此外,在 ERP 系统的开发中,系统功能的实现是以价值链的实现为目标,通过业务流程的整合来完成,因此,ERP 的功能分析可以从两个视角展开,一个是基于职能部门的资源管理分析方法,一个是价值链及业务流程的分析方法。

对于初次接触 ERP 的学习者,了解 ERP 的功能固然非常重要的,但理解 ERP 的基于业务流程的管理思想和方法是理解 ERP 投资价值的重要内容。在 ERP 的实施和持续改进中,业务流程是核心所在。

以 2BizBox ERP 系统为例,该系统的主要流程图如图 4-12 所示。

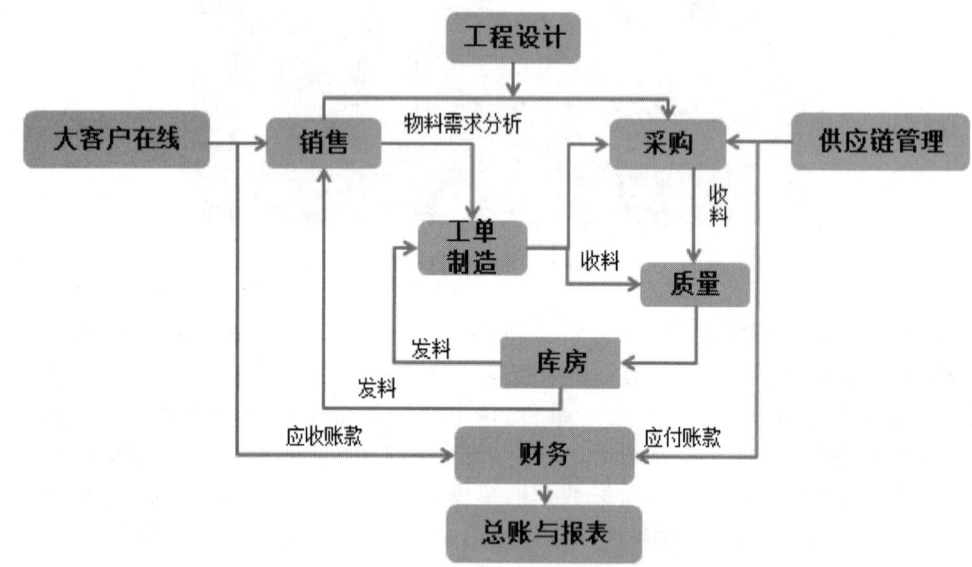

图 4-12　2BizBox ERP 系统整体业务流程

案例 3　山脉科技河湖长制管理信息系统的开发历程

(1) 山脉科技简介

西安山脉科技股份有限公司(简称山脉科技),创建于 1993 年,总部位于西安高新技术产业开发区,是科技部认定的软件骨干企业、陕西省科技厅和工信厅认定的高新技术企业和软件企业,拥有中国水利工程协会 AAA 企业认证和水文水资源调查评价甲级资质、电子与智能化工程承包专业一级资质(IT 行业第一家)、计算机信息系统集成二级资质、ITSS2、CMMI3 等资质。"河湖长制管理信息系统"是山脉科技 2018 年以来的重点开发项目。

(2) 河湖治理:难在数据

2016 年 12 月水利部、环境保护部下发的全面落实河湖长制工作文件和 2018 年 1 月中共中央办公厅、国务院办公厅印发的《关于在湖泊实施湖长制的指导意见》(后简称指导意见)要求各地区各部门完善河流以及湖泊监测体系和分析评估体系,加强对湖泊变化情况的动态监测及严格考核问责。但是水利工作中普遍存在信息采集不准确、不及时、动态数据缺失等问题。西咸新区水利局陈局长意识到即使全区纵向建成了'水利部-流域机构-市水利局-区县-街镇'的水利骨干网络,横向建成了与有关厅局及部分直属单位的专线网络,水利局的中心机房基础设施基本齐备,也还与政策要求还存在一定差距,河湖长制信息化建设刻不容缓。

(3) 系统开发:一平三端

山脉科技利用一个月的时间完成河湖长制管理信息系统的原型设计。水利局工作人员看完原型模型的演示后,一致认为原型较好地解决了信息采集、数据共享等问题,但也一针见

血地指出动态监测、移动巡查、考核管理尚未涉及。山脉科技项目组全体成员随后组织为期三天的座谈与沟通,从水利局信息化部门全体员工和267名街镇级河(湖)长处了解到河湖长制下河(湖)长的工作内容相对明晰、需求变更占比不大,适合采用按部就班的瀑布模型。

通过两周的实地走访和文档查阅,山脉科技最终明晰了"河湖长制管理信息系统"要解决的问题:河(湖)长职责模糊;与河湖治理相关的部门各有一套信息系统,系统各有一套数据,存在信息壁垒和孤岛效应;各部门数据上传到水利局前还得二次加工,亟须对数据统一规范;河(湖)现场采集的数据不准确、不及时,传递过程存在失真、失效等情况;现行系统未涉及评价考核、动态监测和移动巡查。山脉科技和西咸新区水利局于2020年1月底明确了"河湖长制管理信息系统"建设的总体要求。总体目标:要求系统运行稳定,以保证信息采集、传输、存储和查询的正确性与完整性;数据全面,能实时共享;运行高效,响应时间为3~5秒,同时在线访问人数为PC端(用户主要是河湖长制办公室及成员单位)700人、APP端(用户主要是河(湖)长、巡河人员、河湖长制办公室)100人、微信端(普通公众)1000人。系统建设完成后由山脉科技免费运维1年。

经过梳理,山脉科技针明确了问题的投诉、督办业务流程(见图4-13)、涉河事件处理流程(见图4-14)、河湖长制管理信息系统需要实现的功能模块(见图4-15)。

(4) 运行效果

河湖长制管理信息系统于2020年7月正式上线,运行平稳,实现了动态信息在线监测、重点工程管理项目在线统计、巡查问题在线处理、任务通知在线发布、目标责任在线考核等功能。自上线以来,累计登录25,200次,登录接口日均调用120次,河湖巡查接口日均300次,管理267名街道级河(湖)长、291条河(湖)、131条河(湖)公示牌。220个河湖长制办公室统一管理西咸新区河(湖)长巡查里程累计8027836.55米,累计开展巡查4483次,发现河湖治理问题70个。

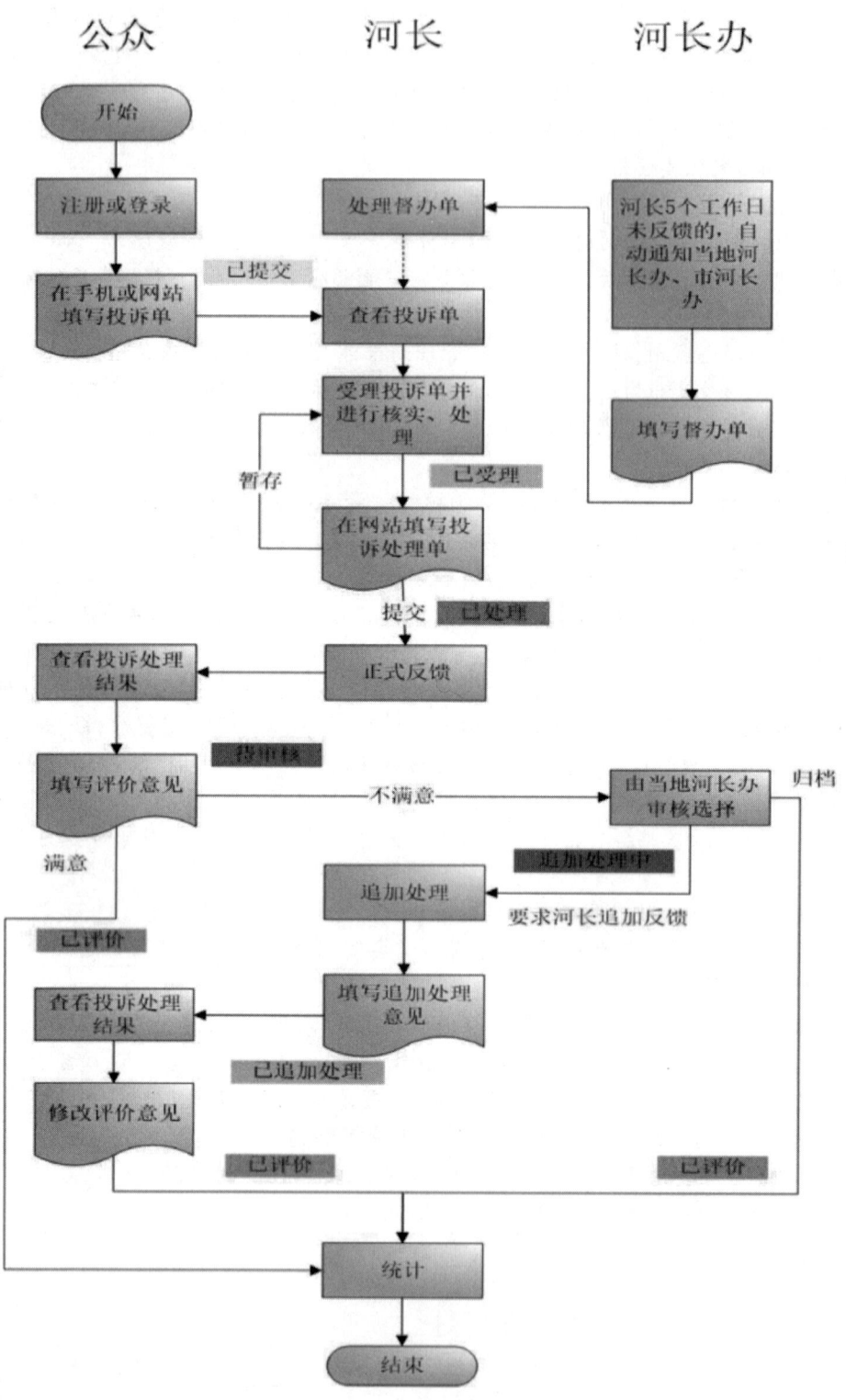

图 4-13 投诉、督办业务流程

第 4 章　ERP 系统概述

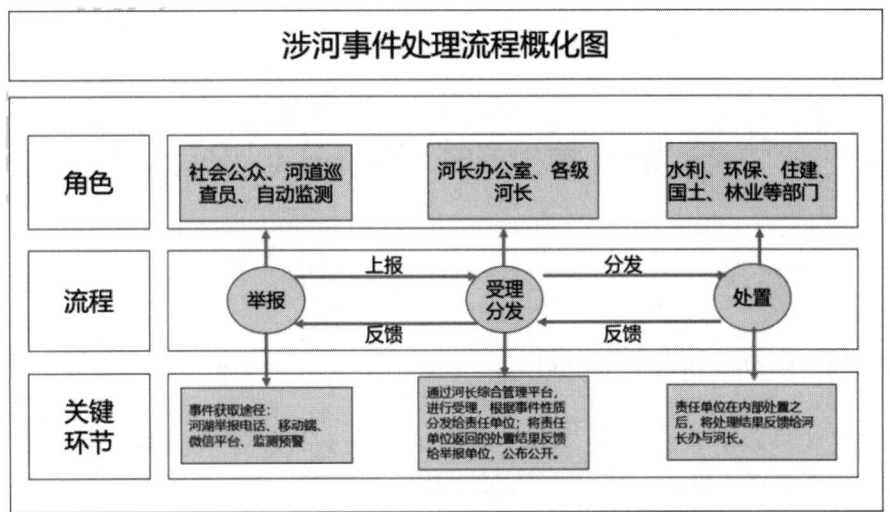

图 4-14　涉河事件处理流程

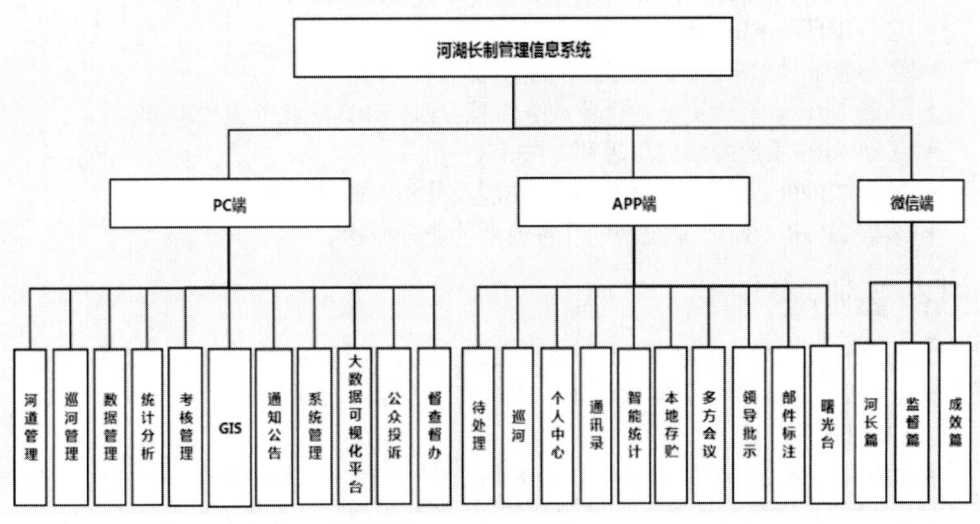

图 4-15　系统功能模块图

启发思考题

1. 管理信息系统开发有哪些模型？河湖长制管理信息系统是如何选择的？山脉科技的决策如何体现科学务实的精神？

2. 河湖长制管理信息系统解决了河湖长工作的哪些问题？山脉科技践行了哪些职业精神？

3. 河湖长制管理信息系统开发模型选择及开发过程对类似企业的启示与借鉴？类似企业应该如何发挥创新精神？

第 5 章 ERP 系统实训设计

5.1 ERP 系统实训总体设计

面对庞大的 ERP 系统,即便是 ERP 咨询专家,也不能完全熟练地掌握所有功能。本章将通过实训内容来快速了解 ERP 产品的应用。

5.1.1 实训总体目标

本书从系统的体验开始,逐步深入地展现 ERP 世界,主要目标和任务:
- 进一步理解 ERP 基本原理;
- 理解企业,特别是制造类企业的业务流程;
- 了解 ERP 系统环境下的企业业务流程,理解 ERP 的业务流程思想;
- 了解 ERP 系统的集成思想和方法;
- 掌握 2BizBox ERP 系统中的主要功能及其相关业务处理;
- 掌握 2BizBox ERP 系统中的几种典型的业务流程。

5.1.2 实训总体设计

结合 ERP 基本原理,本书设计了 3 类实训:系统的体验实训(针对一个模拟企业的主经营流程实训)、系统初始化实训和 4 个功能模块的专项实训。

(1) 实训背景设计

本书所有类型的实训均以 2BizBox ERP 系统为环境,以其自带的一个简化的虚拟企业为背景,能反映普通制造企业的基本特征,包括企业的行业背景、主要产品、组织结构,主要介绍软件的运行环境、主要功能,重点介绍企业基本业务流程;

(2) 实训目标设计

本书的 3 类实训由浅入深地展开 ERP 系统的应用,各实训目标不尽相同:
- 系统初始化实训中,通过对系统的各种设置、管理以及初期开账,完成 2BizBox ERP 系统的初始化工作,体现 ERP 数字企业的构建,初步理解 ERP 环境下的企业内部控制、体会系统的集成思想和信息的关联性。
- 主要功能模块的专项实训中,针对 4 个功能模块,介绍基本流程以外的业务处理过程,扩展 ERP 的应用层面,进一步理解 ERP 的管理思想和解决方案思想。
- 系统主流程体验实训中,通过对一个订单的处理全过程,体现基本的 ERP 业务流程;引导读者进入 ERP 世界,初步理解企业的业务流程,熟练 ERP 系统操作,为 ERP 系统应用打下坚实基础。

(3) 实训方案设计

2BizBox ERP 系统在使用时针对的是单公司状况,而自带免费 mysql 数据库是其最大的优点,故在实训时可采取如下实训方案:

单人、单公司模式:每个人单独实训,每个人代表一个公司,在该公司模拟生产、存储、销售等,这种方案的优点在于:每个人可以完整地熟悉整个 ERP 系统,同时减少由于协调问题带来的操作困难。

(4) 实训组织设计

ERP 实践教学是一个新型的教学模式,如何引导学生走进 ERP 世界,教学组织是一个重要环节。实训组织建议如下:

- 明确本次实训目标与实训要求;
- 明确实训背景材料;
- 准备实训环境:实训日期、操作员、实训数据准备等;
- 依据实训步骤完成操作流程,并认真理解操作中的每一步骤;
- 每次实训完毕后,提供相应的实训报告,主要包括操作流程的设计、一些单据信息和报表结果的打印(可以以屏幕拷贝文件形式保存),以及通过实训对 ERP 原理及管理思想的理解及其实训感受等;

(5) 实训内容

本书中的三类系统模拟实训,其具体实训内容如下:

第一,ERP 系统初始化实训。介绍了 ERP 系统的数字企业构建过程,包括:

- 系统管理——系统初始化的开始。主要是对公司、操作员以及操作员拥有的权限等进行相关设置和管理。一般由具有系统管理员权限的操作员进行操作。
- 基础信息设置——系统运转之前必须具备的信息,是所有功能模块共用的信息,如系统共用参数设置、基本信息设置等。
- 基础数据设置——在各子系统运行中必备的基础信息,是每个功能模块自用的基础信息。
- 期初开账——将启用系统前的期初数据输入系统,并进行月结。是系统初始化的结束。

第二,ERP 系统专项实训。介绍 4 个层次业务的特点及其功能,在这里主要分模块熟悉各种业务及系统应用,属于基础性实训。包括:

- 工程管理中主要是对企业基础数据的管理,如零件种类、数量,物料清单(BOM)等;
- 进销存管理主要是对企业物流的管理,从原材料进入一直到成品出库,包括采购、库存、销售、客户服务等;V 制造管理中主要是针对生产企业的各类生产计划、生产活动等的管理,包括工艺管理、制造订单、制造询价单、制造工程更改单、制造工程更改请求单等。
- 财务管理中主要包括对采购、销售货款的结算,产品成本的核算。包括应收、应付、总账管理等。

第三,ERP 主流程体验实训。以"按单生产"为背景,通过对一个客户订单的处理过程,介绍了企业生产经营的主要过程,包括:客户订单录入、生成物料需求计划并生成加工单和采购单,据此进行原材料采购、入库及应付账管理,然后开始进行生产。产成品入库后,则开始销售、出库及应收账管理,最后是总账月结。

5.2 实训及软件环境

ERP 系统不同于普通的管理信息系统,在实施中需要一定的环境支持,包括软硬件环境以及实训所需的数据环境要求。2BizBox ERP 的优势就在于它自带数据库,可以将数据库和客户端安装在一台电脑上。该 ERP 系统的实训硬件环境要求和实训软件要求分别如表 5.1 和表 5.2 所示。

表 5.1 实训硬件环境要求

CPU	PⅡ400 以上,应使用 Intel CPU
RAM	128MB 以上
硬盘	2GB 以上
网络	100M Ethernet Adapter

表 5.2 实训软件环境要求

	操作系统	其他
客户端	Microsoft Windows 98 或以上版本 Microsoft Windows NT Workstation 4.0 SP4 或以上版本 Microsoft Windows 2000 Professional SP2 或以上版本	Microsoft Internet Explorer 4.01 或以上版本

系统环境搭建完毕并运行后,由于 2BizBox ERP 系统自带数据,因此可以直接进行系统初始化实训。

5.3 实训报告说明

在每一个实训任务完成后,最好撰写相应的实训报告,其内容包括以下几方面。

(1) 准备工作
- 本次 ERP 系统模拟实训前做的准备工作;
- 本次 ERP 系统模拟实训的实训流程设计;
- 本次 ERP 系统模拟实训的操作内容及步骤设计;
- 本次 ERP 系统模拟实训的实训用数据;
- 本次 ERP 系统模拟实训要解决的问题。

(2) ERP 系统模拟实训步骤及内容
- 本次 ERP 系统模拟实训的主要内容及步骤;
- 本次 ERP 系统模拟实训实现的功能;
- 本次 ERP 系统模拟实训中遇到的问题及解决方法。

(3) ERP 系统模拟实训所用资料及开发结果
- 本次 ERP 系统模拟实训所用资料;
- 本次 ERP 系统模拟实训的收获及掌握的技能;

- 本次 ERP 系统模拟实训中所用知识点的总结；
- 本次 ERP 系统模拟实训中操作技巧的总结；
- 利用哪些知识、技巧解决了本次 ERP 系统模拟实训中的哪些功能需求，还可将其用于哪些方面。

(4) 需要进一步解决的问题
- 本次 ERP 系统模拟实训完成后有哪些想解决、但尚未解决的问题？
- 希望从哪些方面对 ERP 系统作进一步的了解？
- 对教学过程中有哪些进一步的要求、意见和建议？

第 6 章 启动系统和创建公司

6.1 启动系统

系统安装后,会出现 3 个图标,如图 6-1 所示。

图 6-1 系统安装后的图标

要启动 2BizBox ERP,首先启动 2BizBox ERP 服务器。出现界面如 6-2 所示。

图 6-2 服务器启动界面

该界面表示数据库和程序正在启动。待启动完毕后,单击 图标,出现登录窗口,如图 6-3 所示。

- 公司：2BizBox ERP 服务器可承载多个公司的数据，每个公司使用单独的数据库实例。系统安装完成后，自带"TEST"和"DEFAULT"两个数据库。"TEST"用于学习以及测试 2BizBox ERP 系统，系统内部预置数据；"DEFAULT"数据库可以用于自建公司进行练习，可以自己建立公司，并进行运营、生产、销售等。
- 服务器：在此处输入服务器的计算机名或 IP 地址，一般系统会预定义好，不用做修改。
- 用户：输入登录用户名。用户"admin"是系统预先创建好的管理员。本教程使用"admin"登录。

图 6-3 登录界面

- 密码：登录用户的密码。预先设置用户"admin"的默认密码为空。
- 语言：在客户端程序中显示的语言，2BizBox ERP 支持多语言。
- 单击在界面底部的"登录"按钮，直到显示 2BizBox ERP 主界面，登录成功。

6.2 系统界面及功能介绍

进入系统后，看到界面如图 6-4 所示。

图 6-4 系统初始界面

系统界面的上方与左侧均为功能模块图。
2BizBox ERP 的系统模块图如图 6-5 所示。

各模块主要内容及功能如下。

（1）工程设计管理

如图6-6所示，工程设计管理包括：零件簿管理、物料清单管理、工程图纸与文档管理、工程更改流程、物料与材料、追溯管理、以及完全符合ISO相关标准的工程项目管理等。通过灵活的工作流和批准设置，管理从概念到生产设定的整个设计过程，使设计与生产并行化，提高生产效率及交货期；通过多种方式对工程设计变化进行管理，实现对生产成本的有效控制；通过EDC模块控制新产品开发流程。

图6-5　系统模块图

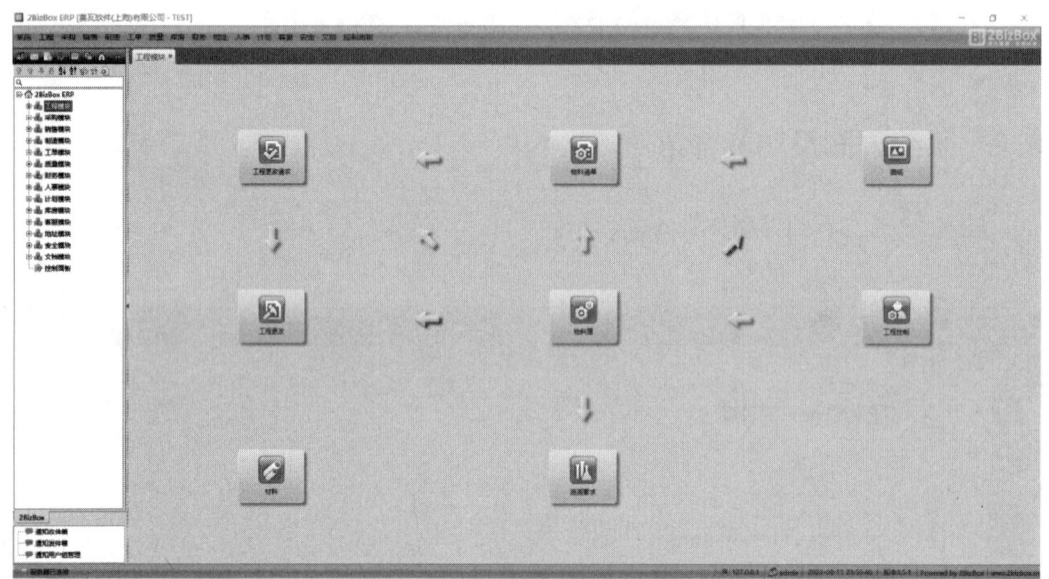

图6-6　工程设计管理界面

工程管理模块对公司的产品、设计、工程等方面进行统一管理，实现物料、产品、图纸、物料清单、工程建立、监督等的信息化，满足系统各个模块共享数据的需求，是整个系统的数据基础。

根据工程中的业务区分，工程管理模块划分为零件簿管理、物料图纸、工程管理（工程控制、工程更改、工程更改请求）、物料清单。

（2）销售管理

销售管理包括销售单、销售单评审流程、报价、产品回收、协议价格管理、销售人员管理、交易管理、合同管理等。如图6-7所示。

图 6-7　销售管理界面

(3) 采购管理

采购管理包括订单管理、订单评审流程、询价与供应商在线报价、供应链管理、物料需求计划(MRP)等模块。系统通过强大而完善的 MRP 算法、供应链在线交互等手段,确保采购人员可以在"管理驱动"和"信息驱动"的模式下,在正确的时间、从正确的供应商那里,以正确的价格,买到正确的商品。如图 6-8 所示。

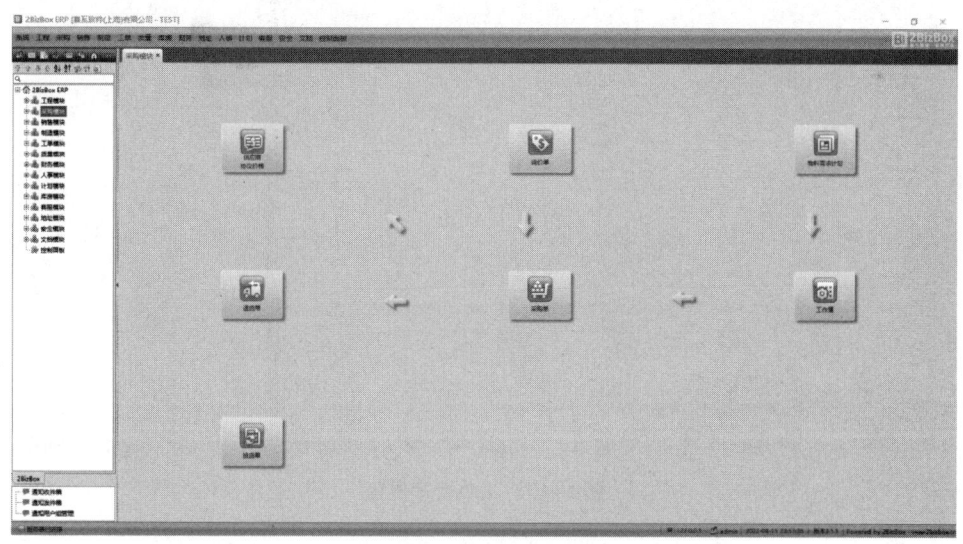

图 6-8　采购管理界面

(4) 库房管理

库房管理包括收料、发料、在借管理、盘存、形式发货单、领料单、包装箱、标签打印等模块。通过对库存的有效管理,可减少总库存水平,增加库存周转率,避免库存缺货;通过批号、标签进行产品跟踪可优化库存资金占用,如图 6-9 所示。

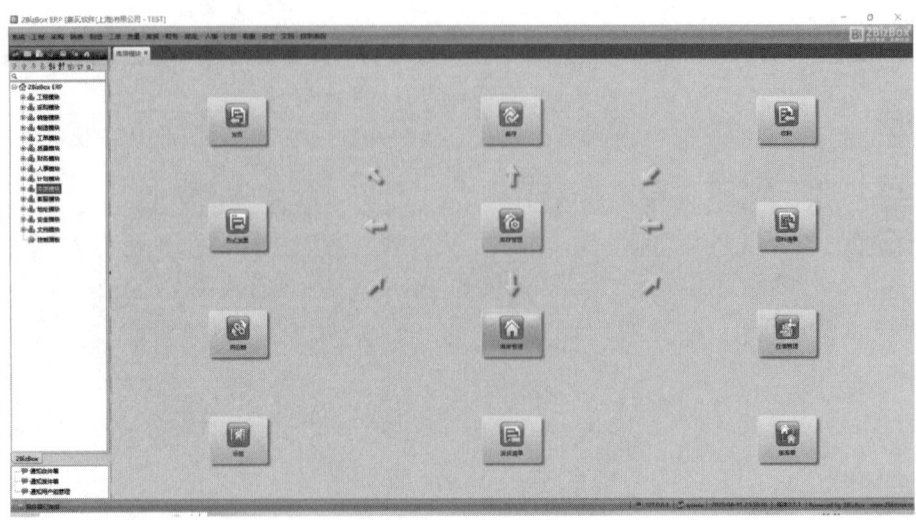

图 6-9　库房管理界面

(5) 工单管理

工单管理包括单据审批、排产、发料、成品收货等。工单单据中包括需求日期、生产任务、当前状态、发料与产成品情况。工单可以关联至销售单或采购单。系统也支持对每个工单生成总账,如图 6-10 所示。

图 6-10　工单管理界面

(6) 制造管理

生产是企业主要的业务活动,它包括安排生产计划和生产活动需要的基础数据准备、各级生产计划(从宏观到微观)的制订以及对具体生产活动的控制与管理。生产制造模块包括刀具房管理、刀具清单、车间管理、时间卡、车间维护、设备维护与检修、工艺管理、制造订单、制造询价单、制造工程更改单、制造工程更改请求单等。通过对制造过程的有效管理,可帮助企业提高生产效率、降低制造成本,高效准确地利用现有资源进行生产安排。如图 6-11 所示。

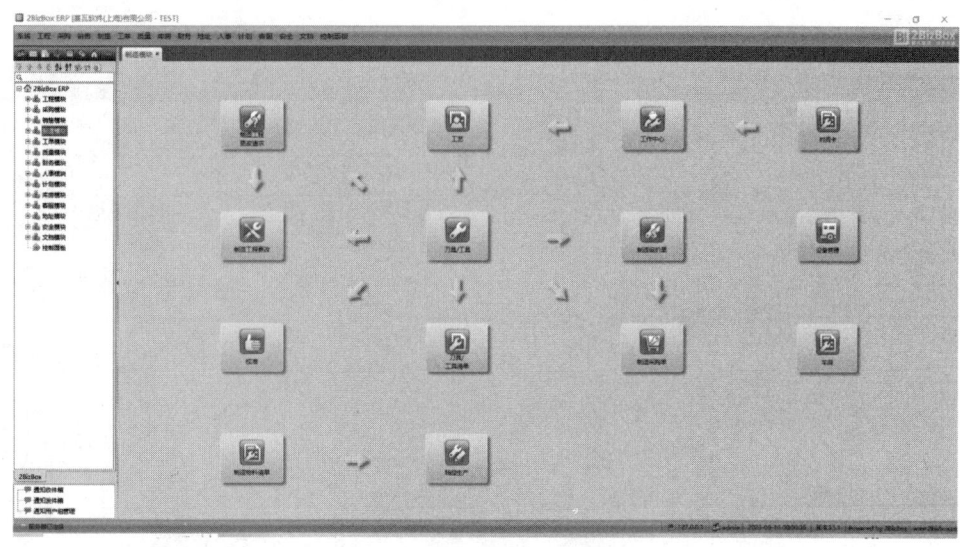

图 6-11　制造管理界面

(7) 财务管理

财务是企业各项业务活动的最终结果的体现,它包括采购、销售货款的结算,产品成本的核算和对日常费用支出的管理。在 2BizBox ERP 中,除了对应收、应付、总账管理外,还可以通过跟踪劳动成本和其他成本,管理现金和银行账户、生成支票、接收和支付多货币账单,有效的管理各种资产、回笼资金、分析现金流,生成各种报表。如图 6-12 所示。

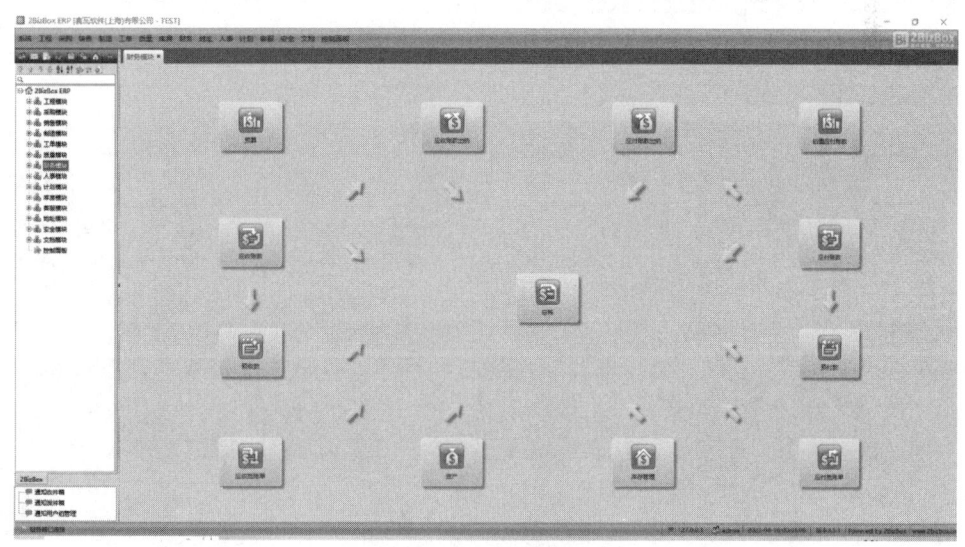

图 6-12　财务管理界面

(8) 控制面板

控制面板主要用于 2BizBox ERP 系统中各种参数的设置,如零件类型、文档路径、服务器时间、邮件服务器设置等。它还包含了财务参数的设置、定时任务的设置和系统中所有单据审批人的设置,以及报表的审计等信息,如图6-13所示。

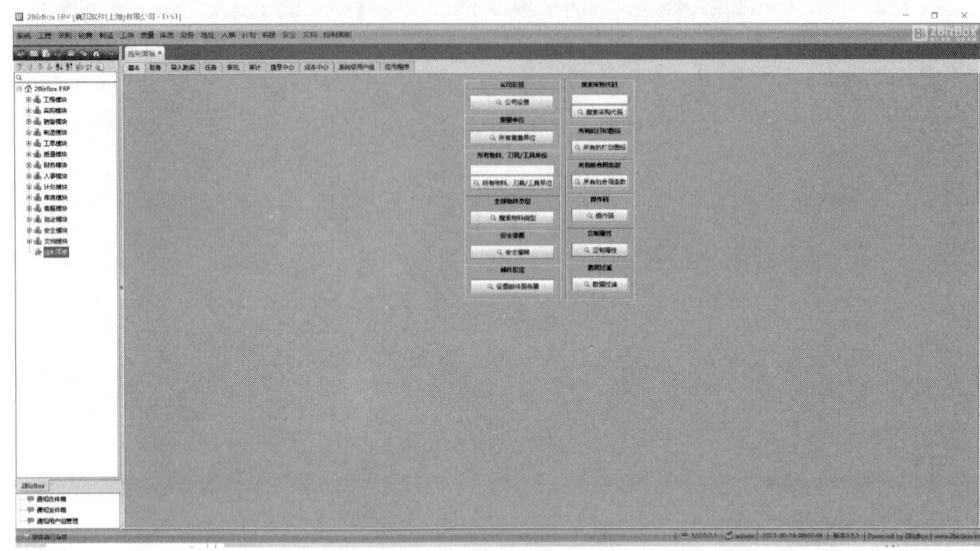

图6-13 控制面板界面

6.3 创建公司

在2BizBox ERP中,公司的设置在"控制面板"模块中完成,但是在控制面板处增加主体公司之前,需要先在地址模块中维护公司信息。

(1)打开地址模块—客户/供应商,出现的界面如图6-14所示。

图6-14 "客户/供应商"界面

（2）单击添加客户/供应商按钮，录入主体公司信息，包括主体公司地址等。这里的操作应用系统预置的赛瓦（软件）有限公司的数据。

（3）录入公司地址后，就可以建立业务主体公司。打开左侧功能树，单击控制面板，出现控制面板的主要功能示意图，如图6-15所示。

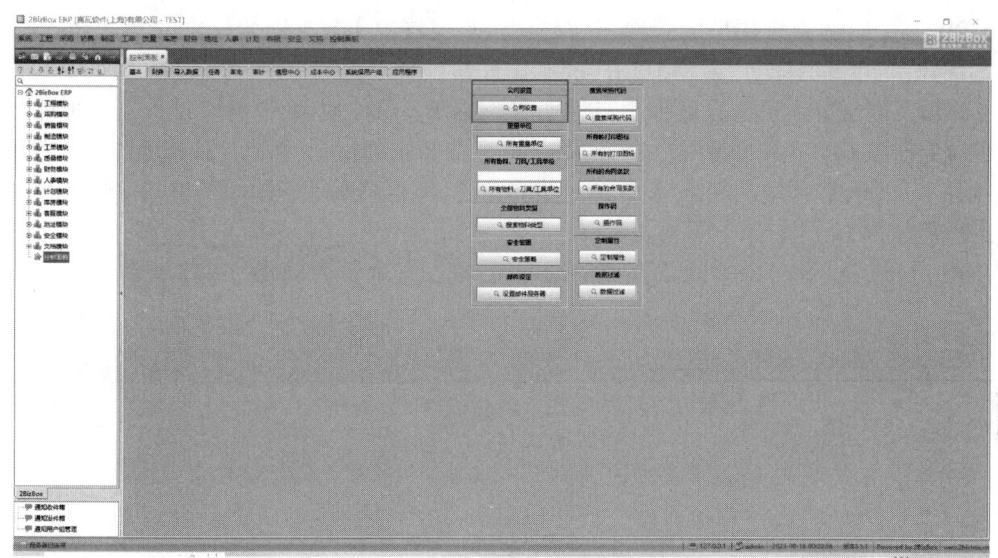

图6-15 控制面板界面

（4）2BizBox ERP系统中，预置了"赛瓦公司"作为主体公司，可以对其进行修改，如修改为："北京市神州有限公司"，如图6-16所示。

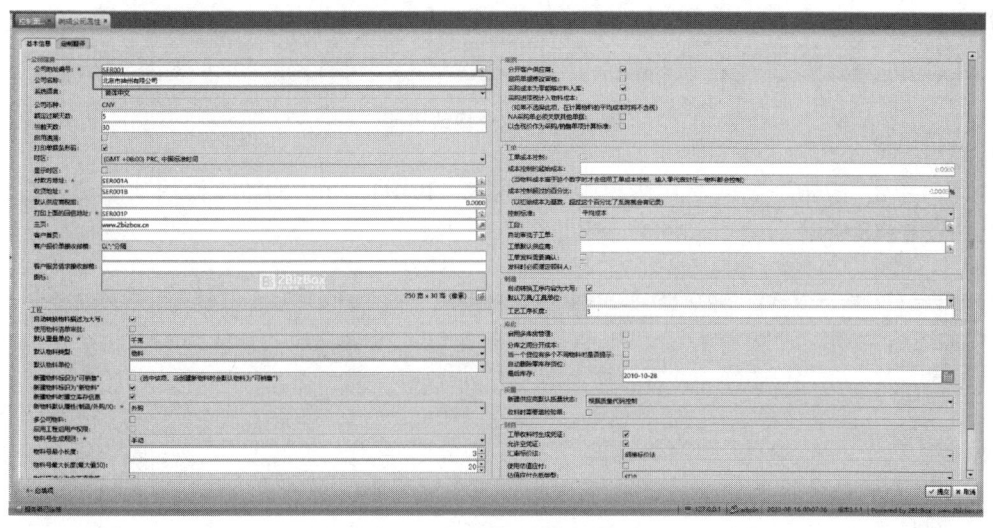

图6-16 修改基本信息

编辑公司名称、以及其他信息，如币种、语言、地址等。编辑完各种公司信息之后，单击页面右下角的"提交"按钮，则公司创建完毕。

创建公司是 ERP 系统操作的第一步,只有拥有了业务公司,才可以进行生产、销售、财务收款等一系列操作。

6.4 设置用户权限

2BizBox ERP 系统用户的管理在"安全管理"模块中实现。安全模块主要用于管理所有的用户,角色和权限,以及所有用户的操作日志。

权限的管理分为角色管理和用户管理两个层级。简单地说,系统管理员建立角色,为角色分配权限;建立用户,为用户分配角色。角色是权限的集合,而用户是角色的集合,不能直接为用户分配各模块的权限,只能通过建立角色,为角色赋予各模块的权限,再给用户相应的角色。

(1) 打开 2BizBox ERP 页面左侧的功能树,单击安全模块,如图 6-17 所示。

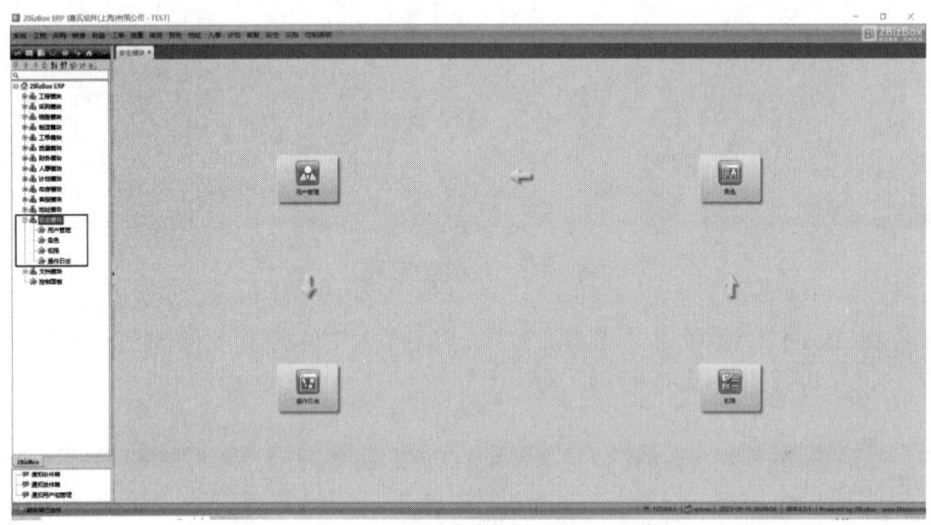

图 6-17　安全模块界面

(2) 单击"权限"按钮,将出现权限功能列表,2BizBox ERP 的所有模块功能都列在其中,如图 6-18 所示。

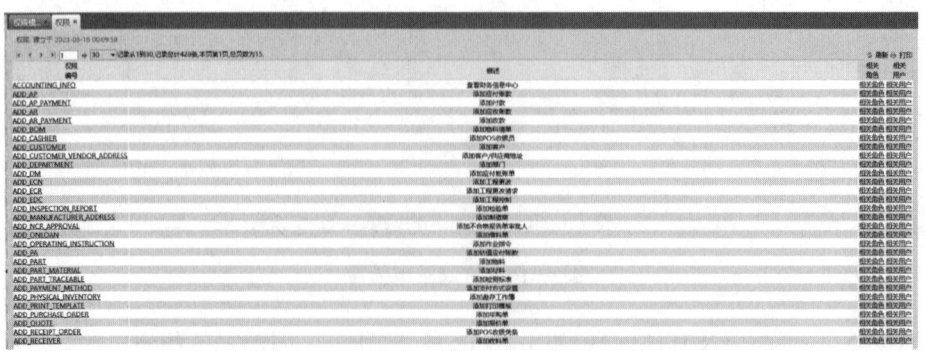

图 6-18　权限功能列表

第6章 启动系统和创建公司

（3）打开操作日志，可以看到所有用户的操作记录，如图6-19所示。

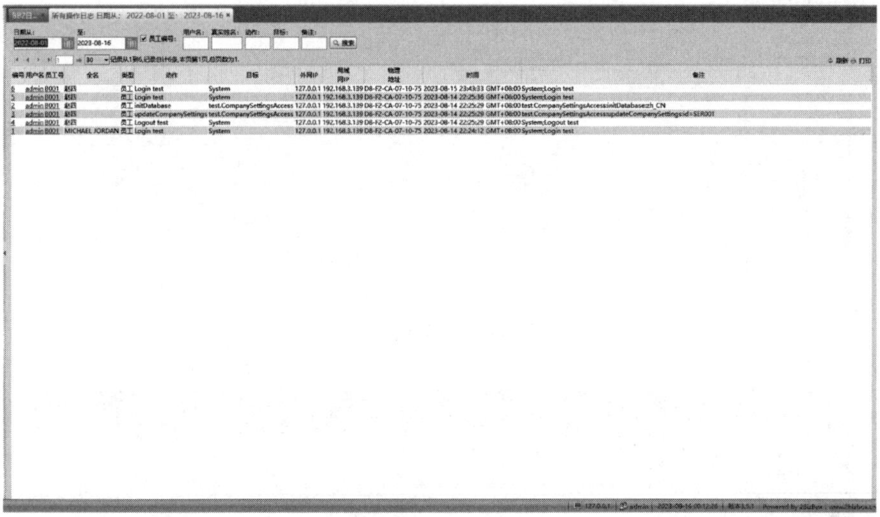

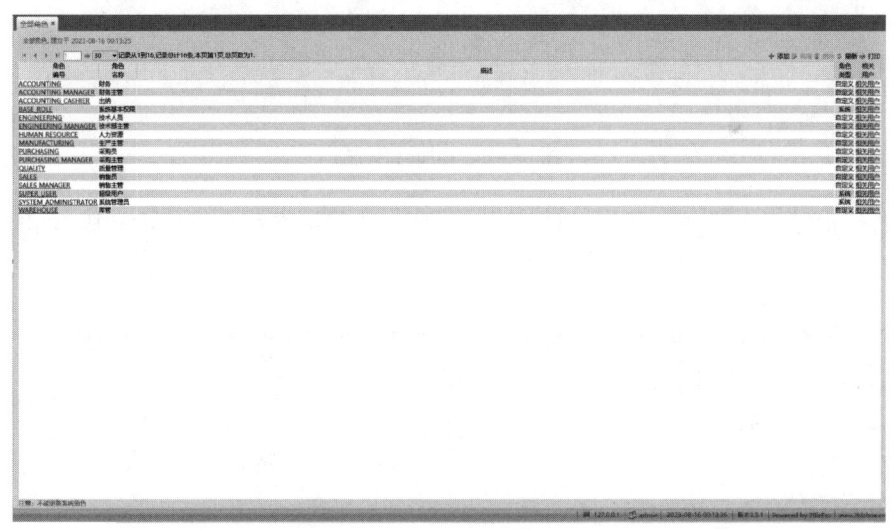

图6-19 操作日志

（4）对于"角色"功能，系统预置了一些角色，当然也可以自己增加角色。系统预置的角色如图6-20所示。

图6-20 系统预置角色

如果想要新增角色，可以单击"添加"选项，根据需要增加角色，并赋予相应的功能。

对于用户，系统预置的只有admin这个系统管理员，客户增加合作方用户或者员工用户。员工用户增加时系统中必须有该人员，合作方用户则无此限制。

通过对比图6-21和图6-22，可以看到，如果选择"员工"选项，员工编号的修改标识是亮的，并且员工编号框前有红色"＊"号，表示必须填写。而如果选择"合作方"选项，则员工编号的修改标识为灰色的，表示不能选择。

79

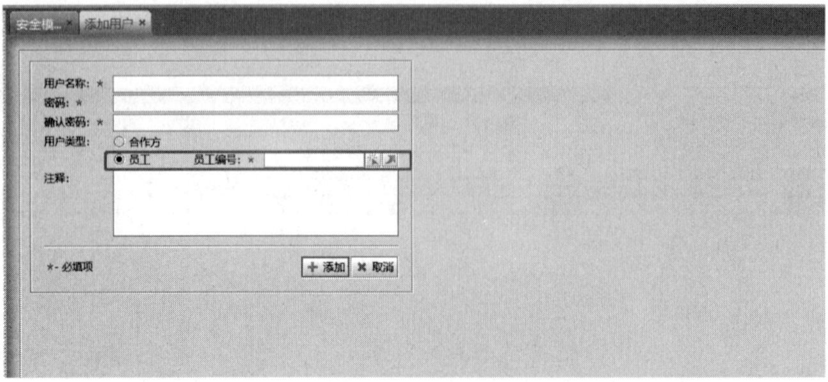

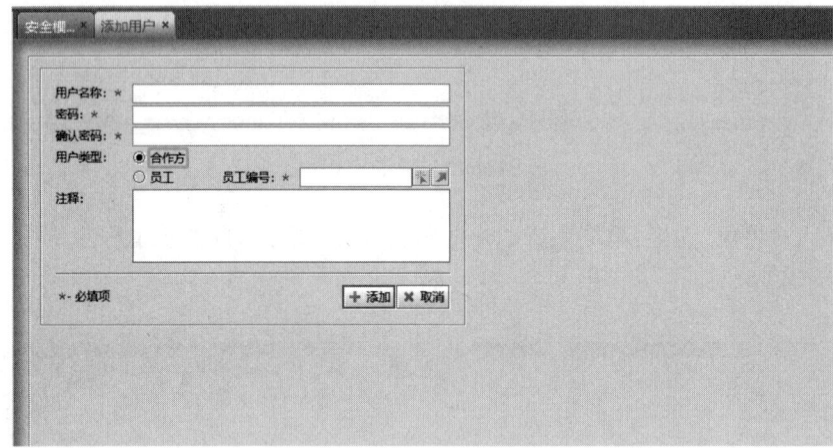

图 6-21 添加员工

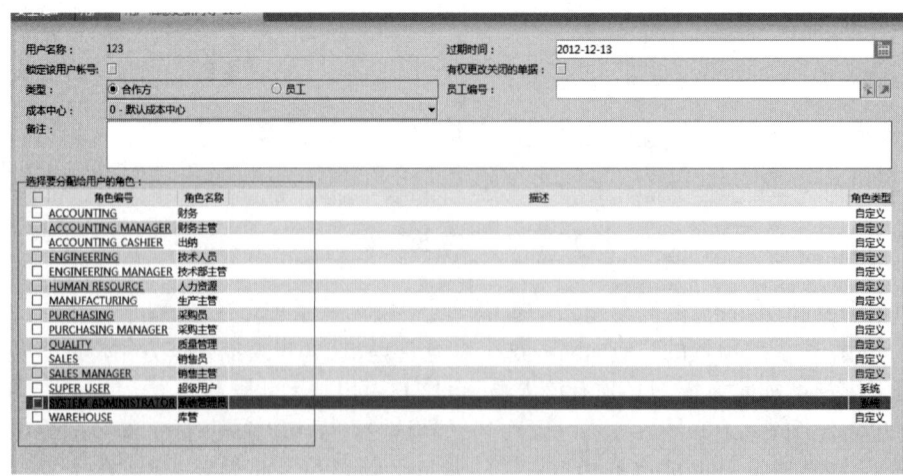

图 6-22 添加合作方

(5)增加完用户后,要给用户相应的角色,从而使用户有相应模块的权限,如图 6-23 所示。

图 6-23 给用户/授权

这里可以结合角色管理，通过先赋予角色相应模块的权限，再给予相关用户该角色，最终将权限赋予用户。

用户—角色模式的权限管理方法是目前主流管理软件普遍采取的方法，该模式的优点在于通过角色，可以将各模块的功能进行自由组合，而不需要对每一个用户都进行权限的配置，大大节省了权限配置时间，提升权限管理效率。

第 7 章 基础数据管理

2BizBox ERP 应用的第 1 层是工程设计管理,如图 7-1 所示。在这一步,2BizBox ERP 扮演一个产品数据中心和文档库的角色,记录产品结构与工程设计开发历史,同时也将产品信息在企业或组织中信息共享,包括工程技术部,销售人员,购买者和生产制造部门。2BizBox ERP 管理维护的数据包括工程技术文档、工艺、图纸、工程更改请求、工程更改单、零件图片、物料清单(总成结构)以及制造商信息,只需应用 2BizBox ERP 工程模块即可达到全企业或组织共享数据的效果。总之,2BizBox ERP 应用第 1 层可以作为多数小型企业或组织 PDM(产品数据管理)工具。

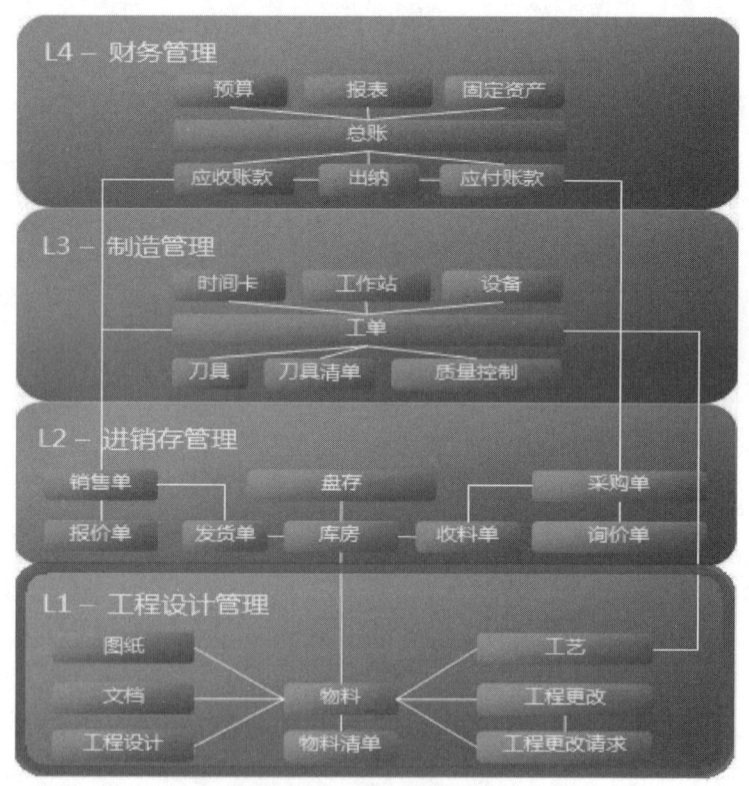

图 7-1　L1-工程设计管理

7.1　工程模块简介

2BizBox ERP 系统基于这样一个基础:工程技术部是物料主数据的管理部门,负责物料基本数据、零件图纸及工艺数据的统一管理和维护。因此在 2BizBox ERP 中,工程管理模块是对物料、零件的管理。

在 2BizBox ERP 系统中,定义"零件"为最基本的元素,它指与产品生产相关的所有物品,如成品、半成品、零部件、辅料及原材料等。每一种零件在系统中均有编码。物料清单(BOM)指的是一个描述企业产品组成的技术文件,它描述了产品的总装件、分装件、组件、部件、零件以及原材料之间的结构关系和所需数量。

工程模块的主要结构图如图 7-2 所示。

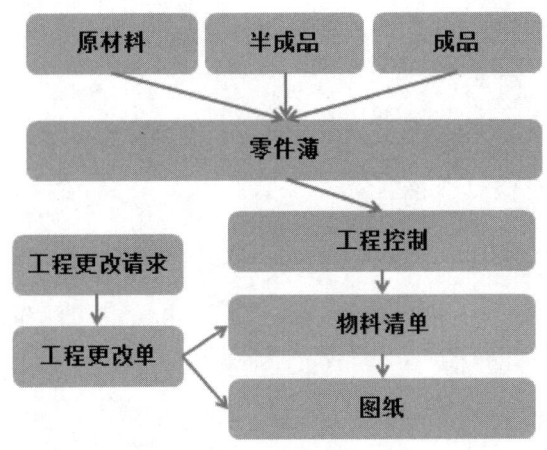

图 7-2　工程模块结构图

7.2　工程模块操作

进入系统,打开工程模块,工程模块的流程如图 7-3 所示。

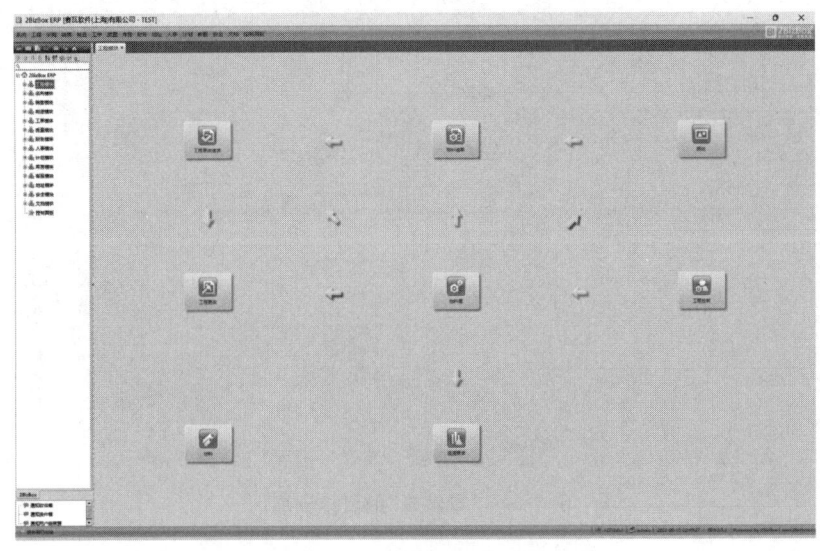

图 7-3　工程模块流程图

重点在于维护零件信息和物料清单信息。

下面演示如何维护这两类信息。

1. 维护零件簿

(1) 单击页面左侧功能树上的"零件簿"选项,或者直接单击页面上的零件簿图标,如图 7-4 所示。

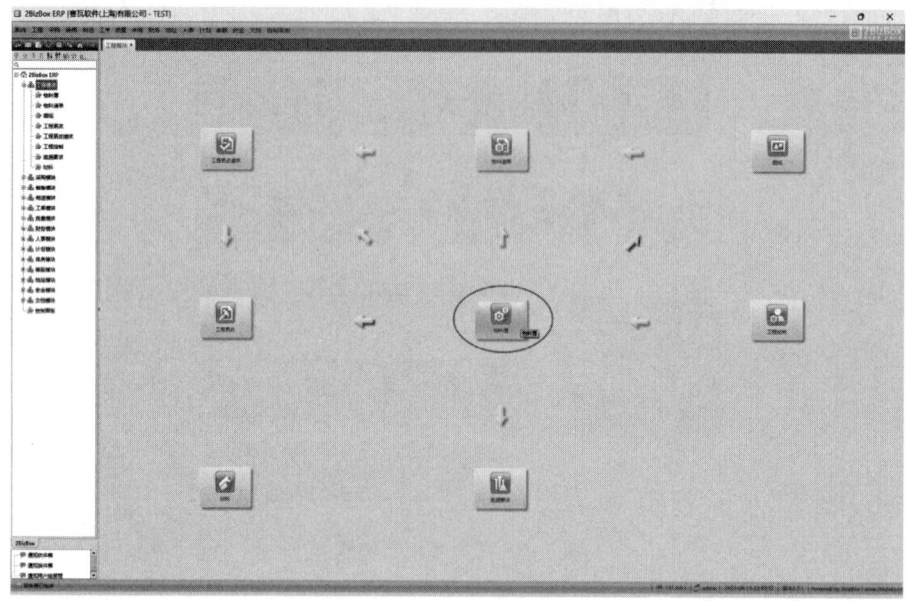

图 7-4 "零件簿"按钮

系统出现如图 7-5 所示的界面。

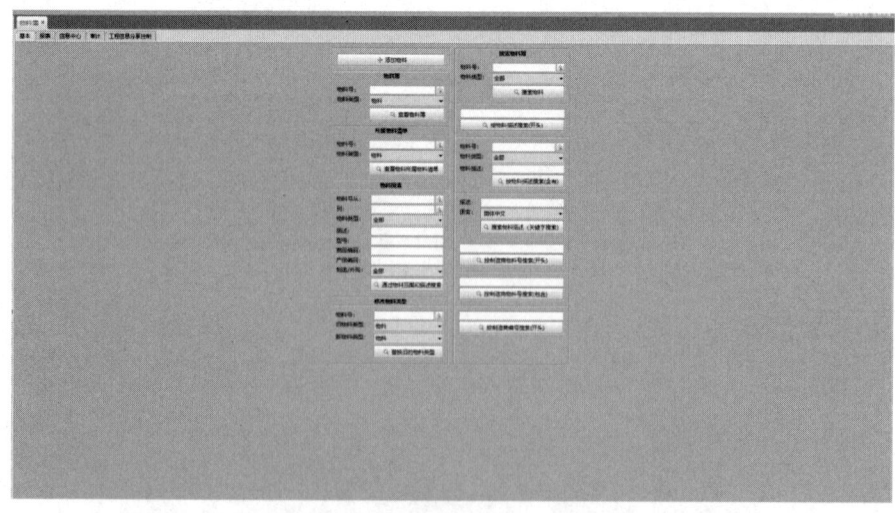

图 7-5 "零件簿"的具体界面

(2) 在该页面,可以增加零件,也可以搜索查看现有零件或者对现有零件进行修改。

（3）单击"添加零件"按钮，出现零件增加界面，如图7-6所示。

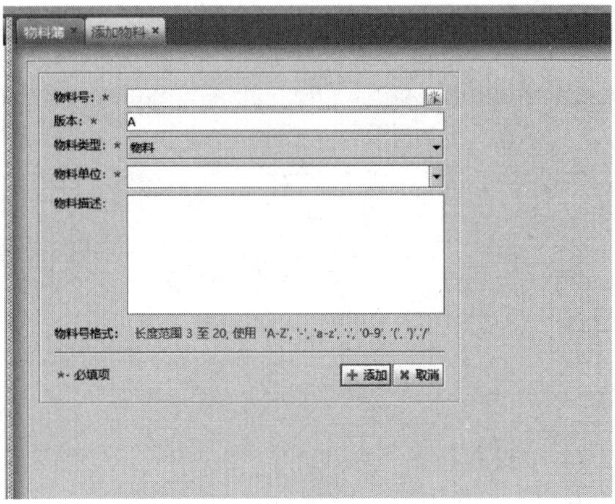

图7-6 "添加零件"

系统界面相关栏目的具体含义，如表7.1所示。

表7.1 "零件簿"的界面参数及释义

界面参数	参数释义
零件号	依据《物料编码规则》所制定的此零件在系统中的唯一编码
版本	零件的版本，系统默认新零件的版本为"A"
零件类型	依据《物料编码规则》所制定的此零件的类型，默认为"P/A"
零件描述	针对此零件的描述信息

（4）输入零件号、零件单位、版本并选择零件类型等，单击"添加"按钮，出现零件详细情况编辑界面，如图7-7所示。

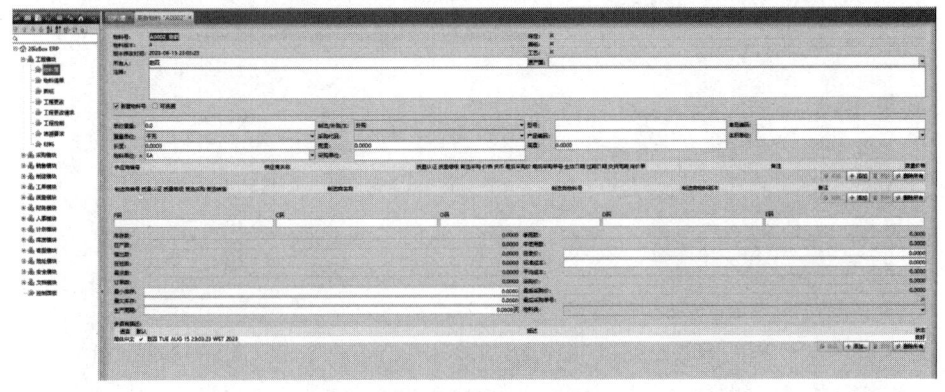

图7-7 编辑零件信息

这里可以编辑零件详细信息，如是本公司制造还是外购、型号、单位重量、长度、宽度等信息，还可以录入零件的供应商/制造商，以及库存、成本、采购价等信息。

(5) 录入完毕后,单击右下角的"提交"按钮,则零件录入完毕。

(6) 零件录入完毕后,系统保持零件详细信息界面,让用户确认信息准确,同时允许用户对该零件进行复制或上传图片附件。如图 7-8 所示。

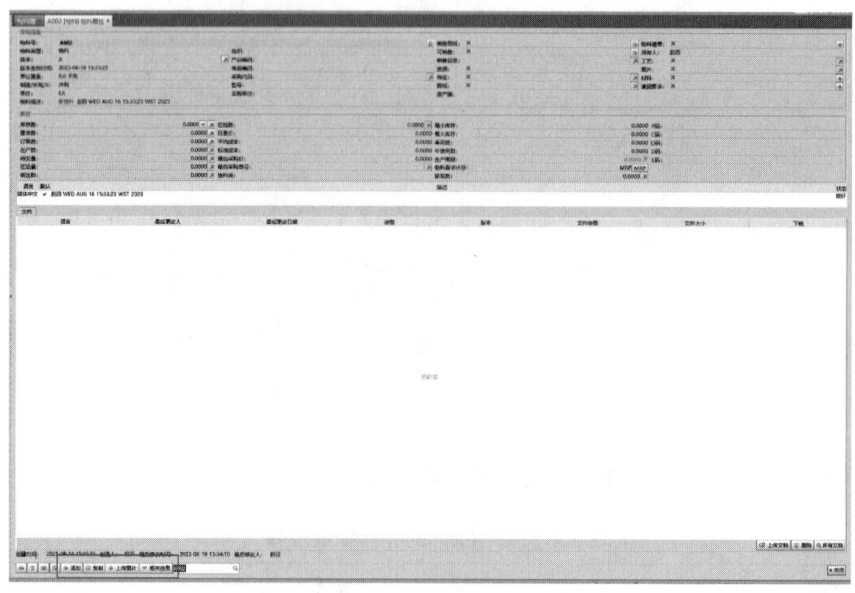

图 7-8　确认信息界面

(7) 确认信息无误后,单击"关闭"按钮,则零件信息录入界面关闭。

返回主界面后,可以对零件信息进行查看,也可以对物料清单信息进行查看。要查看零件信息,可选择零件号,单击零件号后的 , 将弹出零件列表,选择要查看的零件信息,单击"确定"按钮,再单击"查看零件簿"按钮,如图 7-9 所示。

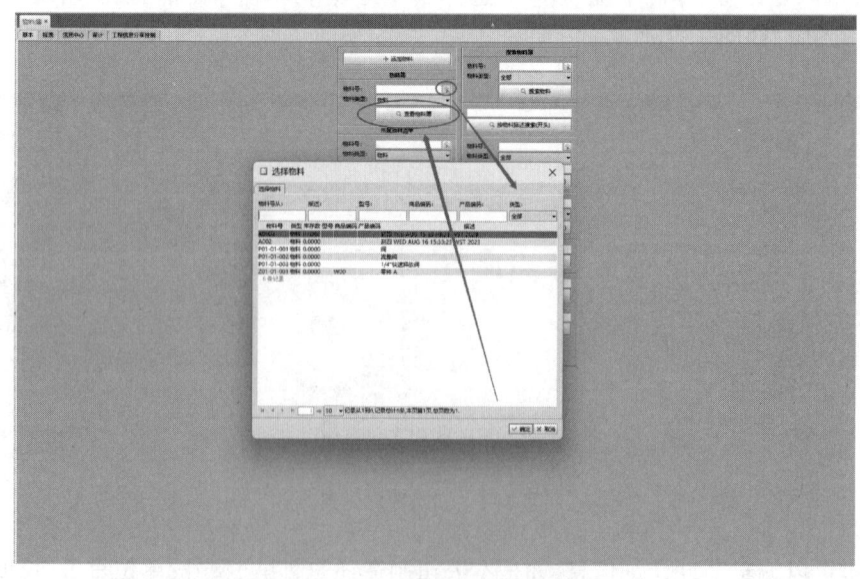

图 7-9　"查看零件簿"按钮

系统弹出该零件信息的界面,如图 7-10 所示。

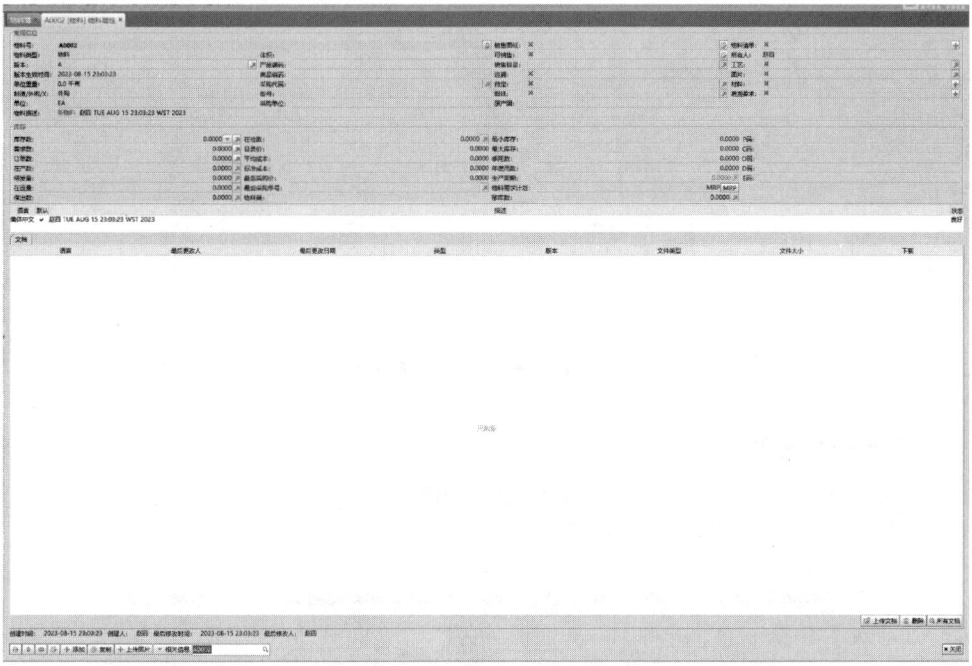

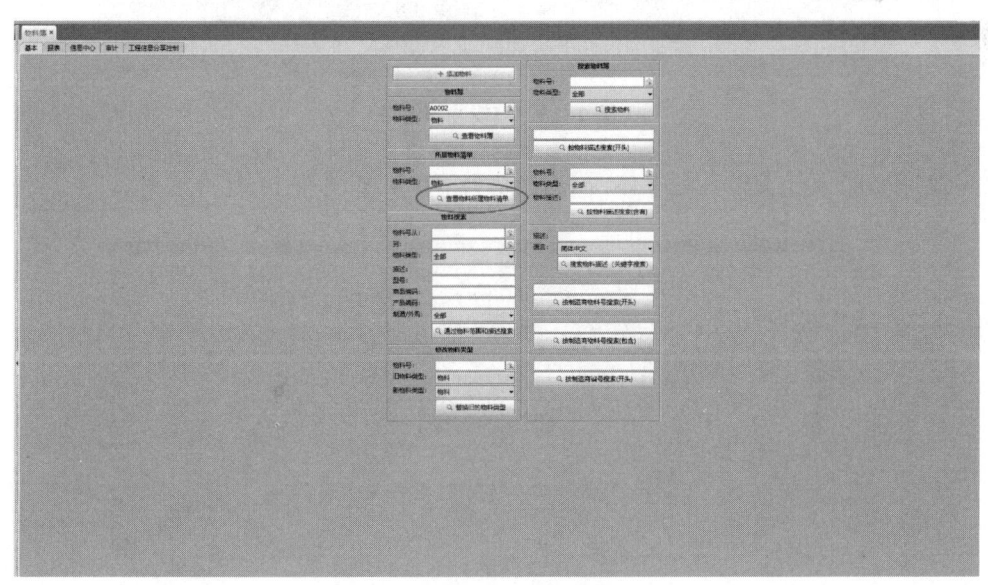

图 7-10　零件信息界面

如果要查看某一个零件的物料清单情况,则单击"查看零件所属物料清单"按钮,如图 7-11 所示。

图 7-11　"查看零件所属物料清单"按钮

系统会将该零件参与的物料清单全部呈现出来,如图 7-12 所示。

图 7-12 物料清单信息界面

2. 维护物料清单

添加物料清单时,首先需要保证物料清单中的各个零件在系统中均已存在。

(1) 打开物料清单,如图 7-13 所示。

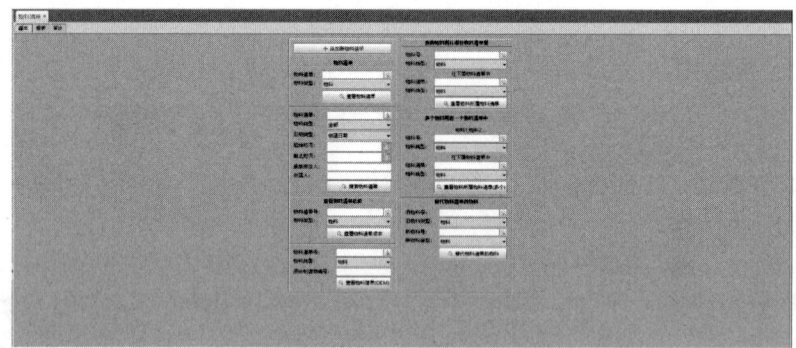

图 7-13 编辑物料清单

(2) 单击页面上方的蓝色字体"添加新物料清单",如图 7-14 所示。

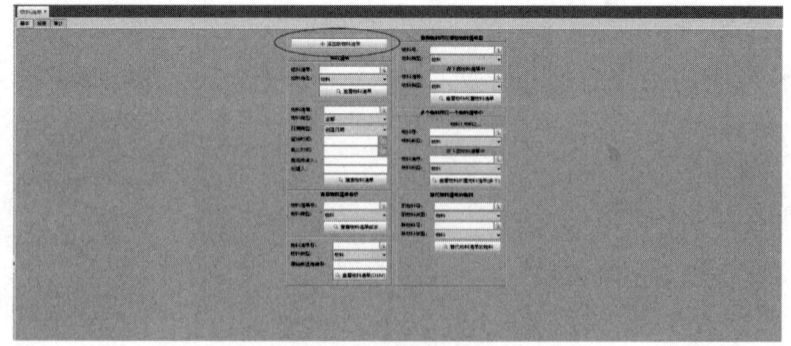

图 7-14 "添加新物料清单"按钮

(3) 进入物料清单添加页面,如图 7-15 所示。

第 7 章　基础数据管理

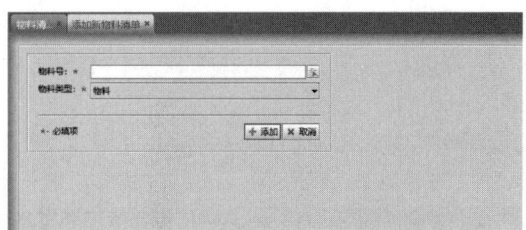

图 7-15　添加物料清单

(4)选择零件号,单击"添加"按钮,出现物料清单编辑界面,如图 7-16 所示。

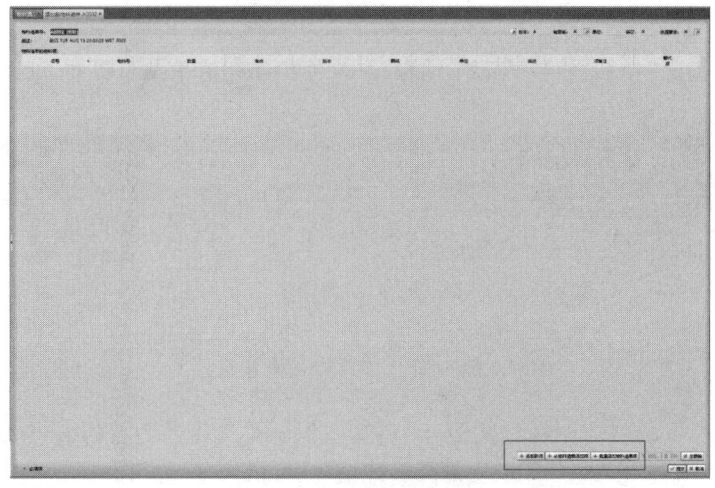

图 7-16　编辑物料清单

(5)通过页面下方的"添加新项""从物料清单中添加项"等按钮,可以对物料清单进行编辑。

(6)单击"添加新项"按钮,进行零件的增加,如图 7-17 所示。

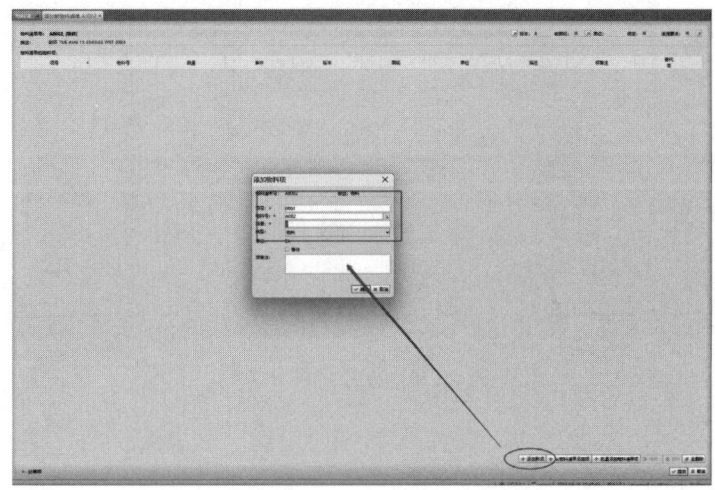

图 7-17　添加零件

89

(7)选择零件号,并输入数量,单击"确定"。

如果选择"从物料清单添加项",则系统默认为添加已有的物料清单,这种适用于多层次的物料清单的增加。

将该零件的所有组成部分录入后,则物料清单录入完毕,如图7-18所示。

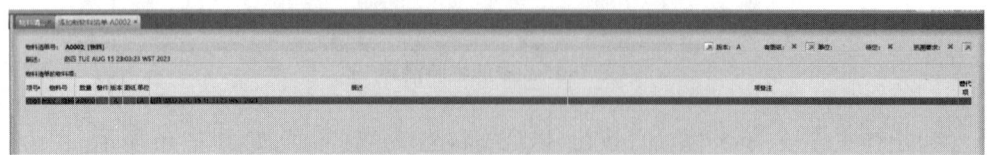

图 7-18 录入物料清单

(8)单击"提交"按钮后,物料清单保存,系统弹出物料清单预览界面,如图7-19所示。

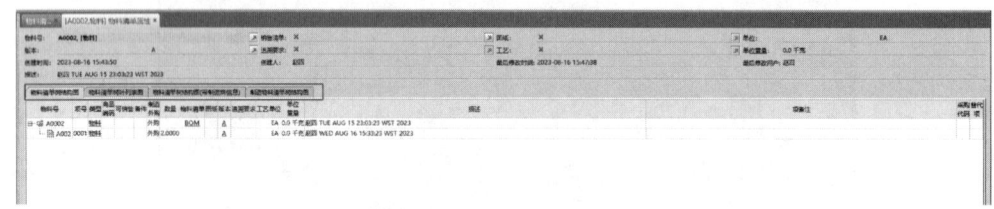

图 7-19 预览物料清单

用户可以根据物料清单树结构图、物料清单树叶列表图等方式进行查看。

另外,增加物料清单时,也可以编辑替代项。

物料清单的查看可以通过最终的产品进行查看,也可以通过参与物料清单的各个零件进行搜索查看。系统同时提供物料清单的总价、以及替代物料清单的零件等等,如图7-20所示。

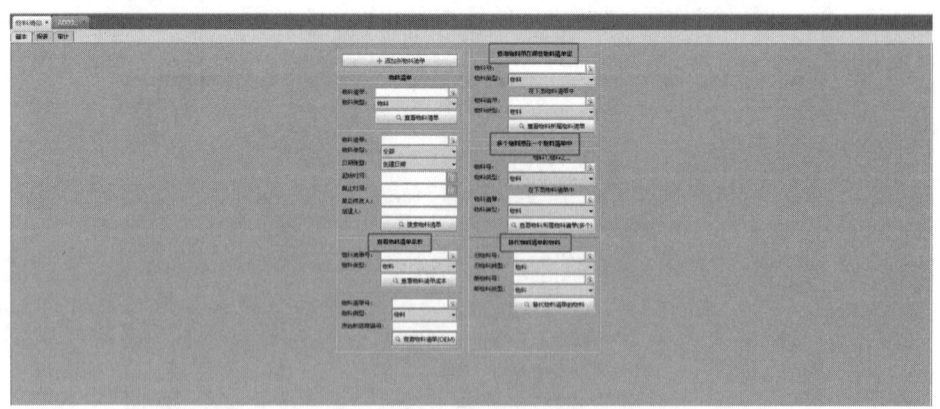

图 7-20 查看物料清单

第 8 章　进销存管理

2BizBoxERP 应用的第 2 层更深一步完善了库房管理,如图 8-1 所示。这一层管理中 2BizBox ERP 提供满足任何规模大小的企业或组织的进销存管理系统,包括采购管理、销售管理、库房管理以及一系列功能报表,企业或组织在进销存信息化的帮助下可以将业务效率提高一层,在行业竞争中领先一步。总之,2BizBox ERP 应用第 2 层可以作为零售、贸易、服务型企业管理信息化的参考。

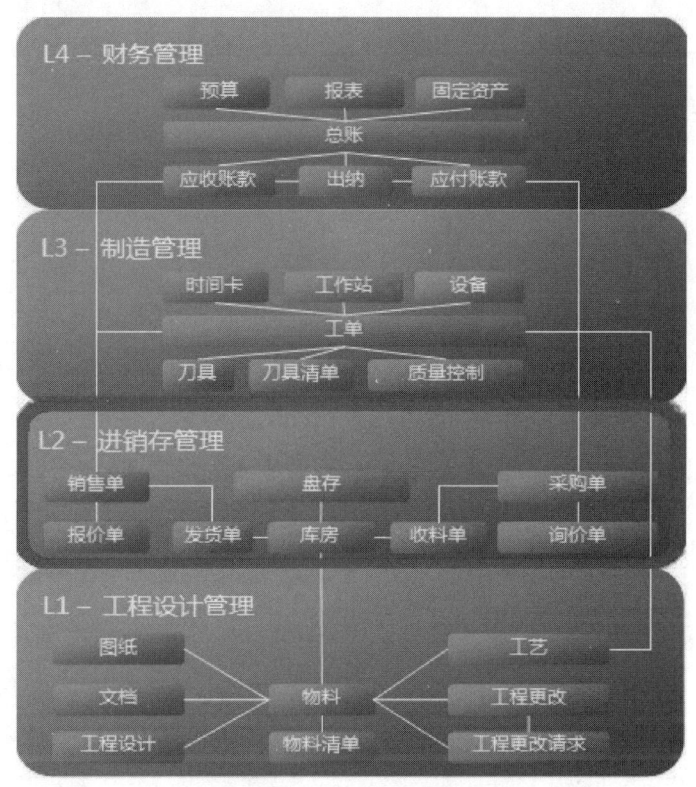

图 8-1　L2-进销存管理

进销存的管理主要是物料在企业内部的流动,从原材料采购,到库存,最后到产成品的销售。主要包括 3 个模块的功能。采购管理子系统的目的在于满足各方面的需求:采购各种需求品,同时使购买的各种需求品满足及时、快捷、节省、高质的要求。存货管理子系统的目的在于管理库存货物,并保存适当数量的物料,使之避免发生停工待料或无法按时交货的困境;另一方面,兼顾经济因素,避免因为库存数量的过多,导致资金积压,周转困难和增加利息,造成持有成本的负担。

8.1 采购管理

采购管理主要目标是确定合理的订货量、优秀的供应商和保持最佳的安全储备,能够随时提供定购、验收的信息,跟踪和催促对外购或委外加工的物料,保证货物及时到达。建立供应商的档案,用最新的成本信息来调整库存的成本。

采购管理主要指原材料或者外购件产品的采购,包括询价、采购等步骤。流程图如图 8-2 所示。

图 8-2　采购管理流程图

8.1.1　客户/供应商信息维护

供应商地址是系统中维护的基本信息之一,首先我们需要将这些基本信息录入系统中,才可以添加采购单、询价单、供应商的协议价等。月末系统通过总结分析采购单,可以统计出各个供应商交货的及时率。增加供应商信息在地址模块中完成,如图 8-3 所示。

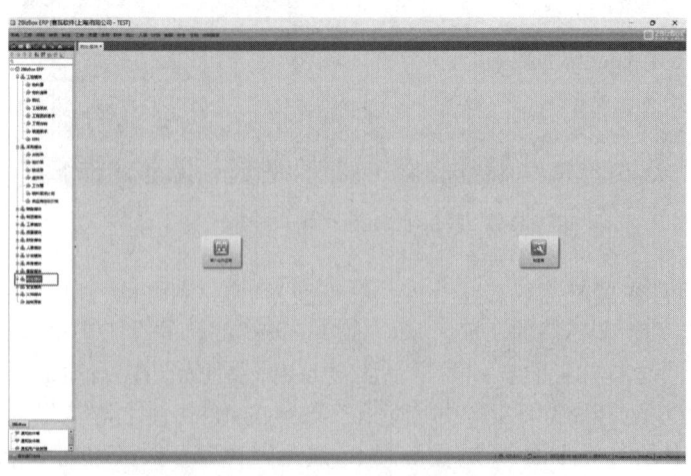

图 8-3　维护客户与供应商信息

(1)单击"客户与供应商",如图 8-4 所示。

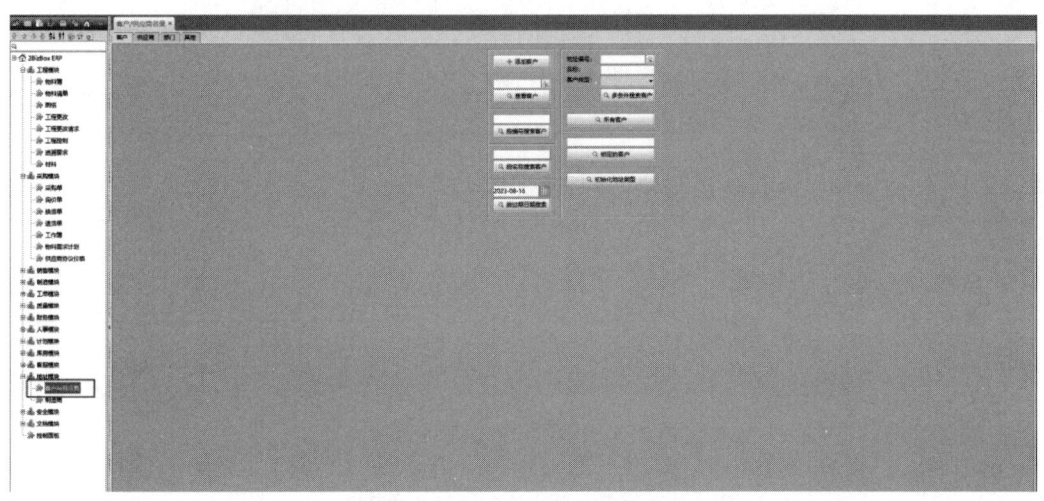

图 8-4 "客户与供应商"按钮

(2)单击添加"客户/供应商",出现"客户/供应商"的新增界面,如图 8-5 所示。

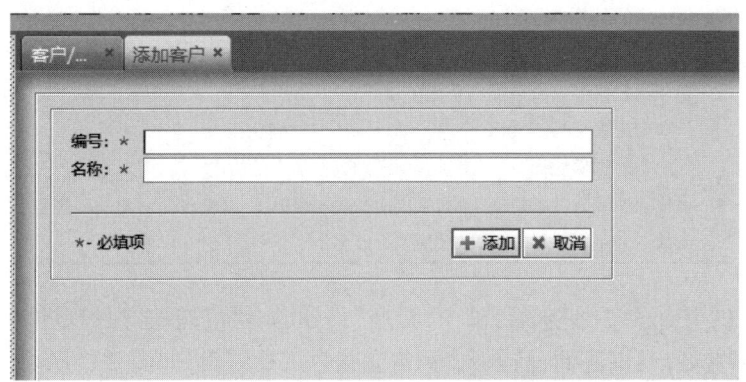

图 8-5 添加客户/供应商信息

系统界面参数的说明如表 8.1 所示。

表 8.1 供应商简单信息界面参数及释义

界面参数	参数释义
编号	必填项,编号是用来唯一标识该供应商
名称	必填项,供应商的名称

(3)输入编号及名称,单击"添加"按钮,转入客户/供应商具体内容编辑界面,如图 8-6 所示。

系统界面参数及其释义如表 8.2 所示。

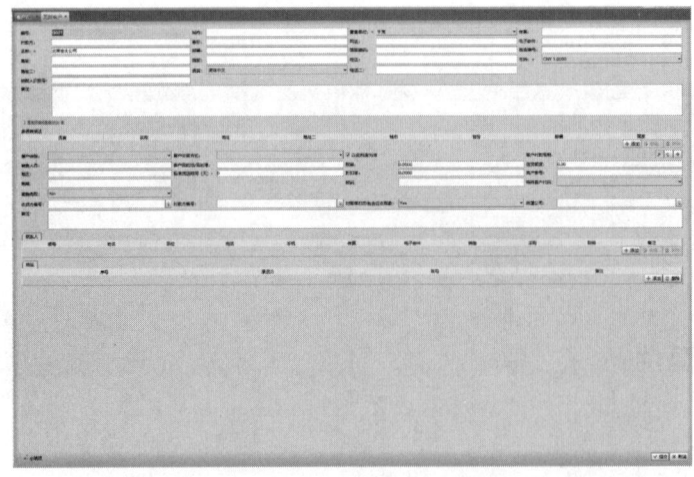

图 8-6　编辑客户/供应商信息

表 8.2　供应商具体信息界面参数及释义

界面参数	参数释义
编号	编号是用来唯一标识供应商,供应商编号一旦添加就不可更改
付款方	供应商的付款地址,可以与该供应商不同
名称	供应商的具体名称
地址	供应商的具体地址,如果该供应商有附加地址,可以填入〈地址二〉中
重量单位	供应商提供的主要产品的重量单位
币种	供应商用来交易的货币
多语言描述	如果是外国供应商,可以为供应商添加其他语言的描述
信贷额度	供应商在我方的信贷额度,如果供应商超出该额度,系统将会给出一些警告
联系人	供应商的主要联系人,可以添加一个或多个

(4) 录入供应商/客户信息后,单击"提交"按钮,则供应商/客户信息维护完毕。此时可以对客户、供应商、联系人、销售等信息进行编辑,如图 8-7 所示。

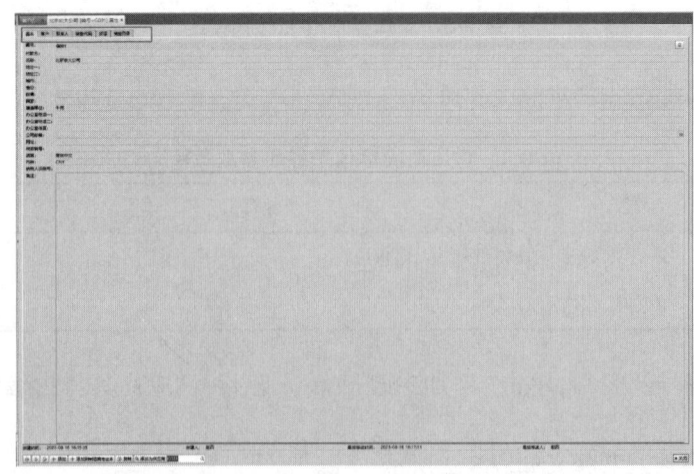

图 8-7　编辑客户/供应商等信息

对于客户/供应商的查询,系统提供了多种方式,如图 8-8 所示。

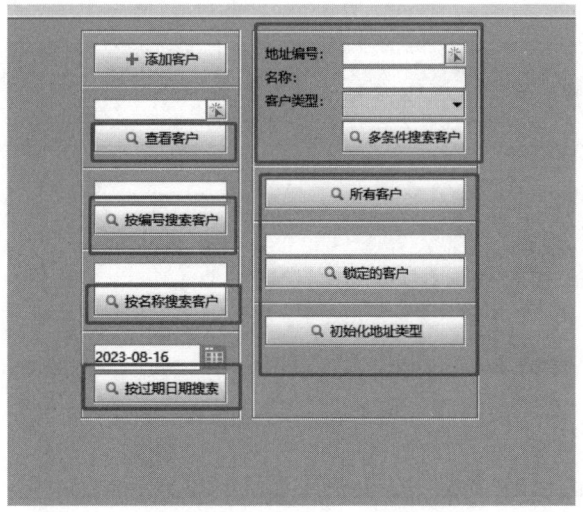

图 8-8　查询客户/供应商信息

(1) 通过供应商的详细编号来查看该供应商的详细信息;
(2) 通过多种条件搜索供应商,可根据需要任意组合这些条件进行查询。如果保持查询参数为空,系统将会列出所有的供应商;
(3) 通过供应商的编号模糊搜索以输入编号开头的所有符合条件的供应商;
(4) 通过供应商的名称模糊搜索以输入名称开头的所有符合条件的供应商;
(5) 列出系统中所有的供应商;
(6) 列出系统中所有被锁定的供应商。

8.1.2　采购的主要业务功能

当供应部收到计划部打印的物料需求计划表时,可以按类型分类来安排采购计划。采购之前,供应部如需对某些产品询价,可在系统中添加询价单。

添加询价单的方法,如图 8-9 所示。

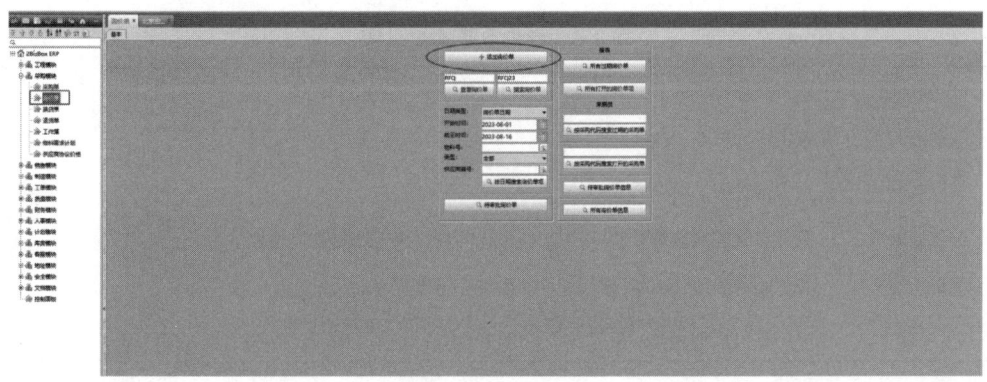

图 8-9　添加查询单

（1）单击红色圈内的"添加询价单"按钮，即可出现询价单录入界面，如图8-10所示。

图 8-10　录入询价单

（2）选择供应商，单击"添加"按钮，进入询价单增加界面，如图8-11所示。

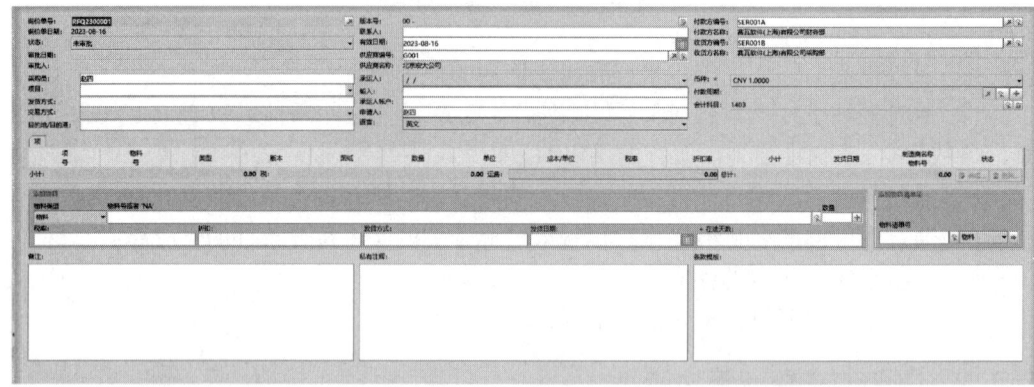

图 8-11　添加询价单

（3）询价单的信息包括基本信息和询价单子项信息，系统界面栏目基本信息如表8.3所示。

表 8.3　询价单基本信息项

审批日期	审批该询价单的日期
审批人	审批该询价单的领导
供应商编号	需要询价的供应商编号
付款方编号	我方付款的地址编号，默认为控制面板公司设置中的付款方地址
收货立编号	我方收货的地址编号，默认为控制面板公司设置中的收货地址
币种	与供应商进行交易的币种

询价单子项信息主要包括的栏目内容如表8.4所示。

表 8.4　询价单子项信息

界面参数	参数释义
项号	唯一标识该询价单的子项，系统默认从'001'开始
零件号	必须输入，填入需要询价的零件
类型	该零件的类型
版本	该零件的版本
图纸	零件上是否有图纸
数量	需要询价的零件的数量
单位	该项零件所使用的单位
成本/单位	供应商给定的零件的价格
税率	需要缴纳的税率
折扣率	供应商折扣的比率
小计	小计=(单价×数量)-折扣
发货日期	供应商可以发货的日期
状态	该询价单项的状态

询价单编辑完毕后，点击页面下方的提交，则询价单保存完毕。

(4)询价单保存后，可以通过不同的方式对询价单进行搜索查询，如图 8-12 所示。

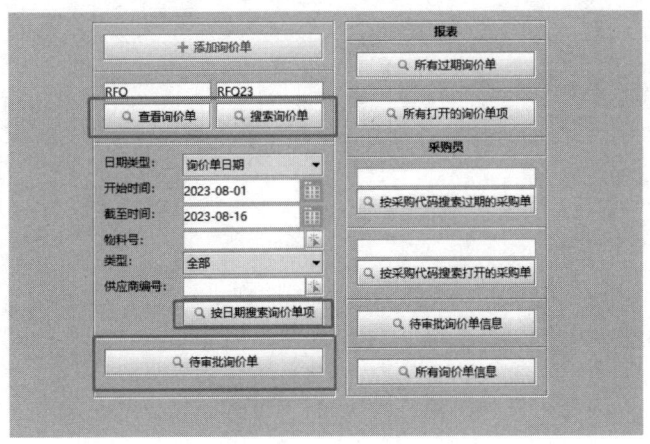

图 8-12　搜索询价单

通过询价单的编号来查看询价单的详细信息；通过询价单号模糊搜索已输入单号开头的所有符合条件的询价单；通过零件号和零件类型模糊搜索出符合条件的询价单的子项；搜索出所有需要审批的询价单，即搜索出所有未审批的询价单；通过搜索所有过期询价单搜索出系统中所有过期的询价单；通过搜索所有打开的询价单项搜索出系统中所有打开的询价单。通过询价单编号或者组合不同条件，也可以查询出所有待审批询价单进行审批。

8.1.3　采购单增加

(1)打开采购管理，如图 8-13 所示。

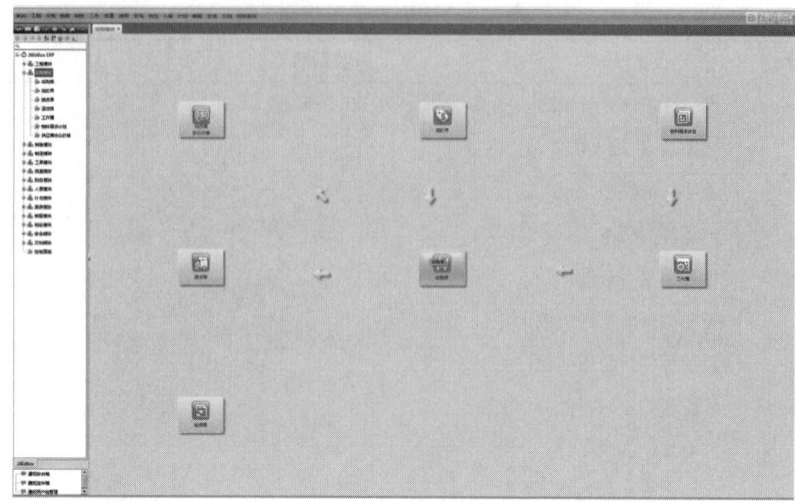

图 8-13　采购管理界面

(2)单击"采购单"选项,进入采购单界面,如图 8-14 所示。

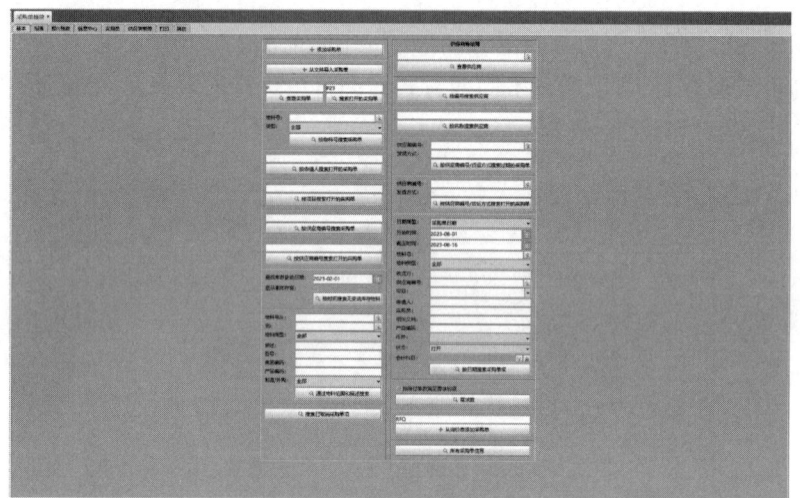

图 8-14　采购单界面

(3)单击"添加采购单"按钮,进入采购单增加界面,如图 8-15 所示。

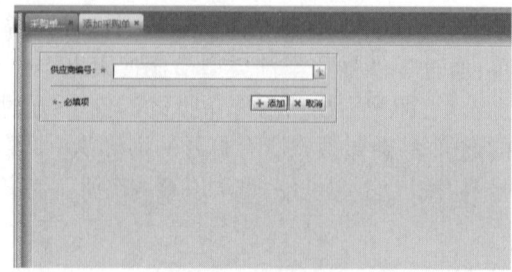

图 8-15　添加采购单界面

采购单添加界面主要用于选择供应商,该系统界面栏目说明如表8.5所示。

表8.5　采购单信息界面参数及释义

界面参数	参数释义
供应商编号	填入需要采购的供应商编号或者点击 ![icon]，从地填模块中选择供应商的编号

（4）选择供应商编号,单击"添加",进入采购单编辑界面,如图8-16所示。

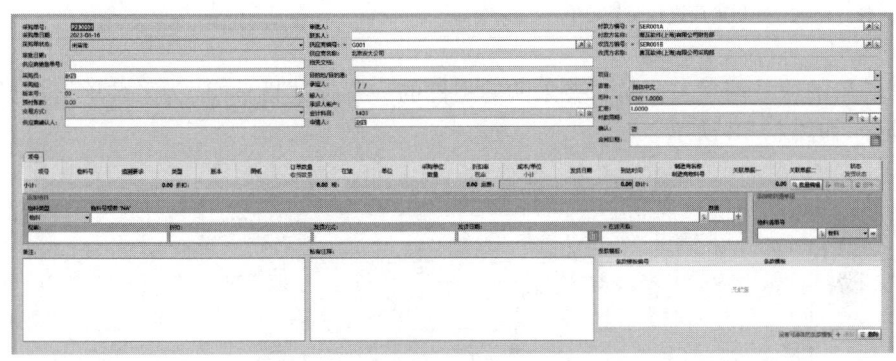

图8-16　编辑采购单

（5）采购单包括基本信息和项号信息。基本信息为上半部分,如图8-17所示。

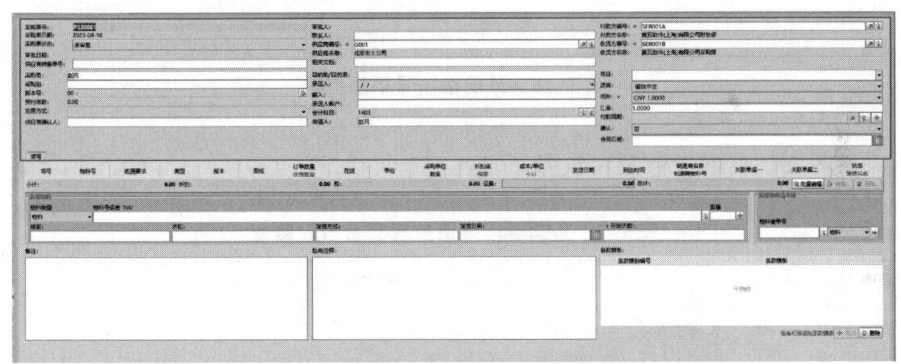

图8-17　采购单基本信息界面

系统界面栏目的基本信息主要是针对供应商的一些信息,具体如表8.6所示。

表8.6　采购单基本信息界面参数及释义

界面参数	参数释义
采购单号	采购单号是由系统自动生成,采购单一旦创建,系统就会给出一个唯一标识该采购单的号
采购单日期	创建该采购单的日期,不可更改
采购单状态	采购单的状态,新建时状态为未审批
审批日期	审批该采购单的日期

续表

界面参数	参数释义
供应商销售单号	供应商所提供的销售单的号
审批人	审批该采购单的领导
供应商编号	需要采购的供应商编号
付款方编号	我方付款的地址编号,默认为控制面板公司设置中的付款方地址,可更改
收货方编号	我方收货的地址编号,默认为控制面板公司设置中的收货地址,可更改
币种	与供应商进行交易的币种

采购单的项号信息主要是对要采购的零件的一些描述性信息,为采购单增加界面的下半部分,如图 8-18 所示。

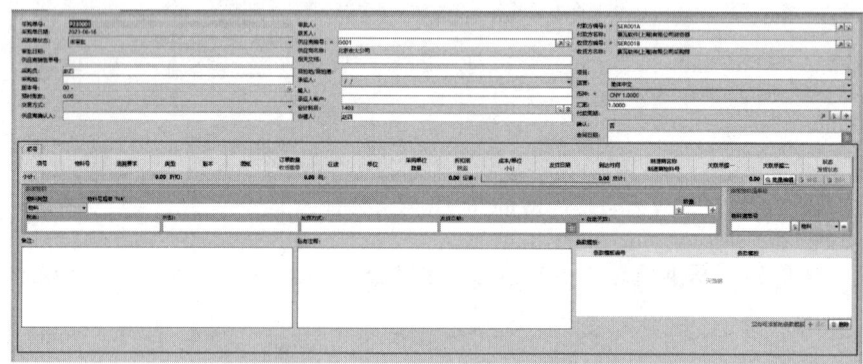

图 8-18 采购单项号信息界面

该系统界面栏目的参数及参数释义如表 8.7 所示。

表 8.7 采购单项号信息界面参数及释义

界面参数	参数释义
项号	唯一标识该采购单的子项,系统默认从'001'开始
零件号	必须输入,填入需要采购的零件
可追溯	零件是否是可追溯的
类型	该零件的类型
版本	该零件的版本
图纸	零件上是否有图纸
订单数量	需要订购的零件的数量
收货数量	已经收到供应商的零件的数量
在途	供应商已经发出,但还未到达我方的零件的数量
单位	零件的单位
采购单位数量	采购单所使用的零件的单位

续表

界面参数	参数释义
税率	需要缴纳的税率
折扣率	供应商折扣的比率
成本/单位	采购的零件的单价
小计	小计=(单价×数量)-折扣
发货日期	供应商可以发货的日期
到达日期	零件可以到达我方的日期
状态	采购单项的状态
备注	可填写任意关于该项零件的信息,如采购零件价格波动的原因

(6)如果要增加采购的零件,可输入零件号、数量、折扣、税率、发货方式等,单击"增加"按钮,如8-19所示。

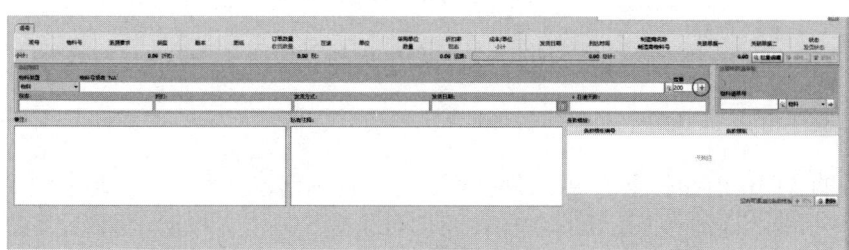

图 8-19 添加零件项号

出现采购单项增加界面,如图 8-20 所示。

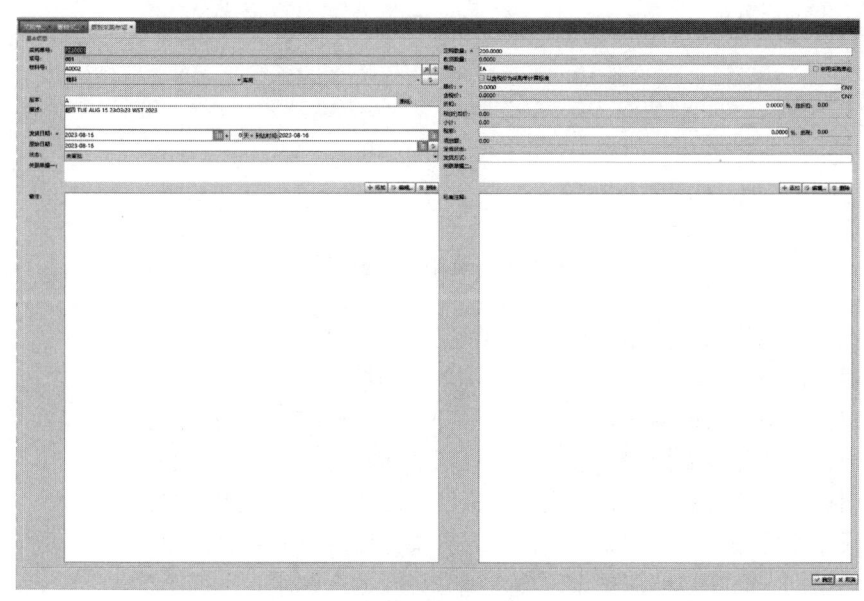

图 8-20 添加采购单项

(7)通过对零件的各项信息进行维护,单击"确定"按钮。返回采购单增加界面,如图 8-21 所示。

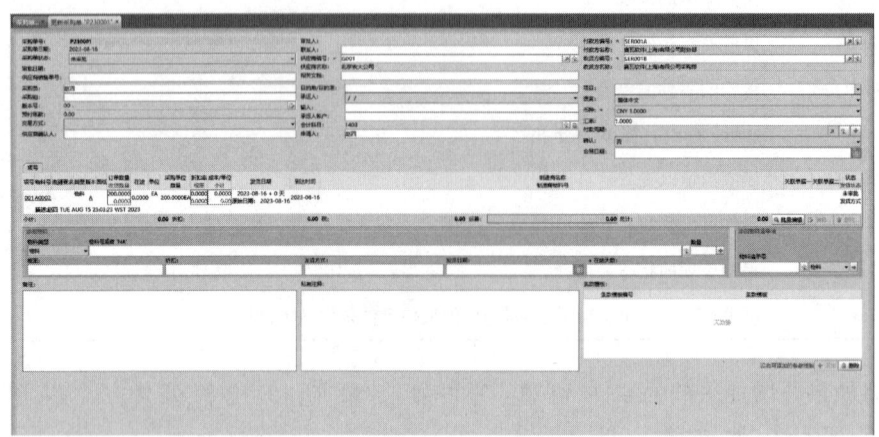

图 8-21　返回采购单增加界面

(8)确定完毕后,单击"提交"按钮,则采购单增加完毕。

8.1.4　预付款

若采购合同中有预付款的规定,那么可以对采购单创建预付款。一旦采购单经领导审批之后,采购单详细界面上预付款的按钮即可生效。单击方框所示图标,系统将进入更新预付款的界面,如图 8-22 所示。

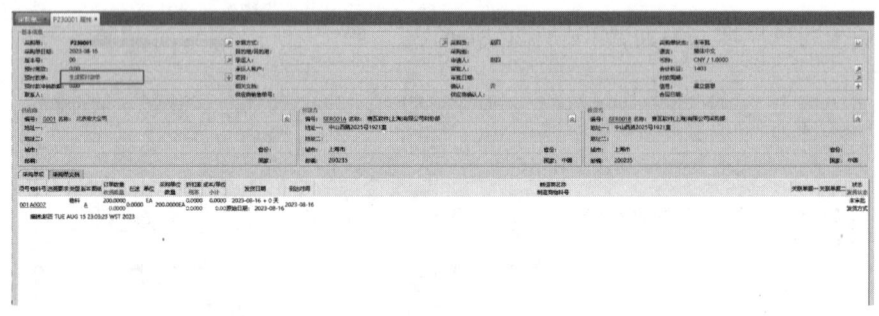

图 8-22　更新预付款界面

对于采购单的查询,系统提供了 10 种方式,如图 8-23 所示。
- 通过采购单的详细单号来查询采购单详细信息;
- 根据采购单号模糊搜索以输入单号开头的所有打开的采购单;
- 通过零件号模糊搜索以输入零件开头的所有符合条件的采购单;
- 根据申请人模糊搜索以输入申请人开头的所有打开的采购单;
- 根据项目编号模糊搜索以输入编号开头的所有打开的采购单;
- 根据供应商编号模糊搜索以输入编号开头的采购单;
- 根据供应商编号模糊搜索以输入编号开头的所有打开的采购单;

第8章　进销存管理

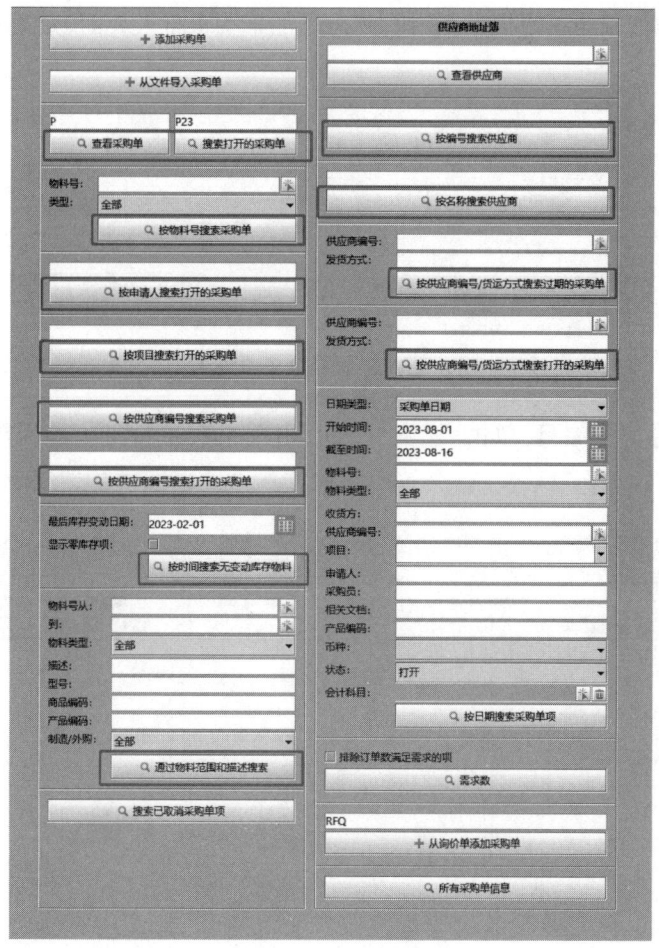

图 8-23　查询采购单

- 搜索出已取消的采购单项；
- 根据输入的供应商的编号和货运方式模糊搜索出所有的过期的采购单；
- 根据输入的供应商的编号和货运方式模糊搜索出所有的打开的采购单。

在采购单模块中，不仅有采购单的增加、查询等功能，还可以生成报表、对采购单进行打印，以及对采购单审批人的维护。系统默认采购单是需要进行审批的。

8.1.5　采购单审批人维护

(1) 单击采购单模块中的"其他"选项卡，如图 8-24 所示。

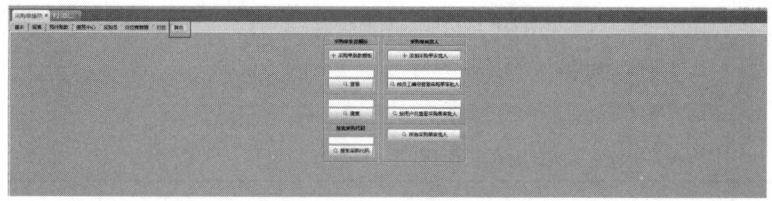

图 8-24　"其他"选项卡

————— 103

(2)单击"添加采购单审批人"按钮,弹出增加采购审批人界面,如图8-25所示。

图 8-25　添加采购单审批人

(3)选择任意员工编号,单击"添加"按钮,出现采购单审批人编辑界面,如图8-26所示。

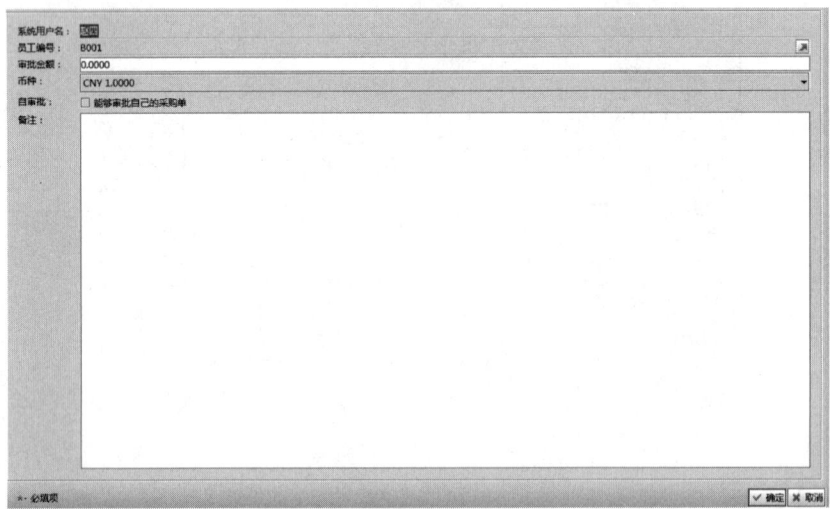

图 8-26　编辑采购单审批人

(4)采购单审批人增加界面栏目的主要参数及其释义如表8.8所示。

表 8.8　采购单审批人增加界面参数及释义

界面参数	参数释义
用户名	员工的系统用户名,系统是根据员工编号自动取得的
员工编号	添加采购单审批人界面填入的员工编号
审批级别	填入审批人可以审批的采购单的最大金额
币种	选择审批金额所对应的币种
自审批	是否可以审批自己创建的采购单
备注	填入关于此审批人其他的任何信息

(5)录入审批金额,并勾选"能够审批自己的采购单",如图8-27所示。

(6)单击"确定",则采购单审批人增加完毕。

建立完采购单审批人后,对采购单进行审批。审批过后,采购单生效。

图 8-27　录入审批金额及勾选审批权限

案例 4　重庆嘉陵集团公司的采购管理改革

"我们现在把自己的身家性命都赌在了这套 IT 系统上。"重庆嘉陵公司副总经理对记者说。一家地处西部山城、有着上百年历史的超大型制造企业,缘何对 IT 技术应用有着如此高的热情?从重庆嘉陵"第一个吃螃蟹"的 IT 应用意识中,人们或许能窥见中国西部制造业的信息化曙光。

1."玻璃鱼缸"论

1995 年,做了 8 年采购员的高勇正式就任公司物流部副部长,对于国有企业物流采购过程中的种种积弊,高勇多年来一直有着切肤之痛,上任后想做的第一件事就是把物流系统化、制度化、IT 化、网络化。在全公司大会上,他第一次旗帜鲜明地抛出了他的"玻璃鱼缸"理论。

"我做了 8 年采购,最弄不明白的一点就是,我们公司的采购过程就像是一缸浑水,搞不清楚厂里有些什么东西,现在我的任务就是要把它弄清亮。以前我站在鱼缸外边,有没有摸到鱼可以不论,可现在轮到我抓这块业务,如果这缸水还是像以前那样混浊,突然哪一天又从里面冒出一条大鱼的话,到时候说不定就把我给咬死了,但是我这个人从来不当冤鬼。"

基于"不做冤鬼"的想法,高部长才有了"把水搞清亮"的朴实想法,"暂时我也允许有细菌存在,说得俗一点,这一缸水里面不怕有几条沙虫,但是我要给这些沙虫标号,A、B、C、D、E、F……而且我也知道每一条沙虫是谁养的,因为这是中国特有的国情嘛,那么现在我可能还让你成活,什么时候要'掐死'你再说,但现在就是要在我的手里掌握着,到最后肯定是要掐死的。"

做了 8 年的采购经理,高勇说自己"底气这么",就是因为整个采购流程,甚至包括当时国有企业中盛行的一些阴暗和灰色地带,他都是"门清","我就是要警告他们,为什么敢触动他们的利益,因为自己身子硬,所以他们在我面前很蔫。但要把水搞清,靠我一个人的力量当然不行,一方面不可能保证所有的工作都是由一个人来做,自己做得累死,别人还会指责你,你是怎么做出来的?整个过程不受控。另一方面,也会有人说,权力全集中在你一个人这里,所有的鱼都围上你了,你自己会不会被撑死啊?"

高勇想到的是用一整套 IT 系统来将流程固化,实现"可数字化管理","这样一来,判断和奖惩就用不着我亲自去操刀,我要管的只是制度和过程。"浅显的一番表白,打动了全公司在场的所有人,高勇期望的物流系统,就是通过"数字化管理",彻底终结公司采购过程中长期盛行的人情管理和经验主义。更重要的是,那年他第一次被提到中层干部岗位上,"冲劲十足","我做任何一件事情,目标就是要在这个行业做到第一或第二,这也是自我价值的体现;另一方面,能够把大家团结起来,同心同德,使整个流程都受控,不带二心,把事情做起来,大家早晚都会认可这一点。"

2. "透明"的物流

在重庆,拥有上百年历史的嘉陵公司是仅有的几家大规模制造企业之一,也一直是中国摩托车工业的骄傲。1993年公司进行股份制改组后,拆分出来的股份公司于1995年上市。迄今为止,嘉陵摩托车的累计销售收入达285亿元,累计创利税近46亿元,摩托车年产量、产值、销售收入、利税等多项经济技术指标和生产技术、产品质量、企业管理均居全国同行业领先地位。

从20世纪90年代初开始,伴随着嘉陵"军转民"和企业改制的需要,大规模的IT技术应用也使嘉陵走上了优化产业结构的道路,如果说IT技术的应用为嘉陵的企业市场化再造提供了工具的话,那么嘉陵公司一波又一波的企业体制变革和管理创新,则为IT技术的工具应用提供了背景和可能性。

1987年,刚从电大读完财务专业的高勇被分配到嘉陵,当上了一名采购员,一开始碰到的全是"问题客户",啃的都是些"硬骨头",凭着自己的勤勉、真诚和努力,他很快脱颖而出,从采购员、计划员、副科长、科长、副处长、处长,一路做到主管企业发展规划和信息化改造的副总经理。

在多年的采购实践中,高勇也一直在寻思一个"一劳永逸"的解决之道:如何让企业的计划、采购、仓储每一个流程都受控,使整个管理透明化,而非采取企业通用的经验主义和简单的行政指令,传统的这些做法不仅随意性大,而且特别容易滋生采购过程中的腐败温床。

1995年前后、时任物资部副部长的高勇开始筹划嘉陵最早的物流管理系统,摆脱手工记账,并尝试在采购和销售环节分阶段实现电算化。这也是嘉陵建设的第一个"信息孤岛"。"一种管理手段要克服些问题,关键是你的想法一定要能借助有效的手段,才能够实现",高勇的这个初衷促使他一开始便推行了最早的一套IT物流管理系统,"系统刚上时,我们首先保证的一点就是,任何一个采购过程中的动作,必须有计算机的指令,按指令行事,从源头上克服人为因素。"

从编订采购计划开始,到产品的采购、交验、入库、出库,一下子把整个流程都放到了计算机上。开始推进的阻力也比较大,高勇就将系统基本功能设计成指令计划,保证采购计划的公正性,从一纸调达,到相应的资源分配量,细到某一个零件、某一个产品的采购量,指令计划是按照某种标准模型执行的,并参考其历史表现,动态处理其中关系,这样一来,"结构树"模型的推出就成了当务之急。

3. 虚拟零库存管理

1995年开始实施物流管理系统,到1996年,再继续向下挖潜增效,高勇感到压力越来越大,尤其是企业的库存积压和流动资金占用之间的矛盾越来越突出。与国外摩托车工业不同,国内摩托车配套产品的质量良莠不齐,稳定性差,也缺乏计划性,而像日本本田这样的企业,其核心竞争力的表现在零部件的质量上乘,从产业分工到流程控制非常好,上游供应商提供的零件全部都是免检产品。

高勇设想能否将成品厂的这部分压力也分解转嫁到配套厂身上,虽然眼下还不可能实现完全的零库存,但是变成一个即时的供应链管理,从校验、质量的把关,到追求零库存管理的目标,在当时同行业,这样的管理实践还没有第二家。

考虑到国内摩托车制造工业生产的实际状况,嘉陵推出了一种"代保管"的库存模式,供货商可以将计划的分配量放在装配仓库,嘉陵只是履行代保管职责,不付款,也不挂预付款,企业与供应商之间没有发生债务关系,除非装配整车。这样一来,嘉陵只需要拿点库房出来,而且还要收租金,在中国制造业特有的国情下,巧妙地真正实现虚拟的零库存管理,存货水平由原来的8000多万下降到几百万,资金周转率提高了数倍。

当时的摩托车配件市场也正在经历一个从卖方市场到买方市场的变迁,以前的供应商并不关心嘉陵厂的装货、库房和成车情况,因为这与他们的利益无关,虚拟的"零库存管理"无形中加重了供货方的资金压力后,对方开始随时关注嘉陵厂的库存情况,因为供应商也不愿意把太多的货压在这里。

在远程联网基础上,嘉陵与配件厂商的单方管理一下子变成双方管理的互动关系,更重要的是,建立了一种全新的供应链管理关系——只有通过使用,商品价值才能得以体现。

最后,供应商也纷纷提出要求搞免检制,愿意加高质量的索赔额度,有的甚至提出请嘉陵派驻,对方支付工资都可以,一批产品检验合格,就可以放在厂房。互动关系促使大家真正走到一起,成为一种新的利益共同体,价值目标高度也渐趋一致。

4. "ABCD方法"终结经验主义和人情主义

在理清总量的基础上,接下来是如何合理公平地分解指标、建立与零配件厂商的动态管理关系问题。为此,嘉陵也首创了一种基于数学模型的称为"ABCD法"的管理模式,其中A是指配件商是否通过ISO9000的认证,系数为0.1,B、C、D各为0.3,加起来正好是满分1。

其中B是计划完成量,根据配件商上月分配量的完成情况来判断其供货能力;C是指一次交易量服务的质量水平,用以判断供应商的产品合格率;D是价格水平,用以控制供应商的价格水平,促进供应商之间的公平竞争。在根据配件商每个月业绩表现的基础上,建立起整个数据,形成了针对上游配件商的一种可控制的、数字化直观表现的、良性的优胜劣汰机制。

把这样一整套数据和考核指标放在远程联网之上,300多家配件商在网上就一目了然,每家供应商应有的分配量、质量和价格水平,全都有了可以数字化监控的标杆,整个管理流程受控,不仅节省了大量人力物力,而且完全克服人情管理,谁也不敢私下做小动作,管理一上台阶,加上采购过程透明度的提高,真正在供应商之间建立起一种公平竞争的环境。如何加强管理、提高产品质量和竞争力,一下子成为每一个供应商首要考虑的问题,嘉陵的成本水平也随之大幅下降。成本最高时,库房里仅仅是原材料的储备就高达1.3亿元,现在已基本维持在1000万元左右的水平,有时甚至只有几百万元。流程管理系统的实现,也使他第一次深刻思考这样的问题:任何管理首先要结合实际,照搬任何一种先进模式都会有问题。简单的一个道理就是,如果照搬能够成功,那么世界上的企业就是一个水平了,就没有什么强弱之分了,而如何将这些先进的IT系统的管理方法和企业的业务特点与具体环境结合起来,也成为了嘉陵IT技术应用实施中最重要的指导思想。

资料来源:计算机世界网(http://www.ccw.com.cn/)

启发思考题

1. 在ERP采购管理改革方面,重庆嘉陵集团公司是如何确定目标和优先事项的?

2. 在ERP采购管理改革中,如何确保与供应商之间的信息交流和协作更加高效准确?

3. ERP采购管理改革后,重庆嘉陵集团公司取得了哪些可观成效与收益?是否有其他相关业务流程的改进和优化?未来应如何探索与创新采购管理的信息化之路?

8.2 库存管理

库存管理用来控制存储物料的数量,以保证稳定的物流支持正常的生产,但又最小限度的占用资本。它是一种相关的、动态的及真实的库存控制系统。它能够结合、满足相关部门的需求,随时间变化动态地调整库存,精确的反映库存现状。库存管理涉及以下内容。

(1)为所有的物料建立库存,决定何时订货采购,同时作为交予采购部门采购、生产部门作生产计划的依据。

(2)收到订购物料,经过质量检验入库,生产的产品也同样要经过检验入库。

(3)收发料的日常业务处理工作。

库存管理的功能主要有收料、发货、生产部门领料和成品入库以及仓库盘存、库存功能。该模块的流程图如图8-28所示。

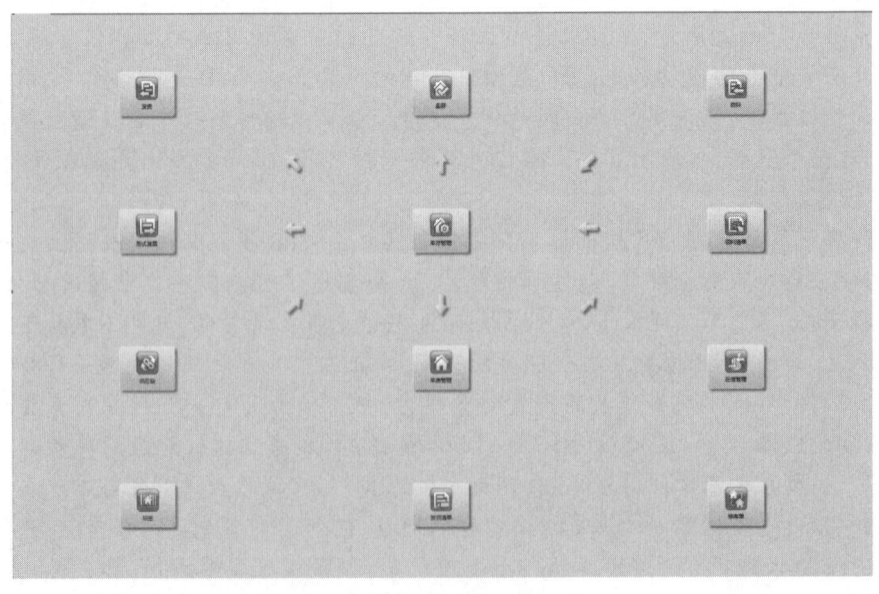

图8-28 库存管理流程图

8.2.1 收料

(1) 打开库房管理,单击"收料"图标,如图 8-29 所示。

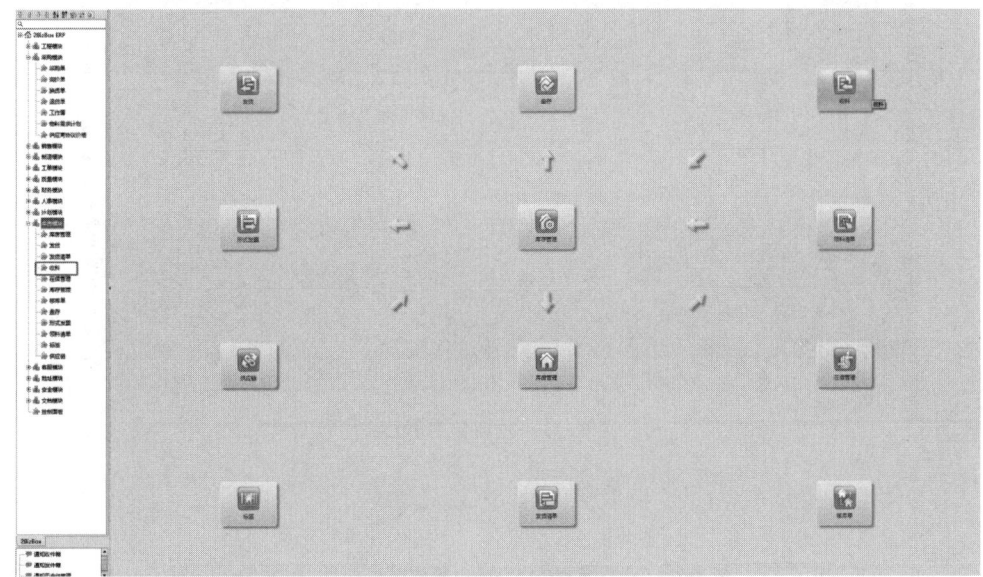

图 8-29 "收料"按钮

出现收料功能界面,如图 8-30 所示。

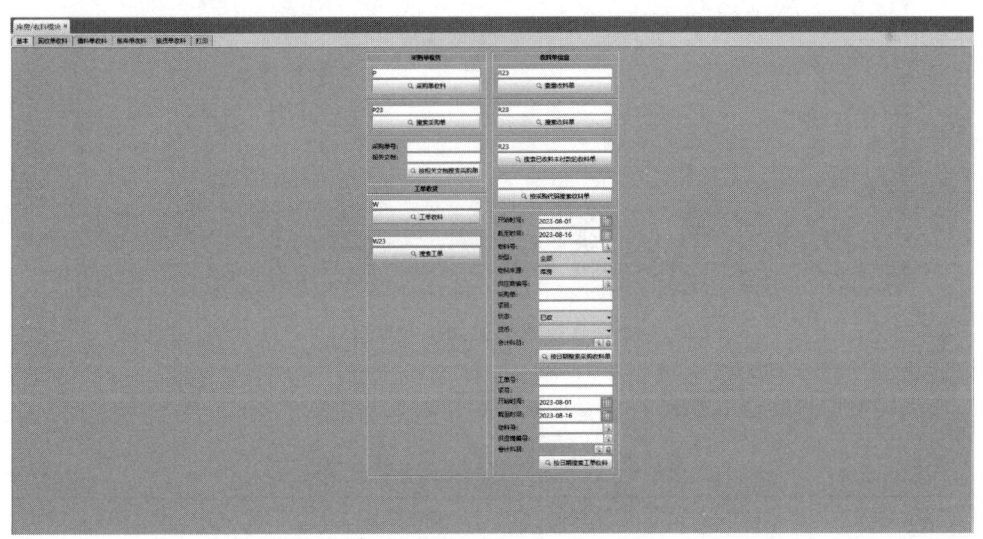

图 8-30 收料功能界面

(2) 一般收料都是通过采购收料,因此先输入采购单编号,再单击"采购单收料"按钮,如图 8-31 所示。

采购收料单的界面主要有基本信息和项号信息。

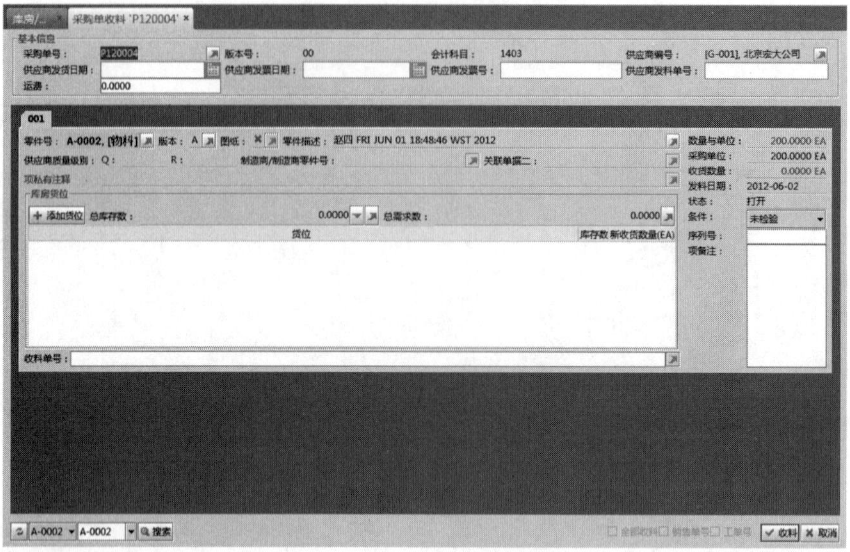

图 8-31 收料信息界面

基本信息主要是在界面上半部分,如图 8-32 所示。

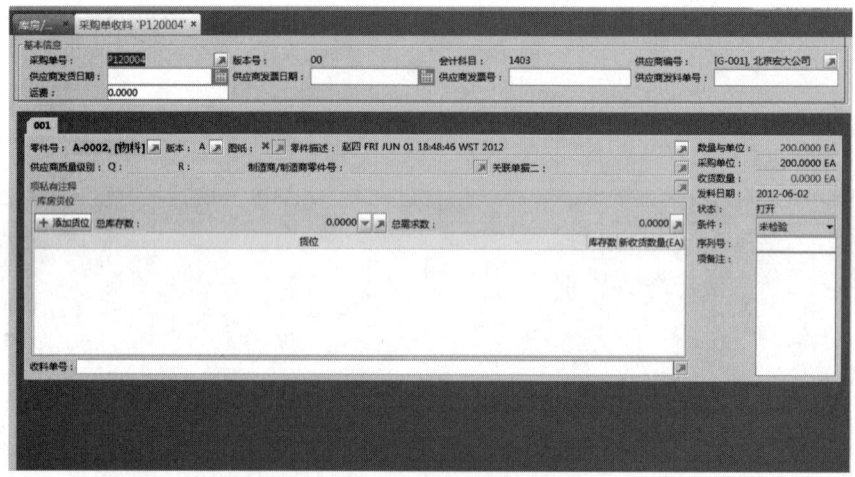

图 8-32 收料基本信息界面

系统界面栏目的基本信息的参数及其解释如表 8.9 所示。

表 8.9 收料基本信息界面参数及释义

界面参数	参数释义
采购单号	进行收料的采购单据号
版本号	采购单的版本号,标识采购单的更改次数
会计科目	此会计科目为采购单借方科目,系统中可进行全局设置,也可在采购单中进行更新
供应商编号	进行收料的采购单的供应商
供应商发货日期	供应商的实际发货日期

续表

界面参数	参数释义
供应商发票日期	供应商开具发票的日期,库房人员可以不填写,待财务人员完善,根据公司业务决定
供应商发票	供应商开具发票的编号,库房人员可以不填写,待财务人员完善,根据公司业务决定
供应商发料单	供应商的发料凭证
运费	如果此次收料为我方承运,完善运费数额号

项号信息为界面的下半部分,如图 8-33 所示。

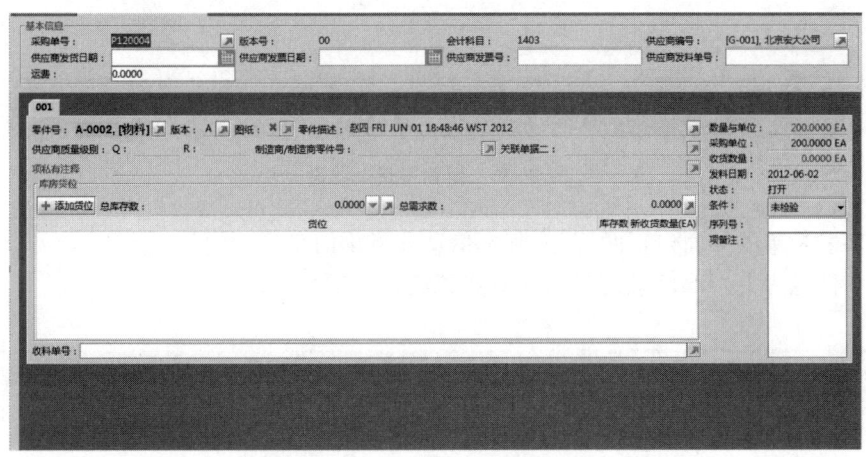

图 8-33 收料项号信息界面

(3)单击"添加货位"按钮,按照采购单数量输入货位数量,单击页面右下方的"收料"按钮,完成收料操作。

8.2.2 发货

(1)单击库房管理的"发货"选项,出现发货编辑界面,如图 8-34 所示。

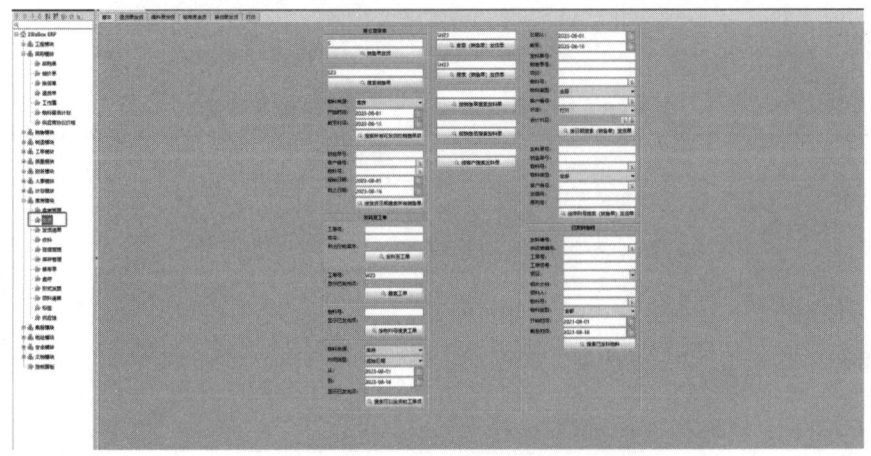

图 8-34 编辑发货信息

—— 111

（2）一般发货都是由于销售产生的，因此都是通过销售单生成，单击"销售单发货"按钮，如图8-35所示。

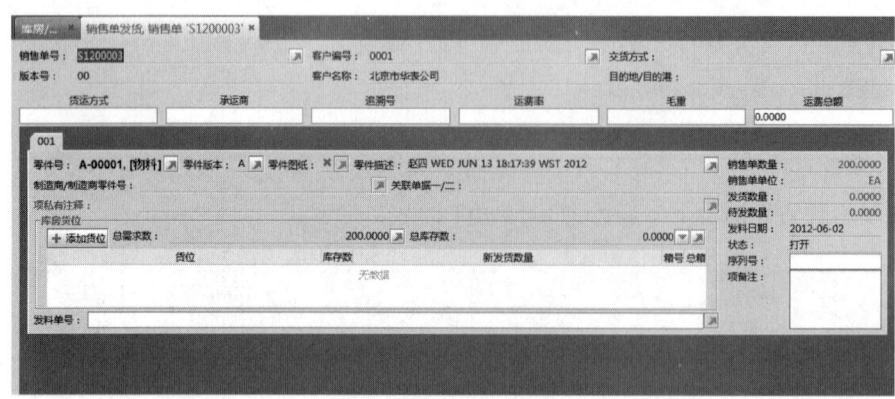

图8-35　销售发货单界面

销售发货单的界面包括两部分：基本信息和货物信息。
基本信息为上半部信息，在图8-36中以红色方框标记。

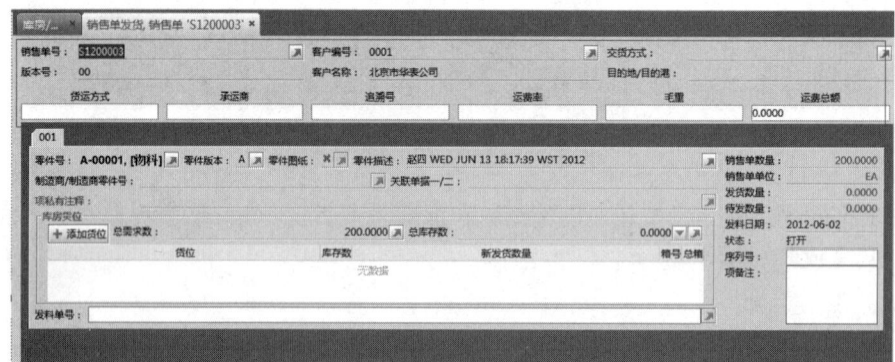

图8-36　销售发货单基本信息界面

系统界面栏目的基本信息的主要参数及释义如表8.10所示。

表8.10　销售发货单基本信息界面参数及释义

界面参数	参数释义
销售单号	进行发货的销售单据号
版本号	销售单的版本号，标识销售单的更改次数
客户编号客户名称	客户的编号与名称
交货方式	是对该销售协议的交易进行的分类，在销售模块进行统一管理。包括成本、成本与运费、成本保险与运费等的分类
目的地/目的港	发货的最终目的地或港口
货运方式	如果我方承担货运，填写以下信息。此项标识为海运或者陆运等

续表

界面参数	参数释义
承运商	承担货运的商家名称
追溯号	发货时的其他序列号标识,系统提供按此项来搜索发货信息
运费率	如果此次发料为我方承运,完善运费数额
毛重	货运产品的总重量
运费总额	承担货运的消费总额

销售发货单的下半部分为其发货的详细信息,如图8-37所示。

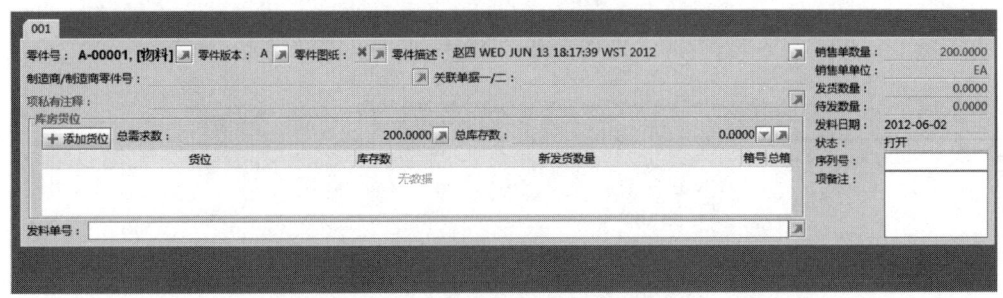

图8-37　销售发货单货物信息界面

(3)通过"添加货位",可以输入发货数量,如图8-38所示。

图8-38　输入发货数量

系统自动计算已有货位,核对完毕后,单击页面右下角的"发货"按钮,发货操作完成。

8.2.3　盘存

库房管理人员需要定期对库存进行盘查清点,系统中称之为盘存。在盘存过程中建立盘存表,将盘存数据更新至最新库存,即完成对库存的盘查清点。

(1)单击"库房管理-盘存",出现盘存界面,如图8-39所示。
(2)单击建立一个新的盘存工作簿,出现相应界面,如图8-40所示。

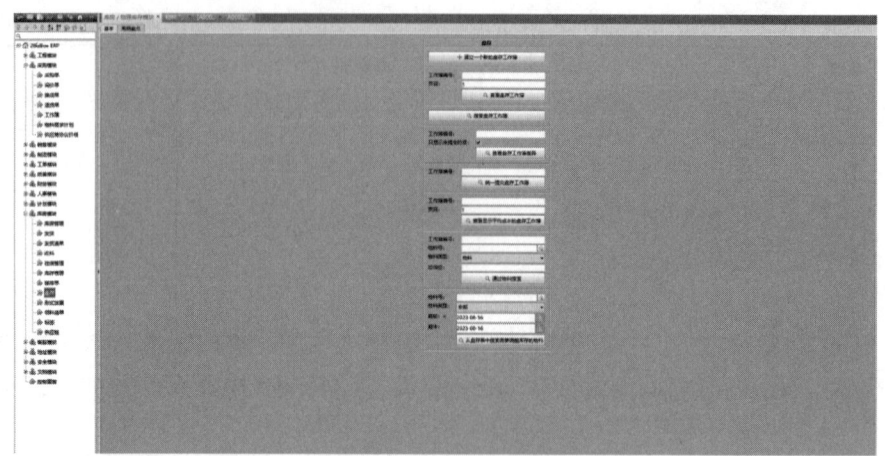

图 8-39　盘存界面

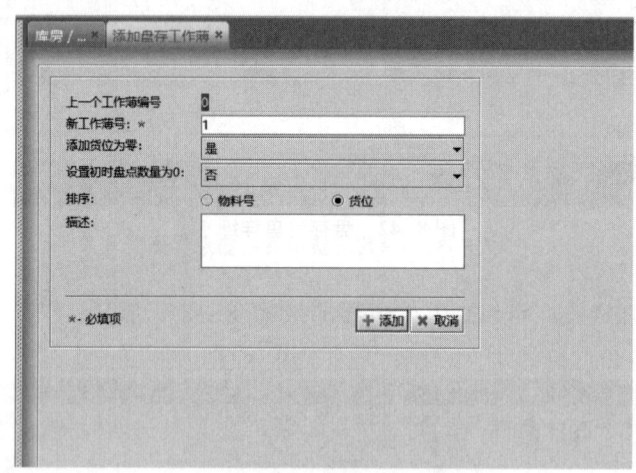

图 8-40　添加盘存工作簿

(3)输入新工作簿号,并设置其他信息。添加盘存工作簿界面栏目的参数及参数释义如表 8.11 所示。

表 8.11　添加盘存工作簿界面参数及释义

界面参数	参数释义
上一个工作表编号	盘存表在系统中以流水号来管理,此为上一次盘存表编
新工作表号	这次新建盘存表编号
添加货位为零	货位上零件数量为 0 的零件是否显示
设置初时盘点数量为 0	此项为添加盘存表的特殊做法,默认为新建盘存表里的 信息涵盖当前所有零件的库存数量及货位信息,即选择 该项为〈否〉。选择该项为〈是〉表示只记录当前零件的所 有货位信息,将数量都清零,然后按照盘存的实际数量 一个一个填写。
排序	盘存表信息按零件排序或者按货位排序,选择其中一个
描述	该盘存工作表的详细描述

进入盘存清单界面,如图 8-41 所示。

图 8-41　盘存清单界面

(4)单击工作簿编号,可以进入该盘存清单详细界面,如图 8-42 所示。

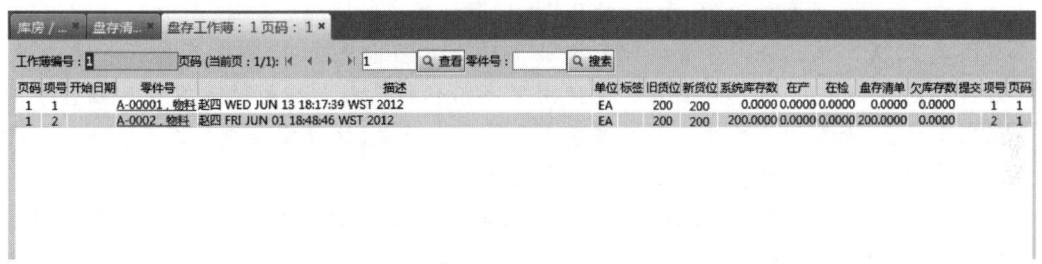

图 8-42　盘存清单详细界面

如果想要修改盘存数据,可以单击页面右上方的编辑,如图 8-43 所示。

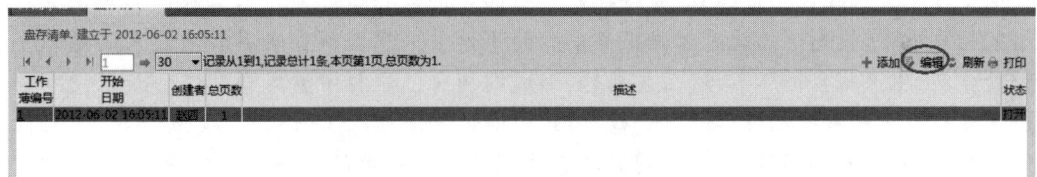

图 8-43　盘存数据"编辑"按钮

进入盘存清单修改界面,这里可以修改零件号的各项信息,如图 8-44 所示。

图 8-44　修改盘存数据

(5)确认无误后,单击页面右下角的"提交"按钮,进行保存。

案例5 解析戴尔的"零库存"

1. 解读零库存

"零库存"并不意味着没有库存。像戴尔(DELL)这样的组装企业,没有库存意味着无法生存。只不过戴尔的库存很低,周转很快,并且善于利用供应商库存,所以其低库存被归纳为"零库存",这只是管理学上导向性的概念,不是企业实际操作中的概念。经过充分的传播,戴尔的名声已经与"零库存"相联系,所以很多人一提起戴尔,马上就想起了零库存。

2. 精髓是低库存

戴尔不懈追求的目标是降低库存量。21世纪初期,戴尔公司的库存量相当于5天的出货量,康柏的库存天数为26天,一般PC机厂商的库存时间为2个月,而中国IT巨头联想集团是30天。戴尔公司分管物流配送业务的副总裁迪克·亨特说,高库存一方面意味着占有更多的资金,另一方面意味着使用了高价物料。戴尔公司的库存量只相当于1个星期出货量,而别的公司库存量相当于4个星期出货量,这意味着戴尔拥有3%的物料成本优势,反映到产品低价就是2%~3%的优势。

戴尔的管理人员都借助于信息和资源管理软件来规范物料流程。在一般的情况下,包括手头正在进行的作业在内,任何一家工厂内的库存量都只相当于规定的出货量。

戴尔模式的竞争力在哪里?专家研究后发现,主要体现在低库存方面。戴尔的库存时间比联想少18天,效率比联想高90%,当客户把订单传至戴尔信息中心,由控制中心将订单分解为子任务,并通过互联网和企业间信息网分派给上游配件制造商。各制造商按电子订单进行配件生产组装,并按控制中心的时间表供货。戴尔只需在成品车间完成组装和系统测试,剩下的就是客户服务中心的事情。一旦获得由世界各地发来的源源不断的订单,生产就会循环不停、往复周转,形成规模化。这样纷繁复杂的工作如果没有一个完善的供应链系统在后台进行支撑,而只是通过普通的人工管理,想要做好是"不可能的任务"。在德州圆石镇,戴尔公司的托普弗制造中心巨大的厂房可以容纳五个足球场,而其零部件仓库却不超过一个普通卧室那么大。工人们根据订单每三五分钟就组装出一台新的台式PC。

3. 没有零部件仓库

戴尔的零库存是建立在对供应商库存的使用或者借用的基础上。在厦门设厂的戴尔,自身并没有零部件仓库和成品仓库。零部件实行供应商管理库存(VMI),并且要以戴尔订单情况的变化而变化。比如3月5日戴尔的订单是9000台电脑;3月6日是8532台电脑等。每天的订单量不一样,要求供应商的送货量也不一样。戴尔订单的数量不确定,则对供应商配件送货的要求也是可变的,对15英寸显示屏和18英寸显示屏的需求组合是不同的,如3月5日的显示屏需求组合是(5000+4000),3月6日的需求组合是(4000+5000)等等。超薄显示屏和一般显示屏的需求组合变化也是一样的。所以,戴尔的供应商需要经常采取小批量送货,有时送3000个,有时送4000个,有时天天送货,订单密集时需要一天送几次货,一切根据需求走。为了方便给戴尔送货,供应商在戴尔工厂附近租赁仓库,来存储配件,以保障及时完成送货。这样,戴尔的零库存是建立在供应商的库存或者精确配送能力的基础上。戴尔通过对供应商

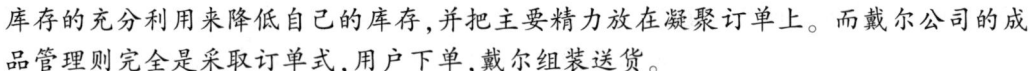

库存的充分利用来降低自己的库存,并把主要精力放在凝聚订单上。而戴尔公司的成品管理则完全是采取订单式,用户下单,戴尔组装送货。

4. 以信息代替存货

互联网受到了戴尔公司的充分重视,主要表现在:戴尔与客户、供应商及其他合作伙伴之间通过网络进行沟通的时间界限已经模糊了,戴尔与客户之间在24小时进行即时沟通,突破了上班时间的限制;同时,戴尔与合作伙伴之间的空间界限已经被模糊了,戴尔在美国的供应商可以超越地域的局限,通过网络与设在厦门的工厂进行即时沟通,了解客户订单的情况。

通过强化信息优势,戴尔整合了供应商库存协作关系,并在实践中,成功地磨合出了供应商的送货能力。戴尔需要8000个显示器,供应商当天就能送8000个显示器;当戴尔需要5000个大规格的显示器,供应商在2个小时内就能够配送5000个大规格显示器。戴尔与供应商培植紧密的协作关系,保证为客户提供精确的库存。在流通活动中,客户的"信息"价值替代"存货"价值。在供应链管理中,戴尔作为链主,其主要的分工是凝聚订单,比如收集10000台电脑订单,供应商则及时供货,提供10000种与电脑相关的配件,如显示器、鼠标、网络界面卡、芯片及相关软件等。供应商在戴尔的生产基地附近租赁仓库,并把零配件放到仓库中储备,戴尔需要这些零配件时,则通知供应商送货。零配件的产权由供应商转移到戴尔。另外,戴尔可以充分利用库存赚取利润,比如,戴尔向供应商采购零部件时,可以采取30天账期结算;但在卖出电脑时执行的是先款后货政策,至少是一手交钱一手交货,并利用客户货款与供应商货款中间的时间差,来谋求利益。

5. 零库存是一种导向

有专家说:"戴尔的'零库存'是基于供应商'零距离'之上。"假设戴尔的零部件来源于全球的四个市场,美国市场是10%,中国市场是50%,日本市场是20%,欧盟市场是20%。然后在中国香港的基地进行组装后销售到全球。那么从美国市场供应商A到达中国香港基地,空运至少10个小时,海运至少25天;从中国市场供应商B到达中国香港基地的公路运输至少2天;从日本市场供应商C到达中国香港基地,空运至少4小时,海运至少2天;从欧盟市场供应商D到达中国香港,空运至少7小时,海运至少10天。如要保证戴尔在中国香港组装的零库存,则供应商在中国香港基地必须建立仓库,通过自建或租赁来保持一定的元器件库存量。供应商承担了戴尔公司的库存风险,而且还要求戴尔与供应商之间要有及时、频繁的信息沟通与业务协调。其实,这种模式同样不可避免地会遇到"库存"问题。戴尔所谓要"摒弃库存"其实是一种导向,绝对的零库存是不存在的。库存问题的实质是:既要千方百计地满足客户的产品需求,同时又要尽可能地保持较低的库存水平,只有在供应链居于领导地位的厂商才能做得到,戴尔就是这样的企业。与联想相比,戴尔在库存管理方面具有优势;在与零部件供应商的协作方面,也具有优势。"以信息代替存货",在很多其他厂商看来是不可能的,但在戴尔却是实际存在的。

6. 零库存是一个完整的体系模式

戴尔的零库存需要客户支持、系统改进、供应商关系、市场细分等多个环节的参与配套。离开任何一个方面,零库存的优势也是不存在的。没有强大的订单凝聚能力,要借用供应商的库存是不可能的。以显示器为例,需要10000个订单和需要500万个订单,供应商的反应也是不一样的。显然,戴尔拥有了500万个显示器的需求,可以给供应商提出更多的要求,只不过戴尔可以把订单拆开,要求供应商送货600次。这样做,由于订单总量仍然是很大的,所以供应商才愿意按照"随需随送"的要求来参与业务运作,虽然承担了戴尔的库存风险,但实际上总的利益还是很大的。如果订单很小,比如只有10000个,供应商怎么可能把自己的仓库建到戴尔工厂附近,又怎么能够做到在需要的时候确保两小时送货呢?很显然,只有订单足够大,才能实现这个目标。

7. 与零库存相匹配

在微利时代,订单与低库存的匹配也是很难的。订单掌握在客户手里,能不能产生这样的需求,产生的需求能不能为戴尔公司掌握,这是很难确定的。常见的情况是,戴尔保持着零库存,而客户的订单是波动的,订单的成长性也具有淡季和旺季之分,如淡季戴尔一个月可能只卖80万台PC,旺季一个月可能要卖200万台。戴尔的库存管理能力必须适应从80万~200万台的变化。这对讲求零库存的戴尔是一个很大的挑战。订单与低库存相匹配的按需定制方式是戴尔的优势,需要有经验的积累和供应商关系的磨合等。成本控制、节约开支等措施是戴尔日常管理的核心,这不能妨碍订单与供应商库存的协调。戴尔是如何做到这种匹配的呢?主要的方法有:一是戴尔的强势影响力,使供应商认同戴尔的潜力,它们会千方百计地满足戴尔的订单变化;二是强大的信息沟通机制能够通过迅速的沟通来满足配件、软件的需求;三是有力度的流程管理方式,使戴尔能够精确地预估未来的需求变化。

8. 库存过量

戴尔出现库存过量的背景是,公司成立才4年多,就顺利地从资本市场筹集了资金,首期募集资金3000万美元。对于靠1000美元起家的公司来说,这笔钱的筹集,使戴尔的管理者开始认为自己无所不能。大量投资存储器,一夜之间形势逆转,导致重大存货风险。"我们并不了解,自己只知道追求成长,对其他的事一无所知,"迈克尔说,"成长的机会似乎是无限的,我们也习惯于不断追求成长";"我们并不知道,每一个新的成长机会,都伴随着不同程度的风险。"戴尔公司当时大量购买存储器的原因主要有:

- 戴尔成长良好,其领导只看到机会,忽视了风险;
- 戴尔当时刚刚上市,募集了数千万美元的资金,大量的现金趴在账上,导致领导者产生急于做大的心理,并为资金寻找出路;
- 戴尔公司成立的时间不长,迈克尔本人对市场机会看得多一些,对风险则认识不足;
- 戴尔当时的总经理沃克是个金融家,对PC行业的特性认识不足,没有人能够制约迈克尔的决策等。

9. 存货风险

戴尔每年的采购金额已经高达200多亿美元,假如出现库存金额过量10%,就会出现20亿美元的过量库存,一则会占用大量的资金;二则库存若跌价10%,就会造成2亿美元的损失。因此,在采购、生产、物流、销售等环节,戴尔继续保持低库存或者零库存的努力,避免带来资金周转缓慢、产品积压及存货跌价方面的风险。迈克尔评论说:"在电子产业里,科技改变的步调之快,可以让你手上拥有的存货价值在几天内就跌落谷底。而在信息产业,信息的价值可以在几个小时、几分钟,甚至几秒钟内变得一文不值。存货的生命,如同菜架上的生菜一样短暂。对于原料价格或信息价值很容易快速滑落的产业而言,最糟糕的情况便是拥有存货。我们在1989年经历的第一个重大挫折，原因就是与库存过量有关系。我们当时不像现在，只采购适量的存储器，而是买进所有可能买到的存储器。在市场景气达到最高峰的时候，我们买进的存储器超过实际所需，然后存储器价格就大幅度滑落。而"屋漏偏逢连夜雨"，存储器的容量几乎在一夕之间，从256K提升到1MB，我们在技术层面也陷入了进退两难的窘况，我们立刻被过多且无人问津的存储器套牢，而这些东西花了我们大笔的钱。这下子，我们这个一向以直接销售为主的公司，也和那些采取间接模式的竞争对手一样，掉进了存货的难题里。结果，我们不得不以低价摆脱存货，这大大减低了收益，甚至到了一整季的每股盈余只有一分钱的地步。"

10. 引发资金周转危机

库存过量风险直接引发了戴尔公司的资金周转危机。假如戴尔当时把募集资金3000万美元的30%投入购买元器件，由于市场变化，在危机后，戴尔库存价值损失90%，换句话说，在危机爆发后，戴尔就可能损失720万美元。这对一个成立刚5年的公司，打击可以说是很大的。这时只得被迫低价出售库存，以拯救公司。在成长初期，戴尔公司在论证项目和拓展业务时，比较看重收入、利润这样一些指标。假如某年戴尔的年销售收入为15000万美元，那么其容易确定翻倍的业务计划，即要求在下一年完成30000万美元的收入。在确定超高收入计划的同时，戴尔的支出指标被忽视了，利润仅仅是账面指标，不能说明问题，这是戴尔盲目追求成长的主要表现。戴尔公司从直销电脑起家，开始涉足的产品线比较单一，主要是做一些IBM的产品。后来，戴尔成长了、发展了，产品线的品种逐步丰富起来，不但做PC产品的销售，还做各类PC边缘产品的销售。后来，戴尔又向海外市场延伸业务，进入欧洲市场。由于业务增长得很快，戴尔内部出现了乱铺摊子的现象。迈克尔说："不管是当时也好，或甚至在很长一段时间内，我们并不了解其他产业的经济形态，也没有现成的系统或者管理架构来监督这种业务。我们不断地花钱，而此时的获利率却开始下降，同时存货和应收账款也越堆越高。"1993年戴尔公司的"现金周转成了问题"。

11. 库存过量引发重大的省思

戴尔遇到巨大的库存风险之后，通过媒体向投资者公开披露风险信息，造成股价暴跌，这使迈克尔本人第一次面临前所未有的市场压力。巨大的库存风险促使戴尔公司积极深刻地反省自己，同时也促使迈克尔深思存货管理的价值。在IT这样剧烈波动的产业中，制约决策也是很有价值的，这次教训也坚定了迈克尔对引入双首长管理体制的决心。存货过量的风险是直接引导戴尔确立"摒弃存货"原则的基础：一是充分利用供应商库存，降低自身的库存风险；二是通过强化与供应商的合作关系，并利用充分的信息沟通降低存货风险。在经历风险之后，戴尔才深刻认识到库存周转的价值。在互联网技术出现之后，戴尔公司又进一步完善了库存管理模式，并丰富了"信息代替存货"的价值内涵。

12. 库存流通的价值

在20世纪90年代初期，戴尔公司发现存货管理的价值和重要性，并认识到库存流通的价值。"从这次经验里学到，库存流通不仅是制胜的策略，更是必要的措施，它有助于抵抗原料的快速贬值，而且现金需求少，风险较低。"迈克尔说。2004年6月，海尔集团CEO张瑞敏在一次讲话中说，其对政府工作报告中"流转有力"体会更为深刻，认为这是"十六字方针中最为重要的方面"。换句话说，迈克尔对这个问题的认识比张瑞敏早了10多年！

戴尔认为,库存流动速度的重要性远大于库存量的大小。戴尔追求的不是准时制生产中的"零库存",而是强调加快库存的流转速度。目前,在 PC 制造行业,原材料的价格大约每星期下降1%,通过加速库存流动速度,相比竞争对手而言,可以有效地降低物料成本,反映到产品底价上,就意味着戴尔拥有了更大的竞争空间。事实上,在 PC 行业,物料成本在运营收入中的比重高达 80%左右,物料成本下降10%,其效果远远大于劳动生产率的提高。为了控制库存,在技术上,戴尔将现有的资源规划和软件应用于其分布在全球各地的所有生产设施中,在此基础上,戴尔对每一家工厂的每一条生产线每隔两个小时就作出安排,戴尔只向工厂提供足够两小时使用的物料。在一般情况下,包括手头正在进行的作业在内,戴尔任何一家工厂内的库存量都只相当于大约 5 个小时或 6 个小时出货量。这就加快了戴尔各家工厂的运行周期,并且减少了库房空间,在节省下的空间内,戴尔代之以更多的生产线。对于戴尔公司而言,如果观察到对于某种特定产品需求持续两天或者三天疲软,就会发出警告;对于任何一种从生产角度而言"寿命将尽"的产品,戴尔将确定某个生产限额,随后,一定到此为止。

13. 如何形成零库存

戴尔的零库存优势是如何形成的呢?主要的方式是:一是整合供应商工作做得好。戴尔通过各种方式,赢得了供应商的信任,以至于不少供应商在戴尔工厂附近建造自己的仓库,形成了"戴尔频繁要求订货,供应商勤慎送货"的运作模式。二是形成了良好的沟通机制,戴尔与供应商形成了多层次的沟通机制,使戴尔的采购部门、生产部门、评估部门与供应商建立密切的业务协同。三是打造强势供应链运作机制,使供应商必须按照戴尔的意图来安排自己的经营计划。

14. 按单生产

"在戴尔,它的每一个产品都是有订单的,它通过成熟网络,每20秒就整合一次订单。"海尔集团 CEO 张瑞敏评价说。所有客户要通过订单提前确定,随后由戴尔的生产线装配。国内的联想等对手不是这样,它的许多产品是先要生产出来,并通过经销渠道销售出去。这可能面临经销商卖不出去的风险。按单生产不仅意味着经营中减少资金占用的风险,还意味着减少戴尔对 PC 行业巨大降价风险的回避。按单生产的精髓在于速度,优势体现在库存成本低,甚至是无库存。特别是在计算机行业,由于产品更新迅速、价格波动频繁,这使戴尔的按单生产优势体现得淋漓尽致。很多企业的问题是订单缺乏或难以获取订单,则生产线大量闲置。相反,有些企业没有强有力的配送和订单整合能力,即使获取订单,也难以尽快满足客户需求。很多公司提出按单生产的方案,它的问题是在实际上是很难落实,主要是需求和供给难以平衡起来,特别是凝聚需求、获取订单的能力跟不上。

15. 高效的库存作业

大约在 2000 年,迈克尔决定在奥斯丁附近新建一个装配工厂,他要求新工厂的目标是人均产量翻一番。至于如何做到这一点,迈克尔没有任何提示,他只是告诉手下:"我不想再看到这么多的零部件和电脑成品堆在工厂里,占用场地和人力。"2003 年,戴尔的愿望完全实现:新工厂的占地面积比原来小了一半,但产量却猛增了 3 倍多,平均每天可组装 2.5 万台。戴尔的作业效率是如何提高的呢?

- 只做最直接的工序,没有多余的动作。
- 新装配件的自动化程度更高。虽然工人装配电脑的程序和过去大致一样,但他们经手接触电脑的次数只有13次，几乎比对手少了1倍以上。
- 客户发出指令后不到1分钟，装配厂的电脑控制中心就会收到订货信息，然后向配件供应商预订有关零部件，并在收到零部件后直接指示工厂投入生产。
- 省去了批发、零售等环节的开销，每台电脑的成本因此下降50美元左右。
- 过去，戴尔公司的电脑成品以往是先运到一个转运中心，然后再分给不同工种来进行作业。而现在，其成品直接从装配线装上货车，仅这一项就砍掉了25万平方英尺的大仓库，而且还大大节约了交货时间。

16. 通畅的信息降低了存货

"由于戴尔的直接经营模式，我们可以从市场得到第一手的客户反馈和需求，然后，生产等其他业务部门便可以及时将这些客户信息传达到戴尔原材料供应商和合作伙伴那里，"戴尔副总裁萨克斯说。戴尔打造信息沟通的基本工具是免费800电话、全球性强大的网络交易、订货、接单体系。利用互联网，戴尔可以面对个性化的客户，并提供符合其需要的个性化服务，如提供针对财务部门的应用服务，针对销售部门的应用服务等，这样使戴尔能够成功地凝聚有特殊需求的客户群体。戴尔设在厦门的工厂，对于明天生产什么产品，他们在白天是一无所知的，因为订单在晚上才会收到。正因为戴尔与客户之间没有环节，他们可以很好地了解客户的需要，生产的产品第二天就可以发货，几天之内就到客户的手中。客户有什么问题，马上能够反馈到戴尔，以便迅速加以改进。

17. 订单驱动的库存管理

戴尔每天与1万多名客户进行对话，这就相当于给了戴尔公司1万次机会争取订单。在每年，戴尔拥有数百万次机会来争取订单。并通过订单整合供应商资源，使供应和需求之间取得平衡。如果某一部件将出现短缺现象，采购部门会提前了解这一问题，经过与销售部门联系，把需求调整到其手头所拥有的物料上。戴尔可以利用订单变化，来调整供应商库存的变化，进而调整自己的库存管理。

18. 坚定不移的零库存管理

戴尔始终把低库存放在经营活动的重要位置。戴尔直接获取订单，获得更多的第一手需求信息，因为客户会告诉戴尔他们的需要或不满。戴尔的采购人员被要求经常性地研究下列问题:技术的发展趋势怎样？供应商能否适应客户需求的变化？供应商的成本结构和产能是否跟得上形势的变化？供应商今年提供15英寸的显示器，明年能否提供18英寸的显示器？某供应商上年提供100万只键盘，明年能否提供130万只键盘？等等。当市场上出现了对手血拼高端的情况时，戴尔总是不动声色地专注低端，以求保持最低库存。

戴尔每年都要推出一些重要新款式产品，如工作站、存储设备、服务器、交换机等，同样要坚持零库存管理。戴尔能够做到业界最低的库存，最重要的是源于真实的客户信息。

19. 效率第一的装配线

走进美国戴尔的装配工厂，人们可以看到楼梯旁挂着一排排专利证书。它们似乎在告诉每一位参观者:以直销起家的戴尔并不仅仅只是一个把别人生产的零部件拼装在一起的装配商。仔细看看那些证书，就会发现，这些发明创造的重点不在于新产品的开发，而是加工装配技术的革新，比如流程的提速、包装机的自动控制等。它们体现的是"戴尔模式"的精髓:效率第一。

戴尔工厂的作业效率是很高的,从进料到产品下线,其包装全都在一个足球场大的车间里进行。戴尔的产品经过测试后,可以打包装箱,直接运往最终客户手中。一台PC机从原料进场到打包离厂只有五六个小时的时间。

20. 寻找低库存运营方式

戴尔很注意寻找降低库存的方法,主要的做法有:精确预测最低库存量;每周召开供需平衡会议,在会议上,来自销售、营销、制造和采购等部门的业务经理一起制订具体的行动计划;增强了库存的流动性;对客户需求和市场趋势作出正确反应和预测。

21. 低库存优势

戴尔的基本优势是低库存。这个优势是具有行业水准的。在IT界,没有哪家竞争对手的库存控制水平能够超越戴尔。戴尔每天根据订单量来整合供应商资源。比如说,戴尔可以给供应商说,我们需要600万个显示器,需要200万个网络界面,这对供应商来说是很大的机会。所以,供应商愿意按照戴尔的要求把自己的库存能力贡献出来,为戴尔做配套,也尽量满足戴尔提出的"随时需要,随时送货"的要求。

戴尔是如何实现低库存的呢?主要是精确预测客户需求;评选出具有最佳专业、经验及品质的供应商;保持畅通、高效的信息系统;最关键的还是保持戴尔对供应商产生强势影响力。这样,戴尔就能超越供给和需求不匹配的市场经济常态的限制,打造出自己的低库存优势。在戴尔,很少会出现某种配件的库存量相当于几个月出货量的情形。

22. 与供应商分享利益

戴尔零库存目标的实现主要是依赖于戴尔的强势品牌、供应商的配合以及合理的利润分配机制的整合等。按照法国物流专家沙卫教授的观点,戴尔要想与供应商建立良好的战略合作伙伴关系,应在多方面照顾供应商的利益,支持供应商的发展。首先,在利润上,戴尔除了要补偿供应商的全部物流成本(包括运输、仓储、包装等费用)外,还要让其享受供货总额3%~5%的利润,这样供应商才能有发展机会。其次,在业务运作上,要避免因零库存导致采购成本上升,戴尔向供应商承诺长期合作,即一年内保证预定的采购额。一旦采购预测失误,戴尔就把消化不了的采购额转移到全球别的工厂,以尽可能减轻供应商的压力,保证其利益。

针对戴尔的优秀业绩,《商业周刊》曾就戴尔供应链管理的秘密与戴尔公司分管供应链管理的副总裁迪克·L.亨特进行访谈。虽然对于具体的技术细节我们无从得知,但通过采访内容,可以熟悉,戴尔公司目前采用的资源规划和使用系统是由i2Technologies公司编写的软件,这套软件在启用10个月之后覆盖了戴尔全球所有的生产设施,并开始产生效益。亨特说,在计算机零部件生产中,与其同20个已经进入市场的生产者竞争,还不如同其中最优秀的企业达成合作更经济,这样,戴尔自身可以集中有限的资金和资源生产能够产生市场附加值的部分,而一般的零部件则交给其他优势企业生产。通过这种强强合作,戴尔与供应商建立起伙伴关系,实现充分的信息共享。其结果是,戴尔不再需要用完整的生产体系去管理,因此减少了公司管理成本和管理工作量,提高了运行效率;供应商的技术人员在产品开发和销售服务中成为戴尔的有机组成部分,公司对市场的反应更加快捷,能够创造出更多的价值,同时,确保了戴尔公司的技术始终保持一流水平。

23. 戴尔VS四川长虹囤积事件

很多企业都犯过囤积上游材料的错误。并且在不同的年代里,人们总是在犯同样的错误。1989年,戴尔囤积存储器遭受重大损失。1998年,四川长虹犯囤积彩管的错误,也造成了重大的损失。当时,四川长虹是中国家电企业第一品牌,从资本市场筹集数十亿元资金,又是中国彩电产能最大的企业。针对当时的彩电价格战,善打价格战的四川长虹打起小算盘,控制上游彩管资源,既可以消化大量的存货,又可以引发彩电市场价格回升,以稳固四川长虹的龙头老大地位。在1998年前后,通过精心策划,四川长虹发动了震惊中外的囤积彩管事件,花费的资金多达数十亿元。这是四川长虹在其鼎盛时期所犯的最大错误。在此前一年,四川长虹获得的盈利高达26亿元,市场地位崇高。但其领导人贸然做出囤积彩管资源的错误决策,最后以失败而告终。四川长虹囤积彩管,比戴尔公司囤积存储器晚了9年时间,两者最后都是一夜间,由于市场出现了变化,造成了经营上的重大损失。

先前,戴尔公司刚从资本市场获取了大量资金。迈克尔急于做大市场,于是动用巨资"购买能够买到的存储器,实施存储器囤积计划,以便谋求暴利和发展"。后来因市场发展变化,戴尔存储器产品被套牢,于是被迫低价甩卖库存,引发公司收益下降,受到华尔街资本界的质疑和批评。这对戴尔公司造成的压力是难以估计的。迈克尔:"第一个大挫折:库存过量。"由于这个事件的冲击,戴尔公司进行了"重大的省思",迈克尔说,"当时有人问我那个时候害不害怕。当然害怕。我担心,万一客户、员工、股东失望,我会失去他们的信任。这使我第一次有了恐惧感,我开始觉得自己也许冲过头了。"这迫使戴尔调整脚步,并且"重新发现存货管理的价值和重要性"。从这次教训,戴尔公司演绎出了"摈弃存货"的经营原则。

来源:中国物流人才网(http://www.51.com.cn/inet/anli/7.htm)

启发思考题

1. 戴尔是如何通过供应链管理实现零库存的?有哪些关键措施和技术应用?
2. 在实施零库存策略过程中,戴尔面临了哪些风险和困难?如何应对并解决这些问题?
3. 戴尔的零库存策略是否可以为其他企业实现库存管理技术优化与升级提供借鉴和启示?在其他行业中,是否存在类似的成功案例可以参考?

8.3 销售管理

销售管理负责报价、销售数据的统一管理和维护。而客户服务主要是管理企业售后的相关信息和数据,包括售后质量问题的跟踪和反馈、回收单(退货)管理等等。具体关键表单包括如下内容。

报价单:向客户报价时,在系统中录入的单据,包括客户、零件等信息。

销售单:向客户销售时,在系统中录入的单据,包括客户、零件等信息。

回收单:客户退货后,在系统中录入的记录单据,包括客户、零件等信息。

8.3.1 报价单的添加:

(1)打开销售模块,单击"报价单"选项,如图8-45所示。

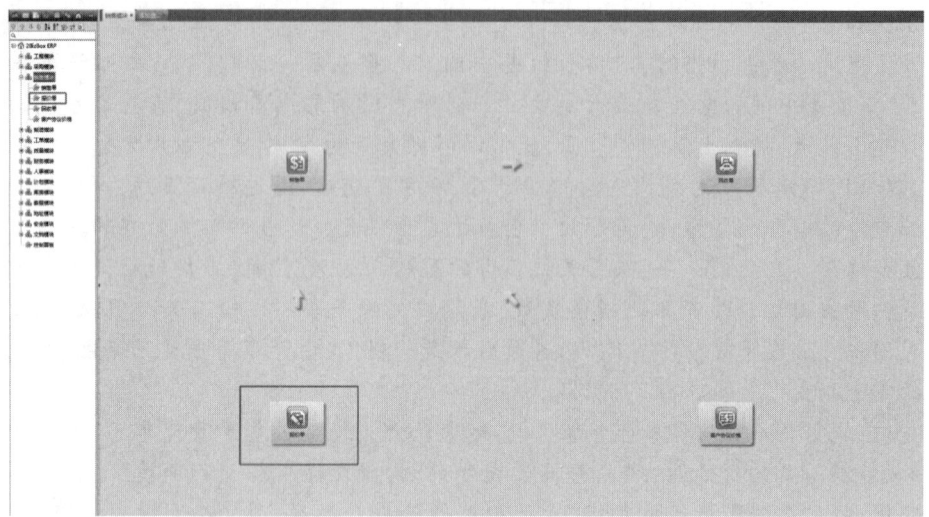

图 8-45 "报价单"按钮

系统弹出报价单界面,如图 8-46 所示。

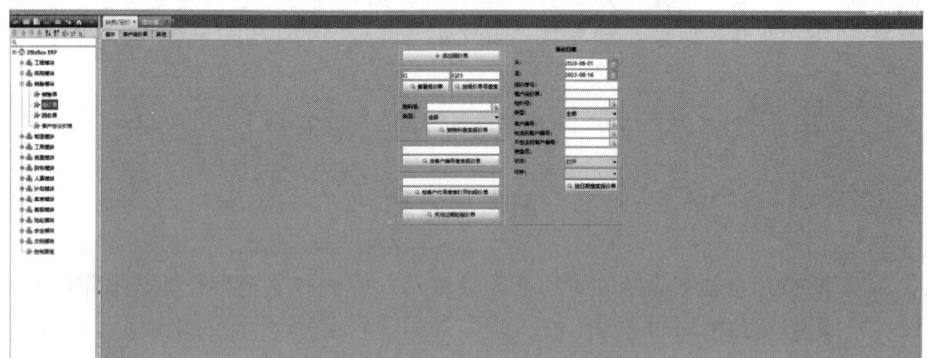

图 8-46 报价单界面

(2)单击"添加报价单"选项,出现报价单增加界面,如图 8-47 所示。

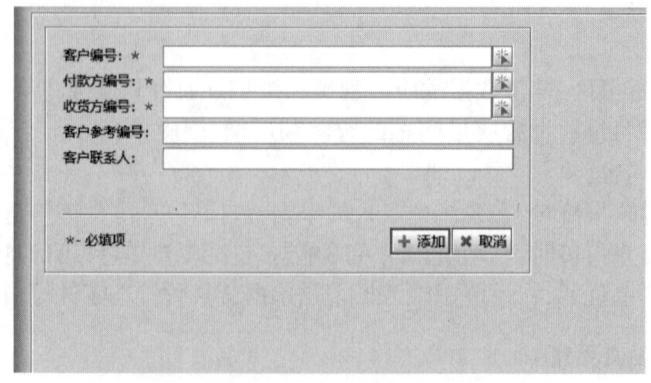

图 8-47 添加报价单

其中系统界面栏目的主要参数释义如表 8.12 所示。

表 8.12　添加报价单界面参数及释义

界面参数	参数释义
客户编号	报价单对应客户在系统中的编号
付款方编号	付款方在系统中的编号,一般跟客户编号一样
收货方编号	收货方在系统中的编号,一般跟客户编号一样
客户参考编号	客户在询价的时候可能会有询价单,此处可以填写客户询价时的询价单号,如果没有,可以不填
客户联系人	客户的联系人的名称,不是必填项

(3) 选择客户编号,单击"添加"选项,出现报价单增加界面,如图 8-48 所示。

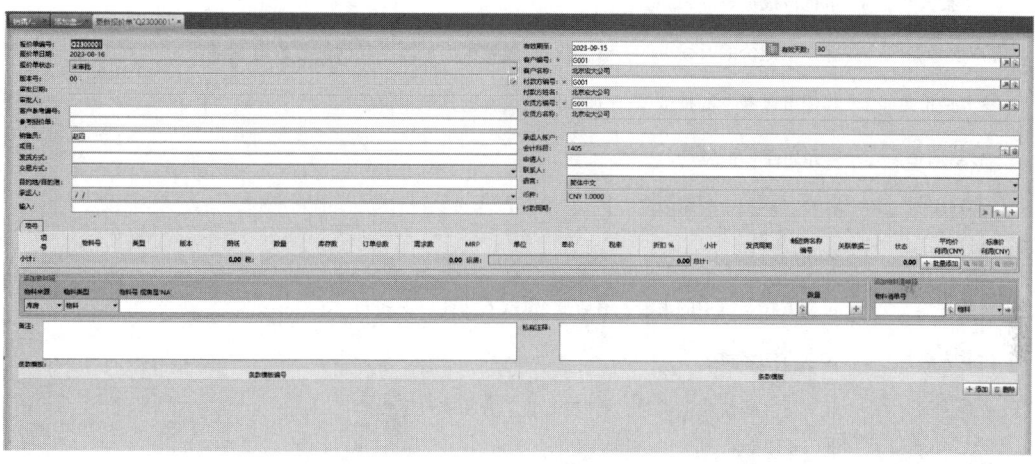

图 8-48　添加报价单信息

报价单主要由基本信息和报价单子信息构成,其中界面栏目基本信息的主要参数如表 8.13 所示,报价单子信息的主要参数如表 8.14 所示。

表 8.13　添加报价单基本信息界面参数及释义

界面参数	参数释义
报价单编号	报价单的编号,在创建报价单的时候,由系统自动生成
报价单日期	创建该报价单的日期,由系统自动生成
报价单状态	报价单的状态一般有"未审批","打开",以及"关闭"几种
版本号	该报价单的版本号,用于标明该报价单的修改信息,比如修改时间,修改人等。点击按钮 可以修改版本信息,例如:

续表

界面参数	参数释义
版本号	（编辑版本号对话框：旧更改号 00；新更改号 01；旧更改备注；新更改备注）
审批日期	该报价单被审批的日期
审批人	审批该报价单的领导
客户参考编号	客户在询价的时候可能会有询价单，此处可以填写客户询价时的询价单号
参考报价单	其他可以参考的报价单，比如相同的设备的其他报价单
有效期至	该报价单的有效期
客户编号	客户在系统中的编号
客户名称	客户的名称
付款方编号	付款方在系统中的编号。有时候，付款方和客户不相同
付款方名称	付款方的名称
收货方编号	收货方在系统中的编号。有时候，收货方和客户不相同
收货方名称	收货方名称
销售员	此报价单对应的销售员
项目	此报价对应的销售设备如果是属于某个项目，可以填写
发货方式	真正交易的时候，发货的方式
交易方式	交易方式
目的地/目的港	货运的目的地/目的港
承运人	第三方承运商，此处用客户对应的承运信息选取。具体内容参见地址薄的编辑
输入	直接输入的承运商。
承运人账户	承运商的账号，用于财务结算
会计科目	销售对应的会计科目
申请人	该报价单的申请者

续表

界面参数	参数释义
联系人	客户的联系人
语言	与客户交易时,使用的语言
币种	与客户交易时,使用的币种
付款周期	客户的付款周期

表 8.14　添加报价单子信息界面参数及释义

界面参数	参数释义
报价单编号	报价单的编号,结合项号确定一个报价单项
项号	项的编号
零件号	该项的零件
版本	零件的版本
图纸	零件是否有图纸
发货日期	该项的发货日期
状态	项的状态有"未审批","打开",以及"关闭"
描述	零件的描述
订购数量	零件的采购数量
单位	零件的单位
单价	零件的报价价格
平均成本	零件的平均成本
标准成本	零件的标准成本
折扣	报价价格的折扣率
总折扣	该项总的折扣金额
税(折)后价	折扣后零件的价格
小计	折扣后总的金额
税率	缴税比率
总税额	需缴税总额
项总额	该项含税总额
发货方式	该项的发货方式,如果没有,直接采用报价单发货方式
备注	该项的备注
私有注释	该项的私有备注

(4) 编辑完毕子项信息后,单击"提交"按钮,报价单保存完毕。
出现报价单查看界面,如图 8-49 所示。

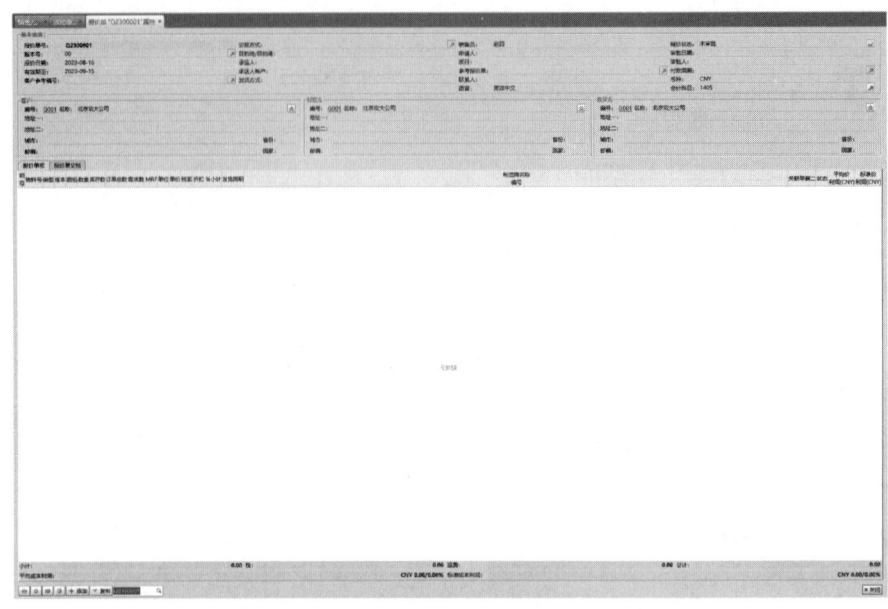

图 8-49 查看报价单

系统提供多种查询报价单的方法,如根据报价单号搜索、根据报价单号不完全查询、根据零件搜索、根据客户编号搜索、根据客户代号搜索、以及根据设置不同的组合条件进行查询,如图 8-50 所示。

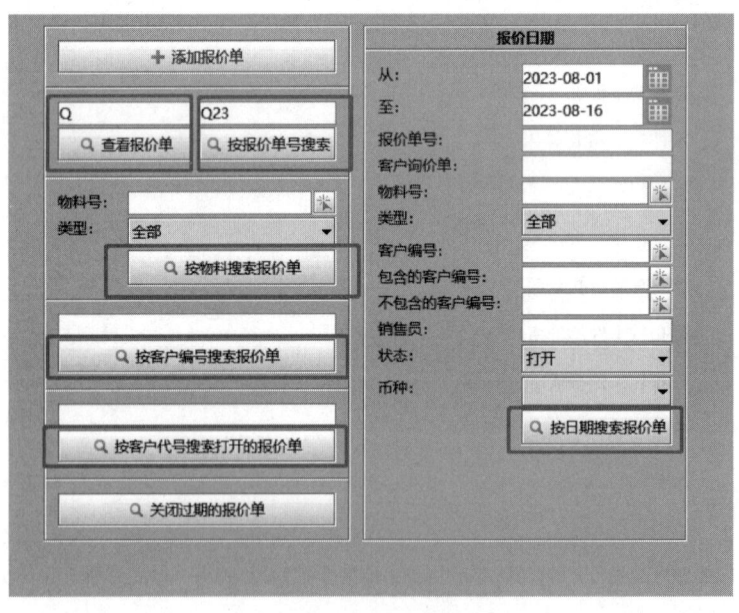

图 8-50 查询报价单

8.3.2 销售单管理

报价单添加完毕并审批通过后,就可以添加销售单。销售单的添加如图 8-51 所示。

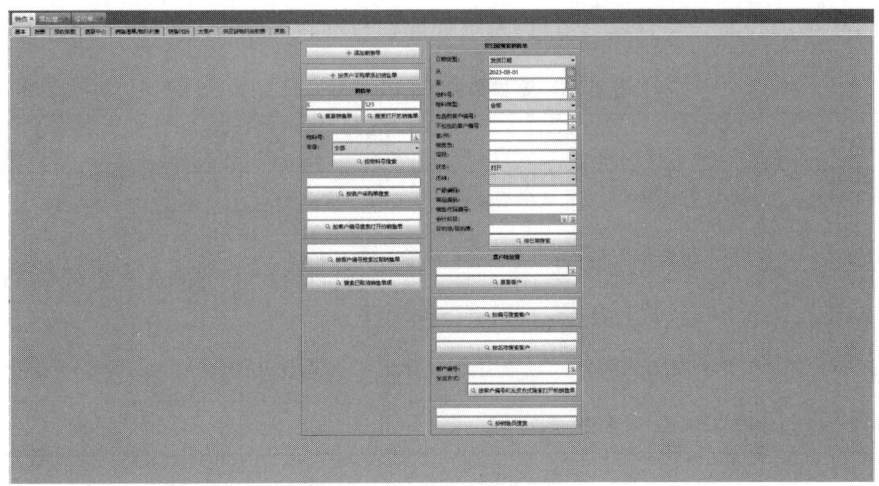

图 8-51 "销售单"按钮

(1)单击"销售单"图标,出现销售单界面,如图 8-52 所示。

图 8-52 销售单信息界面

(2)单击"添加销售单"按钮,则出现销售单增加界面,如图 8-53 所示。

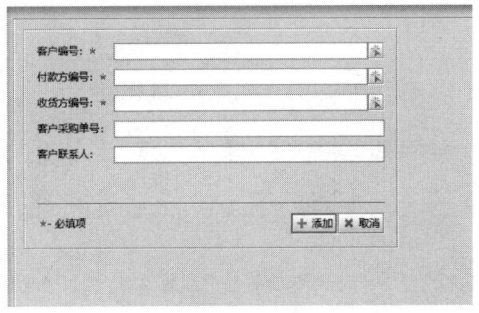

图 8-53 添加销售单

销售单增加界面主要有以下信息,系统界面栏目的各参数释义如表 8.15 所示。

表 8.15　添加销售单界面参数及释义

界面参数	参数释义
客户编号	销售单上对应客户在系统中的编号
付款方编号	付款方在系统中的编号,一般跟客户编号一样
收货方编号	收货方在系统中的编号,一般跟客户编号一样
客户订单号	在销售的时候可能会有客户的订单号,此处可以填写客户的订单号,如果没有,可以不填
客户联系人	客户的联系人的名称,可以不填

(3)选择客户编号,单击"添加"按钮,出现销售单增加界面,如图 8-54 所示。

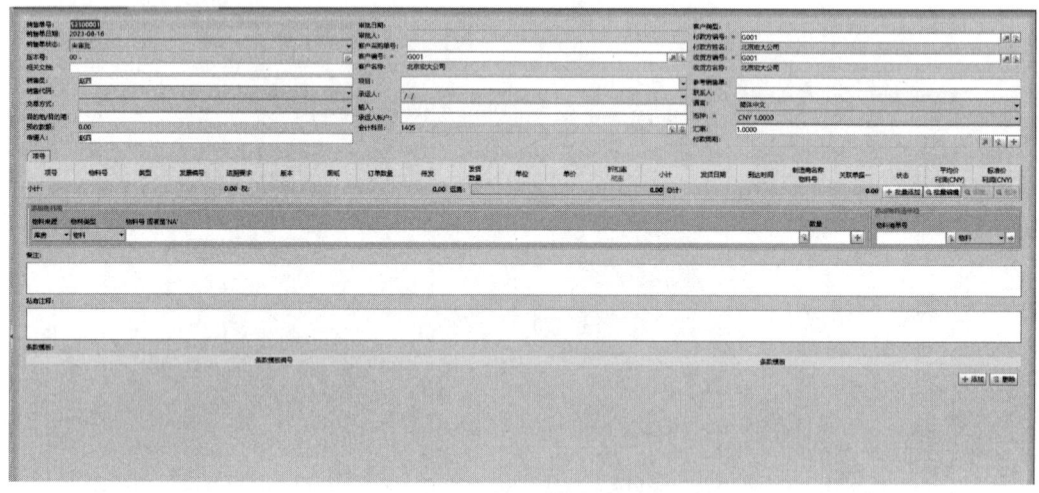

图 8-54　添加销售单信息

销售单的组成包括基本信息和项号信息两项。其中,基本信息主要有以下几项信息,如表 8.16 所示。

表 8.16　添加销售单基本信息界面参数及释义

界面参数	参数释义
销售单号	销售单的编号,在创建销售单的时候,由系统自动生成
销售单日期	创建该销售单的日期,由系统自动生成
销售单状态	销售单的状态一般有"未审批","打开","已取消"以及"关闭"几种
版本号	该销售单的版本号,用于标明该销售单的修改信息,比如修改时间,修改人等。点击按钮可以修改版本信息,例如:

续表

界面参数	参数释义
版本号	（编辑版本号对话框：旧更改号 00，新更改号 01，旧更改备注，新更改号备注）
审批日期	该销售单被审批的日期
审批人	审批该销售单的领导
客户订单号	客户在购买此销售单的商品的时候所做的采购单
客户编号	客户在系统中的编号
客户名称	客户的名称
客户类型	客户的类型，可以在地址模块编辑。不用更改，客户类型会自动和客户编号保持一致
付款方编号	付款方在系统中的编号。有时候，付款方和客户不相同
付款方名称	付款方的名称
收货方编号	收货方在系统中的编号。有时候，收货方和客户不相同
收货方名称	收货方名称
销售员	此销售单对应的销售员
销售代码	如果有代理销售公司，此代码用于指明是哪家代理公司
交易方式	交易方式
目的地/目的港	货运的目的地/目的港
项目	此销售单对应的销售设备如果是属于某个项目，可以填写
申请人	销售单申请人
承运人	第三方，承运商，此处用客户对应的承运信息选取。具体内容参见地址薄的编辑
输入	直接输入的承运商
承运人账户	承运商的账号，用于财务结算
会计科目	销售对应的会计科目
参考销售单	参考其他的相关的销售单，比如销售同一个零件的销售单，给同一个客户的销售单等等
联系人	客户的联系人
语言	与客户交易时，使用的语言
币种	与客户交易时，使用的币种
汇率	创建此销售单时，货币汇率
付款周期	客户的付款周期

系统界面栏目信息主要有零件的各项信息,如表 8.17 所示。

表 8.17 添加销售单子信息界面参数及释义

界面参数	参数释义
销售单号	销售单的编号,结合项号确定一个销售单项
项号	项的编号
零件号	该项的零件
版本	零件的版本
图纸	零件是否有图纸
描述	零件的描述
发货日期	该项的发货日期,其中包含货运的时间
原始	原始合同的需求发货日期
状态	项的状态有"未审批","打开","已取消","关闭"
备注	该项的说明
订购数量	该项包含零件订购的数量
发货数量	已经发货的数量
单位	零件的单位
单价	该零件在此销售单中的销售价格
平均成本	零件的平均成本
标准成本	零件的标准成本
折扣	销售时的折扣率
总折扣	该项的折扣金额
税(折)后价	折扣后零件的价格
小计	折扣后总的金额
税率	缴税比率
总税额	需缴税总额
项总额	该项含税总额
该项发货方式	该项的发货方式,如果没有,直接采用销售单发货方式
参考文档	指明了那个单据是为该项服务的,可以是采购单,工单或者报价单
私有注释	该项的私有注释

通过编辑基本信息,可以编辑销售单的基本信息,如供应商信息,及单据本身信息;通过编辑项号信息,可以编辑零件信息,如折扣、税率等,便于核算成本等。

(4)系统提供多种方式进行销售单的查询,如图 8-55 所示。

第8章 进销存管理

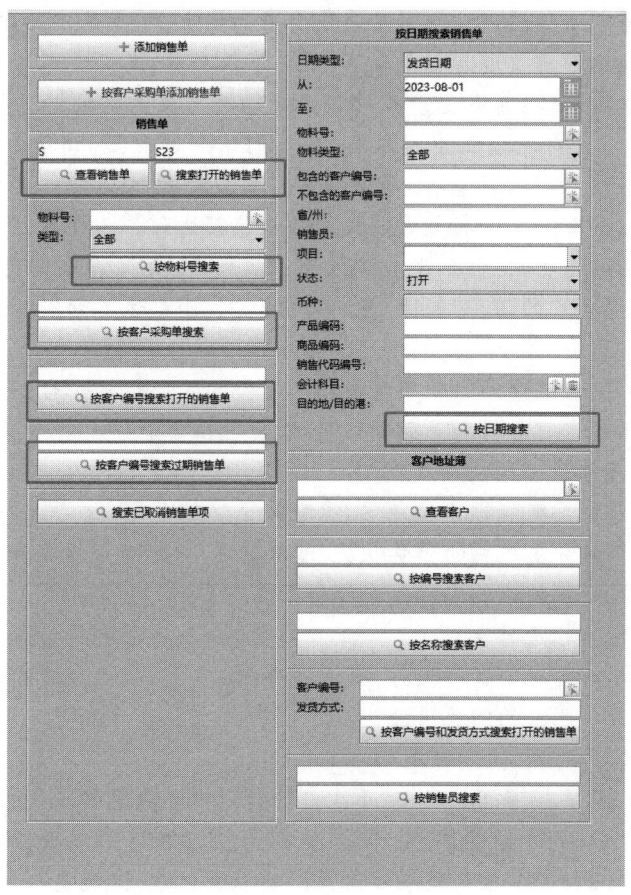

图 8-55 查询销售单

可以根据客户编号或销售单号搜索,或者输入各种条件组合查询,对于根据采购单添加的销售单,还可以根据客户采购单进行搜索。

案例6 奥康集团的信息化之路

奥康集团创建于1988年,以生产销售各式皮鞋皮具为主。从1998年投资3万元建成的温州一家小型鞋厂发展到2002年拥有3亿多元资产的无区域集团,奥康集团年销售额达到了8亿元,位列中国制鞋业前两名。集团拥有18条国际一流生产线、可年产800万双优质皮鞋的生产基地,在全国拥有100多个营销机构、1800多家连锁专卖店、800多处店中店及专柜。集团在总部、意大利和广州设有设计中心,平均每天开发3~5个新品种,拥有"奥康""康龙"和"美丽佳人"三个品牌。

奥康连续13年保持了50%以上的销售增长率,这得益于集团全国几十家公司、办事处、5000多家代理商组成的复杂而庞大的分销网络。然而,奥康庞大的分销网络又给信息传递造成了阻碍,数千家销售机构的网络分布使得人工处理信息的准确性和及时性远不能适应市场的要求,销售环节出现了库存过高、不良应收款增加、客户服务滞后以及员工考核没有可量化数据等一系列问题。

奥康集团董事长王振滔说："制鞋业有它自身的特点，首先是产品比一般产品分得要细；在这个行业里，通常都要过着八个季节，产品不仅有春、夏、秋、冬四个季节，还有以上几个季节之间的过渡气候；其次是产品的生产必须有非常严格的计划性，这是因为产品不仅要应季上市，而且要应潮上市。因而，在我们这个行业里，销售机构主动或被动的'信息贪污'比现金贪污还要厉害，如果他的信息不告诉你，或者晚一些告诉你，你就会错过很多好时机。比如有一次一场大雪使我们的销售额达到了300多万元，大大超出平时每天200万元左右的销售额，但如果我们没有联网管理，无法在全国范围内实现信息实时查询、传递和产品调剂的话，可能连150万元的销售额都达不到。只有用数据来管理，我们才能抓住这些机会。"

产品订单、库存、物流和应收款项需要一个完整的管理信息平台，否则决策层无法及时从中得出有价值的客户订货和产品销售情况，更无法实时了解各地销售机构的库存状况。王振滔认为，奥康急需解决的是：

- 如何使销售体系既能迅速扩充，又能避免管理失控？
- 如何准确考核分支机构的销售状况、回款状况、计划完成情况和费用支出情况？
- 如何及时了解经销商的实际分类销售数据？
- 如何提高供货的及时率？
- 如何及时了解各地的实际库存，降低库存积压？
- 如何控制应收账款的回收风险？
- 如何缩短决策时间，提高决策的准确性？

王振滔说："企业规模不断扩大，对于生产的计划性和决策的正确性要求更高了。我每天需要知道五个数据，即销售量、生产量、净库存、付款数和汇款数，以把握企业的发展方向。销售环节管理和成本控制日益成为集团的经营核心，这就要利用先进的技术管理企业的分销系统。"

2001年9月，奥康集团投资100多万元，委托北京用友软件股份有限公司实施用友ERP—网络分销管理系统，2002年初完成第一期工程，全国60多个主要分公司实现了库存、销售数据统计的自动化、总部与分公司交易的电子化和订单系统的网络化。

运行后的分销系统使奥康各个销售终端都可置于共同的信息平台，通过互联网登录系统，按照不同的权限进行数据的录入、处理和查询，将事后控制转化为了事中控制；通过系统自动处理大量复杂的销售数据，减少了手工的迟延和误差；还借助数据挖掘工具获得了各类分析报表等。

分销系统还实现了营销中心与办事处之间的B2B处理，由于客户和业务数据都由系统管理，销售和采购采取流程式审核，避免了少数业务人员的不合理行为，从而避免了分支机构的管理不规范和由此引起的客户流失。

谈到分销系统的运行效果，集团副总经理徐晓杰说："在批发和自营零售店，一双鞋子卖出去，我马上可以看到，它是一种在线的状态。还有1000多家代理店、店中店是非在线的，但可以定时集中将数据上传到处理中心。我每天晚上9点左右在总部就能看到当天全国各地的销售数据了，各级业务负责人也可以掌握相关区域内的全部库存商品分布情况、应收账款情况、实收货款情况、客户退货情况以及商品销售趋势等全面的销售数据汇总，这样就能有效监控每个销售环节，减少信息受损和'信息贪污'。"

徐晓杰还谈到:"以前我们给每个店发货,是先根据当地的一些人工信息反馈,逐级汇总后再安排生产。上了这个系统后,分公司的计划部根据分销网点的数据和自己的库存量做好计划,定出一个订货量向总部订货,总部根据汇总的计划来安排生产,生产计划就可以更早制订好,现在分公司的计划部已经成为我们的核心。同时,总部可以及时查询分公司和分销商的各种经营数据,再通过网络传递和处理订单,承担起了一种服务功能,有效改善了总公司、分公司和分销商之间的关系。"

来源:朱江等编著的《企业资源计划》第二版

启发思考题

1. 为什么奥康集团决定进行销售管理的信息化升级？哪些具体的需求或挑战推动了这一决策？

2. 奥康集团是如何实现销售管理的信息化之路的？

3. 奥康集团集团销售管理信息化改造是否减少了错误和重复工作,提高了销售业绩？给其他企业销售管理信息化改造与创新提供了怎样的借鉴？

第 9 章 制造管理

2BizBox ERP 应用的第 3 层是生产制造管理,如图 9-1 所示。这一层应用中包括物料需求计划、工单管理、制造管理、质量管理、交货周期控制、成本控制和质量保证等功能。在 2BizBox ERP 的帮助下,生产部门可以更高效地做出生产计划,合理有效的安排工作站生产任务,减少交货周期,有效提高生产效率。总之,2BizBox ERP 应用第 3 层适合所有制造型企业。

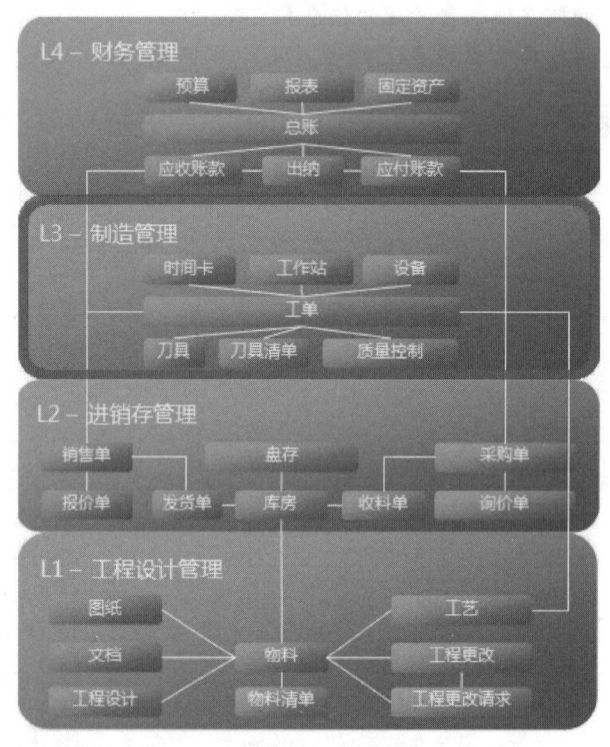

图 9-1　L3-制造管理

制造管理包括对产能的管理、工作安排的管理等,在系统中主要包括工单、制造、质量模块。

其中工单管理包括单据审批、排产、发料、成品收货等,制造管理包括安排生产计划和生产活动需要的基础数据准备、各级生产计划(从宏观到微观)的制订以及对具体生产活动的控制与管理。生产制造模块包括刀具房管理、刀具清单、车间管理、时间卡、车间维护、设备维护与检修、工艺管理、制造订单、制造询价单、制造工程更改、制造工程更改请求单等。通过对制造过程的有效管理,可帮助企业提高生产效率、降低制造成本,高效准确地利用现有资源进行生产安排。质量管理包括对质量的管理、记录等。

9.1 工单管理

工单管理主要是对生产单的管理,一般通过物料需求计划生成。计划部负责分解销售部下发的销售单或销售生产计划,下达采购或生产计划,并根据生产计划合理组织安排生产。

9.1.1 物料需求计划

(1)打开"采购管理-物料需求计划"选项,如图 9-2 所示。

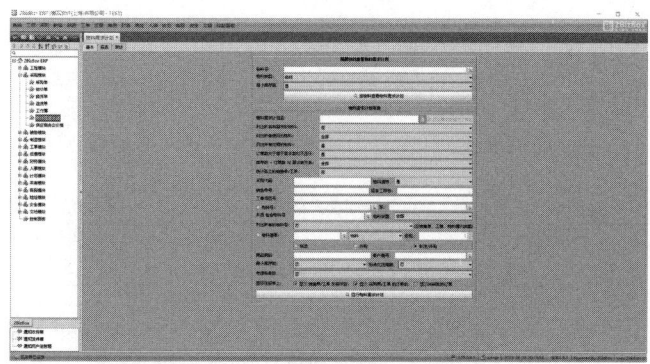

图 9-2 "物料需求计划"选项

(2)单击"运行物料需求计划"按钮,如图 9-3 所示。

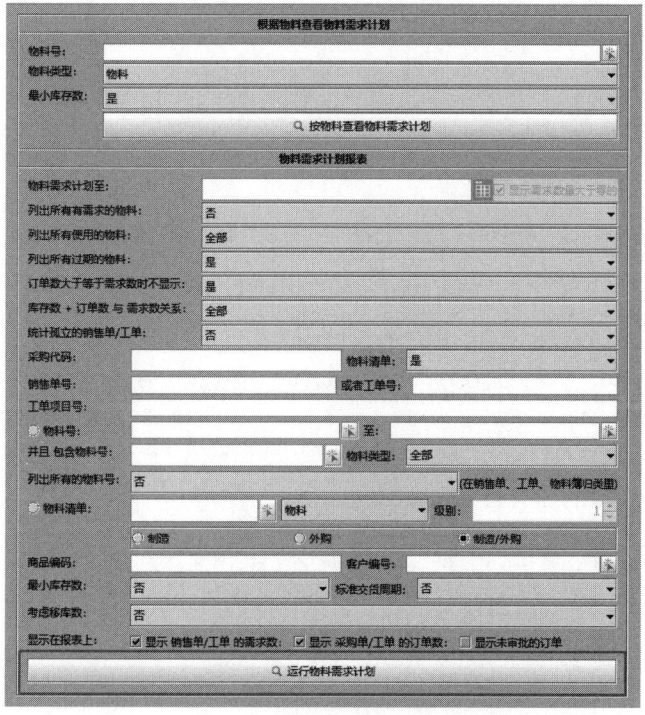

图 9-3 "运行物料需求计划"按钮

(3) 物料需求计划界面栏目的参数及释义如表9.1所示。

表9.1　物料需求计划界面参数及释义

界面参数	参数释义
物料需求计划至	可点击" "选择物料需求的时间,按需求时间查看物料需求计划;默认值为"空",即列出所有物料短缺需求
列出所有有需求的零件	可根据此项选择是列出所有有需求的零件,还是仅列出短缺的零件;默认值为"否",即仅列出短缺的零件
列出所有使用的零件	本条有3项可选:"全部""本季度在使用""本年度在使用";如选择后两项,则系统只会列出"本季度在使用"或"本年度在使用"的零件;默认值是"全部"
列出所有过期的零件	是否列出需求日期已过,但仍未采购或生产的零件;默认值是"是"
订单数大于等于需求数时不显示	是否显示"订单数"大于"需求数"的零件;"订单数"="采购数"+"生产数","订单数"大于"需求数"意味着产品不短缺;默认值是"是"
库存数+订单数与需求数的关系	如上图所示,可按实际情况,选择不同条件进行查询;默认值是"全部"
统计孤立的销售单/工单	如选择"是"则系统会自动预计该销售单或工单将会使用的零件的短缺信息,无论该销售单是否关联工单或者工单是否排产;默认值是"否",即只列出当前实际产生的零件需求
采购代码	如输入采购代码,则系统只列出符合该采购代码的零件项;默认值是空
物料清单	如选择"是"则系统只列出顶级物料清单的需求;默认值是"否"
销售单号或者工单号	可以按销售单或工单号搜索零件短缺信息;默认值是空
工单项目号	可以按照工单的项目号搜索零件短缺信息;默认值是空
零件号、零件类型	可按零件号和零件类型列出零件的短缺信息;默认值是空
列出所有的零件号	列出所有的零件号;默认值是"否"
物料清单、级别	按照物料清单号和要搜索的物料清单级别搜索;例如:如果设置物料清单是"A",级别是"2",则系统会列出物料清单A的第一级和第二级项的短缺信息;默认是空
制造、外购	可按照零件的来源属性,分别查看;"默认值"是"制造/外购"
商品编码	根据商品编码列出短缺信息;默认值为空

续表

界面参数	参数释义
客户编号	根据客户编号列出短缺信息；默认值为空
最小库存数	是否考虑零件的最小库存数；默认是"否"
标准交货周期	是否考思标准交货周期；默认值是"否"
显示在报表上	可根据选择情况，在打印报表时显示

（4）得到物料短缺数据，如图9-4所示。

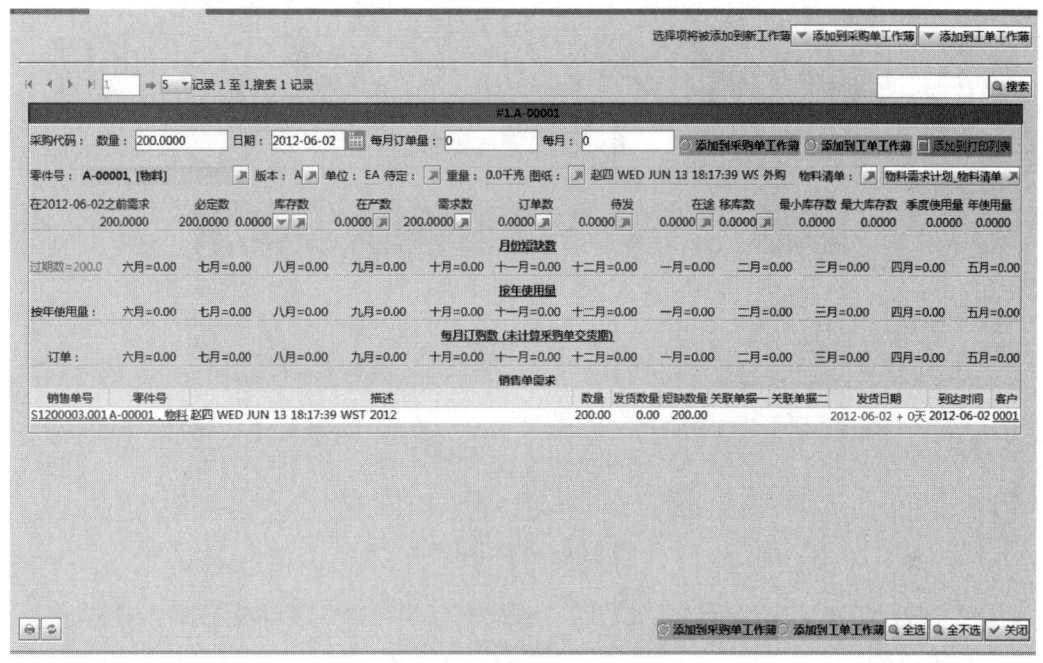

图9-4　物料短缺数据界面

生成物料短缺数据后，可以单击"添加到采购单工作簿"或者"添加到工单工作簿"按钮。对短缺物料分别进行采购及生产。

9.1.2　工单管理

（1）除分解销售部下发的销售单或销售生产计划外，计划部还要下发生产工单，安排各分厂进行生产。在2BizBox ERP系统中，计划部可通过"工单"来向各分厂下达生产指令，各分厂通过"工单"完成领料加工、完工入库等工作，如图9-5所示。

（2）单击"添加工单"，出现工单添加界面，如图9-6所示。

（3）选择供应商，单击"添加"，出现如下界面，如图9-7所示。

工单信息包括工单基本信息以及零件信息。其中上半部分为工单基本信息，如图9-8所示。

企业资源规划(ERP)原理与实训

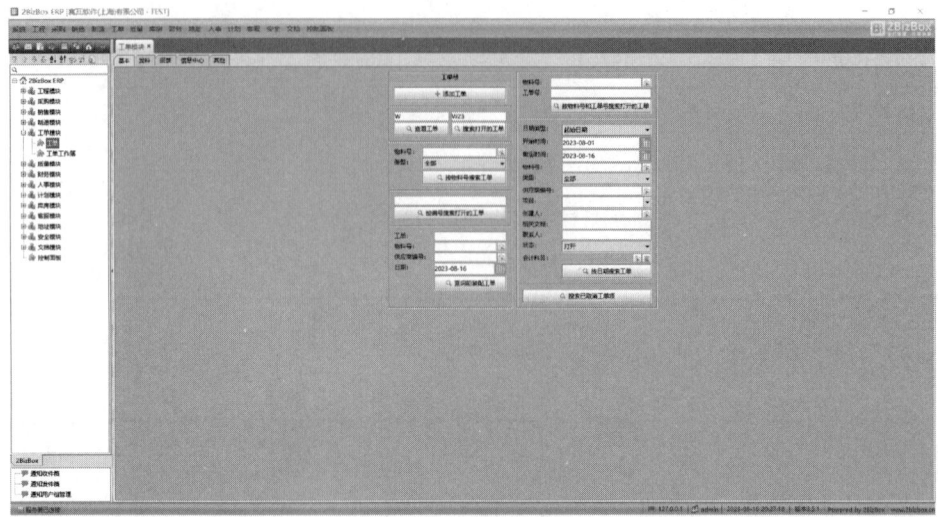

图 9-5 工单信息界面

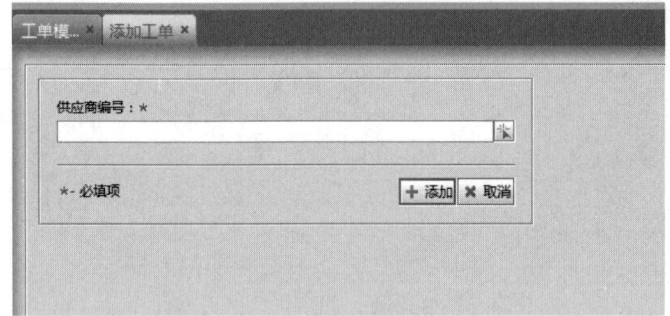

图 9-6 添加工单界面

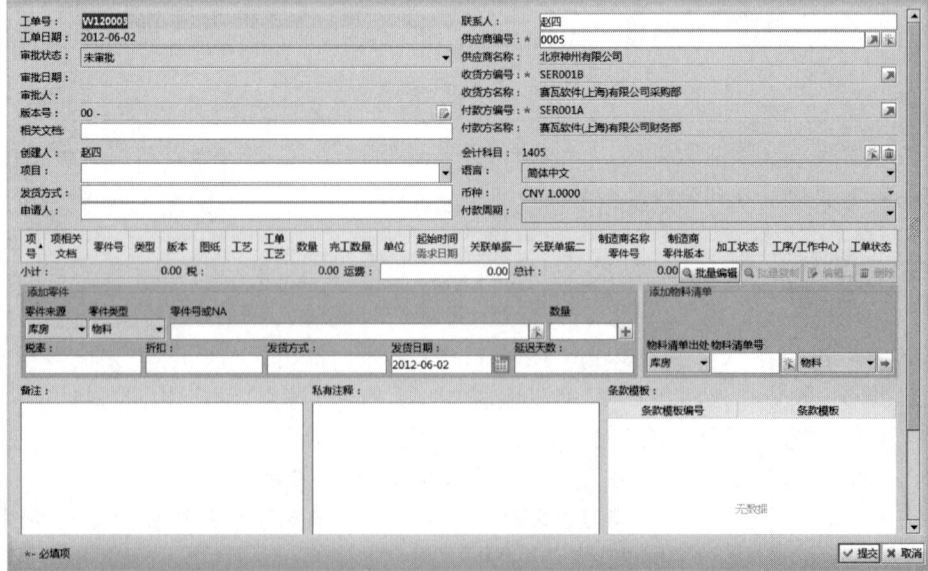

图 9-7 添加工单信息

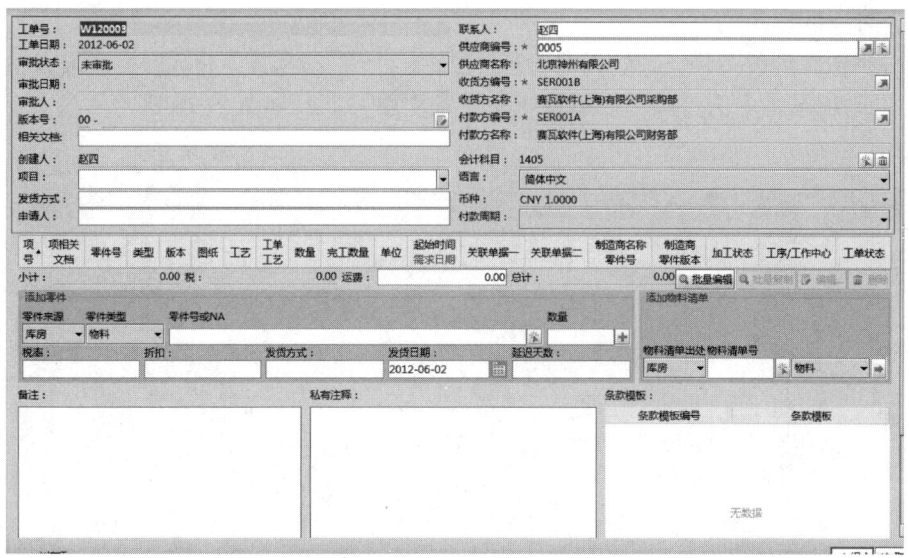

图 9-8 工单基本信息

下半部分为零件信息,如图 9-9 所示。

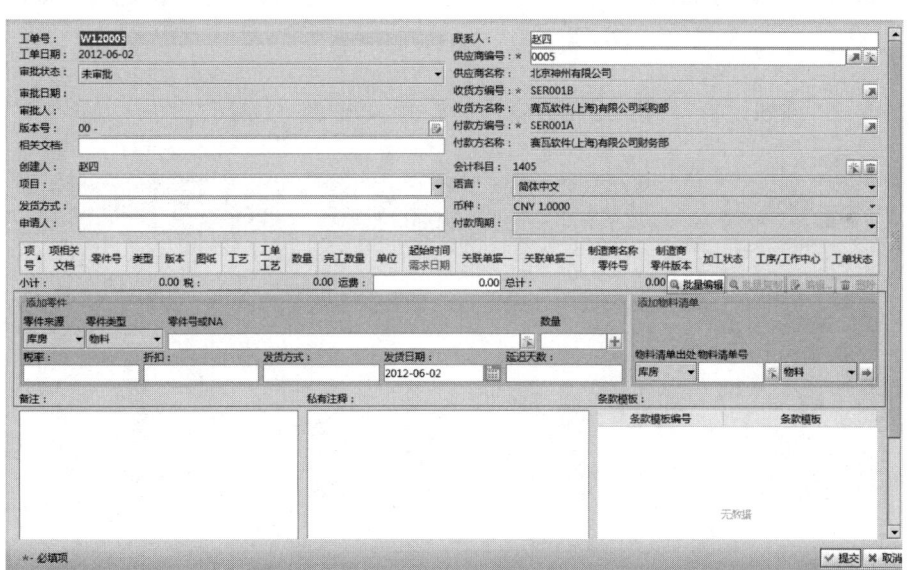

图 9-9 工单零件信息

(4)录入零件信息或者物料清单,单击页面右下角的"提交"按钮。

保存工单信息后,还需要对工单进行审核,只有审核后的工单才可能对系统产生真正的影响。

9.2 制造管理

生产制造模块主要包括车间、设备等的维护,以及制造过程中的各类单据,如制造订单、制造询价单等。

（1）制造管理的刀具/工具、设备管理、工作中心、工艺等都是对基础生产设备数据的维护。以添加设备为例，打开"制造模块—设备管理"选项，如图 9-10 所示。

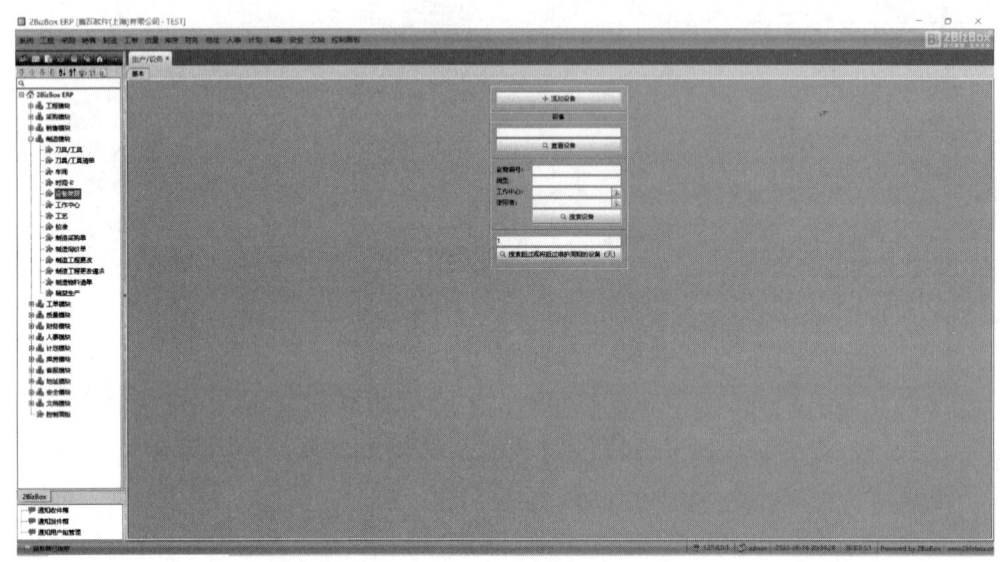

图 9-10　设备管理界面

（2）单击"添加设备"按钮，出现设备添加界面，如图 9-11 所示。

图 9-11　添加设备

（3）录入设备编号，单击"添加"按钮，进入设备编辑界面，如图 9-12 所示。
（4）编辑完毕基础数据后，单击页面右下方的"提交"按钮。

制造采购单、制造询价单与采购模块的采购、询价功能类似，用于公司内部各部门成本核算。

第9章 制造管理

图 9-12 编辑设备

案例 7 准时生产管理在奥的斯的应用

1. 奥的斯公司概况

1984 年,美国奥的斯公司与天津电梯公司合资成立了中国天津奥的斯电梯有限公司,是美资在天津投资的第一家合资企业。目前,中国奥的斯电梯集团在天津、北京、上海、广州、杭州、西安及苏州设有 7 家合资企业、4 个制造基地。奥的斯公司是中国最大的电梯、扶梯生产商和服务商之一。

作为中国电梯业的领先厂商,中国奥的斯电梯集团一直以国际一流的制造和技术能力为中国客户提供着整套的优质产品和完善服务,面对日益激烈的竞争,公司不断转变观念,引入高效的管理模式及准时化生产方式,以提高生产效率、降低成本、提高企业竞争力。经过几年的不断改善,公司的管理工作已走上制度化、规范化的轨道。生产管理发展至今,最有效的做法就是准时生产制。

2. 推行 JIT 的理由

(1)生产周期过长,约 3 个月,不能满足短交货期客户的要求。大多数客户并不了解电梯产品的特点,根据他们的需要,从签约到提货时间短,工厂满足不了客户的要求。

(2)生产不均衡,生产现场在制品过多、滞留时间过长。因为生产不均衡,零部件产出不配套,使得现场在制品多,停滞时间长,没有形成一个生产流。

(3)原材料、零部件库存量大,占用了大量资金。由于市场变化频繁,为了应对单件小批量生产,仓库存料、存货多,零部件的库存也大。

(4)有些岗位人员操作不规范,出现无效劳动,使设备利用率及生产效率偏低。

(5)生产现场布置存在不合理之处,影响生产效率。尽管建厂时考虑到设施规划与设计有些生产线体还是有待改进,才能适应工厂产量高幅度增长,提高生产效率。

基于上述理由,公司有必要在生产系统中实施准时化生产,力求消除制造过程中的无效劳动和浪费,以提高生产效率,降低成本,提高产品质量。

3. JIT 生产方式在奥的斯公司的具体应用

(1) 统一认识,建立组织架构,制订目标,大胆改进现有状况。要求所有一线员工掌握 JIT 基本理论及实践活动,引导更多的员工参与使他们达成一个共识。领导高度重视,把推行 JIT 生产方式作为一个利润增长点。在各个车间和相关部门都设立了 JIT 推进小组,各组分头行动。JIT 推进委员会则对整个 JIT 推进工作提供技术方法支持、协调、总结、督导。

(2) 加强"5S.3 定"工作,着力进行岗位改进。"5S"即整理、整顿、清扫、清洁、身美。整理就是区分有用、无用的东西,并将无用的东西处理掉;整顿就是将有用的东西有秩序地放在指定的地方,并加以标识;清扫就是经常清扫自己的工作场所;清洁就是永远保持自己工作场所的整洁有序;身美就是培养员工自觉维持整洁的习惯。"3 定"即定品、定量、定位。就是固定数量的固定物品只能放置于固定的地方,推行定置管理的有效方式是实行可视管理,让工作透明化。"5S"和"3 定"工作总是联系在一起的。

(3) 加强准时生产基础工作的建设。推进多个岗位技能培训。为适应 JIT 生产方式生产,各班组逐渐形成和建立起"一专多能"的培训体制,公司采用的是工作岗位轮换制的方式培养作业人员。每个作业人员要轮流承担自己作业现场的全部作业,成为多能工;努力实现生产的均衡性。不仅生产数量要做到每日均衡,而且生产品种也要做到每日均衡和每单位时间均衡。均衡生产有两个阶段:第一阶段是适应年度中每个月的需求变化(月份适应),第二阶段是适应每个月中每天的需求变化(每日适应)。月份适应通过月度生产计划来实现。如何将适用于大量大批生产的 JIT 方式创造性地运用到单件小批量的电梯制造业过程中呢?首先,在工厂利用 IE 工程进行产品工时定额和工序产能的测定。其次,根据这些基本数据进行生产均衡调整。再者,要求最终装配线每天遵循循环时间以均衡的数量制造各种产品。最后,为了缩短生产过程时间,采取了如下的解决措施:在构件制作科冲压工序使用同一副模具连续冲压;在设备运行当中就把必要的夹具、工具、下一次使用的模具和材料准备好;作业人员在设备停止运转时,必须集中全力进行换模作业。

加强目视管理,让工作透明化。尽量利用直观、色彩适宜的各种视觉感知信息来组织现场活动。生产计划、生产进度、生产实绩、质量状态、物料供应状况、生产存在的问题等都利用图表、看板或显示板等随时更新并显示出来,做到一目了然。

逐步调整优化 MRP-II 系统的有关参数设置,加快对顾需求的反映,使其更好地满足 JIT 生产的要求,这是实施准时化生产的一项重要的工作。合同销售科和生产管理科协商每月、每周、每天固定时点接单并立即处理数据,输入 MRP-II 系统,相关的计划、生产、采购、品检、设计等部门在规定的时间内,通过电脑各自进行物料、产能、进度安排、技术参数检查,并及时安排相关的资源到位。

推行 TPM 管理,即全员预防维护,要求工人不仅要对自己所生产的产品质量、产量负责,还要对设备的日常保养、维护负责,同时结合设备的定期维修、检查、易损件更换等,使设备故障停机率降低到最少,避免生产因设备故障而停顿。通过历年的努力,设备故障率 6% 降低到 0.5%。

(4) 实施看板管理。每个岗位在进行加工或装配时,对所需零部件实行拉动式生产,实施看板管理。在看板生产过程中,各个工序按照需求指令配套加工生产,供应商也配合按照产品结构配套送料。外协供应的零件也一定要保证能够完成必需数量部件的组装,而且,严格遵循先入先出的原则。为了更有效地实施看板管理,在公司内部,采取多种看板形式,比如台车看板、送料指示卡、准时定量送料清单等。由于实现了看板生产,严格按照客户发货的要求组织装箱,使得成品库存逐年递减。2001年产量提高28.1%,库存增加7.33%,成品库存增加幅度比产量增加幅度少20.8%;单位产量库存减少2.1%。

(5) 实现外协件准时适量管理。将本企业的原材料库存压缩到最低,甚至取消库存,把所有的外协厂都当作工序看待,让外协厂配合准时生产,增加送货频次,减少每次送货量,准时送货到指定位置,而且送货的数量不多也不少,切实做到适时、适质、适量生产及供货,而且所有的物料都要按照规定的装置方式装置及配送。到目前,已成功地将限速器装配、主机装配、厅门装配、轿底装配、上梁装配、立柱装配6大部件的物料,实行定量、定置,拉动式送货到生产岗位,为准时生产提供了良好的基础。

统计表明,实行定量拉动式送料到岗位或仓库的零部件已达3000种。例如成功地将机械仓撤并入钣金仓,节省了近400m^2的场地给机械车间存储半成品或加工使用,而且大大降低了库存资金,为今后的产能扩充提供了必要的物质基础。另外,实行拉动式送货及JIT生产,减少现场仓库库存资金近500万元,成品仓减少库存资金575万元,自行加工生产的部件中,采用拉动式生产部件的比率为65%。

天津奥的斯电梯有限公司自2000年以来,开始着手开展JIT的最基本的工作"5S、3定"工作、产品工时定额及生产均衡化、JIT改进等工作,从2001年开始着手开展准时供应,同时推动工厂整体供应链开始准时生产,到目前已经取得良好的效果。生产周期从最初的约3个月缩短到现在的30天左右;产能逐年大幅度递增,由1999年产梯2731台,增加到2002年产梯超过6000台,平均每年递增30%;成品减少库存资金575万元,零部件库存由原来的10天降到3天,减少库存资金500万元,减少包装费用20万元;单位产量库存减低2.1%;生产现场在制品由原来的7天降到目前的3天,滞留品由原来的30件降到现在的10件,节约生产场地700m^2;生产效率提高10%,降低生产成本超过1500万元;准时交货率则由原来的周平均65%提高到周平均的90%。

来源:杨尊琦、林海编著的《企业资源规划(ERP)原理与应用》

启发思考题

1. 奥的斯准时生产管理案例中,他们是如何实施和应用JIT理念来确保准时交付的?

2. 上述案例中,奥的斯是如何处理因不可控因素导致交货延迟的情况的?是否有备选计划或风险管理策略?

3. 奥的斯准时生产管理过程中,是如何重视与促进员工参与团队协作的?对于培养职工创新意识和创业精神、促进科技创新与社会发展的结合具有怎样的启示?

第 10 章 财务管理

在企业中,清晰分明的财务管理是极其重要的,如图 10-1 所示。因此,在 ERP 整个方案中它是不可或缺的一部分。ERP 中的财务模块与一般的财务软件不同,作为 ERP 系统中的一部分,它和系统的其他模块有相应的接口,能够相互集成。例如:它可将由生产活动、采购活动输入的信息自动计入财务模块生成总账、会计报表,取消了输入凭证繁琐的过程,几乎完全替代以往传统的手工操作。

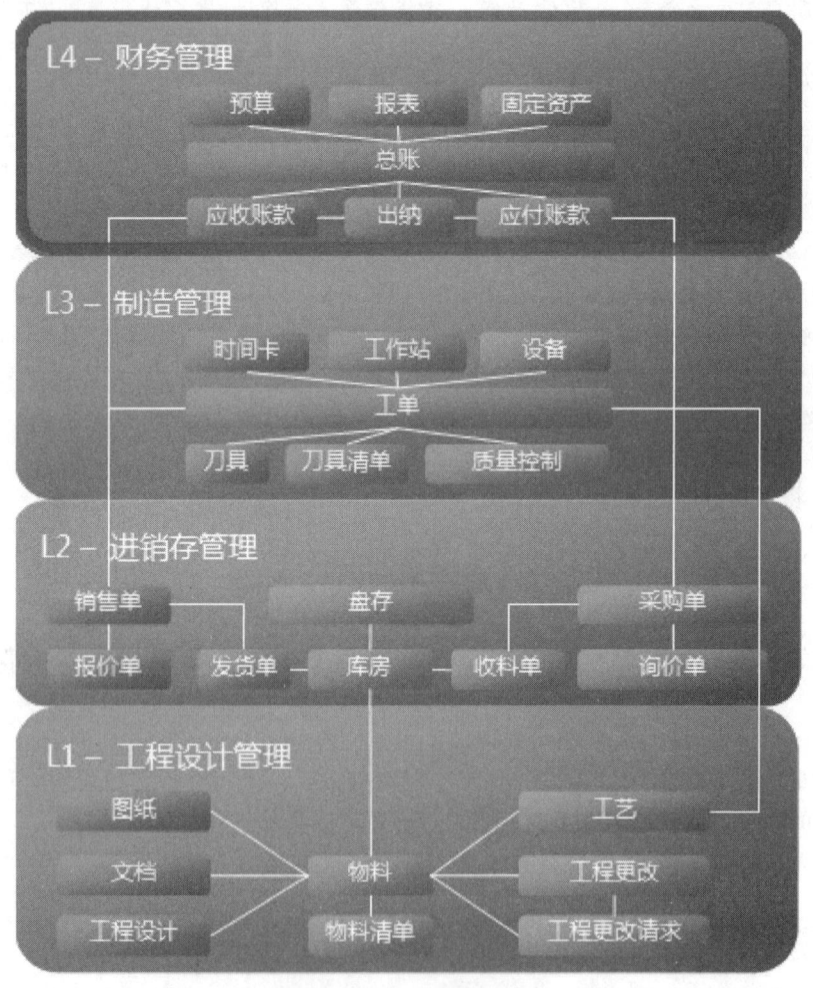

图 10-1 L4-财务管理

（1）总账模块。它的功能是处理记账凭证输入、登记、输出日记账、一般明细账及总分类账，编制主要会计报表。它是整个会计核算的核心，应收账、应付账、固定资产核算、现金管理、工资核算、多币制等各模块都以其为中心来互相信息传递。

（2）应收账模块。是指企业应收的由于商品赊欠而产生的正常客户欠款账。它包括发票管理、客户管理、付款管理、账龄分析等功能。它和客户订单、发票处理业务相联系，同时将各项事件自动生成记账凭证，导入总账。

（3）应付账模块。会计里的应付账是企业应付购货款等账，它包括了发票管理、供应商管理、支票管理、账龄分析等。它能够和采购模块、库存模块完全集成以替代过去繁琐的手工操作。

（4）固定资产核算模块。即完成对固定资产的增减变动以及折旧有关基金计提和分配的核算工作。它能够帮助管理者对目前固定资产的现状有所了解，并能通过该模块提供的各种方法来管理资产，以及进行相应的会计处理。

10.1　财务管理系统结构

财务管理的流程如图 10-2 所示。

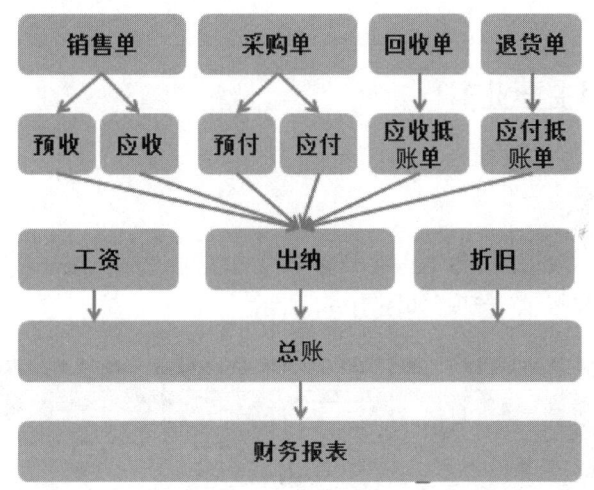

图 10-2　财务管理流程

财务数据的产生是伴随着销售、采购业务产生的。一般销售可能出现预收款与应收款两类；采购单出现预付款和应付款两类。

此外，系统也提供预算、资产管理等其他财务功能，财务模块全部功能的流程图如图 10-3 所示。

图 10-3 财务管理流程图

10.2 财务管理主要业务

10.2.1 应收账款

（1）一般应收账款都是伴随销售业务而来，因此应收账款单据多是通过发货单生成，打开"财务模块-应收账款"选项，如图 10-4 所示。

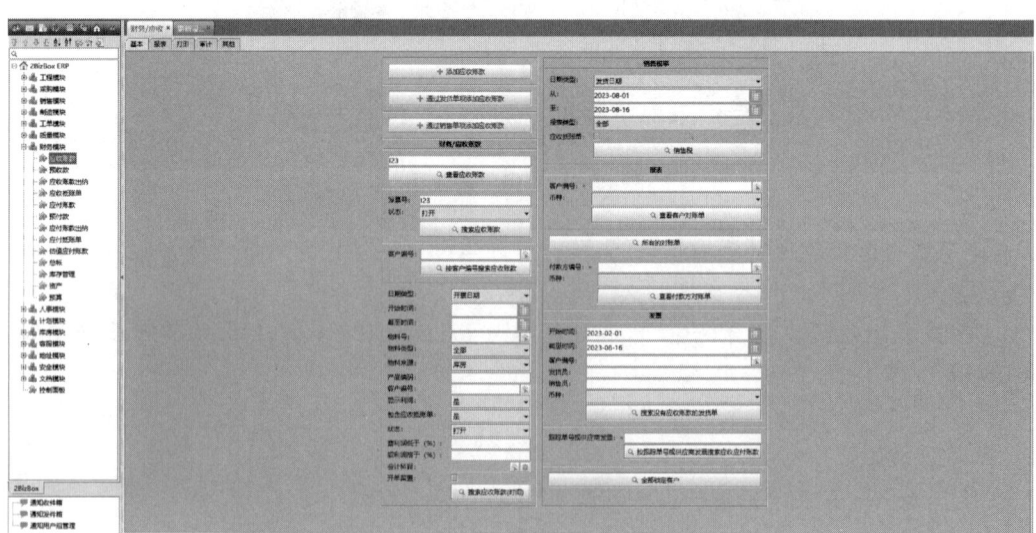

图 10-4 应收账款界面

(2）单击"通过发货单项添加应收账款"选项,出现添加应收账款页面,如图10-5所示。

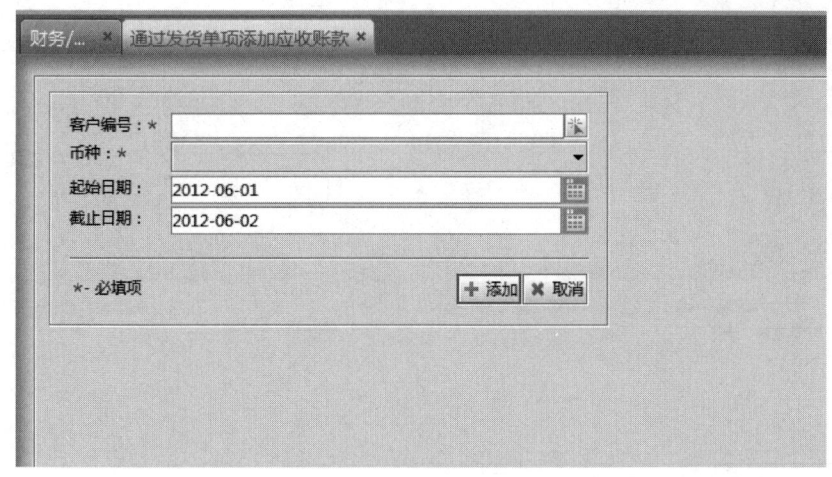

图 10-5　添加应收账款

(3）选择客户,并输入币种信息,单击"添加"按钮,出现应收账款编辑界面,如图10-6所示。

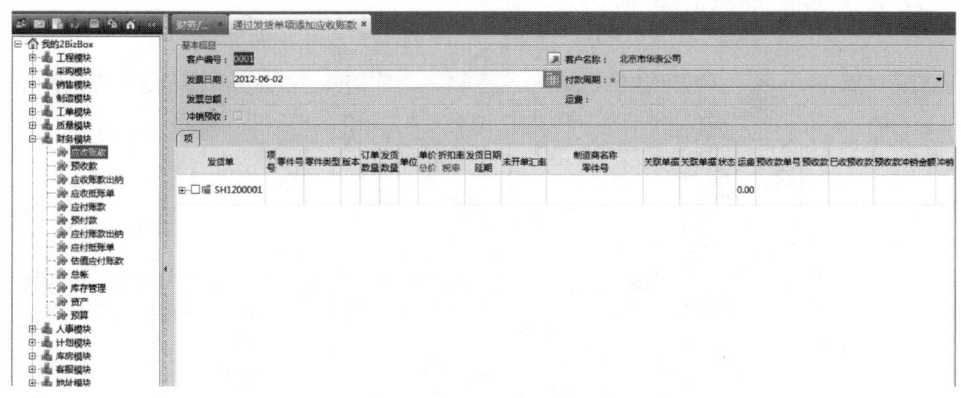

图 10-6　编辑应收账款

(4）展开发货单详细信息,可以看到发货物料及单价、总价,以及单据状态等其他财务信息,如图10-7所示。

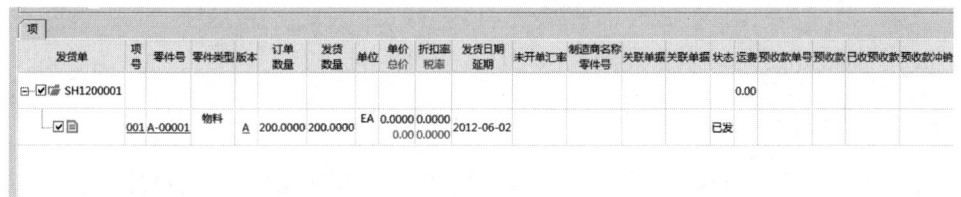

图 10-7　发货单详细信息

(5)编辑必填项,单击"确定"按钮,如图10-8所示。

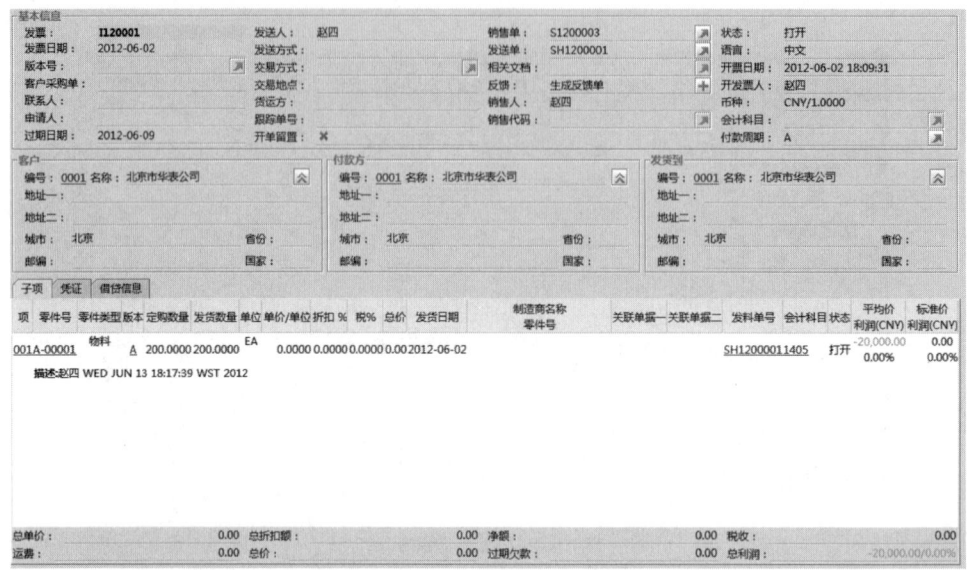

图 10-8　编辑财务信息

(6)添加完应收账款后,如果收到货款,则需要进行收款处理。此时,在应收账款出纳处进行收款处理,如图10-9所示。

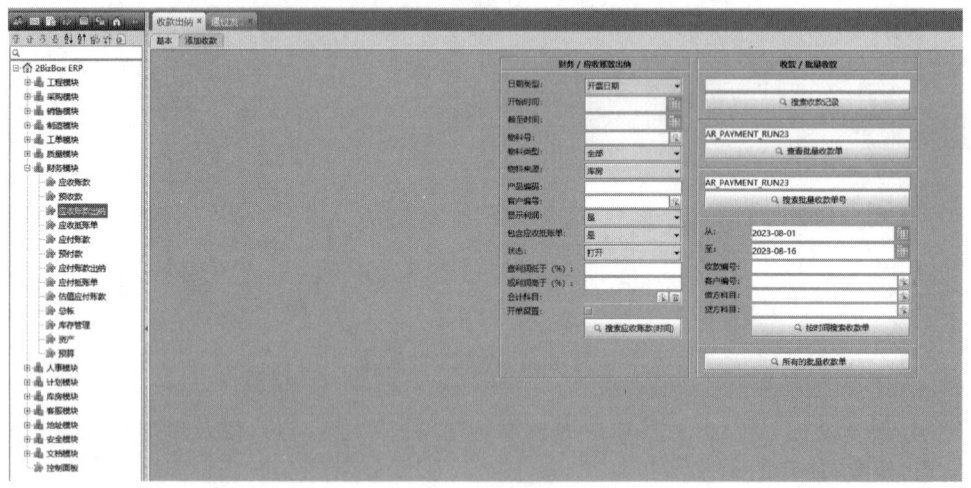

图 10-9　收款处理

(7)页面左上方可搜索应收账款,如图10-10所示。

10.2.2　应付账款

应付账款一般伴随采购业务而来,因此应付账款单据多是通过收料单生成。

(1)打开"财务模块—应付账款",如图10-11所示。

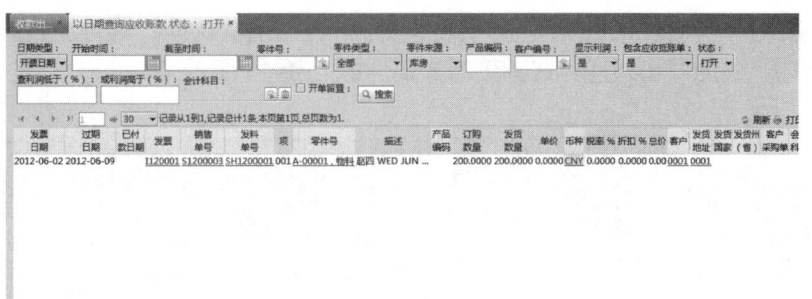

图 10-10　搜索应收账款

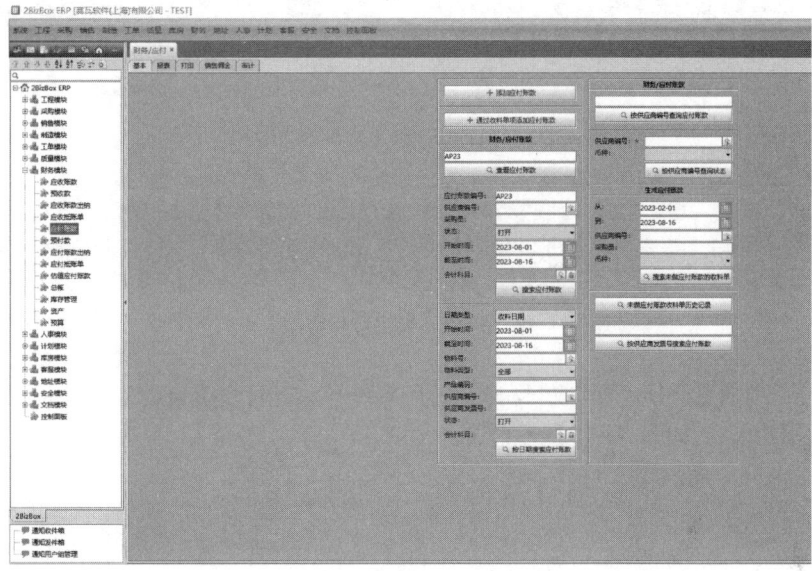

图 10-11　应付账款界面

(2)单击"添加应付账款"或者"通过收料单添加应付账款",出现应付账款编辑页面,如图 10-12 所示。

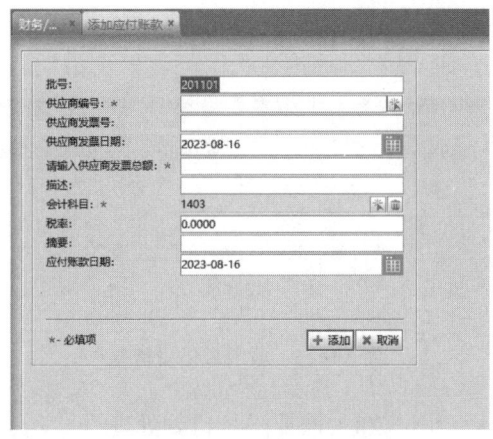

图 10-12　添加应付账款

(3)选择供应商编号,以及发票总额,会计科目,系统默认会计科目为:库存现金,输入税率,单击"添加",出现应付账款编辑界面,如图10-13所示。

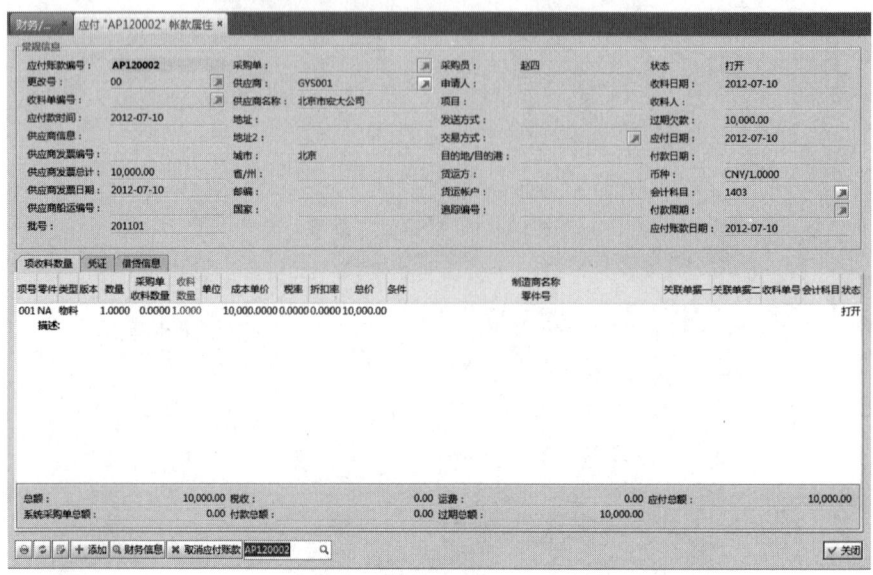

图10-13 编辑应付账款

(4)通过项信息,可以看到收料单的信息,零件号、数量,系统自动生成凭证,如图10-14所示,以及借贷信息,如图10-15所示。

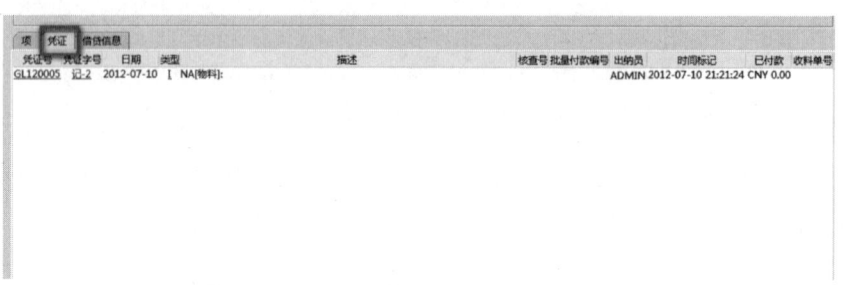

图10-14 收科单项和凭证信息

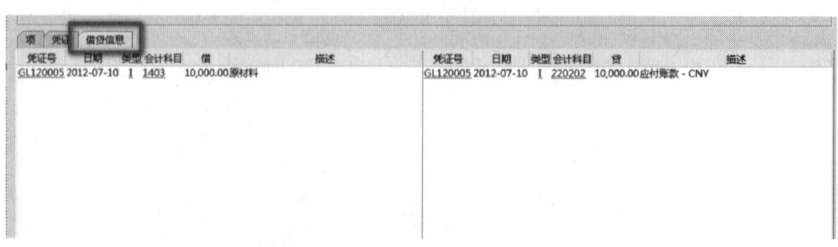

图10-15 收料单借贷信息

应付账款添加完毕后,在付款时,需要进行付款处理。
(5)在"财务管理-应付账款出纳"处进行付款操作,如图10-16所示。

图 10-16　付款界面

（6）单击"添加支票"或者"添加电汇付款"，已完成付款操作，如选择"添加支票"，如图 10-17 所示。

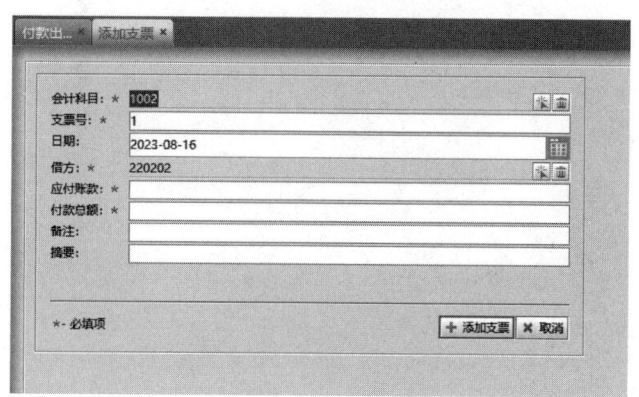

图 10-17　添加支票

（7）输入应付账款单号，以及应付账款总额，单击"添加支票"，则支票添加成功，付款完毕。

系统会处理支票详细信息。可以对其进行打印，如图 10-18 所示。

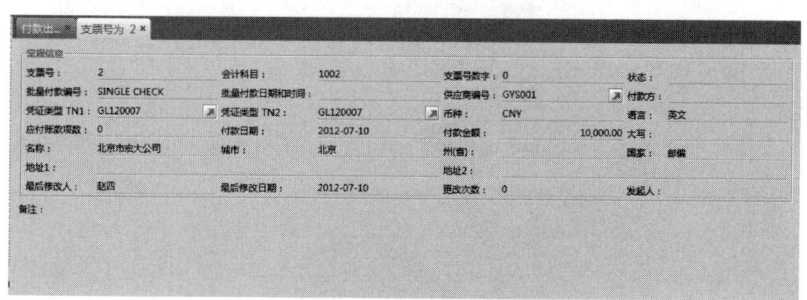

图 10-18　支票详细信息

10.2.3 总账管理

总账管理处主要是对伴随采购、销售产生的财务信息的记录,包括记账凭证、日常记账的处理,也包括会计科目的合并及报表等。总账管理系统根据会计准则和本单位的会计业务规则,对需要产生凭证的其他系统的单据设置自动出账模板,选择出账单据后系统自动生成相应凭证,对手工编制凭证设置相关约束,使会计总账处理变得更为简单、安全、有效,增强对会计出账规范性操作。

1. 凭证录入

凭证的录入可以有两种,既可以在总账管理处手工录入凭证,也可以通过添加应付账款、应收账款来自动生成凭证,在应付账款章节已经介绍根据应付账款自动生成凭证的方法。

这里介绍在总账管理处手工录入凭证的方法。

(1) 打开"总账"节点,单击"添加凭证",如图 10-19 所示。

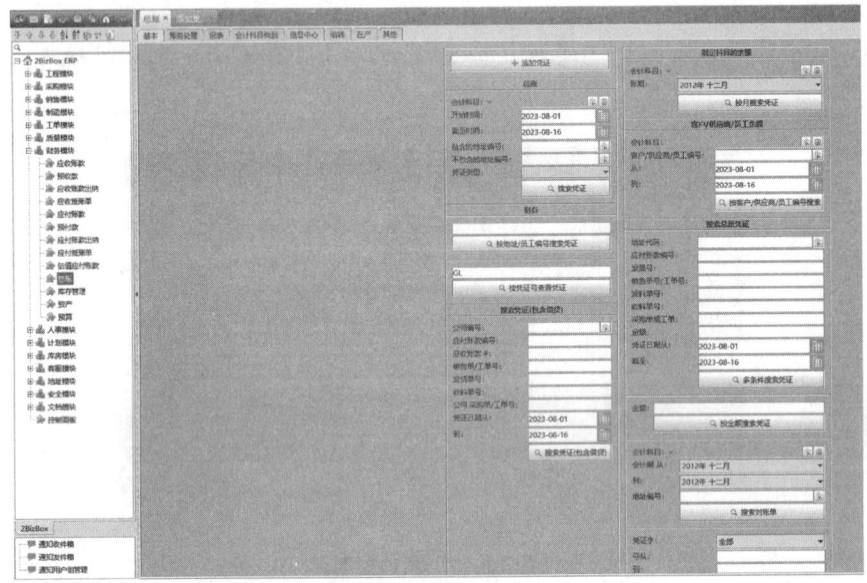

图 10-19 "添加凭证"按钮

(2) 出现凭证添加界面,选择"客户/供应商/员工编号",如图 10-20 所示。

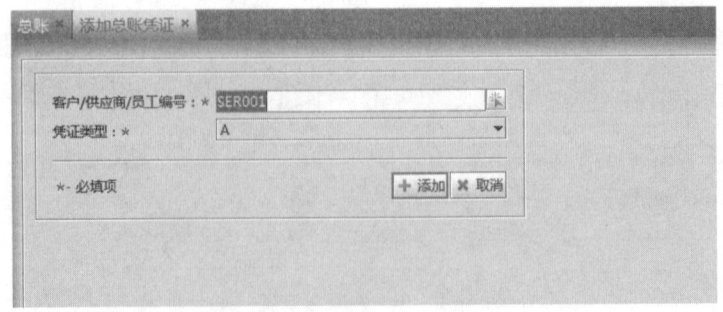

图 10-20 "添加总账凭证"按钮

(3)单击"添加",出现凭证添加界面,如图10-21所示。

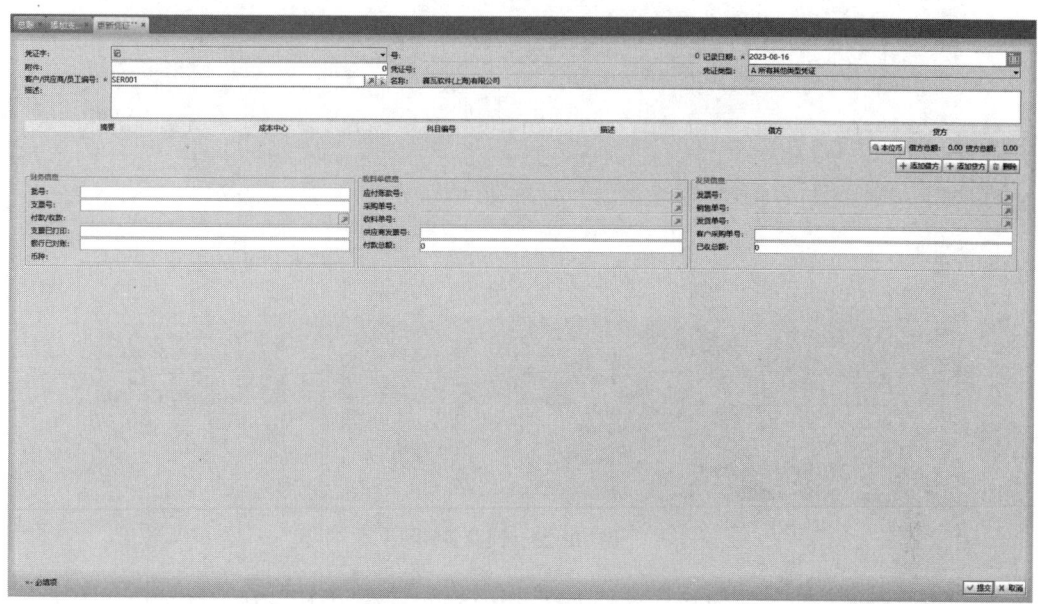

图 10-21 添加更新凭证界面

(4)在凭证添加界面,要选择凭证字、以及会计科目,计入方,以及关联的其他信息,如图10-22所示。

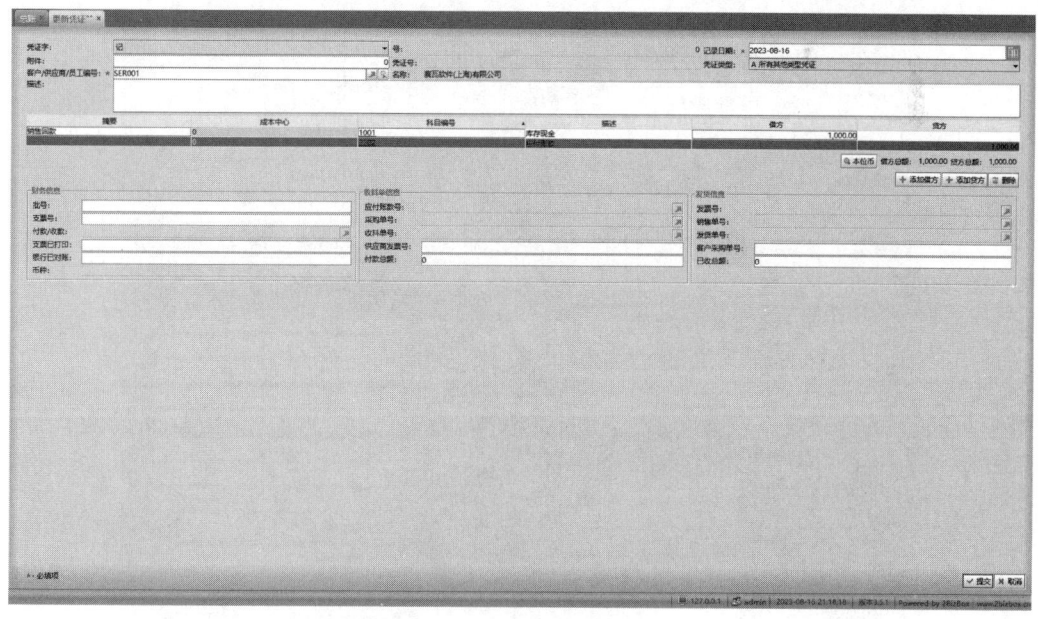

图 10-22 添加凭证信息

(5)输入后,单击"提交",凭证增加完毕。系统转入凭证预览界面,如图10-23所示。

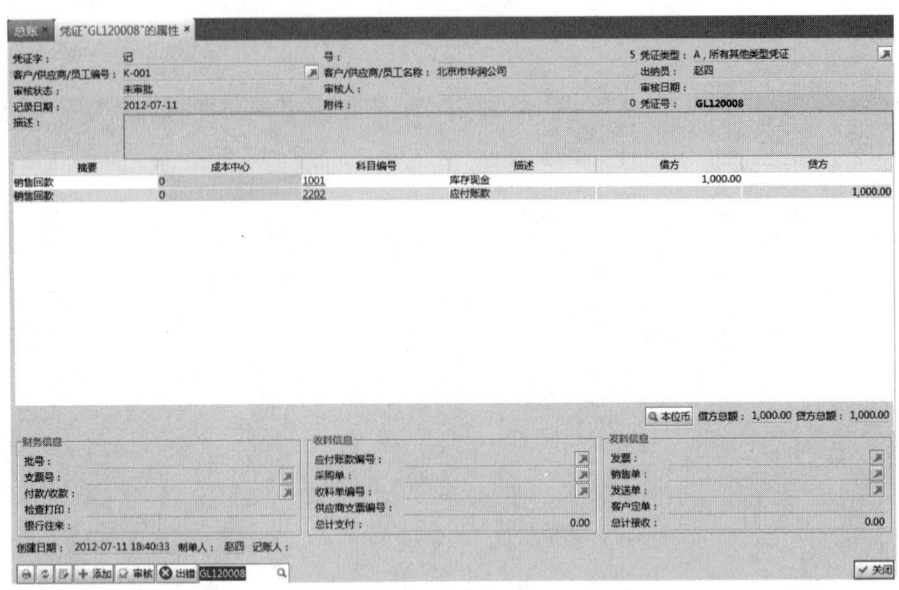

图 10-23　预览凭证

（6）凭证增加后，需要对凭证进行审核，单击右下角的"审核"，则对凭证审核完毕。

在总账管理的基本功能处，还包含对凭证的搜索功能。可通过不同的方式对凭证进行查询，如图 10-24 所示。

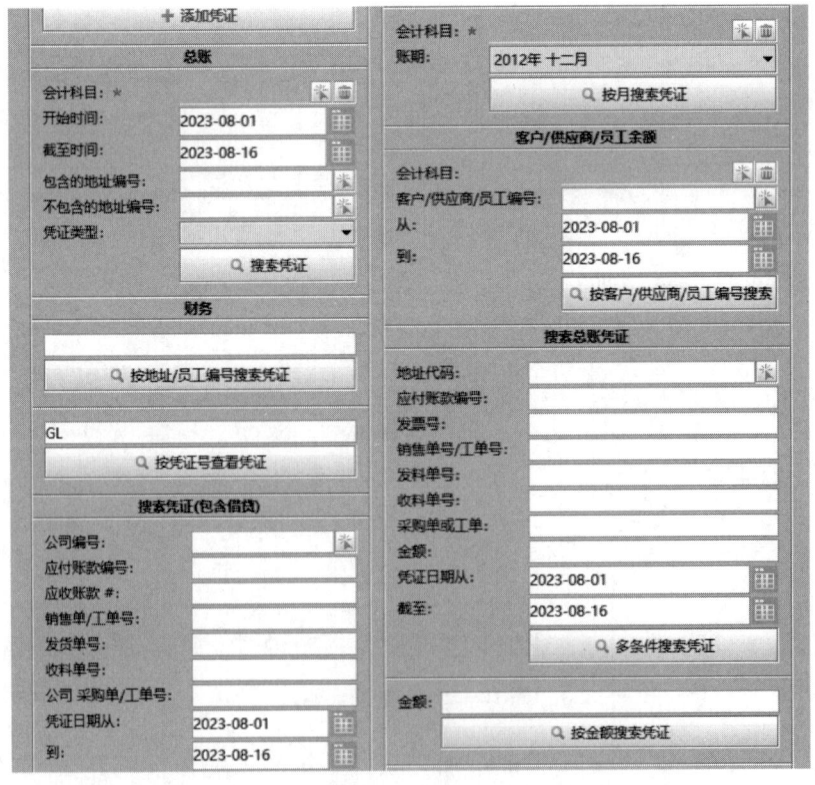

图 10-24　搜索凭证

2. 会计科目增删

在总账管理处,还可以对系统预置会计科目根据自己的需要进行增删,并根据需要对哪些会计科目需要显示在报表中进行设置。设置步骤如下。

(1)在"报表"选项卡下,打开"会计科目",如图10-25所示。

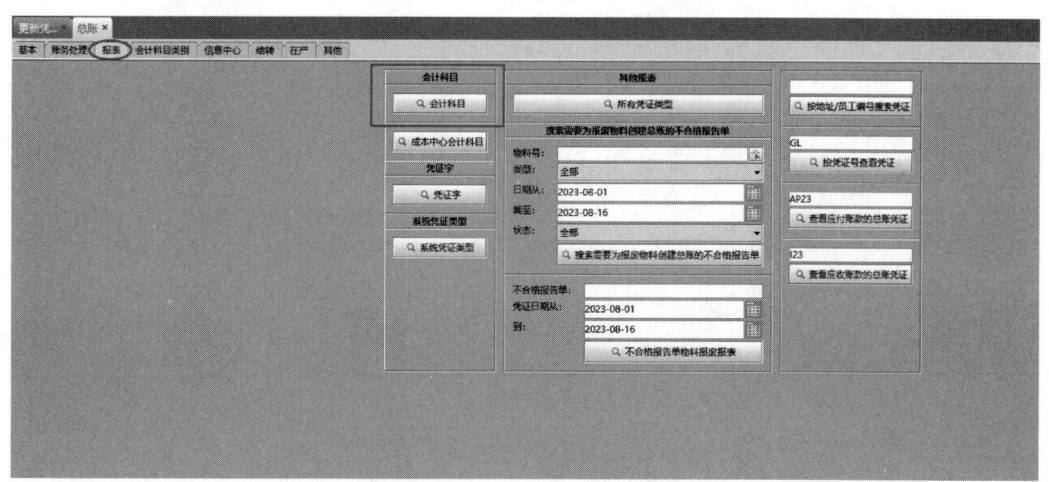

图 10-25 "会计科目"按钮

可以看到系统预置的所有会计科目,如图10-26所示。

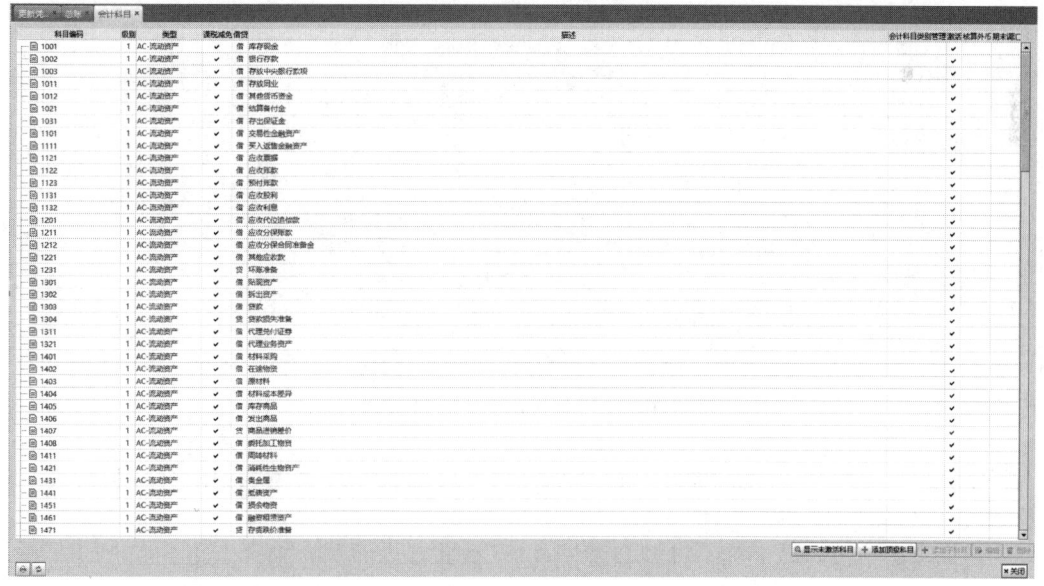

图 10-26 预置会计科目

(2)选中某一项,可以修改其信息,如图10-27所示。

(3)在"会计科目类别管理"选项卡下,可以对资产负债表、损益表的会计科目进行增删。以"资产负债表"为例,打开"会计科目类别管理",如图10-28所示。

企业资源规划(ERP)原理与实训

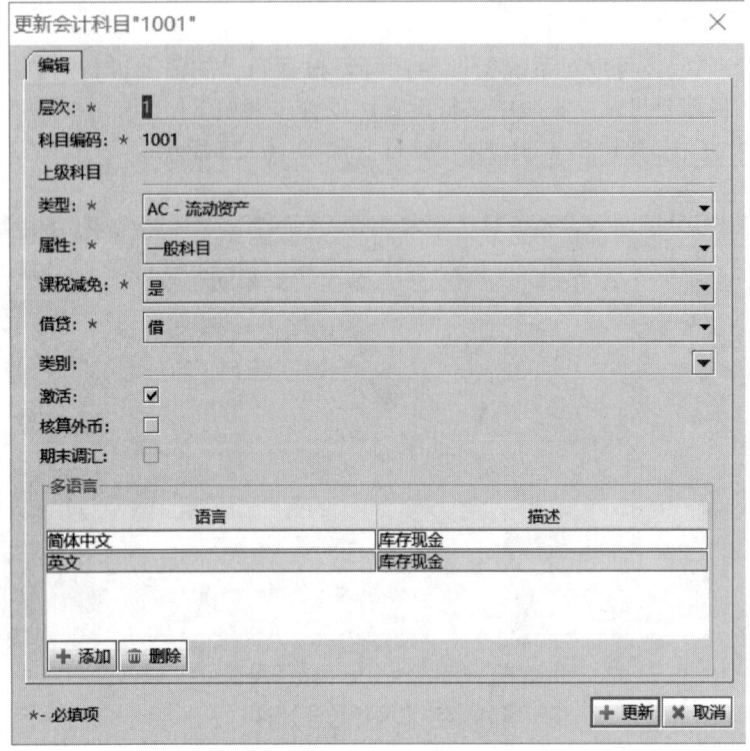

图 10-27　修改会计科目信息

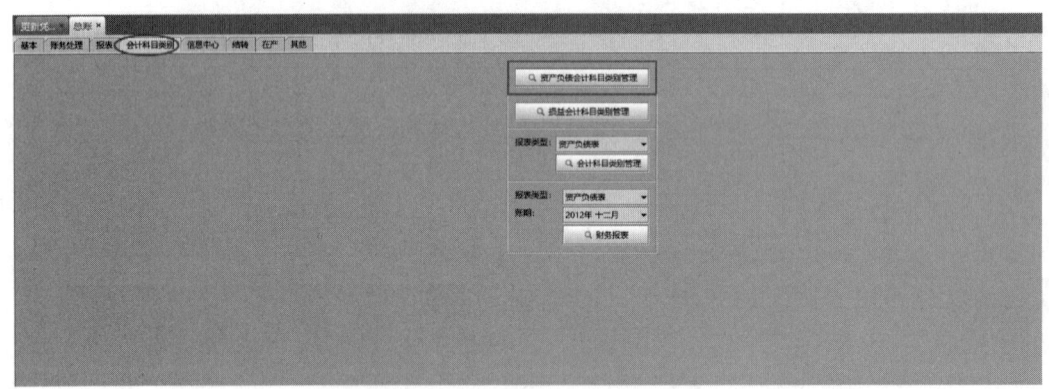

图 10-28　"会计科目类别"选项卡

(4)打开"会计科目类别管理",出现系统默认出现在资产负债表中的会计科目类别及会计科目,如图 10-29 所示。

根据需要可以对不同的会计科目类别、以及会计科目进行修改。

(5)在信息中心,可以对一段时间内发生的财务信息进行查询,如图 10-30 所示。

(6)单击"财务信息中心",如图 10-31 所示。

第 10 章 财务管理

图 10-29 修改会计科目类别

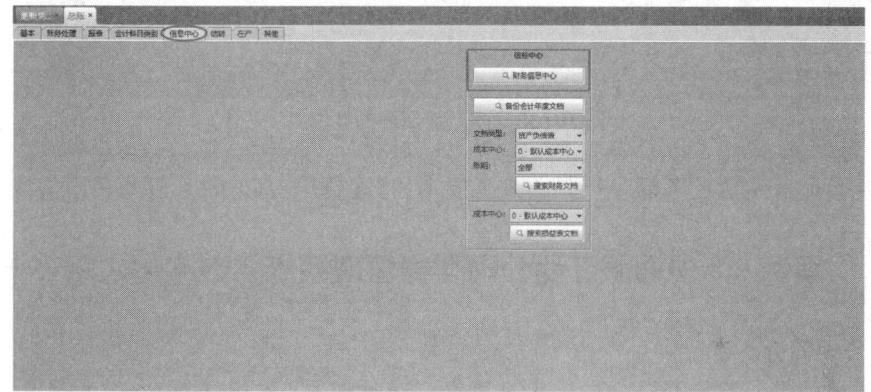

图 10-30 查询财务信息

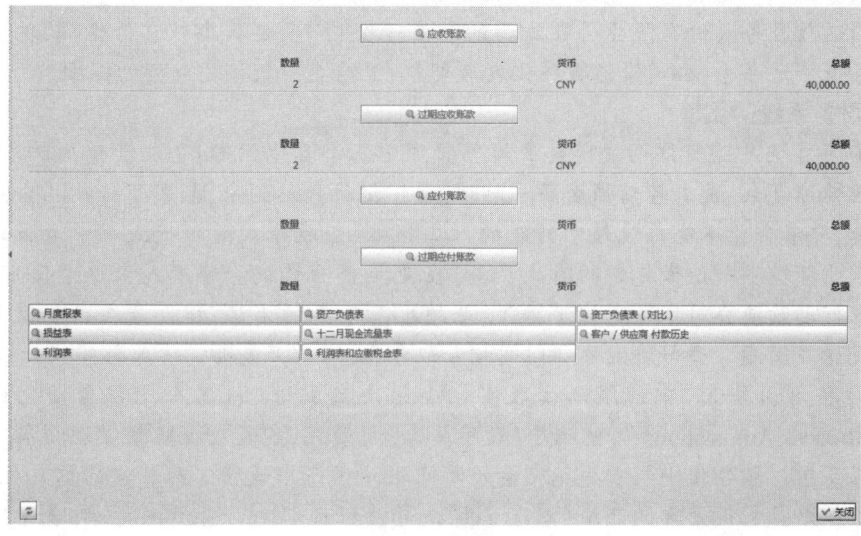

图 10-31 具体财务信息

159

(7) 在这里,可以查看应收账款、应付账款资产负债表以及月度报表等。
以"资产负债表"为例,如图 10-32 所示。

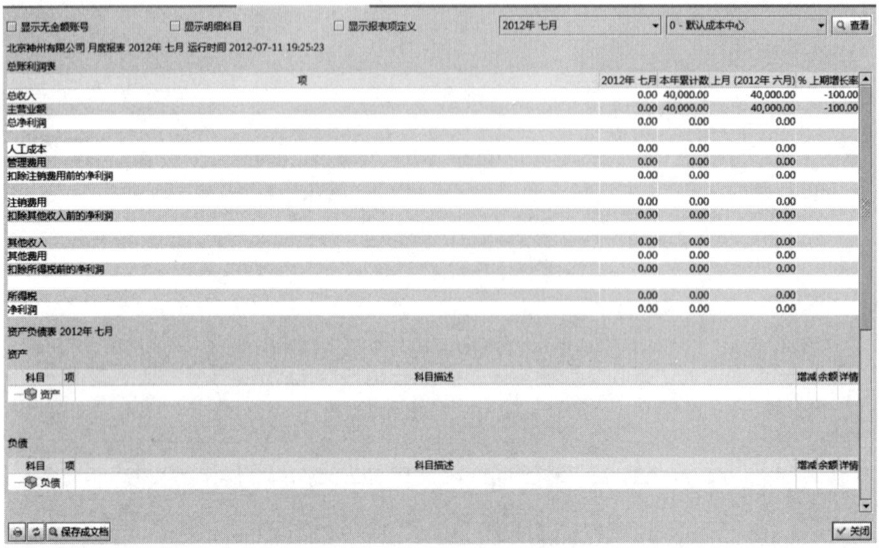

图 10-32 资产负债表的详情页

系统会显示主营业务额、净利额、人工成本、管理费用、其他收入以及费用信息。

案例 8　中通服江西公司财务管理系统的数字化之路

1. 公司简介

中国通信服务股份有限公司是由中国电信集团发起,中国移动、中国联通共同出资参与组成的一家综合性信息化领域生产性服务型企业。作为国内主导的"信息与媒体运营商的服务商",以通信网络建设服务、内容应用服务以及产品外包服务为主。中通服江西是中国通信服务股份有限公司在江西的全资子公司,主要从事信息传输、软件和信息技术服务业。近年来,公司紧抓数字化发展契机,开启企业数字化转型的探索。

2. 财务系统的困境

2020 年 1 月中通服江西发现企业财务管理中三个具体问题:企业资金周转率较低、业务流程繁琐复杂、员工劳动强度高。同时,数字化时代的到来,颠覆了传统的企业财务管理理念,要求企业不能再依赖于传统的人工报账、应收账款管理模式。中通服江西意识到在产业环境不断迭代更新的时代,公司在变革企业传统管理模式上过于保守,没有及时采取行动致使公司市场定位下降了,业绩也有下滑的走势,特别是在企业财务管理方面出现诸多问题。公司决定各部门间相互配合,更好地开展财务管理数字化升级。

2020 年 1 月中旬,中通服江西数字化小组决定引进"机器人流程自动化(RPA,Robotic Process Automation)",也就是"数字员工"新模式,实现应收账款管理全智能化和智慧报账系统。数字化小组首先花大量的时间深入了解中通服江西目前的信息化水平,同时去了解财务管理面临的窘境,以及了解公司财务部门的运营情况,并对多家服务型企业进行考察调研。根据调研成果,结合中通服江西自身的特点,有针对性地提出财务管理数字化升级方案,应用"数字员工"去完成实现。

数字化建设并非传统意义上的对以往信息的革新,它离不开决策层超前的思维与意识。为深化决策层对"数字员工"的认识,中通服江西数字化小组制订了企业文化调整的方案。方案的实施并非大刀阔斧的从根本上改变企业文化,必须通过循序渐进的方式,引导企业员工认识到"数字员工"的优点及可能为企业带来的效益,逐步改变企业内部对"数字员工"的认知。方案刚开始部署时,企业内部出现了不同的声音。有人认为,企业要实现数字化,势必要投入大量的人力财力。中通服江西数字化小组最终决定带领公司相关人员去已有"数字员工"的企业参观学习,亲身感受"数字员工"带给企业经营管理的便利。

3. 财务系统的数字化之路

财务管理数字化的第一步是对财务业务流程管理采用全面质量管理的方式,即在对企业财务管理业务深入分析的基础上,对其流程进行逐渐的、持续的改进。中通服江西数字化小组明确了"数字员工"对企业的智慧转型赋能目标如表10.1所示。

表10.1 "数字员工"功能体现

序号	功能
1	擅于执行重复性高、标准化的任务
2	自动化数据录入、数据处理
3	全年365天,每天24小时,不知疲倦
4	在用户界面运行,不受制底层IT架构
5	效率和准确率高
6	跨系统跨应用操作
7	流程处理调整
8	安全可靠

数字化小组确定了财务管理"数字员工"引进过程分为四步:

(1)"计划"阶段,评估企业内部实现RPA的准备情况以及适用程度,包含认识RPA、识别存在的场景,选择合作的自动化工具、评估价值等。

(2)"试点"阶段,需要利用真实的业务场景来验证RPA的适用性,选择试点项目和试点范围,加深RPA技术的实现和动作模式的理解。

(3)"扩展"阶段,当试点成功后,企业可以推广至更多的部门中,挖掘业务场景重新梳理流程,建立自动化治理框架。

(4)"转型"阶段,经过以上阶段后,企业应将流程自动化固化,采用制度化的运作模式,转变整个运营模式,培育创新文化。

在试点阶段,最突出问题还是"数字员工"的适用性不高,在企业应收账款与费用报账管理方面仍存在一些偏差。因此在"数字员工"运营初期,引发了员工强烈的不满,使用积极性不高,无法完全契合和满足员工的工作模式与工作需求。数字化小组最终确定RPA机器人与AI人工智能技术组合的策略,为企业财务管理数字化升级保驾护航。数字化小组持续综合各类员工提出的改进意见,持续推进着"数字员工"方案。最终,利用RPA机器人流程自动化等先进技术,在应收账款管理合同、项目、核算、考核等关键业务节点中部署机器人应用。中通服江西的应收账款管理数字化建设内容如图10-33所示。

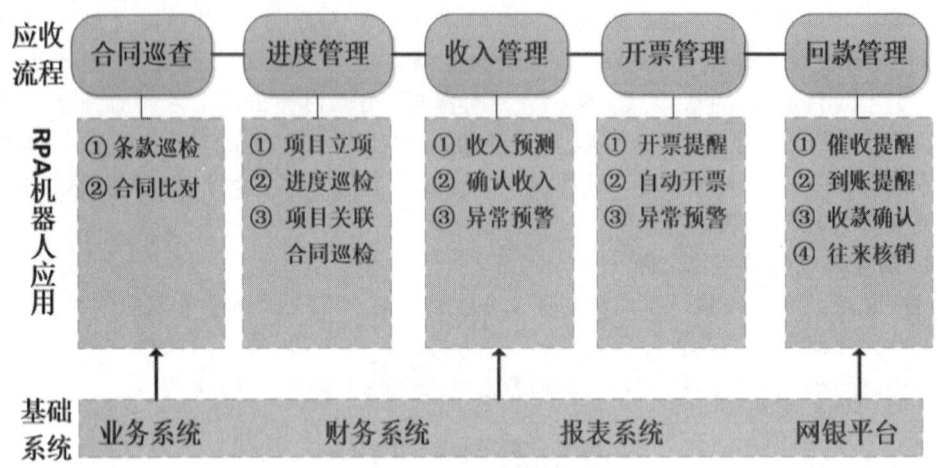

图10-33 应收账款管理建设内容

接下来，为打造全参与、全连接、全管控、全透明的数字化生态圈，中通服江西将'数字员工'的应用扩展到企业费用报销平台方向，使得应用'数字员工'兼顾费用管控的同时，为员工差旅、会议、招待、采购等业务提供便捷的报账新服务模式。在智能化分析企业费用管控的过程中，实现费用智慧管理并引入报销机器人打造报销小助手，全面实现员工报销业务流程的智能化。真正地做到数字化变革受益于员工。数字化小组接下来的目标就是将'数字员工'技术的应用拓展到企业其他业务流程的管理模式上，持续优化升级，保证'数字员工'的迭代更新。

4. 财务系统的数字化成效

"数字员工"应用在企业财务管理后，所带来的智能优化如图10-34、表10.2所示。在应收账款管理模式及员工报账系统的改进上，中通服江西引进"数字员工"极为便利地解决了企业财务管理所面临的窘境，为提升企业竞争力提供保障。

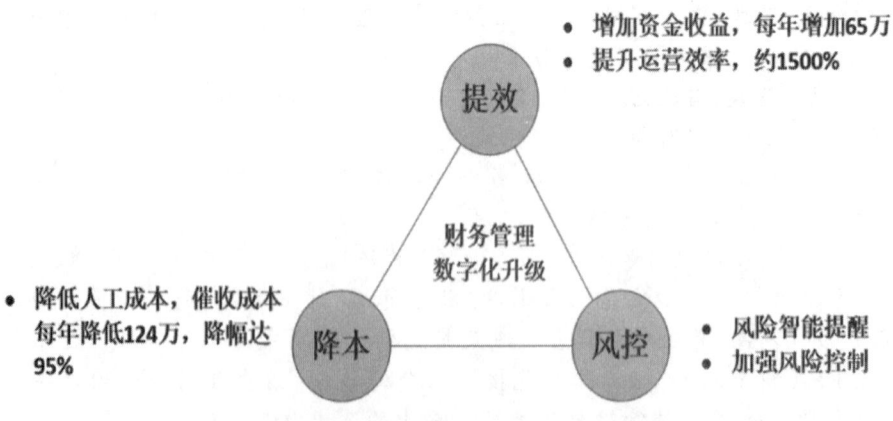

图10-34 应收账款管理优化体现

RPA机器人的应用帮助企业应收账款管理实现提高效率、降低成本、智能风险控制的目标,助力企业财务管理升级。在员工垫付费用报销方面,数字化方式整合多项智能审核手段,实时生成费用和发票的数据信息分析报告,使员工能够随时随地申请报销流程,减少不必要的麻烦,实现业务流程的智能优化。

表10.2 智慧报账系统显著成效

关键指标对比项		传统报账方案	智慧报账方案
提效率	录单时间	人工录入,30分钟/单	智能填单,5分钟/单
	发票检验	人工查验,5分钟/张	自动查验,5秒查验/张
	审批时间	人工审批,10分钟/单	系统预判+人工确认,3分钟/单
控风险	报销终端	无移动端	有移动端
	发票合规	纯人工审核	全过程管控
	费用管控	时候管控为主	系统预判+人工确认
降成本	影像采集	限定设备号,排队采集	不限设备号,灵活采集
	沟通成本	高	低

启发思考题

1. 梳理中通服江西面临的内外环境,运用波特五力模型分析企业数字化转型的驱动因素是什么?中通服江西数字化小组的批判性思维能力是如何体现的?

2. 结合企业业务流程管理理论,分析"数字员工"是怎样优化中通服江西财务业务流程管理的?数字化小组如何利用全局思维和企业其他业务部门沟通协调?

3. 企业如何利用创新思维采取人工智能(AI)?结合数字化矩阵分析中通服江西采取"RPA+AI"技术组合应用在财务管理中,会给企业带来怎样的影响?

第 11 章　ERP 主流程实训

11.1　基础信息维护

【实训要求】
创建基础的零件信息并生成物料清单,注意零件编号。

11.1.1　创建零件

(1) 单击"工程模块→零件簿→添加零件",如图 11-1 所示。

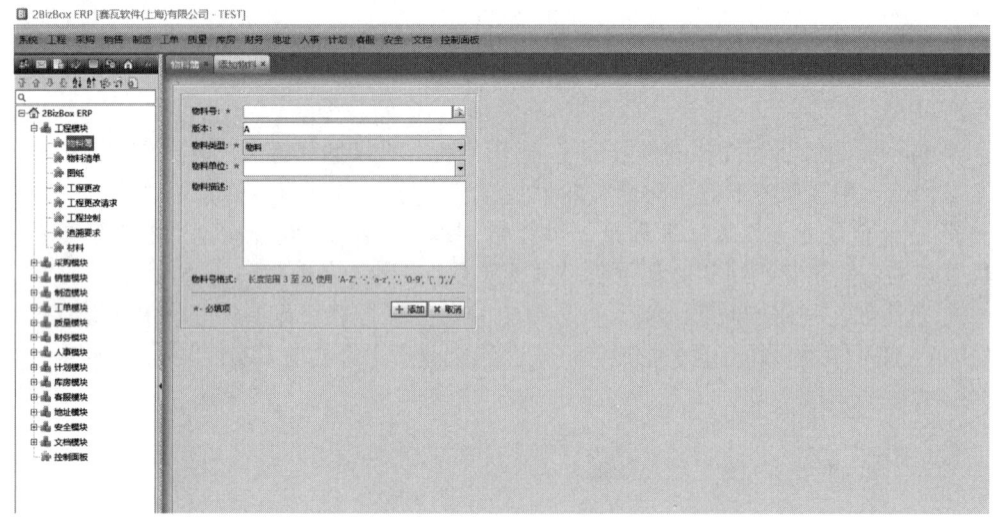

图 11-1　"添加零件"选项卡

(2) 在添加界面输入零件号、零件单位、零件描述(对产品的描述,也可以选择不填写) 等信息,先输入零件号 B01-01-100,之后再重复上述过程输入以下零件信息,如表 11.1 所示,单位为"个"。

表 11.1　零件信息

零件号	零件描述
B01-01-101	MATERIAL A OF MY COMPANY
B01-01-102	MATERIAL B OF MY COMPANY

(3)确认无误后单击"添加",如图 11-2 所示。

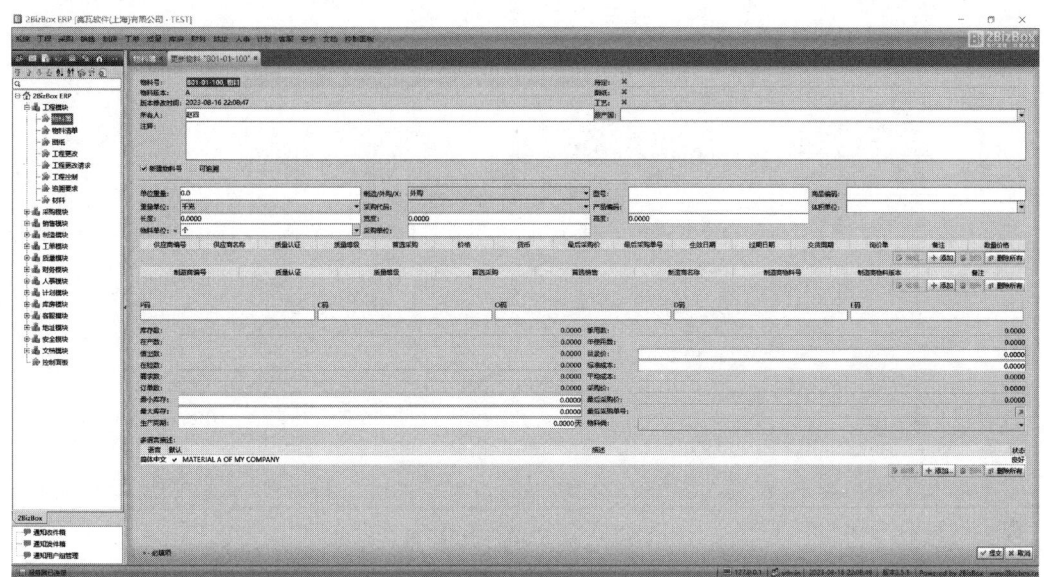

图 11-2　添加零件信息

(4)确认信息后,单击"提交",如图 11-3 所示。

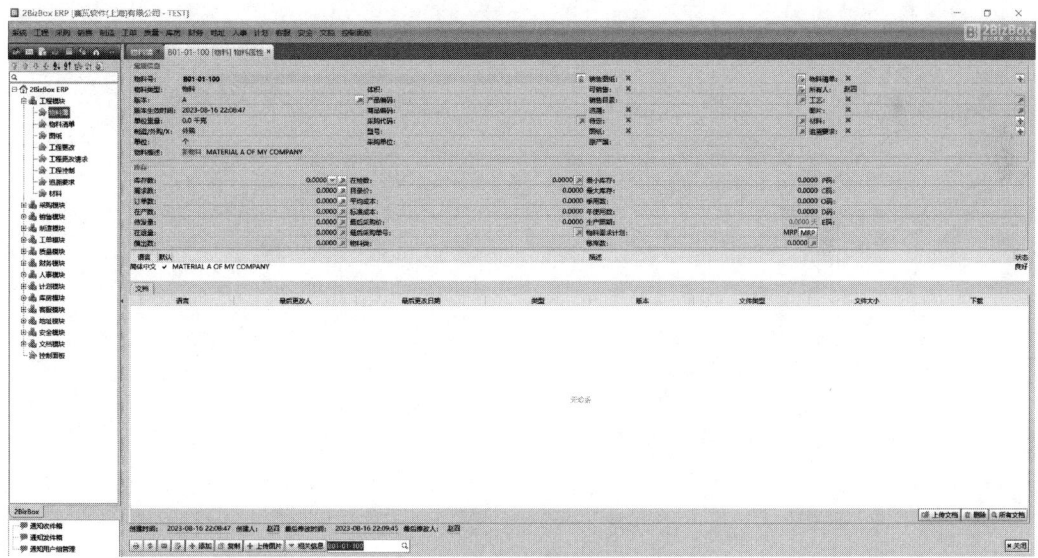

图 11-3　确认零件信息并提交

11.1.2　创建物料清单

(1)在 2BizBox ERP 主界面中单击"工程模块→物料清单→添加物料清单",出现下面的对话框,如图 11-4 所示。

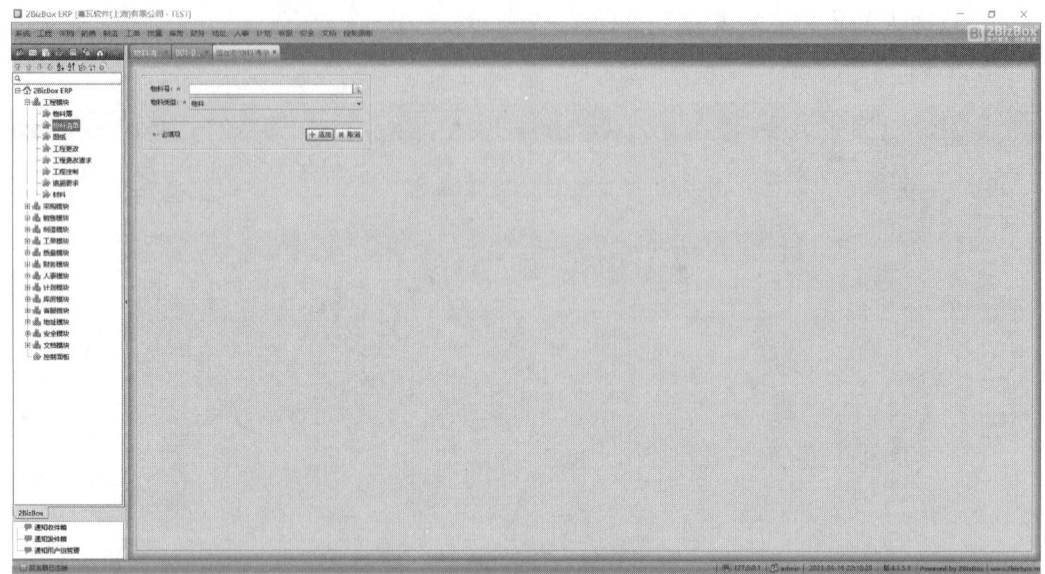

图 11-4 "添加物料清单"对话框

（2）在添加物料清单界面中的文本框中输入或选择"A01-01-101"零件编号
（3）单击"添加"按钮进入物料清单更新界面，如图 11-5 所示。

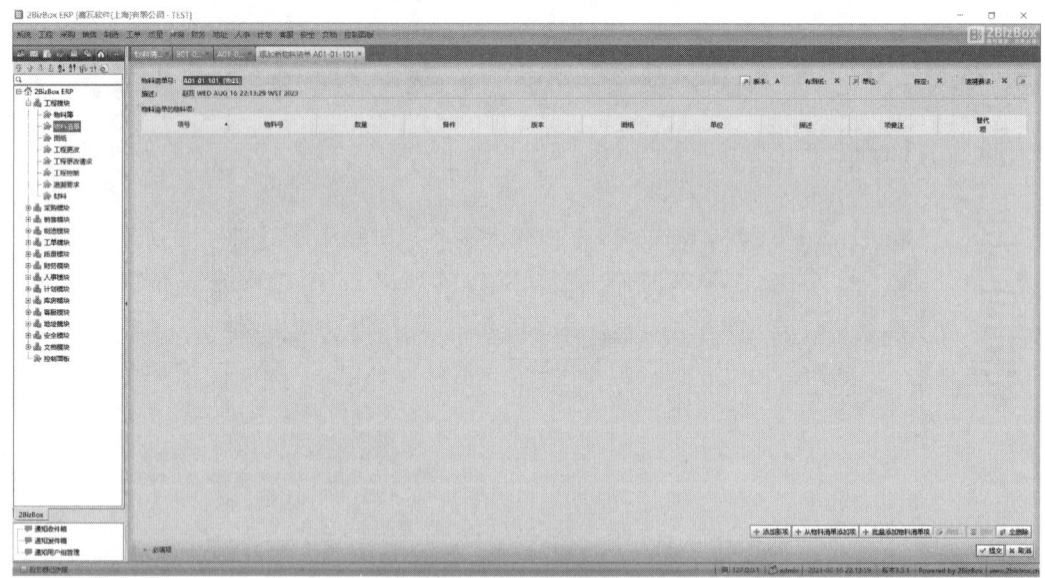

图 11-5 更新物料清单

（4）单击右下方的"添加新项"，弹出下面的对话框，数量输入"1"，零件输入或选择"B01-01-101"，然后单击"确定"按钮返回物料清单更新界面，如图 11-6 所示。
（5）重复上面步骤添加零件项"B01-01-102"，数量为"2"。
（6）最后点击物料清单更新界面右下方的"提交"按钮，完成创建物料清单。

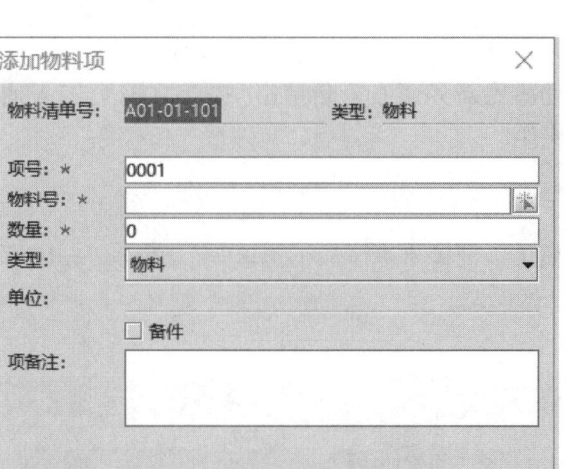

图 11-6 "添加零件项"对话框

11.2 订单管理

【实训要求】

根据客户的订单情况完成销售单的生成以及审批过程,注意客户编号、付款方编号和收货方编号、单价等信息的准确性。

【实训资料】

本例中客户公司为"ABC GROUP LLC",产品单价是100,平均成本20,数量10。

【实训准备】

在添加销售单前,需要在系统中创建客户地址簿信息。

需要建立一个公司,公司名称为"ABC GROUP LLC",编号"ABC001"。

11.2.1 添加客户地址簿

(1)单击"地址模块→客户与供应商→添加客户/供应商"添加新的客户地址。

(2)在添加界面中,输入客户地址编号和公司名。本例中客户公司为"ABC GROUP LLC",我们用编号"ABC001"和公司名"ABC GROUP"来示例。如图11-7所示。

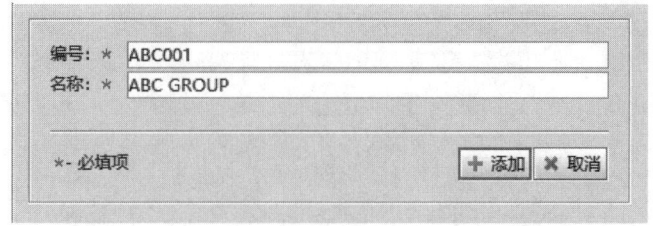

图 11-7 添加编号和公司名称

(3)单击"添加"按钮可以进入地址簿的更新界面。在这个界面中,您可以对该客户设置更多的信息。

(4)最后,在地址簿更新界面右下角单击"提交"按钮,进入地址簿详细界面,完成"添加客户地址簿"操作。

11.2.2 添加销售单

(1)单击"销售模块→销售单→添加销售单"在 2BizBox ERP 系统中添加销售单,出现以下界面,如图 11-8 所示。

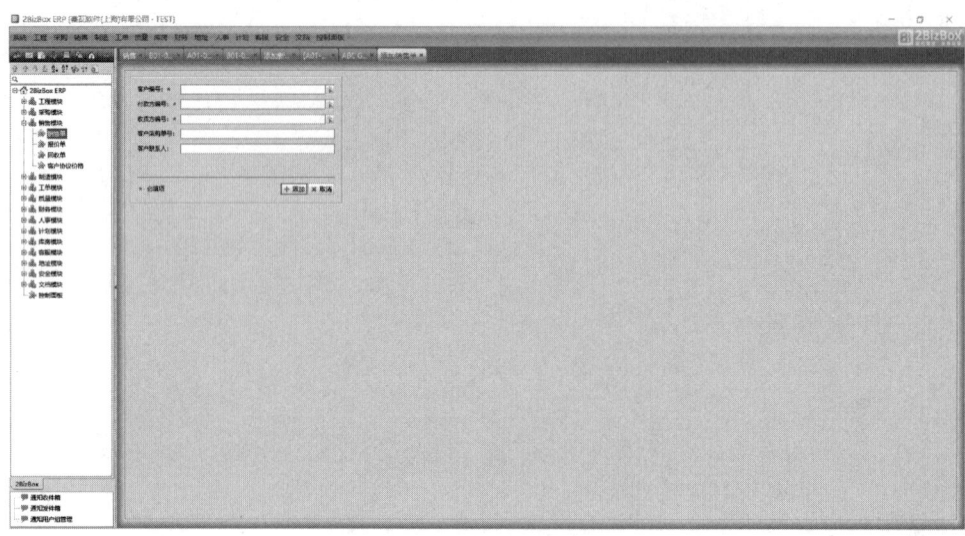

图 11-8 "添加销售单"选项卡

(2)输入或选择我们刚才创建的客户地址编号以及客户编号、付款方编号和收货方编号,单击"添加",出现下列界面,如图 11-9 所示。

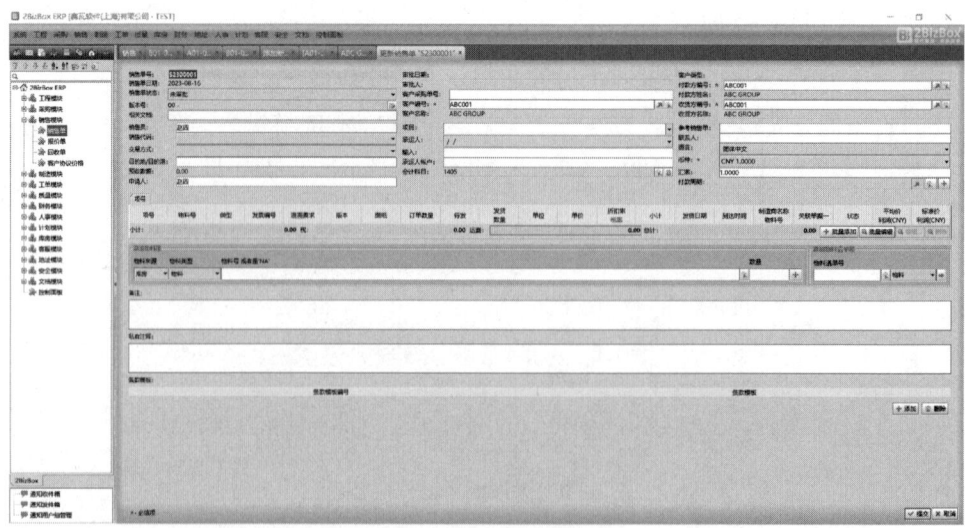

图 11-9 添加销售单信息

（3）在上面的界面中间部位的"零件号或者是 NA"处输入或者单击空白后面的小箭头选择零件项 B01-01-101，数量 10，然后单击数量之后的"+"号，进入销售单项的更新界面，如图 11-10 所示。

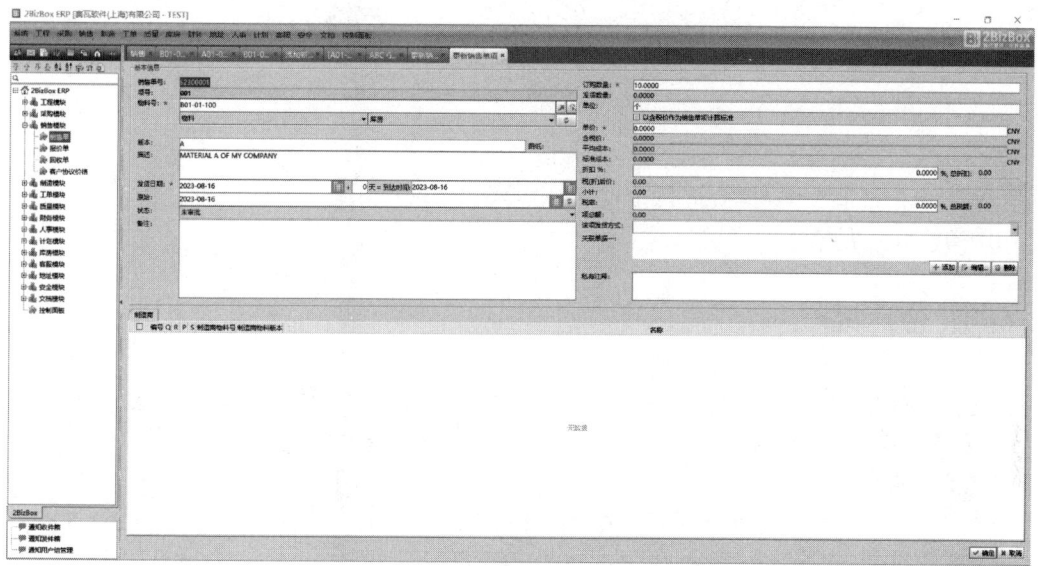

图 11-10　销售单项更新界面

（4）在该界面中输入单价，在此假设单价是 100，平均成本 20，输入后单击右下方的"确定"按钮，出现下面的界面，如图 11-11 所示。

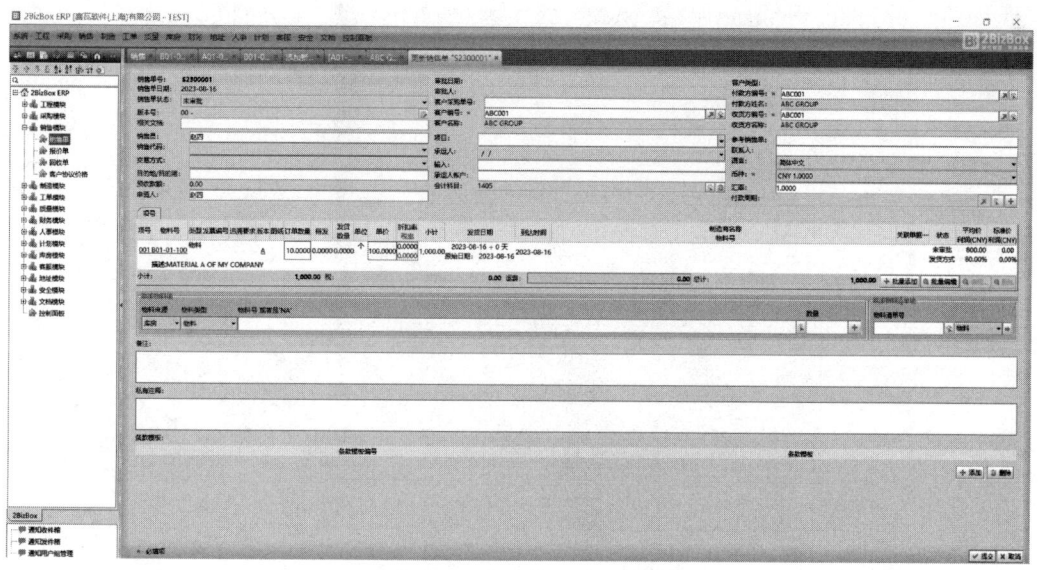

图 11-11　输入单价信息并确定

（5）在销售单更新界面单击右下角"提交"按钮，完成了"添加销售单"操作。

11.2.3 审批销售单

(1)新创建的销售单只有在被审批后才能生效。在图 11-12 的右上角有如下标志。

图 11-12 "审批"标志

(2)单击红圈中的对勾,进行审批,弹出对话框,选择"是",至此审批完成,产生零件"A01-01-101"的需求。

11.3 生产排产

【实训要求】
创建工单,并根据工单情况为工单进行排产,注意对工单进行审批。
【实训资料】
"供应商编号"选择"SER001",选择零件"B01-01-101",数量输入 10。

11.3.1 创建工单

(1)单击"工单模块→工单→添加工单"创建一个新的工单,出现下列界面,如图 11-13 所示。

图 11-13 "添加工单"选项卡

(2)选择供应商编号,在此我们选择 SER001,单击"添加",出现以下界面,如图 11-14 所示。

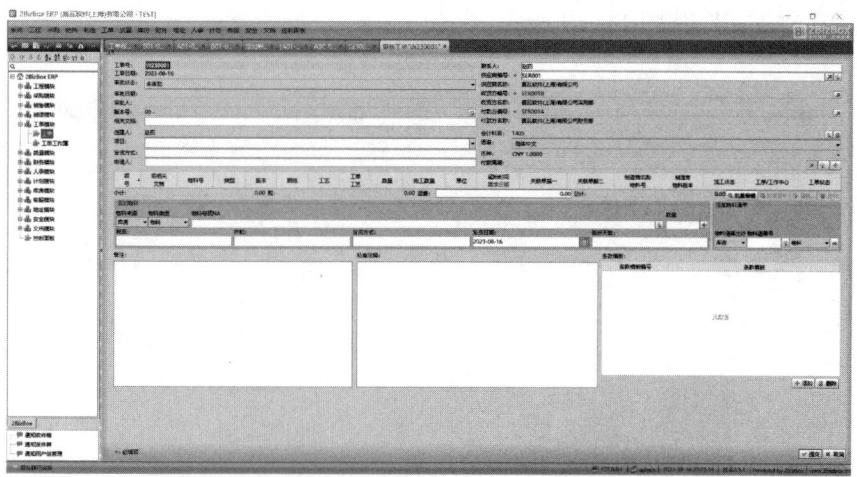

图 11-14 添加工单信息

(3)在图 11-14 中间部位的"零件号或者 NA 处"选择零件号,输入数量,选择零件"B01-01-101",数量输入 10,表明工单将生产 10 个编号为"B01-01-100"的产品。

(4)单击数量之后的"+"号,出现以下界面,如图 11-15 所示。

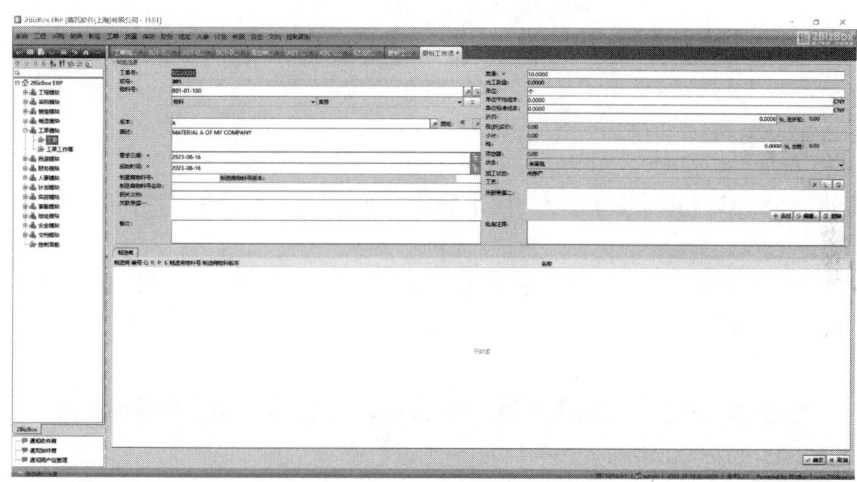

图 11-15 工单更新界面

(5)根据实际情况输入信息,这里我们就不输入了,单击右下角的"确定",如图 11-16 所示。

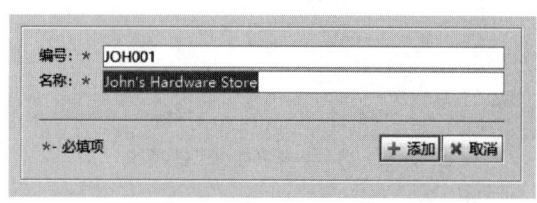

图 11-16 确认更新信息

(6) 单击"提交",如图 11-17 所示。

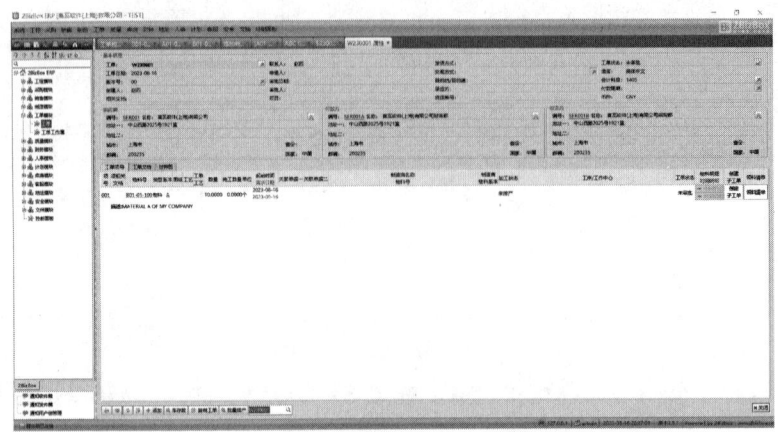

图 11-17　提交更新信息

(7) 单击上图右上角的对勾对工单进行审批,如图 11-18 所示。

图 11-18　审批工单

11.3.2　工单排产

工单审批后,需要进行工单排产,用来确定生产该产品所需的物料和数量,以及生产工艺等。

(1) 在创建工单的第(6)步图片的中间部位有蓝色"未排产"字样,单击进入排产界面,如图 11-19 所示。

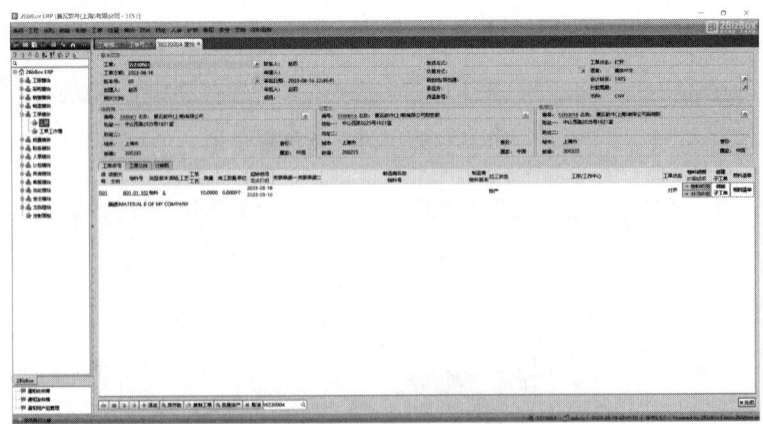

图 11-19　"排产工单"选项卡

(2) 单击右下"为工单排产",完成排产,如图 11-20 所示。

第 11 章　ERP 主流程实训

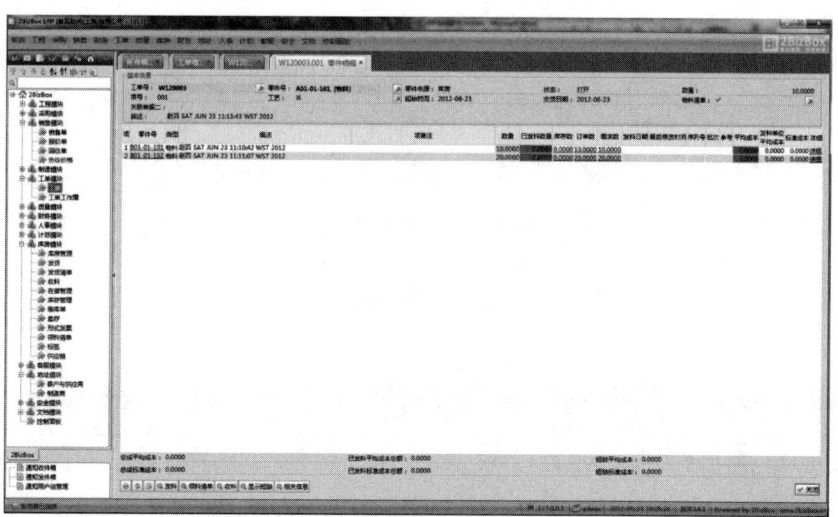

图 11-20　"为工单排产"按钮

11.4　采购原材料

【实训要求】

根据客户订单制订采购单,然后进行收料并建立应付账款,注意采购数量,价格,供应商发票,付款周期到,供应商发票总额等信息。

【实训资料】

需要提前设置一个付款周期,步骤参见 11.4.4。

需要添加一个供应商 John's Hardware Store,编号为"JOH001",采购 B01-01-101 数量 10 采购价格 40;B01-01-102 数量 20,采购价格 20。

供应商发票 I090123,供应商发票总额,800。

11.4.1　创建采购单

(1) 首先在地址模块添加供应商"John's Hardware Store"的基本信息,编号为"JOH001"。如图 11-21 所示。

图 11-21　添加供应商信息

(2) 在采购模块创建一个采购单。

(3) 单击"采购模块→采购单→添加采购单"。输入或选择编号为"JOH001"的供应商,如图 11-22 所示。

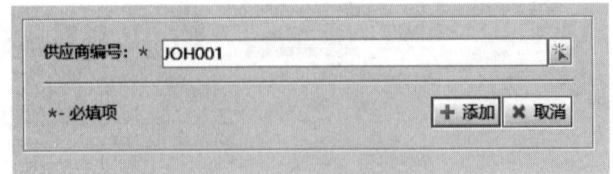

图 11-22 添加采购单

(4)单击"添加"按钮进入采购单更新界面,如图 11-23 所示。

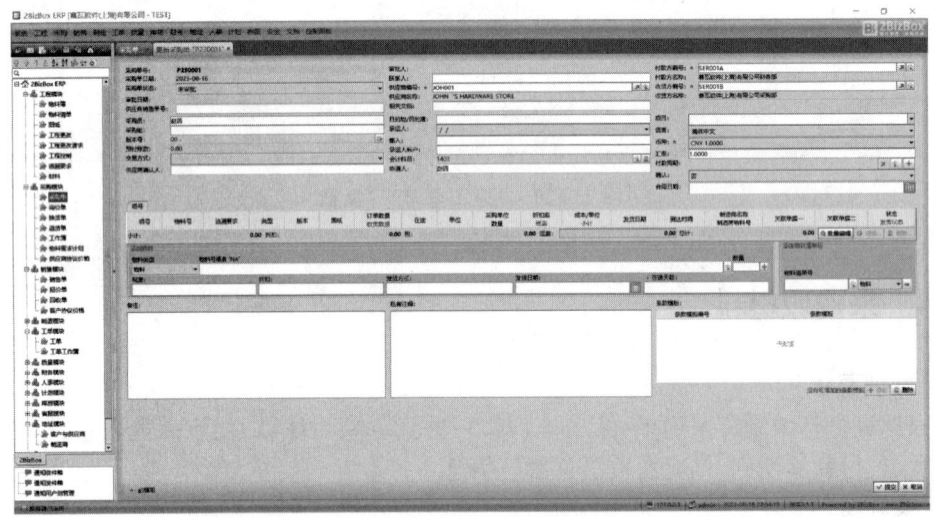

图 11-23 采购单更新界面

(5)在上图中间部位的"零件号或者'NA'"处输入或者选择零件号和数量,B01-01-101 数量 10,采购价格 40,然后单击后面的"+"号,如图 11-24 所示。

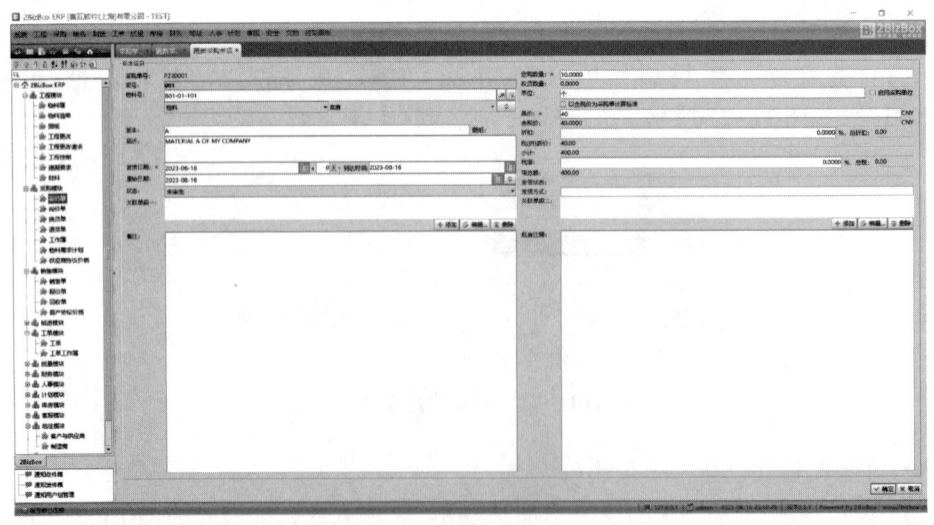

图 11-24 更新采购单信息

(6)单击"确定",在重复同样的步骤输入 B01-01-102 数量 20,采购价格 20,都完成后,界面如图 11-25 所示。

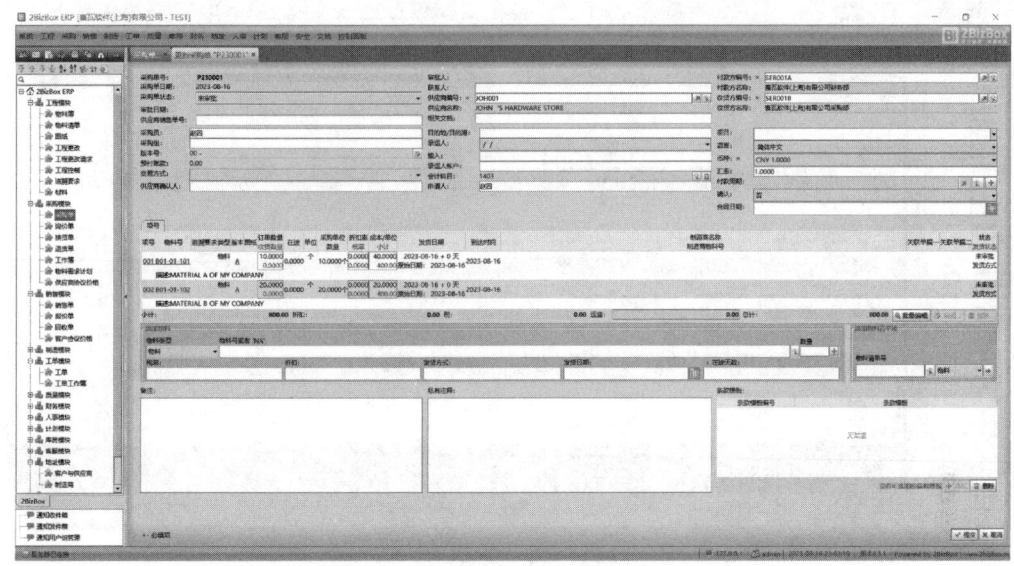

图 11-25 提交并审批

(7)单击右下角的"提交",然后在右上角单击对勾进行审批。

11.4.2 采购单收料

(1)单击"库房模块→收料→采购单收料"输入采购单号,单击"采购单收料",出现界面如图 11-26 所示。

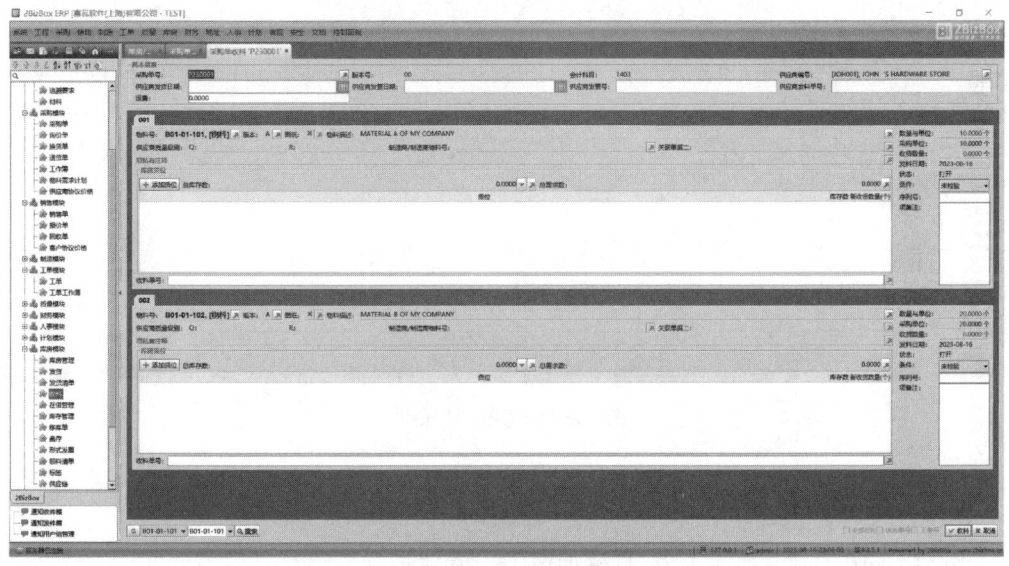

图 11-26 "采购单收料"选项卡

175

(2)单击"添加货位"输入数量,输入完成如图11-27所示。

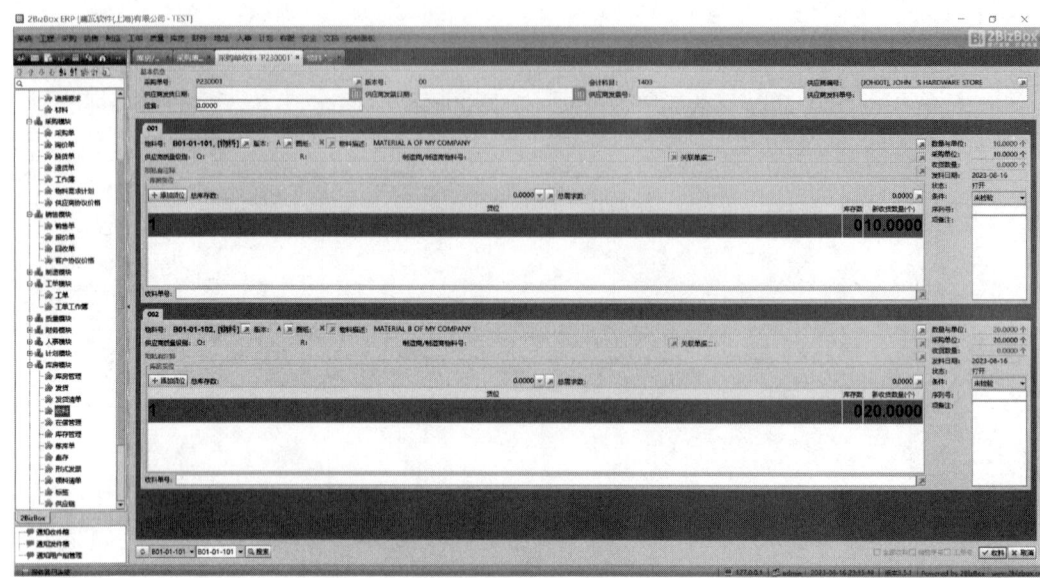

图 11-27　添加货位

(3)单击右下方"收料"进行收料,效果如图11-28所示。

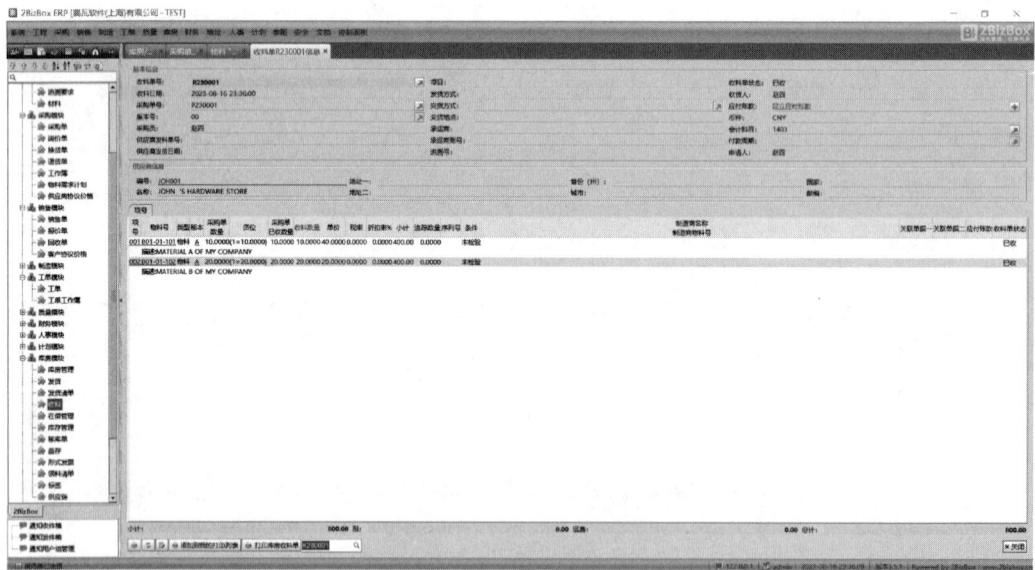

图 11-28　"收料"按钮

11.4.3　建立应付账款

(1)位于图11-28的右上方,具体如图11-29所示。

第 11 章　ERP 主流程实训

图 11-29　建立应付账款

（2）单击"+"号，界面如图 11-30 所示。

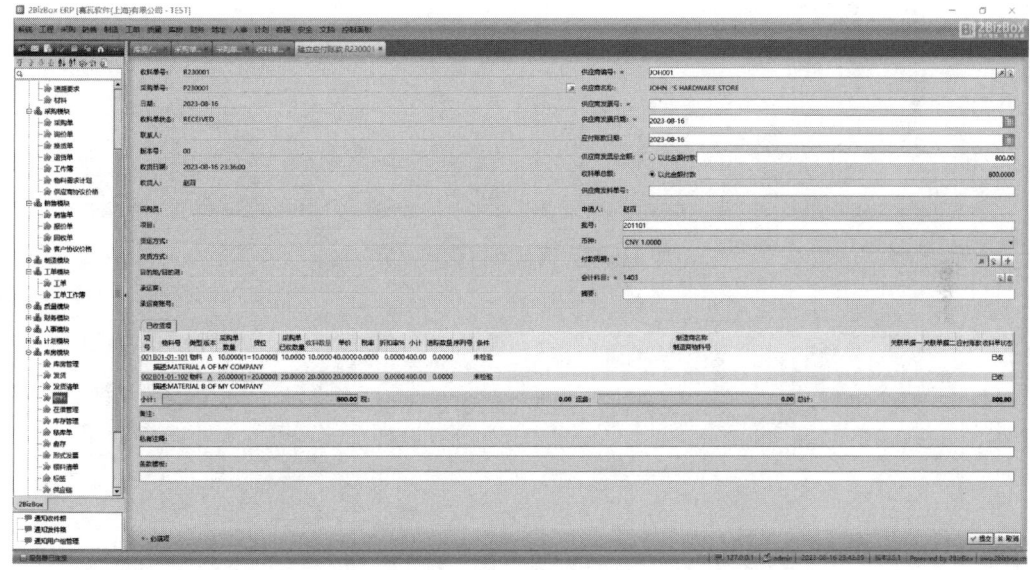

图 11-30　应付账款信息

（3）输入带星号的必填项目

供应商发票：发票号由供应商提供，应付账款创建成功后用户可以用这个号码来搜索应付账款。在此输入"I090123"作为供应商的发票编号使用。

供应商发票总额：供应商发票上的金额。多数情况下，该金额应该与采购单上的成本总额一致，同时，2BizBox ERP 也支持输入与采购单成本不同的数据，便于处理实际情况。这里输入与该应付账款金额相符的数字"800"。

付款周期：输入该付款的付款周期，如"NET 30"。

（4）单击"提交"后界面如图 11-31 所示。

11.4.4　付款周期的设置

（1）如果下拉菜单中没有付款周期，需要进行设置，设置过程如下：

在菜单中选择"控制面板→财务设置→所有付款周期"，如图 11-32 所示。

（2）进入设置界面后，选择"添加"后界面如图 11-33 所示。

（3）输入你想要添加的付款周期，此处以"NET30"为例，输入后单击"添加"即可。

177

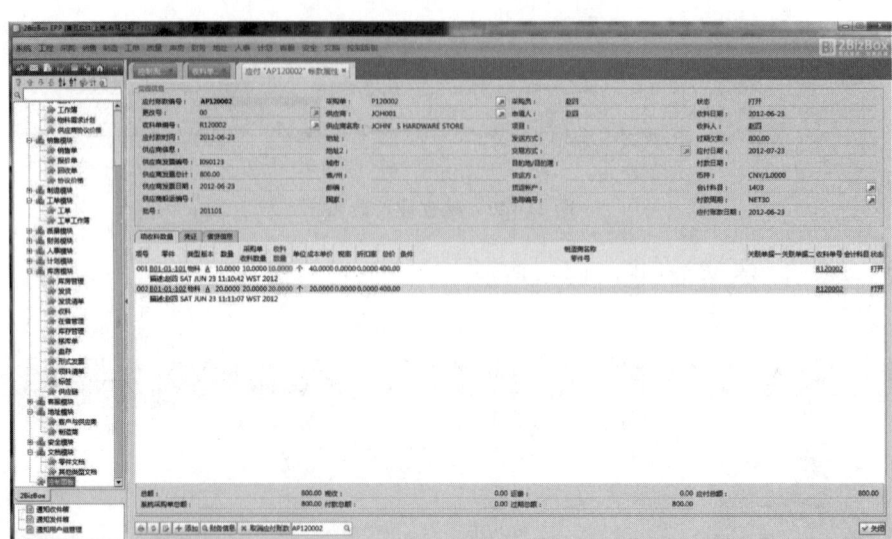

图 11-31 提交应付账款信息

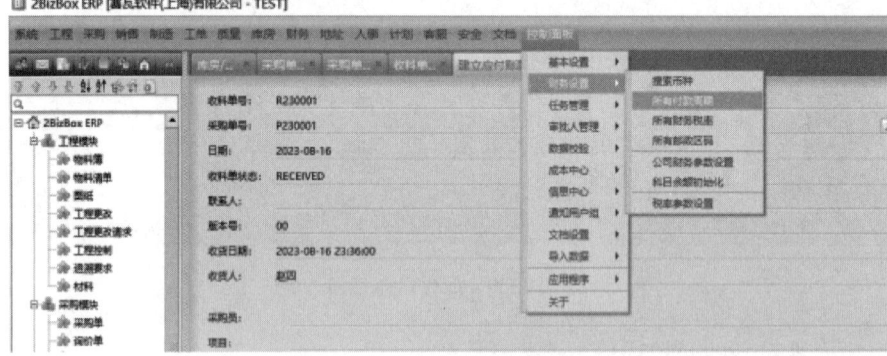

图 11-32 "所有付款周期"选项

图 11-33 添加付款周期信息

11.5 采购付款

【实训要求】
根据公司的采购情况进行付款,注意付款金额和会计科目。

【实训资料】
此处的付款金额是全额,会计科目选择银行存款即可。

【实训步骤】
(1)单击"财务信息",进入支付界面,如图 11-34 所示。

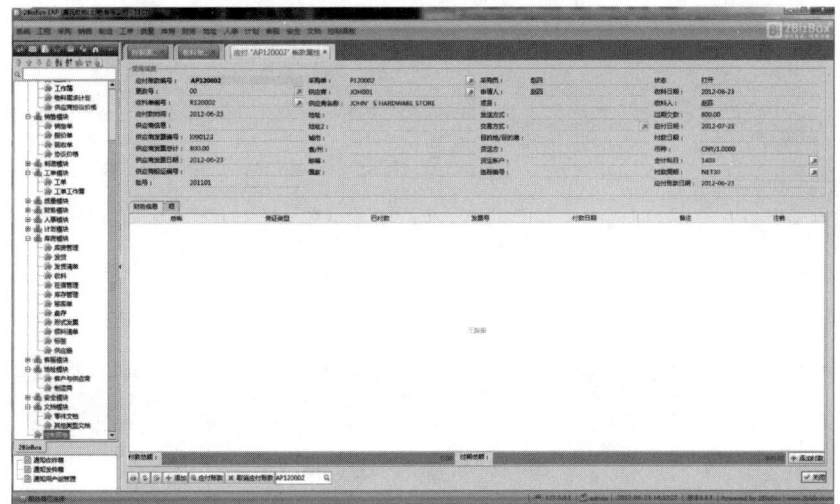

图 11-34　支付界面

(2)单击左下角"添加",进入如下界面,如图 11-35 所示。

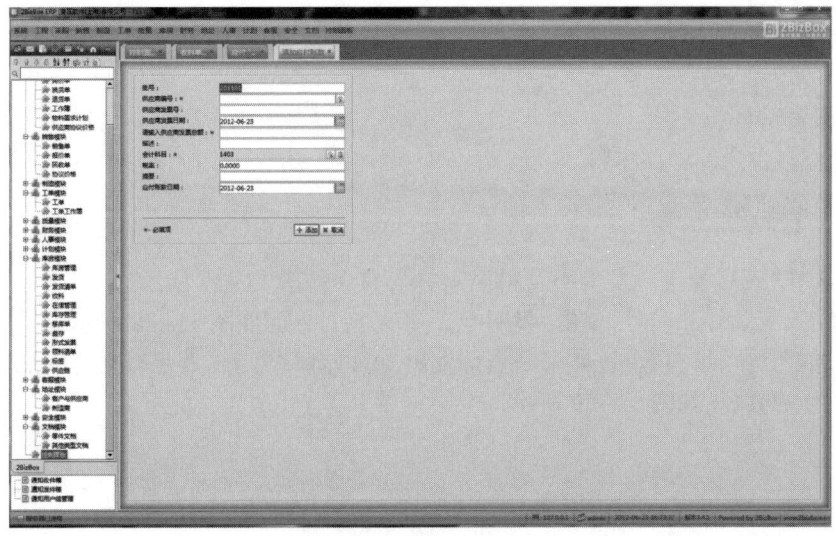

图 11-35　添加支付信息

(3) 输入必要信息。

会计科目：输入支付账款的会计科目编号。例如，一个银行的账户号码。

总付款：输入此次支付给供应商的实际金额。可以选择全部支付或多次分批支付。

输入完成后单击"添加"，进入界面，如图11-36所示。

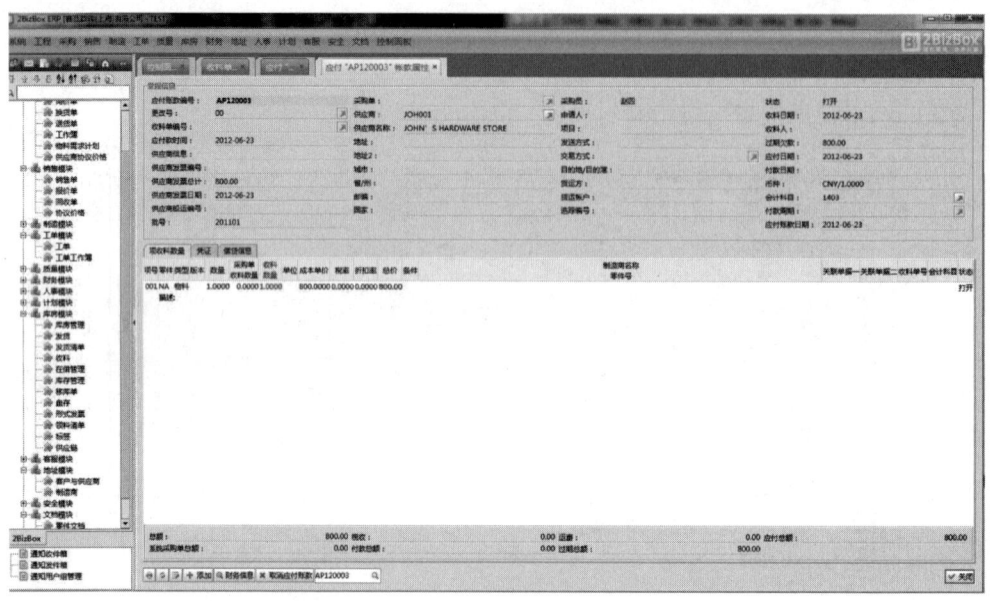

图 11-36　支付信息界面

11.6　生产管理

【实训要求】

根据工单的具体数据发料，然后根据发货情况进行收料，注意货位以及材料数量。

【实训资料】

此处发料为全部库存材料。

11.6.1　发料至工单

(1) 选择"库房模块→发货→发料至工单"，界面如图11-37所示。

(2) 输入工单号和项号，单击"发料至工单"之后，界面如图11-38所示。

(3) 选择货位，填写数量，如果是全部发出，可以直接单击"发足"，输入完成后，单击"确定"后生成界面，如图11-39所示。

第 11 章 ERP 主流程实训

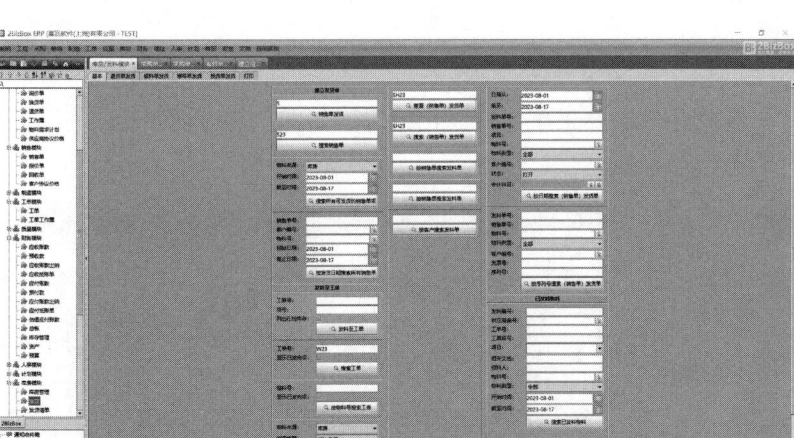

图 11-37 "发料至工单"选项卡

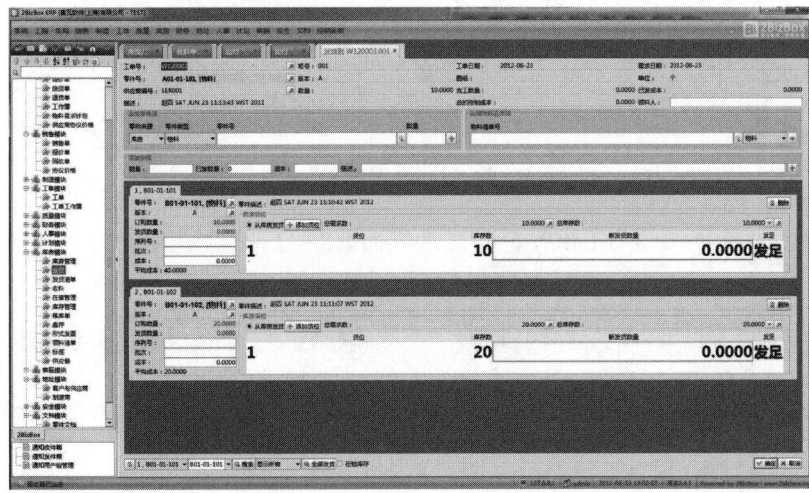

图 11-38 输入工单号和项号

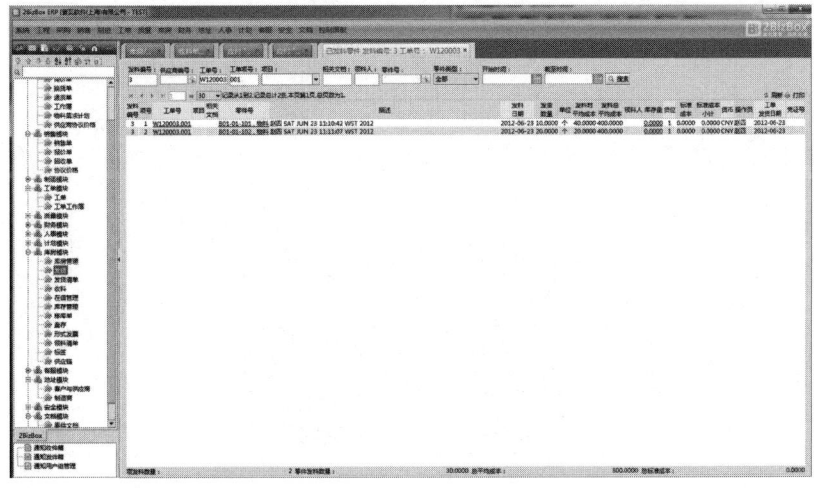

图 11-39 发料至工单

11.6.2 工单收料

(1) 选择"库房→收料→工单收料",出现界面如图 11-40 所示。

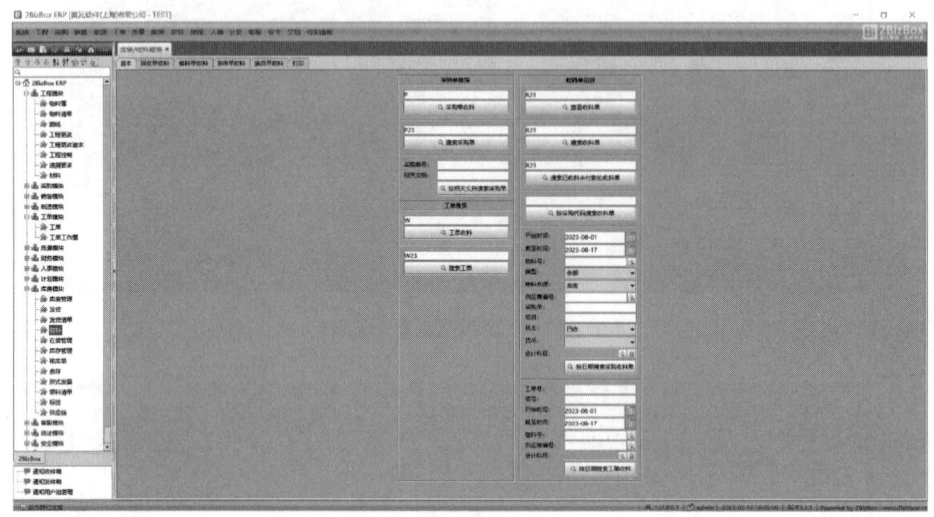

图 11-40 "工单收料"选项卡

(2) 输入工单号,单击"工单收料",出现界面如图 11-41 所示。

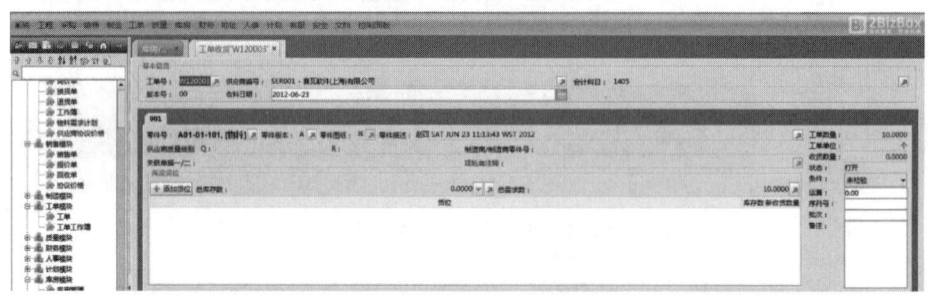

图 11-41 工单收料信息

(3) 单击"添加货位",输入数量。
(4) 单击"收料"弹出对话框,如图 11-42 所示。

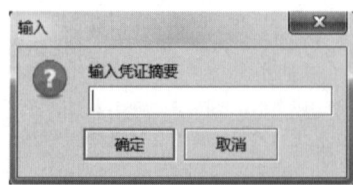

图 11-42 输入凭证摘要

实际应用可能会输入相应信息,在此不用输入,单击"确定"跳过。

11.7 销售单发货

【实训要求】
根据销售单的具体情况发出货物,注意发货数量及客户名称
【实训资料】
此处使用的发货数量是全部货物
【实训步骤】
(1)选择"库房→发货→销售单发货",如图11-43所示。

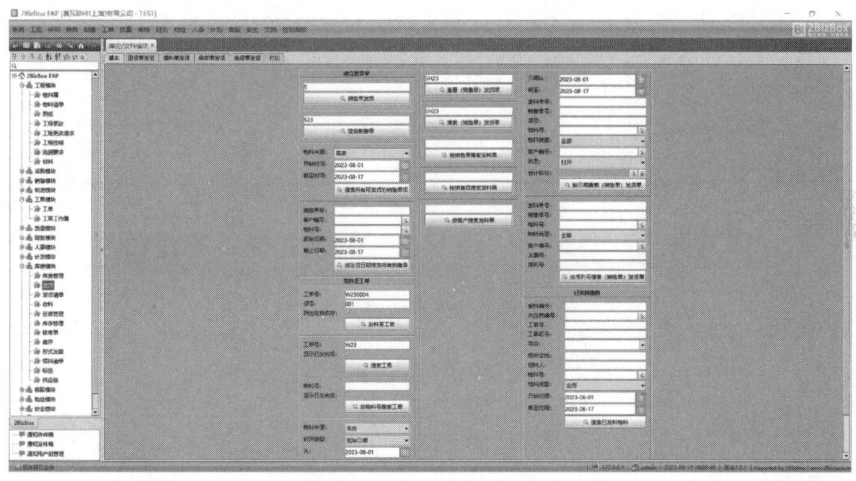

图11-43 "销售单发货"选项卡

(2)输入销售单号,单击"销售单发货"。如果不知道销售单号可以在此界面单击"搜索销售单",如图11-44所示。

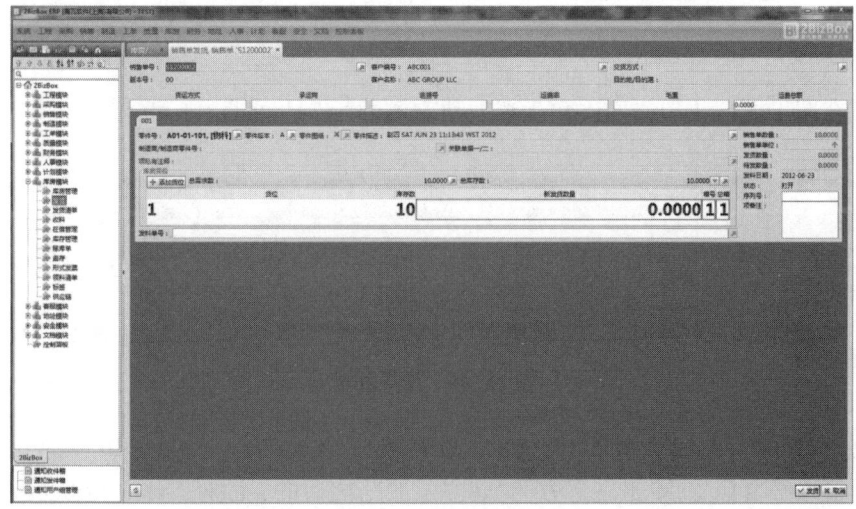

图11-44 输入销售单号

(3)填写数量,单击右下角"发货",如图 11-45 所示。

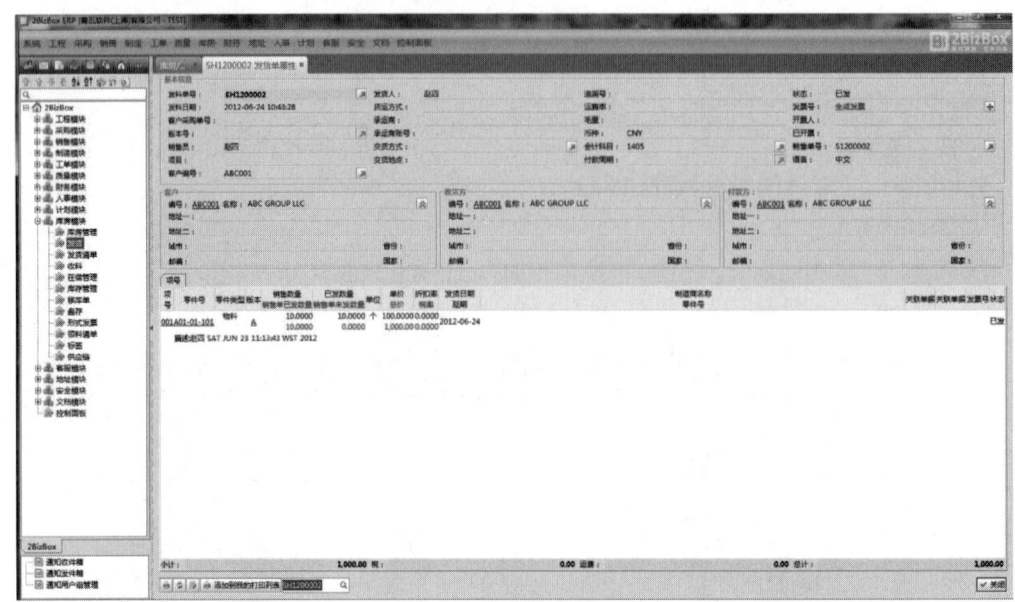

图 11-45　填写数量并确认

11.8　销售收款

【实训要求】

根据企业的具体情况创建应付账款,并且从客户处收回货款,注意金额,客户支票号以及会计科目等信息。

【实训资料】

会计科目选择银行存款即可,客户支票号 I090123。

11.8.1　创建应收账款

(1)在图 11-45 中单击右上角生成发票右侧的"+"号,如图 11-46 所示。

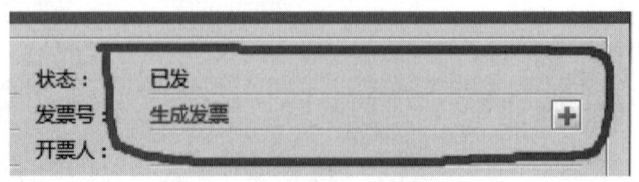

图 11-46　生成发票

(2)单击"+"号后进入界面,如图 11-47 所示。
(3)输入必要信息,单击右下方的"建立发票",之后的界面如图 11-48 所示。

第 11 章 ERP 主流程实训

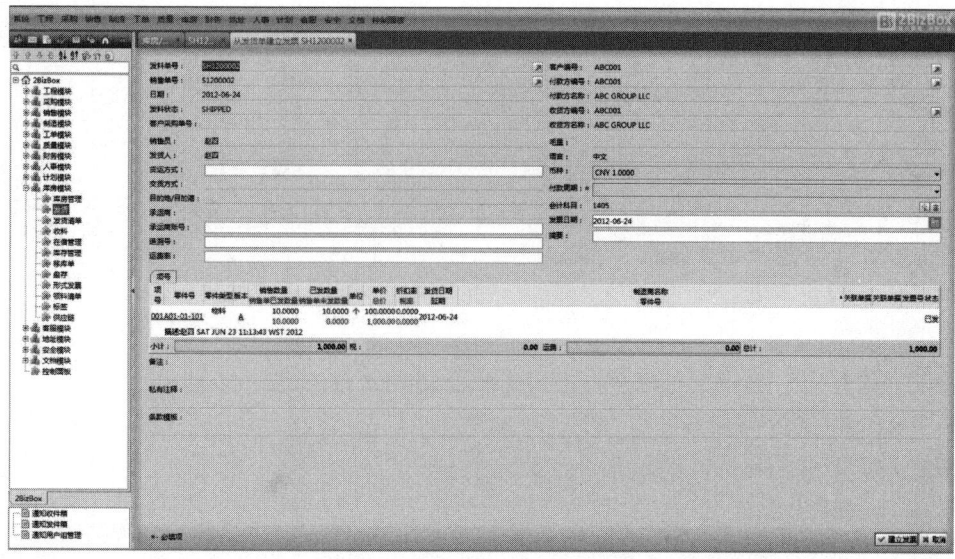

图 11-47 生成发票界面

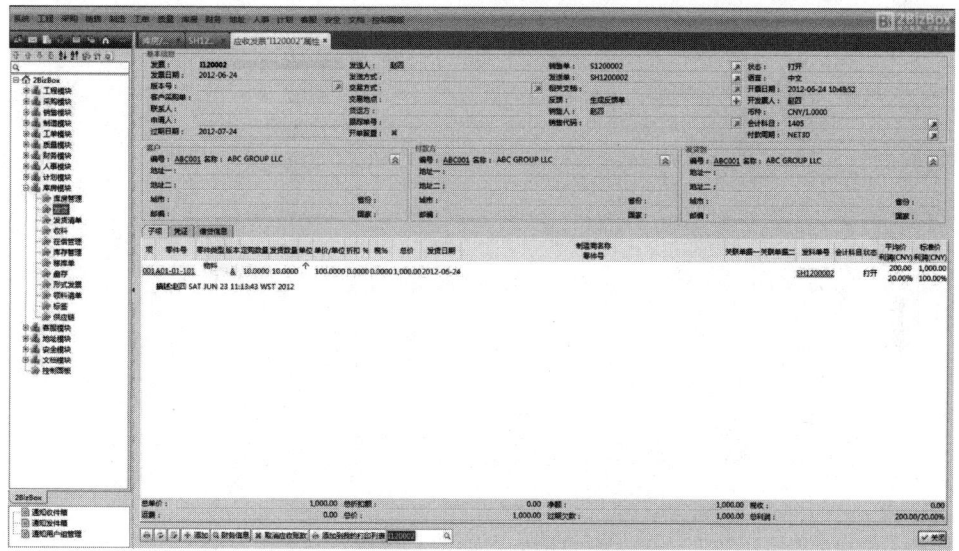

图 11-48 建立发票界面

11.8.2 收款

(1) 在图 11-48 的左下方单击"财务信息",进入界面,如图 11-49 所示。

(2) 单击上图界面右下方的"收款",弹出对话框,如图 11-50 所示。

(3) 填写必要信息。会计科目:输入收款的会计科目编号。例如,一个银行的账户号码。已收总额:输入客户支付的实际金额。可以选择一次性收款或多次分批收款。客户支票号:输入客户的付款支票号或汇款号,以方便追溯。对于现金付款以及其他没有相应支票号的情况,输入"无"或其他标记字符。输入完成后单击"添加",界面如图 11-51 所示。

185

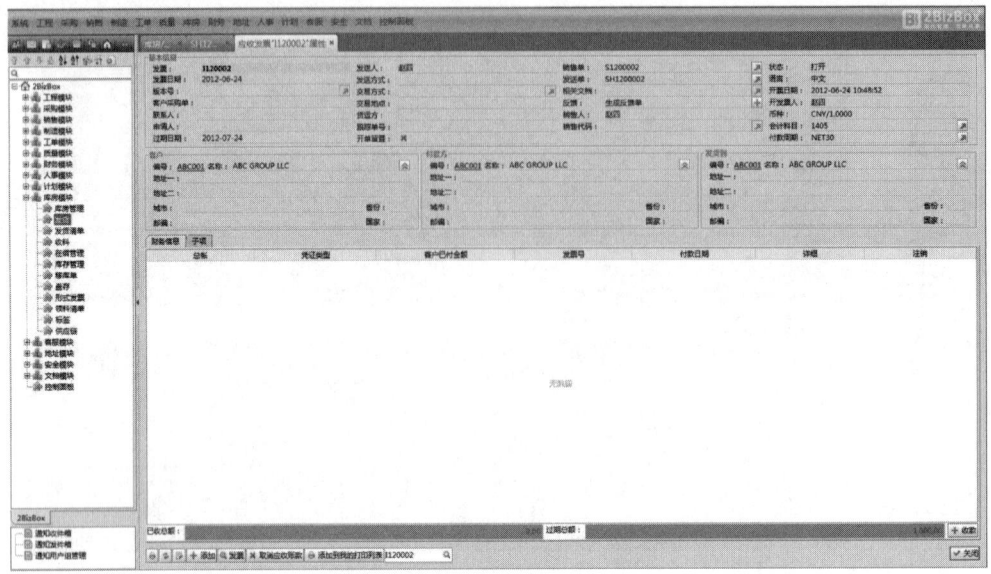

图 11-49 "财务信息"选项卡

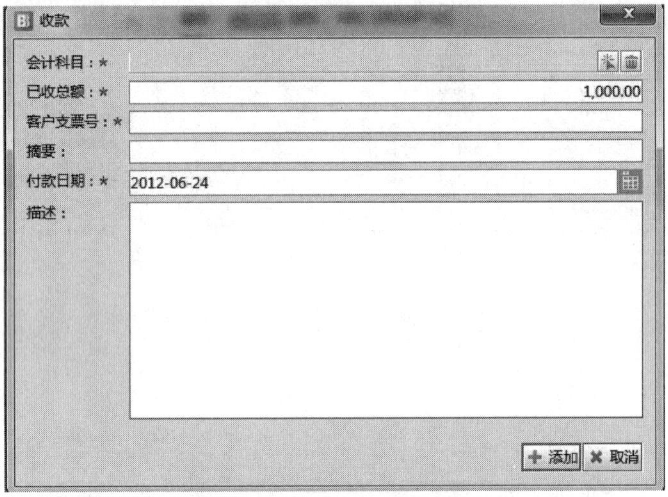

图 11-50 "收款"对话框

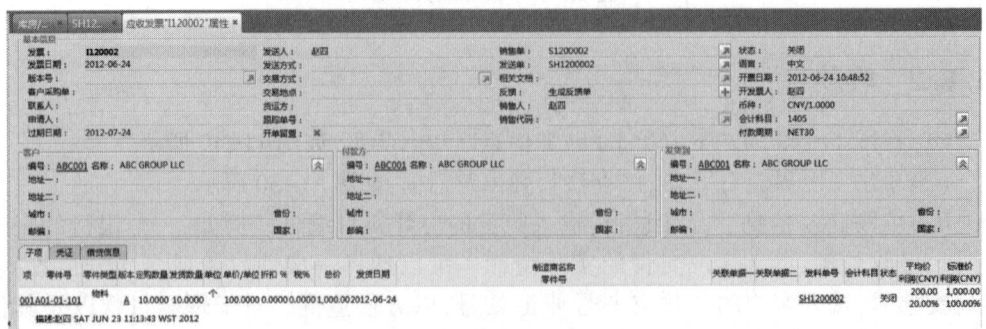

图 11-51 收款信息界面

（4）从应收账款建立，到为应收账款收款，2BizBox ERP 系统自动生成多个交易凭证。在应收账款详细界面的表格区域，如图 11-52 所示。

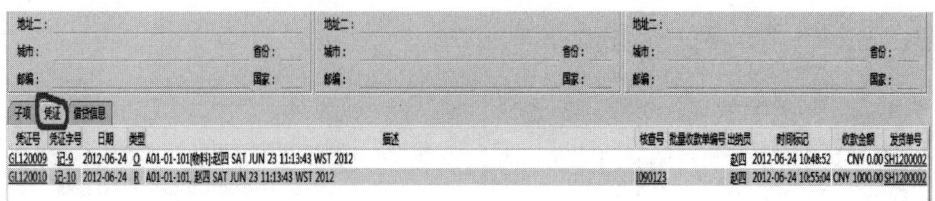

图 11-52　凭证信息界面

（5）选择"凭证"选项卡可以查看所有相关凭证详情。

第 3 篇　ERP 沙盘与模拟

本篇主要介绍模拟 ERP 的沙盘及其实训,包括第 12 章至第 17 章,共 6 章。

第 12 章概述了 ERP 沙盘模拟;

第 13 章、第 14、第 15 章、第 16 章和第 17 章分别介绍了 ERP 沙盘模拟的准备工作、规则、模拟企业的现状以及沙盘模拟实战和绩效的评价等内容。

本篇旨在通过对 ERP 沙盘模拟现实企业的整个经营管理过程及其结果,增进对 ERP 的理解并掌握企业经营管理的基本技能。

第 12 章　ERP 沙盘模拟概述

沙盘原是军事战争中战地指挥工具,通过实物模型可以直观地了解整个战场的全貌,从而迅速制订出有效的作战计划。利用沙盘模型,指挥员无需亲临现场,也能对战局了然于胸,从而运筹帷幄,胸有成竹。战争沙盘模拟推演跨越了实兵军演检验与培养高级将领的巨大成本障碍和时空限制,在世界各国得到普遍运用。

人类社会是复杂的系统,而企业就是复杂的经济社会组织的一个缩影。企业经营的成功与失败就像是一场不会完结的剧幕,日日上演。成功者有成功的奥秘,失败者有失败的理由,但其中经营管理还是会起到决定性的作用。经营管理者预先对环境、市场、企业自身和竞争对手情况的了解,对局势的判断和在此基础上的决策是关键性的要素。

ERP 沙盘模拟是一种理解和领悟企业经营管理过程的方法,从 20 世纪 50 年代开始,国外就盛行让学员在模拟的竞争环境中,亲身实践,体验企业经营管理的过程,这种学习方式极大地激发了学员的兴趣。Motorola、IBM 等公司在进行培训时,会先由两位专家讲授理论,如市场营销、财务管理、信息技术、人力资源管理、战略管理等内容。培训后期,则把学员分成若干组,利用计算机进行企业竞争模拟。20 世纪 80 年代初期,这种方法在我国管理教学中开始采用。1996 年的国际企业管理挑战赛在中国大陆赛区的比赛吸引了 96 个队参加,包含了大多数提供 MBA 学位教育的国内著名的管理学院。比赛从美国、加拿大、德国、日本等国家引进了一些模拟软件,然而,英文界面的企业竞争模拟软件在中国应用有很大的局限性。中文界面的企业竞争模拟软件最早是由北京大学从 1995 年开始研发的,后来几经改进,在 2003 年全国 MBA 培养院校企业竞争模拟比赛中使用了此软件,有 112 个代表队报名参赛。但是,计算机模拟也有一些局限性,多数情况下是人机对话,软件按照输入的经营指标计算出各公司的经营业绩并进行排序,互动性不强,不便教师即时点评,仍有"机上谈兵"的味道。为弥补计算机模拟空洞、过于抽象的缺点,一系列使用道具的 ERP 沙盘模拟工具(如用友 ERP 模拟沙盘、金蝶模拟沙盘等)也被开发出来,从而进一步完备了 ERP 沙盘模拟,给企业管理带来了真实的感受。

12.1　ERP 沙盘模拟的内容

1. 企业的组织结构设计、职能分工与管理流程

学习模拟企业业务流程,领会业务流程的功能和各个业务流程之间的关系;熟悉组织构架和职能要求;依据适用原则,进行成员分工;明确各职能间的协作关系;领会共同协作的工作环境精神;建立外部市场信息与内部管理信息的收集、管理与共享方式,透视上下级和同事之间的沟通方式。

2. 制订组织目标与战略

制订组织战略愿景——明确组织的使命、路径与目标体系;扫描经营环境,进行企业所处行业结构及竞争力分析;评估内部资源与外部环境的匹配程度;平衡长期目标与中短期策略的关系;构造战略,制订组织的战略发展规划;重点关注技术创新与产能战略、市场战略和财务战略。技术创新和产能战略包括产能规模的扩张或紧缩决策、产品组合决策、新产品研发规划决策,以及通过产品和市场配套战略学习如何使研发投入产出最大化的策略。市场战略包括市场定位与产品组合决策、新市场开发规划决策、市场投入扩张或收缩策略、领袖和跟随策略的选择、学习收集和使用商业情报等内容。财务战略包括根据需要和资金成本确定最佳融资策略、固定资产投资或清偿决策、成本控制策略、透彻理解主要财务指标的现实指导意义。

3. 经营计划的制订与执行

运用群体决策手段制订模拟公司总体计划,进行计划的分解与细化,包括市场开发计划、资金使用计划、生产设施的投资改造计划、物料采购计划、生产计划、销售计划等;体验预算的实施与管理方法;学习差异的分析及预算的控制与修正;体会进度的均衡性控制、综合成本管理与控制方法。

4. 运行成果的总结分析

分析绩效不良的模拟企业案例,寻找经营失误的原因;分析绩优的模拟公司战略安排和决策特点,认识系统效率产生的来源;学习发挥职能协作精神,探索系统效率改进的路径;练习企业系统内的高效资源配置,协调融资、采购、生产、销售等职能的能力匹配;在模拟经营过程中体会系统管理与组织效率的关系,运用系统分析方法指导不同部门的经营决策,调整经营策略,提升决策质量;进一步认识各职能间的相互支撑作用,理清不同管理部门管理延伸的方向和逻辑关系,构建管理者系统运筹企业的大思路、大格局。

12.2　ERP 沙盘模拟的作用

ERP 沙盘模拟学习有助于学习者更好地领会和掌握企业战略、运行的知识,提高经营管理能力,具体有:

- 亲身体验企业经营管理的完整流程,包括物流、资金流、信息流以及分工合作、知识管理、技能培训等人力资源管理的重要性。
- 认识企业现金流控制的重要性,了解企业财务管理流程、融投资能力、资产回报率、权益回报率、速动比率等因素对绩效考核的作用。
- 掌握企业在接受订单、原材料采购、生产、库存、销售等物流管理中相互协调,以及产销排程、成本控制、JIT(看板管理)等理论和方法。
- 理解国际化进程、营销战略、需求预测、竞争环境的重要性。找准市场切入点,合理投资。重视信息流对决策的关键作用,深刻剖析竞争对手,出其不意,攻其不备。
- 课程经典展示。将所有参与培训者的实际经营决策行为及相关操作数据进行动态分析,从而令人信服地证实成功的规律和失误的原因。

ERP 沙盘模拟课程综合运用了案例教学、模拟教学和角色扮演等教学方式,将抽象的企业管理过程模型化、可视化,可以极大地调动学生参与的积极性。该课程还系统、综合集成企业经营管理知识,给予学习者管理企业的经验和能力。

12.3 ERP 沙盘模拟设计

沙盘作为企业经营管理过程的道具,需要系统和概况性地体现企业的主要业务流程和组织构架。企业管理沙盘包括企业生产设施和生产过程、财务资金运转过程、市场营销和产品销售、原材料供应、产品开发等主要内容。用友软件公司开发的 ERP 沙盘是比较典型的 ERP 沙盘模拟,如图 12-1 所示。下面就结合用友 ERP 沙盘道具对 ERP 沙盘模拟进行介绍。

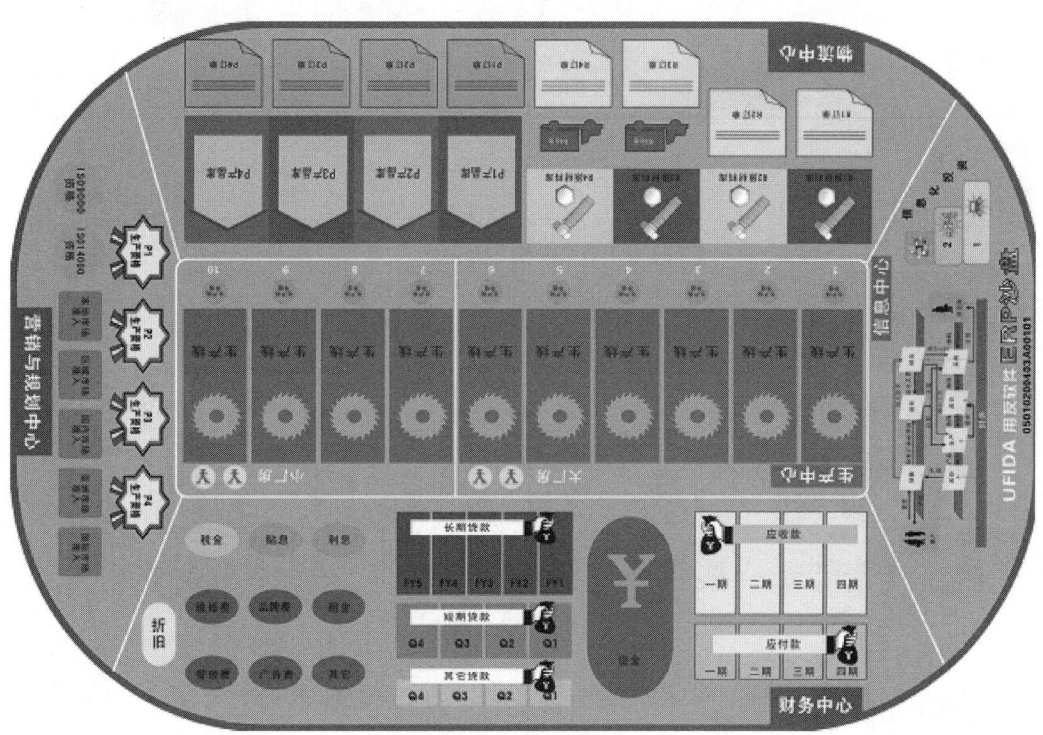

图 12-1 用友 ERP 沙盘模拟

12.3.1 沙盘布局及角色配备

用友 ERP 沙盘设计了营销与规划中心、财务中心、生产中心、物流中心以及信息中心。(职位)角色可以配备总裁(CEO)、营销总监、财务总监、采购总监、运营总监,如图 12-2 所示。

12.3.2 财务中心

资金使用钱币来表示,1 个钱币表示 1M(100 万元)的资金。财务中心包括贷款(包括长期贷款、短期贷款和其他贷款等)、应收款、应付款和税金、贴息利息等部分,如

图 12-3 所示。钱币所在的位置表示资金要运转的时间。

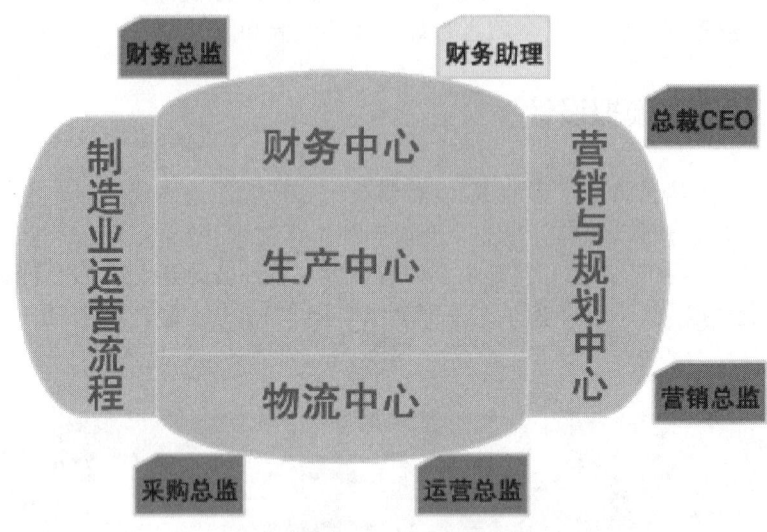

图 12-2　ERP 沙盘模拟

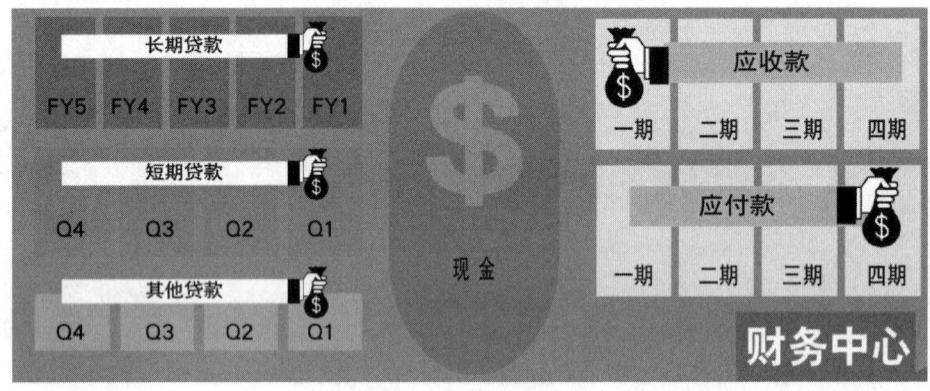

图 12-3　财务中心

12.3.3　生产中心

生产中心包括厂房、生产线和产品。厂房是制造企业的主要建设物，是生产设备的设置场所，也是产品制造场所。用友 ERP 沙盘设置了大厂房和小厂房各一个。大厂房可以容纳 6 条生产线，小厂房可以容纳 4 条生产线，大厂房及生产线、产品，如图 12-4 所示。

生产线是制造具体产品的生产设备，沙盘设计了 4 种类型的生产线：手工生产线、半自动生产线、全自动生产线、柔性生产线，如图 12-5 所示。各种生产线的投资大小、建造时间、生产时间、转产时间以及维护费用、折旧、残值都是不同的。生产线的建造需要在生产厂房的容量内，也就是厂房有空位置建造生产线。

产品由不同的原材料制造而成，由于产品的结构复杂性不同，产品的功能和售价也不同。用友 ERP 沙盘设计了 4 种产品：P1、P2、P3、P4。这 4 种产品的原材料分别为 R1、R2、R3 和 R4，产品组成结构如图 12-6 所示。

第 12 章　ERP 沙盘模拟概述

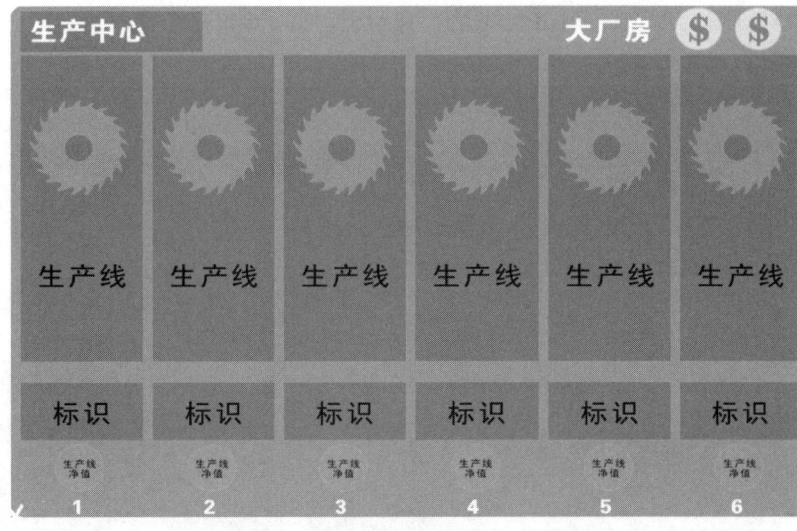

图 12-4　生产中心

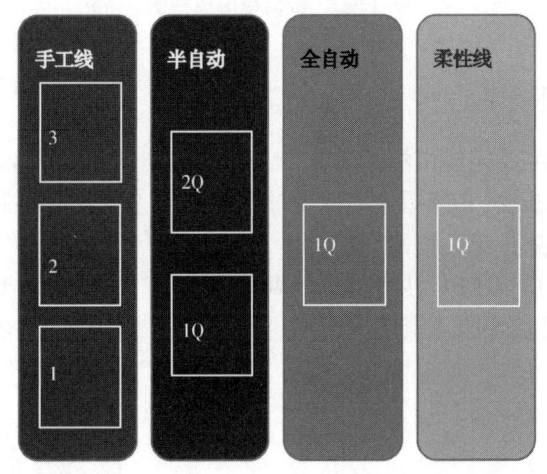

图 12-5　生产线

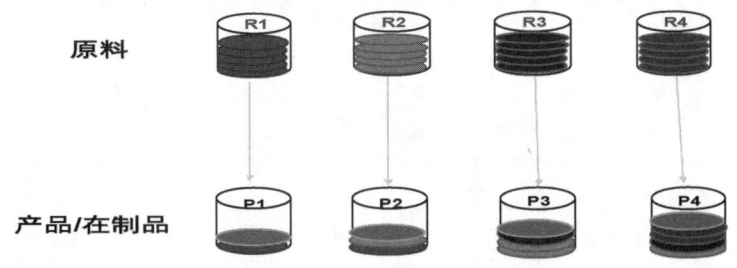

图 12-6　产品组成结构图

12.3.4　物流中心

物流中心主要模拟企业采购储存过程。用友 ERP 沙盘设计的物流中心如图 12-7 所示。包括产品 P1、P2、P3、P4 的原料订单、在途物料、原料仓库、产成品仓库、产成品订

195

单。产品原材料需要预先订购,并且可能存在运输时间,形成在途物料。

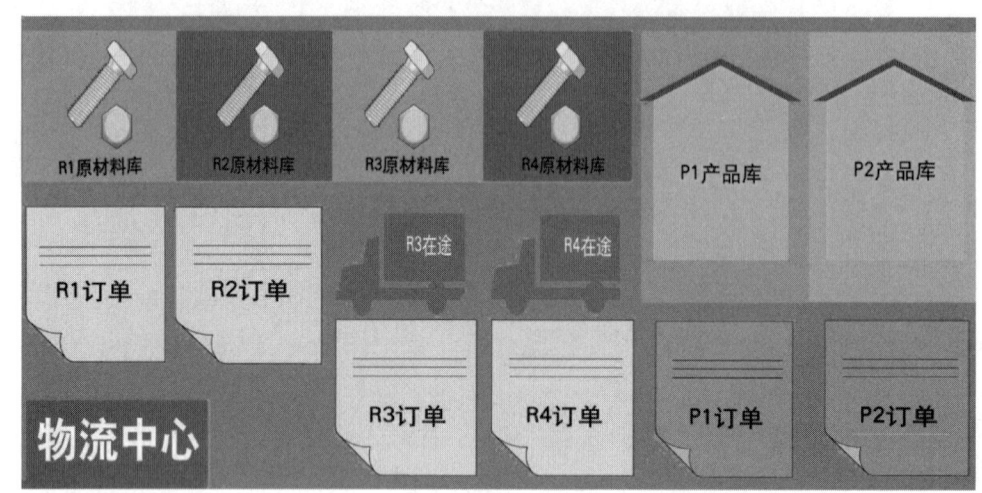

图 12-7 物流中心模拟图

12.3.5 营销与规划中心

营销与规划中心主要完成市场营销和产品研发运作过程模拟。4 种产品都需要投入资金和时间进行研究开发,完成后才能取得该产品的生产资格并进行生产。每个产品的研发时间和资金投入都是不一样的。

如图 12-8 所示,用友 ERP 沙盘将市场划分为本地、区域、国内和国际市场。产品在某个市场销售以前,都需要投入资金和时间进行市场开发推广。市场开发以后还存在市场的维护。

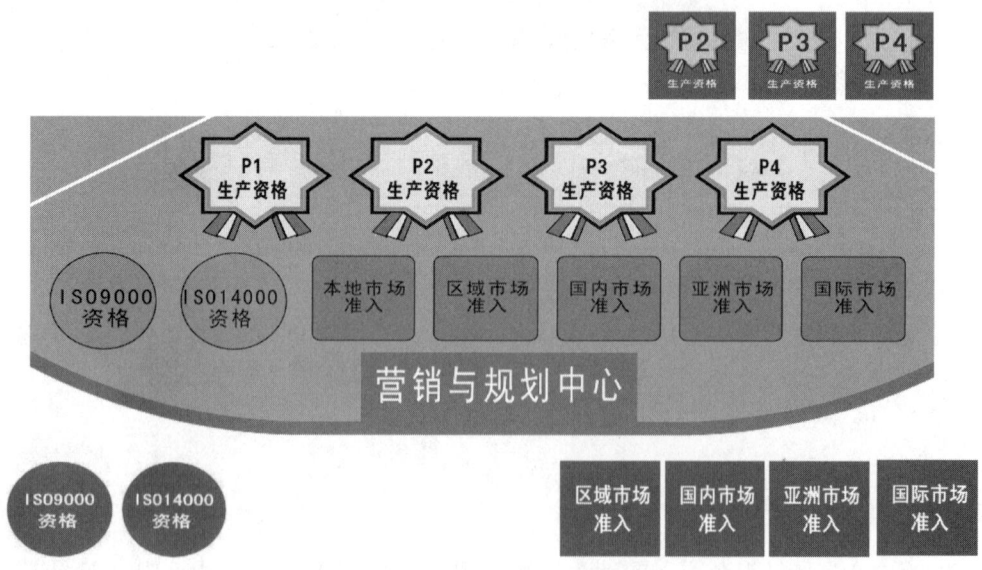

图 12-8 营销与规划中心模拟图

为了表现企业在质量管理和环境保护方面的水平,用友 ERP 沙盘设计了 ISO9000 质量认证和 ISO14000 环境认证资格,分别代表企业在质量和环保方面的能力。企业要获得这两项认证,需要时间和费用的努力和投入。

案例 9　中小型服装企业的信息化之路

1. 唐潮服饰简介

唐潮服饰创立于 2009 年,为一家线下的男士服饰零售店。作为一个小微创新企业,唐潮服饰开始时,还是通过手写开票、手列表格、有时候使用 Excel 表格进行简单的信息处理。

2. 企业信息化建设之路

在创业阶段初期,企业依靠人工在电脑上将入库、出库、库存盘点的数据录入到 Excel 表中,存在着诸多弊端:操作慢、效率低,后期查询非常麻烦。自 2012 年来正值信息化时代高速发展阶段,加之店铺运营规模扩大,所需管理的数据庞大,唐潮服饰处在信息化时代浪潮的发展阶段,也利用这个完美的时机开始了自己商铺的信息化建设的道路。

为了符合的店铺经营模式唐潮服饰经历了多次试错尝试了各类的管理信息系统(Management Information System,MIS)。在 2012 年,最初选择的管理信息系统虽将各操作流程汇集于一个系统上,但在使用的过程中,企业逐渐发现了其不足之处:功能较少,许多数据的输入还是需要依靠人工输入,并且还伴随着采购库存等相关的数据库不能交互操作,后台数据不能自动更新,这为店铺管理的信息化建设没有带来实质性的进步。于是,企业在 2016 年更换了新的管理信息系统,上述的缺点也明显有了改正,店铺的运营也更为流畅,但在近几年移动端应用程序逐渐出现在人们的视线中并开始流行起来,而该系统无法与手机端连用,只能在 PC 端固定使用而不能实现移动端的随时性操作。

在 2019 年,唐潮服饰使用了"日进斗金"为商铺的管理信息系统,其主要功能有进货管理、库存管理、上下架管理、商品管理等。与之前的 MIS 系统相比有两个明显的好处:一是可以通过移动端实现 PC 端的各项管理操作,二是可以直接通过手机录入商品信息,然后连接小票机进行价签打印,之前的系统则需要人工手写。

在"日进斗金"MIS 系统稳定运行并熟练使用后,唐潮服饰为了更好地做好客户管理,于 2020 年引入了客户管理系统(Customer Relationship Management,CRM),可以做到培育客户资源并且能提供客户的各项数据,为后期的进货、配货提供了分析和决策支持。在客户管理的基础上同时也引入了会员制度,为客户提供差别化的服务和精准的营销策略,提升客户的消费体验,增强客户忠诚度,让客户在购物过程中有针对到个人的完美体验。

通过这两个系统的有机融合,唐潮的信息化建设道路逐渐成熟,商品的管理与客户管理相结合,通过在多种后端提供跨平台的交互和服务方式等等,用多重系统的实施或功能来解决一揽子的需求。唐潮的营业额也较引入这两个系统前增长了 34%,并在逐步稳定上升。

2020 年 4 月中央网信办印发《关于推进"上云用数赋智"行动培育新经济发展实施

方案》，唐潮服饰借此契机，于2021年初引进了云端存储服务，使用"阿里云"将各类信息存储在云端，但在实施的过程中也出现了一些不便，大多数操作还是使用"日进斗金"进行运营。比如"阿里云"在维护时不能使用，导致信息不能及时同步存在信息差，不利于商铺的管理。并且在库存管理等功能方面出现了与"日进斗金"系统相冗余的地方，没有实现多种系统的集成运用，造成了资源浪费。

唐潮服饰在选择信息管理应用模式上使用新型信息系统应用模式代替传统的应用服务提供机构模式（Application Service Provider, ASP），以软件即服务模式（Software-as-a-service, SaaS）模式为主体。如表12.1所示，SaaS提供商可消除客户的维护成本，利用规模经济效益将客户的硬件和服务需求加以整合，从而能够提供价格更低的解决方案，并可面向中小企业客户群开展服务。

表 12.1　SaaS 模式与传统软件许可模式的区别

SaaS 模式		传统软件许可模式
付费方式	定期为订购的服务支付费用	一次性购买软件使用权，投资大
设备部署	只需要最简单的 PC 设备	需要构建复杂的 IT 系统
服务模式	由提供商提供专业维护和服务	需要培养专业的 IT 维护团队
使用方式	任何可接入 Internet 的地方	要在指定的设备上
升级更新	软件提供商负责随时更新软件版本	客户自己更新，更新周期较长

3. 完善信息化战略

唐潮服饰通过加强内部沟通与培训，进行详细的调研、分析管理需求，明确自身经营体系以及管理方针，从而不断改正在信息化建设中遇见的不足之处。但在不断完善自身的信息化建设方面，更为智能管理方案也未被引进，从不同程度上依旧制约了企业信息化的进程，在接下来的信息化建设的布局中可以考虑引进智能管理达到更高效的管理效果。

在互联网+、区块链技术发展迅速、电子商务模式越来越成熟的大背景下，唐潮服饰开始探索如何将传统线下商店零售方式与电子商务相结合，采取线下门店、线上平台的方式进行双线"新零售"模式。而区块链下的"新零售"突破传统零售业和"新零售"的思维，或许可以打破中心化大型电商企业所建立的用户规模的绝对优势，让中小型企业也能获取更多的利润。

唐潮服饰学习了2021国务院印发的"十四五"数字经济发展规划的相关报告后，认识到数字经济是继农业经济、工业经济之后的主要经济形态。但对于唐潮服饰这样经营中小企业的运营者来说，数字化转型的成本较高、难度较大。于是企业考虑到从多技术、多系统的集成运用入手，唐潮现有的系统为MIS、CRM系统，数字化转型后的运营是多系统多技术融合的场景，所涉及到往往是云技术平台和各种数据分析技术的应用，在这一方面上，企业虽然引用了云管理"阿里云"进行云端处理数据，但其效果不是很理想，企业正在考虑如何引进于店铺运营需求相符合的云管理系统，需要从企业架构层面考虑多技术和多个系统之间如何有效交互和集成，具有更高的复杂度。

启发思考题

1. 起步时期唐潮如何进行信息化实践？在此过程中,企业如何体现了自主学习并发挥实事求是精神？
2. 在互联网+、区块链的大背景下,中小企业信息化建设该如何结合创新精神科学发展？
3. 不同阶段的中小企业如何利用辩证思进行信息化建设？

第 13 章 沙盘模拟预备

13.1 模拟条件预备

企业管理沙盘模拟是一项综合性的管理知识运用,也是一个博弈过程。要取得模拟竞争的胜利并获得管理知识和能力的提高,需要综合运用管理知识,有正确参与模拟竞争的态度。

13.1.1 知识预备

企业资源规划(ERP)沙盘模拟课程涉及的企业管理知识内容非常广泛,包括整体战略、产品研发、生产运作、市场与销售、财务、团队沟通与建设等多个方面。因此,需要团队综合复习熟悉相关方面的知识。

13.1.2 心理预备

在 ERP 沙盘模拟经营中,市场竞争是非常激烈的,也是不可不避免的,但竞争并不意味着你死我活,寻求与合作伙伴之间的双赢才是企业发展的长久之道。尊重对手和学习领先者,是我们企业得以持续发展的源泉和动力。这就是要求企业知己知彼,在市场分析、竞争对手分析上做足文章,在竞争中寻求合作,由此才会有无限的发展机遇。

同时,激烈的市场竞争也并不是我们可以作假、违规经营的借口。诚信是一个企业的立足之本、发展之本。诚信原则在 ERP 沙盘模拟对抗课程中体现为:盘面信息真实和对"游戏规则"的遵守,如市场竞标规则、产能计算规划、生产设备配置以及转产等具体业务的处理。

总而言之,ERP 沙盘模拟经营不仅要求我们具有一定的管理知识,更需要我们有积极的心态、坦诚的沟通、相互的协作、互相信任和不怕失败的精神。

13.2 团队预备

沙盘模拟经营是由经营者、竞争规则、竞争策略、收入和支付等基本要素组成的。参与者由 24~36 名学员组成。每 5~6 名学员成立一个公司。首先老师按照学员年龄、性别、职务、专业和能力均衡的原则,将学员分成 4~6 个实力相当的学习小组,分组之后,每个小组的学员将以全身心参与的积极心态相互介绍和充分沟通,在有限的时间内做到最大可能的深入了解。在接下来的学习中,学员将以小组为单位建立模拟公司,组建管理团队,参与模拟竞争。每一个学习小组就是一家模拟企业,同时也是一个掌控模拟企业经济资源的决策集体。小组要根据每个成员的不同特点进行基本的分工,选举产生模拟企业的第一届总经理、财务总监、营销总监、采购总监、生产总监、研发总监等职位(如图13-1),确立组织原则和决策模式,注册公司名称。然后就形成4~6个相互竞争的模拟公司,连续从事4~6期的经营活动。每个模拟公司依照竞争规则,做出购买、研发、生产、竞标、广告、培训、销售等经营决策,并用"资产负债表"和"利润表"记录经营结果、计算出经营效率。

图13-1　人员构成

(1) 总经理

总经理是公司的舵手,负责公司的全面管理工作,对公司的发展方向和团队的协调起重要作用。总经理带领团队主要完成如下工作:
- 制订发展战略;
- 竞争格局分析;
- 经营指标确定;
- 业务策略制订;
- 全面预算管理;
- 管理团队协同;
- 企业绩效分析;
- 业绩考评管理;
- 管理授权与总结。

(2) 财务总监

会计报表是企业的语言,财务数据是企业各项经营活动的数字表现,财务流程与企业的整体运营紧密关联。财务总监负责公司财务管理工作,要了解企业的"钱"途,要学会"财眼"看世界,掌握财务管理技能和方法,具备成本意识和与各部门的沟通技巧,并在决策和管理过程中自觉考虑财务因素。财务总监主要完成如下工作:
- 日常财务记账和等账;
- 向税务部门报税;
- 提供财务报表;
- 日常现金管理;
- 企业融资策略的制订;
- 成本费用控制;

- 资金调度与风险管理；
- 财务制度与风险管理；
- 财务分析与协助决策；

(3) 营销总监

市场营销的一个核心要素就是将公司现有的各种资源及想要达到的目标与市场需求有机地结合起来，它是把消费者需求和市场机会变成有利可图的公司机会的一种行之有效的手段，也是战胜竞争者谋求发展的重要工具。通过激烈的模拟市场竞争，可在不给现实企业带来任何实际损失的前提下，获得宝贵的市场竞争经验。通过实战模拟，可辨认细分市场和选择目标市场，学会竞争分析、资源分析、配合营销策划和实施。制订以市场为导向的业务战略计划，认识营销战略对于经营业绩的决定性作用，体验内部营销和外部营销间的关系。深刻领悟企业综合竞争能力的来源，理解客户终身价值的意义，从注重产品与推销转变为注重客户满意。随着市场竞争的加剧，哪家公司能最好地选择目标市场，并为目标市场制订相应的市场营销组合战略，哪家公司就是竞争中的赢家。营销总监负责公司市场营销管理工作，主要完成如下工作：

- 市场调查分析；
- 市场进入策略；
- 品种发展策略；
- 广告宣传策略；
- 制订销售计划；
- 争取订单与谈判；
- 签订合同与过程控制；
- 按时发货和应收款管理；
- 销售绩效分析；

(4) 生产运营总监

ERP 沙盘实战模拟课程真实再现一个制造型企业管理的完整流程，包括物流、资金流、和信息流的协同，以及理解企业实际运作中各个部门和管理人员的相互配合。生产营运总监负责公司生产管理工作，要进行产品研发、生产、库存，产销排程、成本控制、合理开支、JIT 生产等的应用和协调，具体完成如下工作：

- 产品研发管理；
- 管理体系认证；
- 固定资产投资；
- 编制生产计划；
- 平衡生产能力；
- 生产车间管理；
- 产品质量保证；
- 成品库存管理；
- 产品外协管理；

(5) 采购总监

在现代制造业经营中，供应链管理和物流管理已经成为公司核心竞争力构成的重要因素。采购总监负责公司原材料的采购管理，主要完成如下工作：

- 编制采购计划;
- 供应商谈判;
- 签订采购合同;
- 监控采购过程;
- 到货验收;
- 仓储管理;
- 采购支付抉择;
- 与财务部协调;
- 与生产部协同。

13.3 运营流程预备

经过对相关知识的回顾,准备好积极的心态后,我们就可以成立属于自己的公司,拥有自己的管理和决策团队,开始 ERP 沙盘实战模拟了。以用友 ERP 沙盘模拟课程为例,根据经营的先后顺序,我们把整个模拟经营过程分为 12 个阶段。下面让我们来循序渐进地了解 ERP 沙盘模拟流程。

(1) 企业基本情况描述

对企业经营者来说,接手一个企业时,需要对企业有一个基本的了解,包括股东期望、企业目前的财务状况、市场占有率、产品、生产设施、盈利能力等。基本情况描述以企业两张主要的财务报表——资产负债表和利润表逐项描述了企业目前的财务状况和经营成果,并对其他相关方面进行补充说明。

(2) 企业运营规则学习

企业在一个开放的市场环境中生存,企业之间的竞争需要遵循一定的规则。综合考虑企业运营所涉猎的方方面面,可简化为市场划分与准入、销售会议与订单争取、厂房购买、出售与租赁、生产设备购买,调整与维护、产品生产/出售、原材料采购、产品研发、质量认证、融资贷款、企业综合费用等约定。总经理组织学员认真学习,并将学习中遇到的问题记录下来,由老师进行解释答疑。

(3) 初始状态设定

ERP 沙盘模拟不是从创建企业开始,而是接手一个已经运营了 3 年的企业。虽然可从基本情况描述中获得了企业运营的基本信息,但还需要把这些枯燥的数字活生生地再现到沙盘盘面上,为下一步的企业运营做好铺垫。通过初始状态设定,也使学员深刻地感受到财务数据与企业业务的直接相关性,理解到财务数据是对企业运营情况的一种总结提炼,为今后"透过财务看经营"做好观念上的准备。

(4) 确立经营目标

当学员对模拟企业所处的宏观经济环境和所在行业特性有了基本了解之后,各个模拟公司就要依据自己对"市场"的理解,明确经营理念,设计组织结构,进行职能分工,并确立模拟经营的总体目标。

(5) 进行市场调研

各公司根据自己对未来市场预测发展情况的需要,进行市场调研(包括通过商业间谍),分析竞争对手。

(6) 制订、调整战略

各公司本着长期利润最大化的原则,制订并调整企业战略,内容包括公司战略、新产品开发战略、投资战略、新市场进入战略、竞争战略。

(7) 市场竞争

根据竞争规则和模拟公司制订的营销方案,进行公平的市场竞争,市场竞争以竞标的形式出现,各公司的市场竞争力由每个公司在不同细分市场上的价格定位、广告投入、渠道规模、质量水平以及上年某市场的销售收入决定。老师根据各公司市场竞争力排名和广告投入决定各公司选择订单的优先顺序,各公司依据本公司的经营策略选择理想的客户订单。

(8) 拟定运作计划

各公司依据战略安排和订单情况,根据市场订单的出货要求,拟定各项运作经营计划:

- 融资计划
- 生产计划
- 厂房设备投资计划
- 采购计划
- 产品、市场开发计划
- 市场营销方案

(9) 根据经营计划配置内部资源

各公司依据生产经营计划确定固定资产投资、原材料采购、生产和销售销等流程,为生产经营合理配置各项资源。

(10) 业绩盘点

经营完成之后,各公司将自己的经营成果如实反映在报表上,作为业绩考核的依据:填报交易记录表、综合管理费用表、利润表、资产负债表等。

(11) 召开期末总结会议

各公司在盘点经营业绩之后,围绕经营结果召开期末总结会议,认真反思本期各个经营环节的管理工作和策略安排,以及团队协作和计划执行的情况。总结经验,吸取教训,改进管理,提高学员对市场竞争的把握和对企业系统运营的认识。期末总结之后,各小组总经理进行工作述职,以达到相互学习共同提高的培训目的。

(12) 老师点评

在汇总各公司期末经营业绩之后,老师对各公司经营中的成败因素进行深入剖析,提出指导性的改进意见,并针对本期存在的共性问题进行分析与讲解。最后,引领学员进行重要知识内容的学习和回顾。

第 14 章　模拟企业概况

14.1　模拟企业介绍

14.1.1　企业的经营理念

这里模拟的是一个生产制造企业,生产制造 P 系列产品:P1、P2、P3 和 P4。该企业长期以来一直专注于某行业 P 产品的生产与经营,目前生产的 P1 产品在本地市场知名度很高,客户也很满意。同时企业拥有自己的厂房,生产设备齐备,状态良好。最近,一家权威机构对该行业的发展前景进行了预测,认为 P 产品将从目前的相对低技术水平发展为一个高技术产品。为了适应技术发展的需要,公司董事会及全体股东决定将企业交给一批优秀的新人去发展(模拟经营者)并希望新的管理层能完成以下工作。

- 新产品的开发,使公司的市场地位进一步得到提升;
- 开发其他新市场,进一步拓展市场领域;
- 扩大生产规模,采用现代化生产手段,获取更多利润。

总而言之,随着 P 行业从一个相对低水平发展为高技术水平产品,新的管理层必须创新经营,才能完成公司董事会及全体股东的期望,实现良好的经营业绩。

14.1.2　企业的经营环境

目前,国家经济状况发展良好,消费者收入稳步提高,P 行业将迅速发展。然而该企业生产制造的产品几乎全部在本地销售,董事会和股东认为在本地以外以及国外市场上的机会有待发展,董事会希望新的管理层去开发这些市场。同时,产品 P1 在本地市场知名度很高,客户很满意,然而要保持市场地位,特别是进一步提升市场地位,企业必须投资新产品开发,目前已存在一些处于研发中的新产品的项目。在生产设施方面,目前的生产设施状态良好,但是在发展目标的驱使下,预计必须投资额外的生产设施。具体方法可以是建新的厂房或将现有的生产设施现代化。

在行业发展状况方面,P1 产品由于技术水平低,虽然近几年需求较旺,但未来将会逐渐下降。P2 产品是 P1 的技术改进版,虽然技术优势会带来一定增长,但随着新技术出现,需求会最终下降。P3、P4 为全新技术产品,发展潜力很大。根据一家权威的市场调研机构对未来 6 年里各个市场需求的预测,P1 产品是目前市场上的主流技术,P2 作为对 P1 的技术改良产品,也比较容易获得大众的认同。P3 和 P4 产品作为 P 系列产品里的高端技术,各个市场上对它们的认同度不尽相同,需求量与价格也会有较大的差异。下面我们根据不同的目标市场进行详细分析。

1. 本地市场分析

本地市场将会持续发展，客户对低端产品的需求可能要下滑。伴随着需求的减少，低端产品的价格很有可能会逐步走低。后几年，随着高端产品的成熟，市场对 P3、P4 产品的需求量将会逐渐增大。同时随着时间的推移，客户的质量意识不断提高，后几年可能会对厂商是否通过了 ISO9000 认证和 ISO14000 认证有更多的要求。本地市场分析如图 14-1 所示。

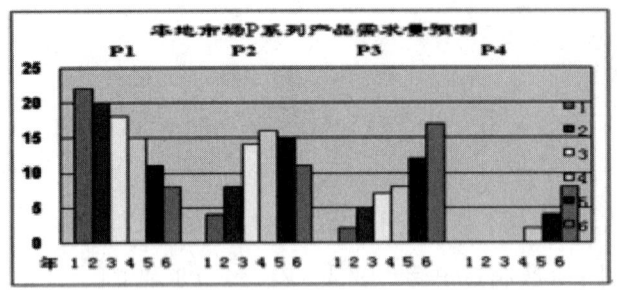 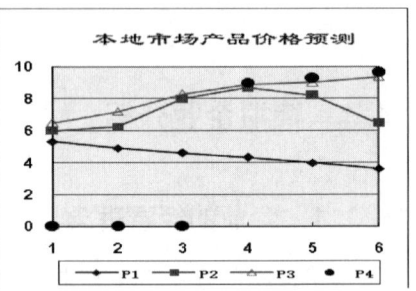

图 14-1　本地市场

2. 区域市场分析

区域市场的客户对 P 系列产品的喜好相对稳定，因此，市场需求量的波动也很有可能会比较平稳。因其紧邻本地市场，所以产品需求量的走势可能与本地市场相似，价格趋势也应大致一样。该市场的客户比较乐于接受新的事物，因此对于高端产品也会比较有兴趣。但由于受到地域的限制，该市场的需求量非常有限。并且这个市场上的客户相对比较挑剔，因此，在以后几年，客户会对厂商是否通过了 ISO9000 认证和 ISO14000 认证有较高的要求。如图 14-2 所示。

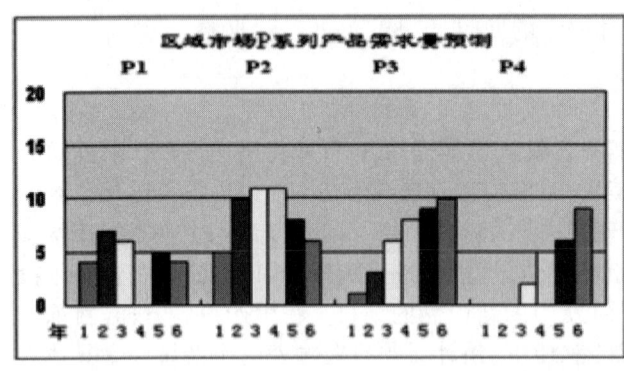 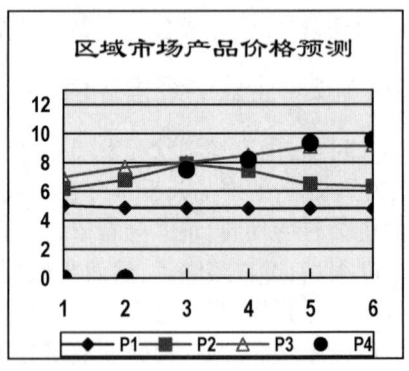

图 14-2　区域市场

3. 国内市场分析

因为 P1 产品带有较浓的地域色彩，所以估计国内市场对 P1 产品不会有持久的需求。但 P2 产品因为更适合于国内市场，所以估计需求会一直比较平稳。随着对 P 系列产品新技术的逐渐认同，估计对 P3 产品的需求会发展较快，但这个市场上的客户对 P4 产品却并不是那么认同。当然，对于高端产品来说，客户一定会更注重产品的质量保证。如图 14-3 所示。

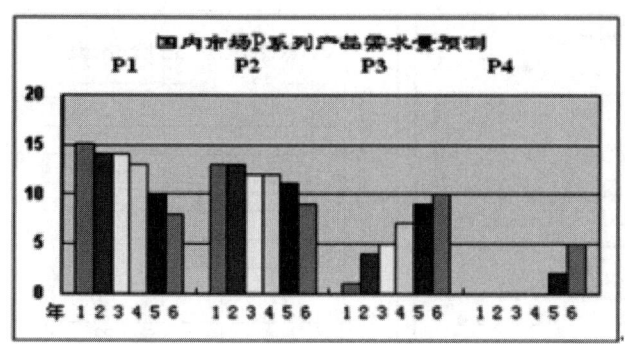 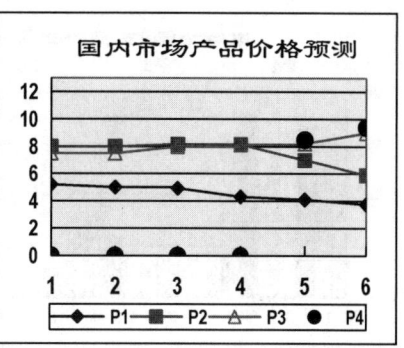

图 14-3 国内市场

4. 亚洲市场分析

这个市场上的客户喜好一向波动较大,不易把握,因此对 P1 产品的需求可能起伏较大,估计 P2 产品需求走势也会与 P1 相似。但该市场对新产品很敏感,因此估计对 P3、P4 产品的需求会发展较快,价格也可能不菲。另外,这个市场的消费者很看重产品的质量,因此在以后几年里,如果厂商没有通过 ISO9000 和 ISO14000 的认证,其产品可能和很难销售。如图 14-4 所示。

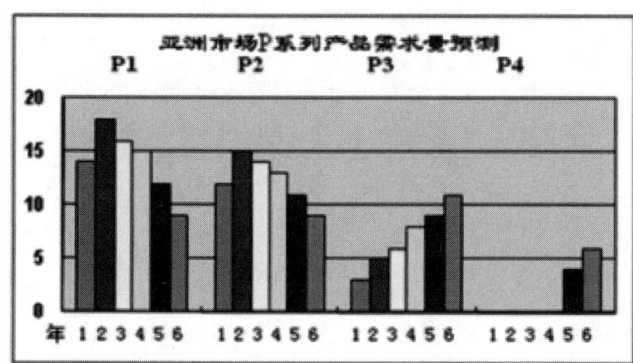 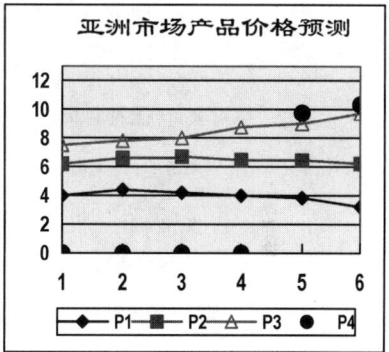

图 14-4 亚洲市场

5. 国际市场

企业进入国际市场可能需要一个较长的时期。有迹象表明,目前这一市场上的客户对 P1 产品已经有所认同,需求也会比较旺盛。对于 P2 产品,客户将会谨慎地接受,但仍需要一段时间才能被市场所接受。对于新型的技术,这一市场上的客户将会以观望为主,因此对 P3 和 P4 产品的需求将会发展极慢。因为产品需求主要集中在低端产品,所以客户对于 ISO 国际认证的要求并不如其他几个市场那么高,但也不排除在后期会有这方面的需求。如图 14-5 所示。

14.1.3 企业的财务状况

在上届决策者的带领下,企业取得了一定的成绩,其具体情况如表 14.1 和表 14.2 所示。

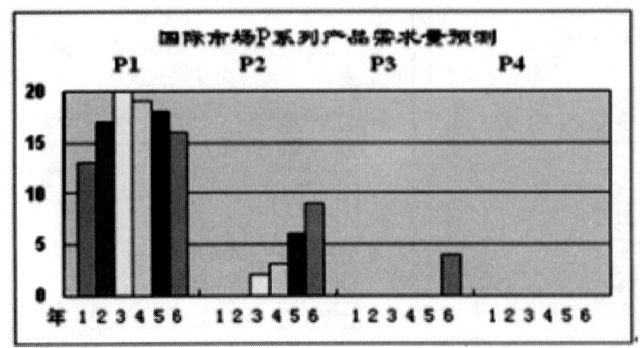
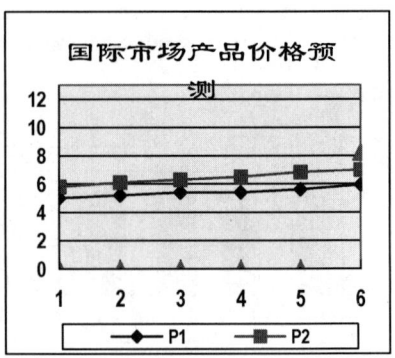

图 14-5 国际市场

表 14.1 利润表

项目	本年数
销售收入	35M
直接成本	12M
毛利	23M
综合费用	11M
折旧前利润	12M
折旧	4M
支付利息前利润	8M
财务收入/支出	4M
其他收入/支出	
税前利润	4M
所得税	1M
净利润	3M

表 14.2 资产负债表

资产	期末数	负债和所有者权益	期末数
流动资产：		负债：	
现金	20M	长期负债	40M
应收款	15M	短期负债	
在制品	8M	应付账款	
成品	6M	应交税金	1M
原料	3M	一年内到期的长期负债	
流动资金合计	52M	负债合计	41M
固定资产：		所有者权益：	

续表

资产	期末数	负债和所有者权益	期末数
土地和建筑	40M	股东资本	50M
机器与设备	13M	利润留存	11M
在建工程		年度净利	3M
固定资产合计	53M	所有者权益合计	64M
资产总计	105M	负债和所有者权益总计	105M

14.2 沙盘初始状况设置

ERP 沙盘模拟不是从创建企业开始的，而是接手一个已经运营了 3 年的企业，具体在沙盘的分布情况如图 14-6 所示。

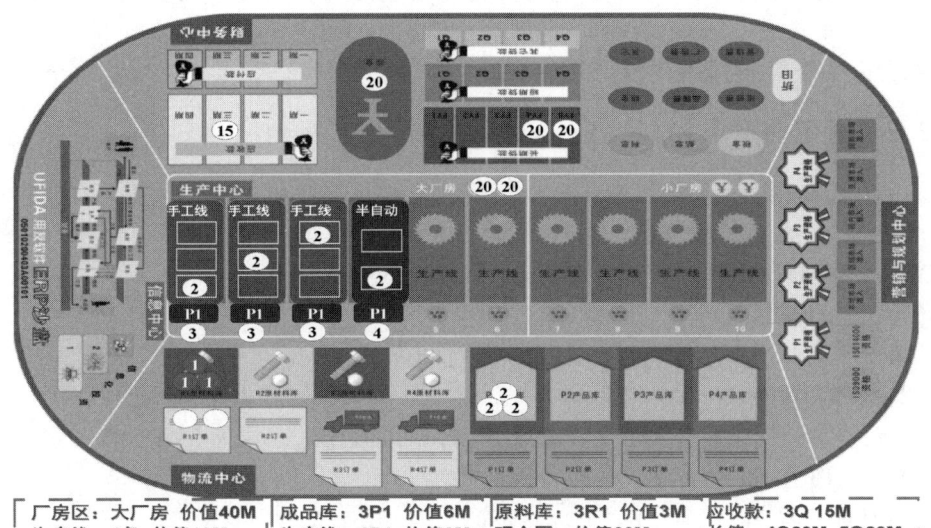

图 14-6 沙盘初始状况

- 原材料（供应商提供）

供应商提供的原材料分别为 R1、R2、R3、R4 四种原材料，并以不同的颜色区分；每一单位原材料代表 100 万元价值。

- 资金

资金由银色钱币代替，每一个币代表 1M，即 100 万元。

- 成品和在产品

成品和在产品由不同的原材料和加工费构成，其中任意一个币代表 100 万元，原料订单和贷款都由一个空桶表示：一个空桶表示一个原料订单，一个空桶表示 2000 万元贷款。

企业具体的财务初始状况如下文所述。

14.2.1 流动资产

流动资产是企业在一年或一个营业周期内变现或者耗用的资产,主要包括货币资金、短期投资、应收款项和存货等。模拟企业的流动资产分布如下(单位:1M=1000000元)。

(1) 现金

沙盘上有现金一桶,共计20M。

(2) 应收款

沙盘上有应收款共计15M,账期为3账期。

(3) 在制品

沙盘上4条生产线上分别有在不同生产周期的P1在制品1个(手工线分别有Q1、Q2和Q3各1个;半自动线有1个Q1),每个价值2M,共计8M。

(4) 成品

沙盘上企业成品库有3个P1产品已经完工,每个价值2M,共计6M。

(5) 原料

沙盘上企业原料库有3个R1原料,每个价值1M,共计3M。此外,还有2个R1订单。

综合以上5项,企业流动资产共计52M。

14.2.2 固定资产

固定资产是指使用期限较长、单位价值较高,并且在使用过程中保持原有实物形态的资产,包括房屋、建筑物、机器设备和运输设备等。模拟企业的固定资产分布如下(单位:1M=1000000元)。

(1) 土地和建筑

目前,沙盘上企业拥有一个大厂房,价值计40M。

(2) 机器和设备

目前,沙盘上企业拥有手工生产线3条,每条原值5M,净值为3M;半自动生产线一条,原值8M,净值4M;因此机器与设备价值共计13M。

(3) 在建工程

目前,企业没有在建工程,也就是说没有新生产线的投入或改建。

综合以上3项,企业固定资产共计53M。

14.2.3 负债

企业负债可分为流动负债和长期负债。所谓流动负债是指在一年内或超过一年的一个营业周期内须用流动资产或其他流动负债进行清偿的债务,而长期负债是指偿还期限在一年或者超过一年的一个营业周期以上的债务。模拟企业负债的分布如下(单位:1M=1000000元)。

(1) 长期负债

目前,在企业经营盘面上,有4年到期的长期负债20M,5年到期的长期负债20M,放置2个空桶表示,因此企业长期负债共计40M。

(2)短期负债

目前,企业没有短期债。

(3)应付账款

目前,企业没有应付账款。

(4)应交税金

根据纳税规则,目前企业有应交税金1M。

综合以上4项,企业负债共计41M。

14.2.4 所有者权益

所有者权益是指投资者对企业资产的所有权,在数量上表现为企业资产减去负债后的差额。表明企业的所有权关系,即企业归谁所有。模拟企业的所有者权益分布如下(单位:1M=1000000元)。

(1)股东资本

目前,企业股东资本为50M。

(2)利润流程

目前,企业利润留存为11M。

(3)年度净利润

本年度,企业净利润为3M。

综合以上3项,企业所有者权益共计64M。

经过所有初始状态的设置后,沙盘盘面如上面的图14-6所示。盘面包括内容:大厂房,价值40M;生产线4条,价值13M;成品库3P1,价值6M;生产线4P1,价值8M;原料库3R1,价值3M;现金,价值20M;应收款3Q,价值15M;长期负债4Q,价值20M;长期负债5Q,价值20M。

第 15 章 沙盘模拟运营规则

15.1 筹资管理

企业要进行生产、经营以及投资活动,就需要筹集一定数量的资金。筹资是企业进行一系列经济活动的前提和基础。在市场经济环境下,企业可以从不同渠道取得所需资金,而不同的筹资渠道和不同的筹资方式组合都存在一定的资金成本,将给企业带来不同的预期收益,也将使企业承担不同的税负水平。适当利用负债工具,有助于企业在有效抑制税负的同时,实现预期所有者权益最大化目标。

15.1.1 筹资策略

筹资按目的可分为长期筹资和短期筹资。长期筹资之企业向银行和非银行的金融机构以及其他单位借入的、期限在一年以上的各种借款,主要用于购建固定资产和满足长期流动资金占用的需要;短期筹资指为满足企业临时性流动资金需要而进行的筹资活动。企业的短期资金一般是通过流动负债的方式取得,它也称为流动负债筹措或短期负债筹资。

15.1.2 筹资规则

具体的筹资方式如表 15.1 所示。

表 15.1 筹资方式

贷款类型	贷款时间	贷款额度	年息	还款方式
长期贷款	每年年末	所有者权益的 2 倍	10%	每年年末付息,到期还本
短期贷款	每季度初	所有者权益的 2 倍	5%	每季度初申请新贷款,利随本清
特贷	任何时间	与银行协商	20%	利随本清
资金贴现	任何时间	视应收款额	1∶6	变现时贴息

1. 规则说明

(1) 长期贷款

长期贷款每年只有一次,即在每年年末。

长期贷款的额度为上年所有者权益总计的 2 倍;新申请贷款的额度需减去已贷款数。

例如，如果上年所有者权益为 59M，长期贷款即为 100M。如果已有 80M 的长期贷款，则只能再获得 20M 的长期贷款。

长期贷款每年必须支付利息，到期还本；当年的新长期贷款当年不支付利息，从下年开始支付利息；当年偿还的长期贷款当年仍要支付利息。

长期贷款最多可贷 5 年，结束年时，不要求归还没有到期的长期贷款。

(2) 短期贷款

短期贷款每年可贷四次，分别为每季度初。

短期贷款的额度为上年所有者权益总计的 2 倍；新申请贷款的额度需减去已贷款数。

例如，如果上年所有者权益为 19M，只能按 10M 来计算贷款量，即贷款额度为 20M。如果已有 20M 的贷款或低于 10M 的权益，将不能获得贷款。

短期贷款借款周期为 4Q，到期时还本并支付利息。

结束年时，不要求归还没有到期的短期贷款。

(3) 特贷

特贷使用期限为一年(同短期贷款)，利息为 20%/年，到期还本付息。发放额度应与银行协商。

特贷可以随时申请，即在运行过程的任何时间都可以申请特贷，但高利计息时间为运行当季的短期贷款申请时间，并随短期贷款的更新时间更新。特贷必须按照短贷归还时间进行还本付息。但凡介入特贷的公司，均按 20 分/贷 20M 扣减总分，所有贷款不允许提前还贷。

(4) 贴现

若提前使用应收款，必须按 6∶1 提取贴现费用。

只要有足够的应收账款，可以随时贴现(包括次年支付广告费时，使用应收贴现)。

2. 操作说明

(1) 获得长、短期贷款时，将其放在相应的盘面上，在规定的时间往前推动一格，当推出贷款区域时，则表示需要偿还本金。

(2) 贴现时，从任意账期的应收账款中取 7n(其中，n 为整数)的应收账款，6n(其中，n 为整数)为现金，放入现金区，其余为贴现费用(只能按 7 的倍数贴现)，放在贴息处，计入财务支出。

例如，将 35M 的 4Q 应收账款贴现，获得 30M 的现金，5M 作为贴息。

15.2 投资管理

面对激烈竞争的市场，企业必须提升综合竞争能力。要提升竞争力，必须进行投资。投资包括固定资产投资和无形资产投资。沙盘企业中，固定资产投资主要是购买厂房、构建生产线，无形资产投资主要是开拓市场、认证开发和产品研发等。

15.2.1 投资规则

厂房购买、出售与租赁规则如表 15.2 所示。

表 15.2　厂房购买、出售与租赁

厂房	买价	租金	售价	生产线容量
大厂房	40M	5M/年	40M(4Q)	6 条生产线
小厂房	30M	3M/年	30M(4Q)	4 条生产线

厂房不计提折旧。规则如下：

(1) 购买厂房

购买厂房只能在每年规定的时间(参见运作记录表)进行,购买时需要将等值现金放到厂房价值位置。如果厂房中现有生产线,购买厂房即可不支付当年的厂房租金。

(2) 租赁厂房

当运作记录表运行到"租金"时,如果厂房中有生产线,则不管什么时间投资的,也不管厂房是否是当年出售的,都需要支付现金。

如果当年使用过厂房(其中有过生产线),但到最后一个季度将生产线出售了,即当运作记录表运行到"租金"时,厂房中已没有生产线,则不需要支付租金。

已购买的厂房不需要支付租金。

(3) 出售厂房

厂房可以在运行的每个季度规定的时间进行变卖。变卖时,需要财务总监携带运行记录本、应收账款登记表和厂房价值(大厂房 40M,小厂房 30M)到交易处进行交易。经核准运作时间后,由交易处收回厂房价值,发放 4Q 的应收账款欠条,并在应收账款登记表中登记。

15.2.2　生产线投资

生产线投资规则如表 15.3 所示。

表 15.3　生产线购买、转产与维护、出售

生产线	购买价格	安装周期	生产周期	转产周期	转产费	维修费	残值
手工线	5M	无	3Q	无	无	1M/年	1Q
半自动	8M	2Q	2Q	1Q	1Q	1M/年	2Q
自动线	16M	4Q	1Q	2Q	4Q	1M/年	4Q
柔性线	24M	4Q	1Q	无	无	1M/年	6Q

1. 规则说明

每条生产线同时只能有一个产品在线。产品上线时需要支付加工费,不同生产线的生产效率不同,但需要支付的加工费是相同的,均为 1M。

(1) 购买新生产线

投资新生产线时,按安装周期平均支付投资,全部投资到位的下一个季度领取产品标识,开始生产。资金短缺时,可以随时中断投资。

例如,A 公司在第 1 年的第 2 季度开始投资全自动生产线,需要分 4 个安装周期,按 4M/Q 投资,在第 2 年的第 1 季度投资完毕,在第 2 季度才能上线生产产品。具体的安装进程如表 15.4 所示。

表 15.4 安装进程

运行期间	投资额	进度
第 1 年第 2 季度	4M	启动 1 期安装
第 1 年第 3 季度	4M	完成 1 期安装,启动 2 期安装
第 1 年第 4 季度	4M	完成 2 期安装,启动 3 期安装
第 2 年第 1 季度	4M	完成 3 期安装,启动 4 期安装
第 2 年第 2 季度		完成 4 期安装,生产线建成,可以生产产品

(2) 转产生产线

转产生产线指生产线转而生产其他产品。转产时可能需要一定的转产周期,并支付一定的转产费用,最后一笔支付到期一个季度后方可更换产品标识。转产时,生产线上不能有正在生产的产品。

例如,A 公司的半自动生产线原来生产 P1 产品,在第 3 年第 1 季度决定转产生产 P2 产品,转产周期为 1Q,并支付转产费用 1M,如表 15.5 所示。

表 15.5 转产进程

运行期间	转产费用	进度
第 3 年第 1 季度	1M	停止生产 P1 产品,准备转产
第 3 年第 2 季度		完成转产,开始生产 P2 产品

(3) 维护生产线

每种生产线的维护费均为 1M/年。

当年在建的和当年出售的生产线均不用交维护费。

例如,A 公司在第 1 年的第 1 季度开始投资建设全自动生产线,这条生产线于第 4 季度完成投资,但没有完成安装,则在第 1 年年末不需要交纳维护费。

例如,A 公司在第 1 年第 4 季度将一条自动生产线出售,则出售的该条生产线不用交纳维护费。

生产线安装完成的当年,无论是否开工生产,都必须交纳维护费;正在进行转产的生产线也必须交纳维护费。

例如,A 公司在第 1 年的第 2 季度开始投资建设全自动生产线,则在第 1 年年末时候,该条生产线还没建成,不需要交纳维护费,。而在第 2 年第 2 季度完成建设,但属于在第 2 年建成的生产线,因此,在第 2 年年末需要交纳维护费。

又如,A 公司的半自动生产线原来生产 P1 产品,在第 3 年第 1 季度决定转产生产 P2 产品,在第 3 年年末需要支付维护费。

(4) 出售生产线

生产线只能按残值出售。出售生产线时,如果生产线净值等于或小于残值,将净值转化为现金;如果生产线净值大于残值,相当于残值的部分转化为现金,将差额部分作为费用处理。

例如,在第 2 年第 3 季度出售第 1 年第 4 季度建成的一条半自动生产线,此时,该半自动生产线的原值为 8M(生产线建成当年不提折旧),净值为 6M(原值-残值),大于半自动生产线的残值 2M,则 2M 转化为现金,6M 转化为费用。

(5) 生产线折旧

当年投资的生产线价值计入在建工程,当年不计提折旧。

每年按生产线净值(原值-残值)的 1/3(取整)计算折旧,当年建成的生产线和当年出售的生产线均不计提折旧;当生产线净值小于 3M 时,每年提 1M 折旧。

每条生产线单独计提折旧,如表 15.6 所示。

表 15.6　生产线每年折旧额计算表

生产线	购买价格	残值	折旧额 第 1 年	第 2 年	第 3 年	第 4 年
手工线	5M	1M	1M	1M	1M	1M
半自动	8M	2M	2M	2M	1M	1M
自动线	16M	4M	3M	3M	3M	3M
柔性线	24M	6M	5M	5M	4M	4M

完成规定年份的折旧后,生产线可以继续使用,但不用提取折旧。

生产线剩余的残值可以保留,直到该生产线变卖为止。

2. 操作说明

(1) 购买新生产线

生产线安装完成后,需将所有投资额放在设备价值处。各组之间不允许相互购买生产线,只允许向设备供应商(交易处)购买;生产线一经开始投资,不允许搬迁移动(包括在同一厂房内的生产线)。

(2) 转产生产线

转产停工时,需将生产线翻转在盘面上,待达到转产周期时,可翻转,并向老师领取相应的产品生产标识。

(3) 维护生产线

按盘面上年末实际建成的生产线的数量交纳维护费,不包括已经出售和正在建设的生产线。

(4) 出售生产线

将变卖的生产线的残值放入现金区,如果还有剩余的价值(即没有提完的折旧),将剩余价值放入"其他"费用,计入当年"综合费用",并将生产线交还给供应商即完成变卖。

(5) 生产线折旧

折旧不影响资金流情况,折旧时从生产线价值中取出相应的折旧额,放在"折旧"项目,在"利润表"中进行计算。

15.2.3 国际认证体系投资

目前,ISO9000 系列标准已被全世界 80 多个国家和区域的组织所采用,满足了广大组织质量管理和质量保证体系方面的需求。ISO14000 系列标准是对组织的活动、产品和服务从原材料的选择、设计、加工、销售、运输、使用到最终废弃物的处置进行全过程的管理方面的要求。

ISO 投资方式如表 15.7 所示。

表 15.7 ISO 投资

ISO 类型	总投资费用	投资周期	年投资源
ISO9000（质量管理体系）	2M	2 年	1M
ISO14000（环境管理体系）	3M	3 年	1M

1. 规则说明

(1)每项 ISO 开发每年最多投入 1M,不允许超前投资。

例如,ISO9000 的投资周期是 2 年,投资费用 2M,不能在一年内一次性投入 2M,以获得 ISO9000 资格,只能在一年内投入 1M,累计达到 2M 时,方可获得 ISO9000 资格。

(2)ISO900 与 ISO14000 都独立存在,需要分别投入,以获得相应的 ISO 资格。

例如,要想拥有 ISO9000 和 ISO14000 资格,则需要在投资周期内每年分别在 ISO9000 和 ISO14000 上各投入 1M,连续投资两年后,获得 ISO9000 资格,再继续投入 1 年,即可获得 ISO14000 资格。

(3)ISO 的投资可同时进行,也可择其一投资。

例如,可以同时进行 ISO9000 和 ISO14000 的投资,也可只投资 ISO9000 或 ISO14000。

(4)ISO 的投资可随时中断或者停止。

例如,在第 2 年,企业出现资金短缺情况,于是停止投资 ISO9000(之前已投入 1 年的开发),即在当年不投入。在第 3 年,企业资金状况好转,遂决定继续投资 ISO9000,继续投入开发费 1M。至此,投资周期累计达到 2M,投资费用累计达到 2M,获得 ISO9000 资格。在第 4 年,可在市场上投入 ISO 的宣传费,争抢对 ISO9000 有特定要求的订单。

又如,第 1 年在 ISO14000 上投入 1M 进行开发,后发现之前市场预测分析失误,于是停止对 ISO14000 的投资,即最终放弃取得 ISO14000 资格。

(5)只有获得 ISO 资格证后,才能在市场中投入 ISO 宣传费,才有资格获取具有 ISO 要求的特殊订单。

例如,A 公司经过 2 年的开发,获得了 ISO9000 的资格。在第 3 年年初的订货会上,本地市场的广告费竞单表如表 15.8 所示。

表 15.8　广告费竞单表

第 3 年　　A 组(本地)

产品	产品广告费	ISO9000	ISO14000
P1	3M		
P2	1M		
P3			
P4			

本地市场 P1 的产品销售订单情况如表 15.9 和表 15.10 所示。

表 15.9　P1 单(1)

第 3 年　本地市场　P1-1/2

产品数量:2P1
产品单价:5M/个
总金额:10M
账期:2Q

表 15.10　P1 单(2)

第 3 年　本地市场　P1-2/2

产品数量:4P1
产品单价:13.5M/个
总金额:30M
账期:1Q

ISO9001

由于 A 公司没有在本地市场上投入 ISO 的宣传费,于是不能获得无论在价格还是账期上都很有利的 P1-2/2 的订单,只能选择获得 P1-1/2 订单,或者选择放弃。

(6)ISO 资格适用于投入宣传费的市场的所有产品,且只需投入 1M 即可。

例如,在第 4 年年初的订货会上的广告费竞单如表 15.11 所示。

表 15.11　广告费竞单表

第 4 年　　B 组(区域市场)

产品	产品广告费	ISO9000	ISO14000
P1	2M	1M	
P2	1M		
P3	3M		
P4			

该广告费竞单表表示 B 组在区域市场上,在 P1、P2、P3 的订单争取中,都有资格获得具有 ISO9000 要求的特殊订单。

2. 操作说明

(1)每年按照投资额将投资放在 ISO 证书位置。

(2)当投资完成后,持所有投资到主裁判处换取 ISO 资格证。

15.2.4　产品研发投资

产品研发投资规则如表 15.12 所示。

表 15.12　产品研发投资

产品	研发投入	研发周期	每季度研发投入
P2	5M	5Q	1M
P3	10M	5Q	2M
P4	15M	5Q	3M

1. 规则说明

(1)每个产品研发必须按研发周期分别投入,不允许一次性投入。

例如,开发 P2 产品需要 5Q,研发费用 5M,不能再 1Q 内一次性投入 5M 以获得 P2 的生产资格,只能在 1Q 内投入 1M,累计达到 5M 时,方可获得 P2 的生产资格。

(2)各个产品的研发都独立存在,需在不同产品上分别投入研发费用,以获得相应的生产资格。

例如,要同时研发 P2 和 P3 产品,需要在研发周期内分别在 P2 和 P3 产品投入 1M、2M 的研发费用。

(3)各个产品的研发可同时进行。

例如,在资金充裕的情况,可以在研发 P2 产品的同时开发 P3 产品和 P4 产品。

(4)产品研发可随时中断或者停止。

例如,在第 2 年第 1 季度,经预测,如果继续研发 P3 产品,公司将出现资金短缺情况,于是停止开发 P3(之前已开发 4Q,还剩 2Q 就完成开发),即在当年不投入。在第 3 年第 1 季度,公司资金状况好转,遂决定继续开发 P3 产品,在第 3 年第 1、2 季度分别投入产品研发费用 2M。至此,已经达到研发周期 6Q,即可获得 P3 的生产资格。在第 3 季度,即可安排生产。

又如,在第 2 年第 1 季度,在 P2 产品投入 1M 的研发费用,在第 2 季度发现之前市场预测分析失误,于是停止对 P2 产品的研发,即最终放弃对 P2 的研发。

(5)拿到产品生产资格才能生产相应产品,但不影响参加相应产品的订货会。

例如,在第 1 年的第 1 季度开始研发 P2 产品,在第 2 年的产品订货会上,依然可以在 P2 产品上投入广告费,争取相应的订单。因为 P2 产品的研发需要 5Q,在第 1 年经过 4Q 的研发后,还需 1Q 就完成研发,在第 2 年的第 1 季度如果继续投入研发费用,完成 5Q 的研发后,就可在第 2 季度开始生产 P2 产品。假设此时用全自动生产线来全力生产 P2,则可在第 2、3、4 季度分别下线 1 个 P2,共计 3 个 P2 产品。

2. 操作说明

（1）P1 产品已经有生产许可证，可以在本地市场进行销售。P2、P3、P4 产品都需要研发后才能获得生产许可。只有获得生产许可证后才能开工生产该产品。

（2）每季度按照投资额将现金放在生产资格位置。

（3）研发投资完成后，持全部投资换取产品生产资格证。

（4）研发投资计入综合费用。

15.3　生产管理

15.3.1　产品生产

1. 产品生产规则

P 系列产品结构及成本构成如表 15.13 所示。

表 15.13　产品结构及成本构成

产品	原材料	原料价值	产品原料总价值	加工费	直接生产成本
P1	R1	均为 1M	1M	均为 1M	2M
P2	R1、R2		2M		3M
P3	2R2、R3		3M		4M
P4	R2、R3、2R4		4M		5M

2. 操作说明

（1）上线生产时取用原料并支付加工费，不同生产线生产不同产品时加工费相同。

（2）所有生产线都能生产所有产品，但每条生产线不能同时生产两个产品。

（3）现有生产线转产新产品时可能需要一定转产周期及转产费用。

15.3.2　原材料采购

原材料采购需经过下原料订单和采购入库两个步骤。下原料订单要注意订货提前期。各种材料的订货提前期如表 15.14 所示。

表 15.14　各种原材料订货提前期

原材料	订料提前期
R1	1Q
R2	1Q
R3	2Q
R4	2Q

操作说明如下。

（1）根据上季度所下采购订单接受相应原料入库，并按规定付款或计入应付款。用空桶表示原材料订货,将其放在相应的订单单上,R1、R2订购必须提前一个季度;R3、R4订购必须提前两个季度。没有下订单的原材料不能采购入库。

(2)原料采购订单时必须填写采购订单登记表,然后携带采购总监的运行记录和采购订单登记表到交易处登记,没有登记视同没有订购。所有下订单的原材料到期必须采购入库。

(3)每种原料的价格均为1M,原料到货后必须根据采购订单如数接受相应原料入库,并按规定支付原料款,不得拖延。另外,紧急采购原料时,价格为2M。

15.4 营销管理

15.4.1 市场准入

市场准入规则如表15.15所示。

表15.15 市场准入规则

市场	投资费用	投资周期	年投资额
本地	无	无	无
区域	1M	1年	1M
国内	2M	2年	1M
亚洲	3M	3年	1M
国际	4M	4年	1M

1. 规则说明

(1)每个市场开发每年最多投入1M,不允许超千投资。

例如,开发国内市场的投资周期是2年,投资费用2M,不能在一年内一次性投入2M,以获得国内市场准入资格,只能在一年内投入1M,累计达到2M时,方可获得国内市场的准入资格。

(2)各个市场都独立存在,需在不同市场上投入开发费用,以获得相应的准入资格。

例如,要进入区域市场和国内市场,需要在投资周期内每年分别在区域和国内市场上投入1M。

(3)各个市场的开发可同时进行。

例如,可以在开发区域市场的同时开发国内市场以及亚洲市场,甚至国际市场。

(4)市场开发可随时中断或者停止。

例如,在第3年,企业出现资金短缺情况,于是停止开发亚洲市场(之前已开发2年),即在当年不投入。在第4年,企业资金状况好转,遂决定继续开发亚洲市场,继续投入亚洲市场开发费1M,至此,开发周期累计达到3年,投资费用累计达到3M,获得亚洲市场准入资格。在第5年,即可在亚洲市场上投入广告费,争抢产品订单。

又如,第1年在国内市场上投入1M进行开发,后发现之前市场预测分析失误,于是停止对国内市场的开发,即最终放弃国内市场。

(5)拿到市场准入证才能参加相应市场的订货会。

例如,第 1 年同时开发了区域和国内市场,在第 2 年的产品订货会上,只能在区域市场上竞争,不能在国内市场上竞争,因为区域市场的投资周期为 1 年,经过 1 年的开发已获得的市场准入资格,而国内市场的投资周期为 2 年,还不具备市场准入资格,即不能参加国内市场的订货会。

2. 操作说明

(1)本地市场直接获得市场准入证。

(2)投资时,将 1M 现金放在"市场准入"位置处。

(3)当完成全部投资后,经核准,换取相应的市场准入证,并放在盘面"市场准入"的位置处。

15.4.2 竞单规则

1. 竞单规则

(1)订货会年初召开,一年只召开一次。

例如,如果在该年年初的订货会上只拿到 2 张订单,那么在当年的经营过程中,再也没有获得其他订单的机会。

(2)广告费分市场、分产品投放,订单按市场、按产品投放。

例如,企业拥有 P1、P2 的生产资格,在年初国内市场的订货会上只在 P1 上投入了广告费用,那么在竞争时,不能在国内市场上获得 P2 的订单。

又如,订单发放时,先发放本地市场的订单,按 P1、P2、P3、P4 产品次序发放;再发放区域市场的订单,再按 P1、P2、P3、P4 产品次序发放。

(3)广告费每投入 1M,可获得一次拿单的机会,另外要获得下一张订单的机会,还需要再投入 2M,以此类推,每多投入 2M 就拥有多拿一张订单的机会。广告费用计算组合为$(1+2n)$M(其中,n 为整数)。

例如,在本地市场上投入 7M 广告费,表示本地市场上有 4 次拿单的机会,最多可以拿 4 张订单。但是,最终能拿到几张订单要取决于当年的市场需求和竞争状况。

(4)销售排名及市场老大规则。

每年竞单完成后,根据某个市场的总订单销售额排出销售排名;排名第一的为市场老大,下年可以不参加该市场的选单排名而优先选单;其余的公司仍按选单排名方式确定选单顺序。

例如,P3 广告投放单如表 15.16 所示。

表 15.16　P3 广告投放单(亚洲市场)

公司	P3 广告费	ISO9000	ISO14000	广告费总和	上年排名
A	1M			1M	1
B	2M	1M	1M	4M	2
C	2M	1M		3M	4
D	5M			5M	3

亚洲市场 P3 选单的顺序为:

第一,由 A 公司选单。虽然 A 公司投入 P3 产品的广告费低于其余 3 家公司,但其上年在亚洲市场的销售额排名第一,因此不以其投入广告费的多少来选单,而直接优先选单。

第二,由 D 公司选单。投入 P3 的广告费最高,为 5M。

第三,由 B 公司选单。虽然 B 公司在 P3 的产品广告费上与 C 公司相同,但投入在亚洲市场上的总广告费用为 4M,而 C 公司投入国际市场上的总广告费用为 3M,因此,B 公司先于 C 公司选单。

第四,由 C 公司选单。由于 C 公司投入的 P3 产品的广告费用与 B 公司相同,但在亚洲市场上的总广告费用投入低于 B 公司,因此后于 B 公司选单。

(5)选单排名顺序和流程

第一次以投入某个产品广告费用的多少产生该产品的选单顺序;如果该产品投入一样,按本次市场的广告投入量(包括 ISO 的投入)进行排名;如果市场广告总投入量一样,按上年的该市场排名顺序排名;如果上年排名相同,采用竞标方式选单,即把某一订单的销售价、账期去掉,按竞标公司所出的销售价和账期决定谁获得该订单(按出价低、账期长的顺序罚单)。

按选单顺序先选第一轮,每公司一轮,只能有一次机会,选择 1 张订单。第二轮按顺序在选,选单机会用完的公司则退出选单。如表 15.17 和表 15.18 所示。

表 15.17 P1 广告投放单(国际市场)

公司	P1 广告	ISO9000	ISO14000	广告费总和	上年排名
A	3M			3M	2
B	1M	1M	1M	4M	3
C	1M	1M		3M	5
D					4
E					1

表 15.18 P2 广告投放单(国际市场)

公司	P2 广告	ISO9000	ISO14000	广告费总和	上年排名
A				3M	2
B	1M			4M	3
C	1M			3M	5
D	1M	1M	1M	3M	4
E					1

国际市场 P1 选单的顺序为:

第一,由 A 公司选单。在国际市场上,市场老大 E 公司没有投入 P1 产品的广告费,而 A 公司投入 P1 的广告费最高,为 3M。

第二,由 B 公司选单。虽然 B 公司在 P1 的产品广告费上与 C 公司相同,但投入在国际上场上的总广告费用为4M,而C公司投入国际市场上的总广告费用为3M,因此,B公司先于C公司选单。

第三,由C公司选单。由于C公司投入的P1产品的广告费用与B公司相同,但在国际市场上的总广告费投入低于B公司,因此后于B公司选单。

第四,由于A公司再选单。A公司投入P1产品的广告费组合为(1+2)M,因此获得多一次的选单机会。

国际市场P2选单的顺序为:

第一,由B公司选单。在国际市场上,市场老大E公司没有投入P2产品的广告费,虽然B、C、D公司在P2产品上投入的广告费用相同,但在国际市场上的总广告费投入B公司最高,因此最先选单。

第二,由D公司选单。虽然D公司在P2的产品广告费上与C公司相同,且在国际市场上的总广告费也与C公司相同,但在上年的经营过程中,D公司排名第3,C公司排名第4,因此,D公司先于C公司选单。

第三,由C公司选单。虽然C公司在P2的产品广告费上与D公司相同,且在国际市场上的总广告费也与D公司相同,但在上年的经营过程中,D公司排名第3,C公司排名第4,因此,后于D公司选单。

(6) 订单种类

第一类为普通订单,在一年之内任何交货期均可交货,如表15.19所示。

表15.19 普通订单

第3年 本地市场 P2-1/4
产品数量:2P2
产品单价:14.5M/个
总金额:17M
账期:4Q

订单上的账期表示客户收货时货款的交付方式。

例如,0账期,表示采用现金付款;4账期,表示客户付给企业的是4个季度的应手账款。

第二类为加急订单,第一季度必须交货,若不按期交货,会受到相应的处罚,如表15.20所示。

表15.20 加急订单

第3年 本地市场 P2-2/4
产品数量:2P2
产品单价:14.5M/个
总金额:17M
账期:4Q
加急!!!

第三类为 ISO9000 或 ISO14000 订单,要求具有 ISO9000 或 ISO14000 资格,并且在市场广告上投放了 ISO9000 或 ISO14000 广告(1M)的公司,才可以拿单,且对该市场上的所有产品均有效,如表 15.21 所示。

表 15.21　ISO 订单

第 3 年　本地市场　P2-3/4
产品数量:2P2
产品单价:14.5M/个
总金额:17M
账期:4Q
ISO9000　ISO14000

(7)交货规则:必须按照订单规定的数量整单交货

(8)违约处罚规则

所有订单必须在规定的期限内完成(按订单上的产品数量交货),即加急订定必须在第一季度交货,普通订单必须在本年度交货等;如果订单没有完成,按下列条款加以处罚。

第一,下年市场地位下降一级(如果是市场第一的,则该市场第一空缺,所有公司均没有优先选择的资格)。

第二,下年必须先交上违约的订单后,才允许交下年正常订单。

第三,交货时扣除订单额 25%(取整)作为违约金。

例如,A 公司在第 2 年时为本地市场的老大,且在本地市场上有一张订单总额为 20M,但由于产能计算失误,在第 2 年不能交货,则在参加第 3 年本地市场的订货会时丧失市场老大的订单选择优先权,并且在第 3 年该订单必须首先交货,交货时需要扣除 5M(20M×25%)的违约金,只能获得 15M 的货款。

2. 操作说明

(1)将广告费填写在"广告费竞单表"中每个市场的响应产品栏内,如表 15.22 所示;如果要取得 ISO 标准的订单,首先要进行 ISO 认证,然后在每次的竞单中,要在广告登记单上的 ISO 位置填写 1M 的广告。

表 15.22　广告费竞单表

第 4 年		A 组(区域)	
产品	产品广告费	ISO9000	ISO14000
P1	3M		
P2	1M	1M	
P3			
P4			

(2)订单放单

第一,按总需要量放单。如对某个产品总需要量为6张订单,市场有7张订单,则只放6张。

第二,按供应量放单。如果订单总数超过需求总数,拿出全部订单。

第三,如果只有独家需求,全部放单。

例如,本地市场P3广告费竞单如表15.23所示。

表15.23　本地市场P3广告费

公司	P3广告费	ISO9000	ISO14000
A	2M	1M	
B	5M	1M	
C	1M		1M

放单如表15.24至表15.27所示。

表15.24　放单(1)

第2年　本地市场　P3-1/4

产品数量:2P3
产品单价:14.5M/个
总金额:17M
账期:4Q

表15.25　放单(2)

第2年　本地市场　P3-2/4

产品数量:4P3
产品单价:14.5M/个
总金额:32M
账期:2Q

ISO9000

表15.26　放单(3)

第2年　本地市场　P3-3/4

产品数量:3P3
产品单价:13.6M/个
总金额:23M
账期:

表15.27　放单(4)

第2年　本地市场　P3-4/4

产品数量:2P3
产品单价:9M/个
总金额:18M
账期:1Q

ISO14000

选单如表15.28所示。

表15.28　选单

第一轮选单			第二轮选单		
选单顺序	订单	公司	选单顺序	订单	公司
第一	P3-2/4	B	第四	P3-1/4	B
第二	P3-3/4	A			
第三	P3-4/4	C			

15.5 综合费用和税金规则

1. 规则说明

（1）管理费：每季度支付1M。

（2）管理费、产品广告和品牌、生产线转产费、设备维护、厂房租金、市场开拓、ISO认证、产品研发、信息化投资等计入综合费用。

（3）每年所得税计入应付税金，在下一年初交纳。

2. 操作说明

所得税税率为33%，税金取整计算，不足1以1取整，如计算的所得税为0.66，则取1交纳所得税；超过1向下取整，如计算出的所得税为2.31，则取2交纳所得税。

15.6 运行记录

所有成员均必须按照规定用笔同步顺序记录运行任务，即当执行完规定的任务后，每个成员都要在任务清单完成框中打勾或记录与自己岗位相关的生产要素变化数据（如采购主管记录材料库中的原材料变化数据、生产主管记录在制品变化的数据等）。当进行贷款、原材料订单、原材料采购、应收账款到期、交货等业务时，必须携带运行手册和相关的登记表，到交易处进行业务处理。

1. 借、还贷款记录

由财务总监填写《贷款登记表》，并携带本人的运行记录表到交易处进行贷款或还款登记，审核无误后可领取或归还贷款。

2. 原材料订单及采购记录

原材料订单和采购入库必须填写《采购订单登记表》，每当季度运行到采购入库时，携带现金、《采购订单登记表》和本人的运行记录表，到交易处购买原材料，交易员核对订单登记数量后进行交易。同时，应将下期的原材料订单在交易处进行登记。

3. 交货记录

交货时携带产品、订单和销售总监的运行手册到交易处交货，收取应收账款欠条，并在《应收款登记表》上做应收账款登记，收到的应收账款欠条放在企业盘面上应收区的相应账期处。

4. 应收兑现记录

当应收款到期时，各组在《应收账款登记表》的到期季度中填写到款数，并携带运行记录、应收款欠条和《应收账款登记表》到交易处兑现，交易员要核对进货季度、欠款数量，核准后兑换资金，并将欠款条收回，将结果登记到监察软件中。

5. 产品、市场开发、ISO认证记录

每年年末需填写费用明细表，其中要注明开发的市场、认证和研发产品的投资额，提交裁判进行登记，如果开发完成，由交易处老师核准开发金额和周期后，发放市场、ISO或产成品的资格标识。

6. 生产状态记录

企业运行期间,每季度末需要对本季度生产和设备状态进行记录,生产总监必须如实填写"生产及设备状态记录表",该表每年必须上交。

7. 现金收支记录

在运行手册的任务清单中,财务总监在每一任务项目的记录格中记录现金收支数据。

8. 上报报表

每年运行结束后,各公司需要在规定的时间内上报规定的4张报表,这4张报表分别是《产品销售统计表》《综合费用面细表》《利润表》和《资产负债表》。

15.7 破产规则

当所有者权益小于零(资不抵债)和现金断流时为破产。破产后,企业仍可以继续经营,但必须严格按照产能争取订单(每次竞单前需要向老师提交产能报告),破产的参赛队不参加最后的成绩排名。

15.8 评分规则

比赛结果以参加比赛各队的最后权益、生产能力、资源状态等进行综合评分,分数高者为优胜。评分以最后年的权益数为基数,以生产能力、资源等为权系数计算而得。在加权系数中,以下情况不能在加权系数中加分:
- 企业购入的生产线,只要没有生产出一个产品,都不能获得加分。
- 已经获得各项资格证书的市场、ISO、产品才能获得加分,正在开发但没有完成的,不能获得加分。
- 在企业运行过程中,对于不能按照规则运行或不能按时完成运行的企业,在最终评定的总分中,给予减分的处罚。

凡有下列情况者,从综合得分中扣除相应得分:
- 报表错误、报表不平或者账实不符的,罚总分20分/次。
- 没有按照规定的流程顺序进行运作,罚总分10分/次;违反规则运作,如新建生产线没有执行规定安装周期、没有按照标准的生产周期进行生产等,罚总分50分/次;不如实填写管理表单(采购订单、贷款、应收、生产线状况登记表)的情况,一经核实,按情节严重扣减总分5~10分/次。
- 借特贷。每次扣15分。

15.9 总成绩规则

总成绩=所有者权益×(1+企业综合发展潜力/100)

企业综合发展潜力如表15.29所示。

表 15.29　企业综合发展潜力

序号	项目	综合发展潜力系数
01	大厂房(至少生产出一件产品)	+15/每厂房
02	小厂房(至少生产出一件产品)	+10/每厂房
03	手工生产线	+5/条
04	半自动生产线	+10/条
05	全自动/柔性线	+15/条
06	区域市场开发	+10
07	国内市场开发	+15
08	亚洲市场开发	+20
09	国际市场开发	+25
10	ISO9000	+10
11	ISO14000	+10
12	P2 产品开发	+10
13	P3 产品开发	+10
14	P4 产品开发	+15
15	本地市场地位	+15/最后一年市场第一
16	区域市场地位	+15/最后一年市场第一
17	国内市场地位	+15/最后一年市场第一
18	亚洲市场地位	+15/最后一年市场第一
19	国际市场地位	+15/最后一年市场第一
20	特贷扣分	每次扣分 15 分
21	其他扣分	

第 16 章　模拟运营实战

沙盘模拟运营的开展根据时间进度划分为期初、期中和期末三个工作阶段,模拟企业可根据企业经营过程登记表逐项进行操作,并如实进行相关的记录,如表 16.1 所示。

表 16.1

企业经营过程	Q1	Q2	Q3	Q4	时间
新年度规划会议					年初
参加订货会/登记销售订单					
支付应付税					
季初现金盘点(请填余额)					年中
更新短期贷款/还本付息/申请短期贷款(特贷)					
更新应付款/归还应付款					
原材料入库/更新原料订单					
下原料订单					
更新生产/完工入库					
投资新生产线/变卖生产线/生产线转产					
向其他企业购买原材料/出售原材料					
开始下一批生产					
更新应收款/应收款收现					
出售厂房					
向其他企业购买成品/出售成品					
按订单交货					
产品研发投资					
支付行政管理费					
其他现金收支情况登记					
支付利息/更新长期贷款/申请长期贷款					年末
支付设备维护费					
支付租金/购买厂房					
计提折旧				( )	
新市场开拓/ISO 资格认证投资					
结账					
现金收入合计					
现金支出合计					
期末现金对账(请填余额)					

16.1 年初运营

在一年之初,企业应当谋划全年的经营,预测可能出现的问题和情况,分析可能面临的问题和困难,寻找解决问题的途径和办法,使企业未来的经营活动处于掌控之中。为此,企业首先应当召集各位业务主管召开新年度规划会议,初步制订企业本年度的投资规划,接着,营销总监参加一年一度的产品订货会,竞争本年度的销售订单;然后,根据销售订单情况,调整企业本年度投资规划,制订本年度的工作计划,开始本年度的各项工作。

16.1.1 新年度规划会议

常言道:"预则立,不预则废。"在开始新的一年经营之前,CEO应当召集各位业务主管召开新年度规划会议,根据各位主管掌握的信息和企业的实际情况,初步提出企业在新一年的各项投资规划,包括市场和认证开发、产品研发、设备投资、生产经营等规划。同时,为了能准确地在一年一度的产品订货会上争取销售订单,还应当根据规划精确地计算出企业在该年的产品完工数量,确定企业的可接订单数量。

1. 新年度全面规划

新年度规划涉及企业在新的一年如何开展各项工作的问题。通过制订新年度规划,可以使各位业务主管做到在经营过程中胸有成竹,知道自己在什么时候该干什么,可以有效预防经营过程中决策的随意性和盲目性,减少经营失误;同时,在制订新年度规划时,各业务主管已经就各项投资决策达成了共识,可以使各项经营活动有条不紊进行,可以有效提高团队的合作精神,提高团队的战斗力和向心力,使团队成员之间更加团结、协调。

新年度全面规划内容涉及到企业的发展战略规划、投资规划、生产规划和资金筹集规划等。要作出科学合理的规划,企业应当结合目前和未来的市场需求、竞争对手可能的策略以及本企业的实际情况进行。在进行规划时,企业首先应当对市场进行准确的预测,包括预测各个市场产品的需求状况和价格水平,预测竞争对手可能的目标市场和产能情况,预测各个竞争对手在新的一年的资金状况(资金的丰裕和不足将极大地影响企业的投资和生产),在此基础上,各业务主管提出新年度规划的初步设想,大家就此进行论证,最后,在权衡各方利弊得失后,做出企业新年度的初步规划。企业在进行新年度规划时,可以从以下方面展开。

(1) 市场开拓规划

企业只有开拓了市场才能在该市场销售产品。企业拥有的市场决定了企业产品的销售渠道。进行市场开拓时,须填制市场开发投入登记表(如表16.2所示)。开拓市场投入资金会导致企业当期现金的流出,增加企业当期的开拓费用,减少当期的利润。因此,企业在制订市场开拓规划时,应当考虑当期的资金情况和所有者权益情况。只有在资金有保证且减少的利润不会对企业造成严重后果时才能进行。在进行市场开拓规划时,企业主要应当明确几个问题。

- 企业的销售策略是什么? 企业可能会考虑哪个市场产品价格高就进入哪个市场,也可能是哪个市场需求大就进入哪个市场,也可能两个因素都会考虑。企业应当根据销售策略明确需要开拓什么市场、开拓几个市场。

- 企业的目标市场是什么？企业应当根据销售策略和各个市场产品的需求状况、价格水平、竞争对手的情况等明确企业的目标市场。
- 什么时候开拓目标市场？在明确了企业的目标市场后，还涉及什么时候进入目标市场的问题，企业应当结合资金状况和产品生产情况明确企业目标市场的开拓时间。

表 16.2　市场开发投入登记表

公司代码：

年度	区域市场(1y)	国内市场(2y)	亚洲市场(3y)	国际市场(4y)	完成	监督员签字
第 1 年						
第 2 年						
第 3 年						
第 4 年						
第 5 年						
第 6 年						
总计						

(2) ISO 认证开发规划

企业只有取得 ISO 认证资格，才能在竞单时取得标有 ISO 条件的订单。不同的市场、不同的产品，不同的时期，对 ISO 认证的要求是不同的，不是所有市场在任何时候对任何产品都有 ISO 认证的要求。开发 ISO 认证须填制 ISO 投资表（如表 16.3）。所以，企业应当对是否进行 ISO 认证开发进行决策。同样，要进行 ISO 认证，需要投入资金。如果企业决定进行 ISO 认证开发，也应当考虑对资金和所有者权益的影响。由于 ISO 认证开发是分期投入的，为此，在进行开发规划时，应当考虑以下几个问题：

- 开发何种认证？ISO 认证包括 ISO9000 认证和 ISO14000 认证。企业可以只开发其中的一种或者两者都开发。到底开发哪种，取决于企业的目标市场对 ISO 认证的要求，也取决于企业的资金状况。
- 什么时候开发？认证开发可以配合市场对认证要求的时间来进行。企业可以从有关市场预测的资料中了解市场对认证的要求情况。一般而言，时间越靠后，市场对认证的要求会越高。企业如果决定进行认证开发，在资金和所有者权益许可的情况下，可以适当提前开发。

表 16.3　ISO 认证投资

年度	第 1 年	第 2 年	第 3 年	第 4 年	第 5 年	第 6 年
ISO9000						
ISO14000						
总计						
监督员签字						

(3) 产品研发投资规则

企业在经营前期，产品品种单一，销售收入增长缓慢。企业如果要增加收入，就必须多销售产品。而要多销售产品,除了销售市场要足够多之外,还必须要有多样化的产品。因为每个市场对单一产品的需求总是有限的。为此,企业需要做出是否进行新产品研发的决策。产品研发须填制产品开发登记表(如表 16.4 所示)。企业如果要进行新产品的研发,就需要投入资金,同样会影响当期现金流量和所有者权益。因此,企业在进行产品研发投资规划时,应当注意以下几个问题。

- 企业的产品策略是什么?由于企业可以研发的产品品种多样,因此企业需要做出研发哪几种产品的决策。由于资金、产能的原因,企业一般不同时研发所有的产品,而是根据市场的需求和竞争对手的情况,选择其中的一种或两种进行研发。
- 企业从什么时候开始研发哪些产品?企业决定要研发产品的品种后,需要考虑的就是什么时候开始研发以及研发什么产品的问题。不同的产品可以同时研发,也可以分别研发。企业可以根据市场、资金、产能、竞争对手的情况等方面来确定。

表 16.4 产品开发等级表

年度	P2	P3	P4	总计	完成	监督员签字
第 1 年						
第 2 年						
第 3 年						
第 4 年						
第 5 年						
第 6 年						
总计						

(4) 设备投资规划

企业生产设备的数量和质量影响产品的生产能力。企业要提高生产能力,就必须对落后的生产设备进行更新,补充现代化的生产设备。设备投资及变动等须填制生产线购置变卖统计表(如表 16.5)。要更新设备,需要用现金支付设备款,支付的设备款计入当期的在建工程,设备安装完成后,增加固定资产。所以,设备投资支付的现金不影响当期的所有者权益,但会影响当期的现金流量。正是因为设备投资会影响现金流量,所以,在准备投资时,应当重点考虑资金问题,防止出现由于资金问题而使投资中断,或者投资完成由于没有资金不得不停工待料等情况。企业在进行设备投资规划时,应当考虑以下几个问题:

- 企业在新的一年里是否要进行设备投资?应当说,每个企业都希望扩大产能、扩充新生产线、改造落后的生产线,但要扩充或更新生产线涉及时机的问题。一般而言,企业如果资金充裕,未来市场容量大,企业就应当考虑进行设备投资,扩大产能。反之,就应当暂缓或不进行设备投资。
- 扩建或更新什么生产线?由于生产线有手工、半自动、全自动和柔性这 4 种,这就涉及该选择什么生产线的问题。一般情况下,企业应当根据资金状况和生产线是否需要转产等做出决策。
- 扩建或更新几条生产线?如果企业决定扩建或更新生产线,还涉及具体的数量问题。扩建或更新生产线的数量,一般根据企业的资金状况、厂房内生产线位置的空置数量、新研发产品的完工时间来确定。

- 什么时候扩建或更新生产线？如果不考虑其他因素，应该说生产线可以在流程规定的每个季度进行扩建或更新，但是，实际运作时，企业不得不考虑当时的资金状况、生产线完工后上线的产品品种、新产品研发完工的时间等因素。一般而言，如果企业有新产品研发，生产建成的时间最好与其一致（柔性和手工线除外），这样可以减少转产和空置的时间。从折旧的角度看，生产线的完工时间最好在某年的第一季度，这样可以相对减少折旧费用。

表16.5 生产线购置,变卖统计

_____组

生产线		1年				2年				3年				4年				5年				6年			
^	^	1	2	3	4	1	2	3	4	1	2	3	4	1	2	3	4	1	2	3	4	1	2	3	4
手工	买																								
^	卖																								
半自动	买																								
^	卖																								
自动	买																								
^	卖																								
柔性	买																								
^	卖																								

(5) 厂房投资规划

由于公司初始状态已拥有一处能安装6条生产线设备的大产房，因此，在企业增加购进新生产线的时候就需要考虑厂房能否足够安装设备，否则的话就得考虑增加购买或租赁新的厂房。具体如表16.6所示。

表16.6 厂房购买与租赁登记表

组别与指标	第1~2年								
^	购建厂房				租赁厂房			
^	A	B	C	D	A	B	C	D
开始时间	购买时间				租入时间			
第一组								
第二组								
第三组								
第四组								
第五组								
第六组								

续表

第1~2年

组别与指标	购建厂房				租赁厂房			
	A	B	C	D	A	B	C	D
结束时间	出售时间				归还时间			
第一组								
第二组								
第三组								
第四组								
第五组								
第六组								

第3~4年

组别与指标	购建厂房				租赁厂房			
	A	B	C	D	A	B	C	D
开始时间								
第一组								
第二组								
第三组								
第四组								
第五组								
第六组								
结束时间	出售时间				归还时间			
第一组								
第二组								
第三组								
第四组								
第五组								
第六组								

第四年第三季度购买两间B厂房,表示为4Y3Q2B;下同。设备表示方法同理

2. 确定可接订单的数量

在新年度规划会议后,企业要参加一年一度的产品订货会。企业只有参加产品订货会,才能争取到当年的产品销售订单。在产品订货会上,企业要准确拿单,就必须准确计算出当年的产品完工数量,据此确定企业当年甚至每一个季度的可接订单数量。企业某年某产品可接订单数量的计算公式为:

某年某产品可接订单数量=年初该产品的库存量+本年该产品的完工数量

公式中,年初产品的库存量可以从沙盘盘面的仓库中找到,也可以从营销总监的营运记录单中找到。因此,计算某产品可接订单数量的关键是确定本年产品的完工数量。

完工产品数量是生产部门通过排产来确定的。在沙盘企业中,生产总监根据企业

现有生产线的生产能力,结合企业当期的资金状况确定产品上线时间,再根据产品的生产周期推算产品的下线时间,从而确定出每个季度、每条生产线产品的完工情况。为了准确测算产品的完工时间和数量,沙盘企业可以通过编制"产品生产计划表"来进行,如表 16.7 所示。

表 16.7 _____ 年产品生产计划表

产品类别	年初库存量	产品生产计划				年末库存量
		第 1 季度	第 2 季度	第 3 季度	第 4 季度	
P₁						
P₂						
P₃						
P₄						

当然,企业也可以根据产品上线情况同时确定原材料的需求数量。这样,通过两者结合,既可确定产品的完工时间和完工数量,同时又可以确定每个季度原材料的需求量。这里,我们将这两者结合的表格称为"产品生产及材料需求计划表"(格式如表 16.8 所示)。下面举例介绍该表的编制方法。

表 16.8 产品生产及材料需求计划表

生产线		第一年				第二年			
		一季度	二季度	三季度	四季度	一季度	二季度	三季度	四季度
手工线	产品				P1			P1	
	材料	1R1			1R1				
半自动	产品			P2		P2		P2	
	材料	1R1+1R2		1R1+1R2		1R1+1R2			
全自动	产品		P2	P2	P2	P2	P2		
	材料	1R1+1R2	1R1+1R2	1R1+1R2	1R1+1R2	1R1+1R2			
合计	完工产品 P1				1			1	
	完工产品 P2		1	2	1	2	1	1	
	完工产品 P3								
	完工产品 P4								
	投入材料 P1	3	1	2	2	2			
	投入材料 P2	2	1	2	1	2			
	投入材料 P3								
	投入材料 P4								

例 16.1 企业某年年初有手工生产线、半自动生产线和全自动生产线各一条(全部空置),预计从一季度开始在手工生产线上投产 P1 产品,在半自动和全自动生产线上投产 P2 产品(假设产品均已开发完成,可以上线生产;原材料能满足生产需要)。我们可以

根据各生产线的生产周期编制产品生产及材料需求计划,如表16.9所示。

从该表可以看出,企业从第一季度开始连续投产加工产品,第一年第一季度没有完工产品,第二季度完工1个P2产品,第三季度完工2个P2产品,第四季度完工1个P1产品和1个P2产品。同时,我们还可以看出企业每个季度的原材料的需求数量。根据该表提供的信息,营销总监可以确定可接订单数量,采购总监可以将其作为企业材料采购的依据。

需要注意的是,在编制"产品生产及材料需求计划表"时,企业首先应明确产品在各条生产线上的投产时间,然后根据各生产线的生产周期推算每条生产线投产产品的完工时间,最后,将各条生产线完工产品的数量加总,得出企业在某一时期每种产品的完工数量。同样,在该表中,企业根据产品的投产数量可以推算出各种产品投产时需要投入的原材料数量,然后,将各条生产线上需要的原材料数量加总,可以得到企业在每个季度所需要的原材料数量。采购总监可以根据该信息确定企业需要采购什么、什么时间采购、采购多少等。

16.1.2 参加订货会、支付广告费、登记销售订单

销售产品必须要有销售渠道。对于沙盘企业而言,销售产品的唯一途径就是参加产品订货会,争取销售订单。参加产品订货会需要在目标市场投放广告费,只有投放了广告费,企业才有资格在该市场争取订单。

在参加订货会之前,企业需要分市场、分产品在"广告费投入表"上登记投放的广告费金额。"广告费投入表"是企业争取订单的唯一依据,也是企业当期支付广告费的依据,应当采取科学的态度,认真对待。如表16.9所示。

表16.9 广告费投入表

投入项目	本地市场	区域市场	国内市场	亚洲市场	国际市场	合计
P_1						
P_2						
P_3						
P_4						
ISO9000						
ISO14000						
合计						

一般情况下,营销总监代表企业参加订货会,争取销售订单。但为了从容应对竞单过程中可能出现的各种复杂情况,企业也可由营销总监与CEO或采购总监一起参加订货会。竞单时,应当根据企业的可接订单数量选择订单,尽可能按企业的产能争取订单,使企业生产的产品在当年全部销售。应当注意的是,企业争取的订单一定不能突破企业的最大产能,否则,如果不能按期交单,将给企业带来巨大损失。

在实际工作中,广告费一般是在广告呈现给观众或听众之前支付的。沙盘企业中,广告费一般在参加订货会后一次性支付。因此,企业在投放广告时,应当充分考虑自身

的支付能力。也就是说,投放的广告费一般不能突破企业年初未经营前现金库中的现金余额。

支付广告费时,由财务总监从现金库中取出"广告费投入表"中登记的广告费数额,放在综合费用的"广告费"中,并在运营任务清单对应的方格内记录支付的现金数(用"—"表示现金支出,下同)。

为了准确掌握销售情况,科学制订本年度工作计划,企业应将参加订货会争取的销售订单进行登记。拿回订单后,财务总监和营销总监分别在任务清单的"订单登记表"(如表16.10)中逐一对订单进行登记。为了将已经销售和尚未销售的订单进行区分,营销总监在登记订单时,只登记订单号、销售数量、账期,暂时不登记销售额、成本和毛利,当产品销售时,再进行登记。

表16.10 销售订单登记表

公司名称:　　　　　　　　　第　年　　　　　　　　　第　组

订单号							
市场							
产品类型							
数量(个)							
单价(M)							
金额(M)							
收款账期(Q)							
订单交货时间 Q							
实际交货时间 Q							
实际销售额(M)							
销售成本(M)							
销售毛利(M)							

第　年销售额统计

市场	P_1 产品	P_2 产品	P_3 产品	P_4 产品	合计
本地市场					
区域市场					
国内市场					
亚洲市场					
国际市场					
合计					

16.1.3 制订新年度计划

企业参加订货会取得销售订单后,已经明确了当年的销售任务。企业应当根据销售订单对前期制订的新年度规划进行调整,制订新年度工作计划。新年度工作计划是企业在新的一年为了开展各项经营活动而事先进行的工作安排,它是企业执行各项任务的基本依据。新年度工作计划一般包括投资计划、生产计划、销售计划、采购计划、资金筹集计划等。沙盘企业中,当企业取得销售订单后,企业的销售任务基本明确,已经不需要制订销售计划了。这样,企业的新年度计划主要围绕生产计划、采购计划和资金的筹集计划来进行。

为了使新年度计划更具有针对性和科学性,计划一般是围绕预算来制订的。预算可以将企业的经营目标分解为一系列具体的经济指标,使生产经营目标进一步具体化,并落实到企业的各个部门,这样企业的全体员工就有了共同努力的方向。在沙盘企业中,通过编制预算,特别是现金预算,可以在企业经营之前预见经营过程中可能出现的现金短缺或盈余,便于企业安排资金的筹集和使用;同时,通过预算,可以对企业的规划及时进行调整,防止出现由于资金断流而破产的情况。

现金预算,首先需要预计现金收入和现金支出。在实际工作中,现金收入和支出只能进行合理地预计,很难进行准确的预测。在沙盘企业中,现金收入相对比较单一,主要是销售产品收到的现金,可以根据企业的销售订单和预计交单时间准确地估算。现金支出主要包括投资支出、生产支出、采购材料支出、综合费用支出和日常管理费用支出等。这些支出可以进一步分为固定支出和变动支出两部分。固定支出主要是投资支出、综合费用支出、管理费用支出等,企业可以根据规则和企业当规划准确计算。变动支出是随产品生产数量的变化而变化的支出,主要是生产支出和材料采购支出。企业可以根据当年的生产线和销售订单情况安排生产,在此基础上通过编制"产品生产与材料需求计划",准确地测算出每个季度投产所需要的加工费。同时,根据材料需求计划确定材料采购计划,准确确定企业在每个季度采购材料所需要的采购费用。这样,通过预计现金收入和现金支出,可以比较准确地预计企业现金的短缺或盈余。如果现金短缺,就应当想办法筹集资金,如果不能筹集资金,就必须调整规划或计划,减少现金支出。反之,如果现金有较多盈余,可以调整规划或计划,增加长期资产的投资,增强企业的后续发展实力。

实际工作中,企业要准确编制预算,首先应预计预算期产品的销售量,在此基础上编制销售预算,预计现金收入。之后,编制生产预算和费用预算,预计预算期的现金支出,最后编制现金预算。沙盘企业中,预算编制的程序与实际工作基本相同,但由于业务简化,可以采用简化的程序,即根据销售订单,先编制产品生产计划,再编制材料采购计划,最后编制现金预算。

1. 生产计划

在沙盘企业中,编制生产计划的主要目的是为了确定产品投产的时间和投产的品种(当然也可以预计产品完工的时间),从而预计产品投产需要的加工费和原材料。生产计划主要包括产品生产及材料需求计划、开工计划、原材料需求计划等。

前面已经介绍,企业在参加订货会之前,为了准确计算新年产品的完工数量,已经根据自己的生产线情况编制了"产品生产及材料需求计划"。但是,由于取得的销售订单可能与预计有差异,企业有时候需要根据取得的销售订单对产品生产计划进行调整,为此,就需要重新编制该计划。然后,企业根据确定的"产品生产及材料需求计划",编制"开工计划"和"材料需求计划"。

"开工计划"是生产总监根据"产品生产及材料需求计划"编制的,它将各条生产线产品投产数量按产品加总,将分散的信息集中在一起,可以直观地看出企业在每个季度投产了哪些产品以及分别有多少。同时,根据产品的投产数量,能准确确定出每个季度投产产品所需要的加工费。财务总监将该计划提供的加工费信息,作为编制现金预算的依据之一。

例 16.2 接【例 16.1】,根据"产品生产及材料需求计划"编制该企业的"开工计划"。

从"产品生产及材料需求计划"可以看出,企业在第一季度投产 1 个 P1 和 2 个 P2,共计投产 3 个产品,根据规则,每个产品上线需投入加工费 1M,第一季度投产 3 个产品,需要 3M 的加工费。同样,企业根据产品投产数量可以推算出第二、三、四季度需要的加工费。该企业编制的"开工计划"如表 16.11 所示。

表 16.11 开工计划

产品	第一季度	第二季度	第三季度	第四季度
P1	1			1
P2	2	1	2	
P3				
P4				
人工费(M)	3	1	2	2

生产产品必须要有原材料,没有原材料,企业就无法进行产品生产。企业要保证材料的供应,就必须事先知道企业在什么时候需要什么材料、需要多少。企业可以根据"产品生产及材料需求计划"编制"材料需求计划",确定企业在每个季度所需要的材料。"材料需求计划"可以直观地反映企业在某一季度所需要的材料数量,采购总监可以根据此订购所需要的原材料,保证原材料的供应。

例 16.3 接【例 16.1】,根据"产品生产及材料需求计划",生产总监编制该企业的"材料需求计划",如表 16.12 所示。

表 16.12 材料需求计划

产品	第一季度	第二季度	第三季度	第四季度	合计
R1	3	1	2	2	8
R2	2	1	2	1	6
R3					
R4					

2. 材料采购计划

企业要保证材料的供应,必须提前订购材料。实际工作中,采购材料可能是现款采购,也可能是赊购。沙盘企业中,一般采用的是现款采购的规则。也就是说,订购的材料达到企业时,必须支付现金。采购原材料须填制采购登记表,如表 16.13 所示。

表 16.13　公司采购登记表

_____组

年	1 季				2 季				3 季				4 季			
原材料	R1	R2	R3	R4	R1	R2	R3	R4	R1	R2	R3	R4	R1	R2	R3	R4
订购数量																
采购入库																

材料采购计划是以生产需求计划为基础编制的。在编制材料采购计划时,主要应当注意 3 个问题:

(1)订购的数量。订购材料的目的是保证生产的需要,如果订购过多,占用了资金,造成资金使用效率的下降;订购过少,则不能满足生产的需要。因此,材料的订购数量应当以既能满足生产需要,又不造成资金的积压为原则,尽可能做到材料零库存。为此,应当根据原材料的需求量和原材料的库存数量来确定企业材料的订购数量。

(2)订购的时间。一般情况下,企业订购的材料当季度不能入库,要在下一季度或下两季度才能到达企业,为此,企业在订购材料时,应当考虑材料运输途中的时间,即材料提前订货期。

(3)采购材料付款的时间和金额。采购的材料一般在入库时付款,付款的金额就是材料入库应支付的金额,如果订购了材料,就必须按期购买。当期订购的材料不需要支付现金。

企业编制材料采购计划时,可以明确企业订购材料的时间,采购总监可以根据该计划订购材料,防止多订、少订、漏订材料,保证生产的需要。同时,财务总监根据该计划可以了解企业采购材料的资金需要情况,及时纳入现金预算,保证资金的供应。

例 16.4　接【例 16.3】,根据"材料需求计划",由采购总监编制该企业的材料采购计划。

从材料需求计划表可以看出,企业在每个季度都需要一定数量的 R1 和 R2 原材料。根据规则,R1 和 R2 材料的提前订货期均为一个季度,也就是说,企业需要提前一个季度订购原材料。例如,企业在本年第一季度需要 3 个 R1 和 2 个 R2,则必须在上年的第四季度订购。当上年第四季度订购的材料在本年第一季度入库时,需要支付材料款 5M。同样,企业可以推算在每个季度需要订购的原材料以及付款的金额。据此,采购总监编制材料采购计划,如表 16.14 所示。

表 16.14　材料采购计划

材料	上年第四季度		第一季度		第二季度		第三季度		第四季度	
	订购	入库	订购	入库	订购	入库	订购	入库	订购	入库
R1	3		1	3	2	1	2	2		2
R2	2		1	2	2	1	1	2		1
R3										
R4										
材料款	—	—	—	5	—	2	—	4	—	3

3. 现金预算

在企业在经营过程中,常常出现现金短缺的"意外"情况,正常经营不得不中断,搞得经营者焦头烂额。其实,通过仔细分析会发现,这种"意外"情况的发生不外乎两方面的原因:第一,企业没有正确编制预算,导致预算与实际严重脱节;第二,企业没有严格按计划进行经营,导致实际严重脱离预算。为了合理安排和筹集资金,企业在经营之前应当根据新年度计划编制现金预算。

现金预算是有关预算的汇总,由现金收入、现金支出、现金多余或不足、资金的筹集和运用四个部分组成。现金收入部分包括期初现金金额和预算期现金收入。现金支出部分包括预算的各项现金支出。现金多余或不足是现金收入合计与现金支出合计的差额。差额为正,说明收入大于支出,现金有多余,可用于偿还借款或用于投资;差额为负,说明支出大于收入,现金不足,需要筹集资金或调整规划或计划,减少现金支出。资金的筹集和运用部分是当企业现金不足或富裕时,筹集或使用的资金。筹集资金须填制贷款申请表(如表 16.15 所示)。

表 16.15 公司贷款申请表

_____组

贷款类		1年				2年				3年				4年				5年				6年			
		1	2	3	4	1	2	3	4	1	2	3	4	1	2	3	4	1	2	3	4	1	2	3	4
短贷	借																								
	还																								
高利贷	借																								
	还																								
短贷余额																									
监督员签字																									
长贷	借																								
	还																								
长贷余额																									
上年权益																									
监督员签字																									

沙盘企业中,企业确定销售订单后,现金收入基本确定。当企业当年的投资和生产计划确定后,企业的现金支出也基本确定。因此,企业应该能够通过编制现金预算准确预计企业经营期的现金多余或不足,可以有效预防"意外"情况的发生。如果企业通过编制现金预算发现资金短缺,而且通过筹资仍不能解决,则应当修订企业当年的投资和经营计划,最终使企业的资金满足需要。

"现金预算表"的格式有多种,可以根据实际需要自行设计。这里,我们介绍其中的一种,这种格式是根据沙盘企业的运营规则设计的。下面我们简要举例介绍"现金预算表"

的编制。

例 16.5 根据例 16.1~例 16.4 以及下面的资料,编制该企业该年的现金预算表。假设该企业有关的现金预算资料如下。

年初现金:18M;

上年应交税金:0;

支付广告费:8M;

应收款到期:第一季度 15M,第二季度 8M,第三季度 8M,第四季度 18M;

年末偿还长期贷款利息:4M;

年末支付设备维护费:2M。

投资规划:从第一季度开始连续开发 P2 和 P3 产品,开发国内和亚洲市场,同时进行 ISO9000 和 ISO14000 认证,从第三季度开始购买安装两条全自动生产线。

产品生产及材料采购需要的资金见前面的"开工计划"和"材料采购计划"。

根据该规定,并结合生产和材料采购计划,编制该企业的现金预算表,如表 16.16 所示。

表 16.16 现金预算表 （单位:M）

项目	第一季度	第二季度	第三季度	第四季度
期初库存现金	18	13	14	4
支付上年应交税				
市场广告投入	8			
支付短期贷款利息				
支付到期短期贷款本金				
支付原料采购现金	5	2	4	3
支付生产线投资			8	8
支付转产费用				
支付产品加工费	3	1	2	2
收到现金前的所有支出	16	3	14	13
应收款到期收到现金	15	8	8	18
支付产品研发投资	3	3	3	3
支付管理费用	1	1	1	1
支付长期贷款利息				4
偿还到期的长期贷款				
支付设备维护费用				2
支付租金				
支付购买厂房款				
支付市场开拓投资				2

续表

项目	第一季度	第二季度	第三季度	第四季度
支付 ISO 认证投资				2
其他				
现金收入合计	15	8	8	18
现金支出合计	20	7	18	27
现金多余或不足(一)	13	14		−5
向银行借款				20
贴现收到现金				
期末现金金额	13	14	4	15

从上面编制的现金预算表可以看出，企业在第一、二、三季度收到现金的支付都小于或等于期初的现金，而且期末现金都大于零，说明现金能满足需要。第三季度末，企业现金余额为 4，也就是说，第四季度期初库存现金为 4，但是，第四季度在手的现金前的现金支出为 13，小于可使用的资金，这样，企业必须在第三或第四季度初筹集资金。因为企业可以在每季度初借入短期贷款，所以应当在第四季度初贷入 20M 的短期贷款。

综上，企业为了合理组织和安排生产，在年初首先应当编制"产品生产及材料需求计划"，明确企业在计划期内根据产能所能生产的产品数量，营销总监可以根据年初库存的产品数量和计划年度的完工产品数量确定可接订单数量，并根据取定的可接订单数量参加产品订货会。订货会结束后，企业根据确定的计划年度产品销售数量安排生产。为了保证材料的正常供应，生产总监根据确定的生产计划编制"材料需求计划"，采购总监根据生产总监编制的"材料需求计划"编制"材料采购计划"。财务总监根据企业规划确定的费用预算、生产预算和材料需求预算编制现金预算，明确企业在计划期内资金的使用和筹集。

4. 支付应付税

依法纳税是每个公民应尽的义务。企业在年初应支付上年应交的税金。企业依照上年资产负债表中"应交税金"项目的数值交纳税金。交纳税金时，财务总监从现金库中拿出相应现金放在沙盘"综合费用"的"税金"处，并在运营任务清单对应的方格内记录现金的减少数。

16.2 年中运营

企业制订新年度计划后，就可以按照运营规则和工作计划进行经营了。沙盘企业日常运营应当按照一定的流程来进行，这个流程就是任务清单。任务清单反映了企业在运行过程中的先后顺序，必须按照这个顺序进行。

为了对沙盘企业的日常运营有一个详细的了解，这里按照任务清单的顺序，对日常运营过程中的操作要点进行介绍。

16.2.1 季初盘点

为了保证账实相符,企业应当定期对企业的资产进行盘点。沙盘企业中,企业的资产主要包括现金、应收账款、原材料、在产品、产成品等流动资产,以及在建工程、生产线、厂房等固定资产。盘点的方法主要采用实地盘点法,就是对沙盘盘面的资产逐一清点,确定出实有数,然后将任务清单上记录的余额与其核对,最终确定出余额。

盘点时,CEO 指挥、监督团队成员各司其职,认真进行。如果盘点的余额与账面数一致,各成员就将结余数准确无误地填写在任务清单的对应位置。季初余额等于上一季度末余额,由于上一季度末刚盘点完毕,因此可以直接根据上季度的季末余额填入。

财务总监:根据上季度末的现金余额填写本季度初的现金余额。第一季度现金账面余额的计算公式:年初现金余额=上年末库存现金-支付的本年广告费-支付上年应交的税金+其他收到的现金。

- 采购总监:根据上季度末库存原材料数填写本季度初库存原材料。
- 生产总监:根据上季度末库存在产品数量填写本季度初在产品数量。
- 营销总监:根据上季度末产成品数量填写本季度初产成品数量。
- CEO:在监督各成员正确完成以上操作后,在运营任务清单对应的方格内打"√"。

16.2.2 更新短期贷款、还本付息、申请短期贷款

企业要发展,资金是保证。在经营过程中,如果缺乏资金,正常的经营可能都无法进行。更谈不上扩大生产和进行无形资产投资了。如果企业的经营活动正常,从长远发展的角度来看,应适度举债,"借鸡生蛋"。

沙盘企业中,企业筹集资金的方式主要是长期贷款和短期贷款。长期贷款主要是用于长期资产投资,比如购买生产线、产品研发等,短期贷款主要解决流动资金不足的问题,两者应结合起来使用。短期贷款的借入、利息的支付和本金的归还都是在每个季度初进行的。其余时间要筹集资金,只能采取其他的方式,不能借入短期贷款。操作要点如下:

(1) 财务总监

- 更新短期贷款。将短期借款往现金库方向推进一格,表示短期贷款离还款时间更接近。如果短期借贷已经推进现金库,则表示该贷款到期,应还本付息。
- 还本付息。财务总监从现金库中拿出利息放在沙盘"综合费用"的"利息"处;拿出相当于应当归还借款本金的现金到交易处偿还短期贷款。
- 申请短期贷款。如果企业需要借入短期贷款,则财务总监填写"公司贷款申请表"到交易处借款。短期借款借入后,放置一个空桶在短期借款的第四账期处,在空桶内放置一张有关借入该短期借款信息的纸条,并将现金放在现金库中。
- 记录。在"公司贷款登记表"上登记归还的本金金额;在任务清单对应的方格内记录偿还的本金、支付利息的现金减少数;登记借入短期借款增加的现金数。

(2) CEO

在监督财务总监正确完成以上操作后,在运营任务清单对应的方格内打"√"。

16.2.3 更新应付款、归还应付款

企业如果采用赊购方式购买原材料,就涉及应付账款。如果应付账款到期,必须支

付货款。企业应该在每个季度对应款进行更新。操作要点如下。

(1) 财务总监

● 更新应付款。将应付款向现金库方向推进一格，当应付款到达现金库时，表示应付款到期，必须用现金偿还，不能延期。

● 归还应付款。从现金库中取出现金付清应付款。

● 记录：在任务清单对应的方格内登记现金的减少数。

(2) CEO

在监督财务总监正确完成以上操作后，在任务清单对应的方格内打"√"。本教材的规则中不涉及应付款，因此不进行操作。直接在任务清单对应的方格内打"×"。

16.2.4　原材料入库、更新原材料订单

企业只有在前期订购了原材料，在交易处登记了原材料采购数量的，才能购买原材料。每个季度，企业应将沙盘中的"原材料订单"向原材料仓库推进一格，表示更新原料订单。如果原材料订单本期已经推到原材料库，则表示原材料已经到达企业，企业应验收入库材料，并支付相应的材料款。

操作要点如下。

(1) 采购总监

● 购买原材料。持现金和"采购登记表"在交易处买回原材料后，放在沙盘对应的原材料库中。

● 记录。在"采购登记表"中登记购买的原材料数量，同时在任务清单对应的方格内登记入库的原材料数量。

● 如果企业订购的原材料尚未到期，则采购总监在任务清单对应的方格内打"√"。

(2) 财务总监

● 付材料款。从现金库中拿出购买原材料需要的现金交给采购总监。

● 记录。在运营任务清单对应的方格内填上现金的减少数。

(3) CEO

在监督财务总监和采购总监正确完成以上操作后，在任务清单对应的方格内打"√"。

16.2.5　下原材料订单

企业购买原材料必须提前在交易处下原料订单，没有下订单不能购买。下原料订单不需要支付现金。操作如下。

(1) 采购总监

● 下原料订单。在"采购登记表"上登记订购的原材料品种和数量，在交易处办理订货手续；将从交易处取得的原材料采购订单放在沙盘的"原材料订单"处。

● 记录。在任务清单对应的方格内记录订购的原材料数量。

(2) CEO

在监督采购总监正确完成以上操作后，在任务清单对应的方格内打"√"。

16.2.6　更新生产、完工入库

一般情况下，产品加工时间越长，完工程度越高。企业应在每个季度更新生产。当

产品完工后,应及时下线入库。操作要点如下。

(1)生产总监

• 更新生产。将生产线上的在制品向前推进一格。如果产品已经推到生产线以外,表示产品完工下线,将该产品放在产成品库对应的位置。

• 记录。在任务清单对应的方格内记录完工产品的数量。如果产品没有完工,则在运营任务清单对应的方格内打"√"。

(2)CEO

在监督生产总监正确完成以上操作后,在任务清单对应的方格内打"√"。

16.2.7 投资新生产线、变卖生产线、生产线转产

企业要提高产能,必须对生产线进行改造,包括新购、变卖和转产等。新购的生产线安置在厂房空置的生产线位置;如果没有空置的位置,必须先变卖生产线。变卖生产线的目的主要出于战略的考虑,如将手工线换成全自动生产线等。如果生产线要转产,应当考虑转产周期和转产费。操作要点如下。

1. 投资新生产线

(1)生产总监

• 领取标识。在交易处申请新生产线标识,将标识翻转放置在某厂房空置的生产线位置,并在标识上面放置与该生产线安装周期期数相同的空桶,代表安装周期。

• 支付安装费。每个季度向财务总监申请建设资金,放置在其中的一个空桶内。每个空桶内都放置了建设资金,表明费用全部支付完毕,生产线在下一季度建设完成。在全部投资完成后的下一季度,将生产线标识翻转过来,领取产品标识,可以投入使用。

(2)财务总监

• 支付生产线建设费。从现金库取出现金交给生产总监用于生产线的投资。

• 记录。在运营任务清单对应的方格内填上现金的减少数。

2. 变卖生产线

(1)生产总监

• 变卖。生产线只能按残值变卖。变卖时,将生产线及其产品生产标识交还给交易处,并将生产线的净值从"价值"处取得,将等同于变卖的生产线的残值部分交给财务总监,相当于变卖收到的现金。

• 净值与残值差额的处理。如果生产线净值大于残值,则将净值大于残值的差额部分放在"综合费用"的"其他"处,表示出售生产线的净损失。

(2)财务总监

• 收现金。将变卖生产线收到的现金放在现金库。

• 记录。在运营任务清单对应的方格内记录现金的增加数。

3. 生产线转产

(1)生产总监

• 更新标识。持原产品标识在交易处更换新的产品生产标识,并将新的产品生产标识反扣在生产线的"产品标识"处,待该生产线转产期满可以生产产品时,再将该产品标

识正面放置在"标识"处。
- 支付转产费。如果转产需要支付转产费,还应向财务总监申请转产费,将转产费放在"综合费用"的"转产处"。
- 记录。正确完成以上全部操作后,在运营任务清单对应的方格内打"√";如果不做上面的操作,则在运营任务清单对应的方格内打"×"。

(2) 财务总监
- 支付转产费。如果转产需要转产费,则将现金交给生产总监。
- 记录。在运营任务清单对应的方格内登记支付转产费而导致的现金减少数。

(3) CEO
在监督生产总监正确完成以上操作后,在运营任务清单对应的方格内打"√"。如果不做上面的操作,则在运营任务清单对应的方格内打"×"。

16.2.8 向其他企业购买原材料、出售原材料

企业如果没有下原料订单,就不能购买材料。如果企业生产急需材料,又不能从交易处购买,就只能从其他企业购买。当然,如果企业有暂时多余的材料,也可以向其他企业出售,收回现金。操作要点如下。

(1) 采购总监
- 谈判。在进行组间的原材料买卖时,首先双方要谈妥材料的交易价格,并采取一手交钱一手交货的方式进行交易。
- 购买原材料。本企业从其他企业处购买原材料,首先从财务总监处申请取得购买材料需要的现金,买进材料后,将材料放进原材料库。应当注意的是,材料的成本是企业从其他企业购买材料支付的价款,在计算产品成本时应将该成本作为领用材料的成本。
- 记录。在任务清单对应的方格内填上购入的原材料量,并记录材料的实际成本。

(2) 财务总监
- 收现金。将出售材料收到的现金放进现金库。
- 交易收益的处理。如果出售原材料收的现金超过购进原材料的成本,表示企业取得了交易收益,财务总监应当将该收益记录在利润表的"其他收入/支出"栏(为正数)。
- 记录。将出售原材料收到现金数记录在任务清单对应的方格内。

(3) CEO
在监督采购总监和财务总监正确完成以上操作后,在运营任务清单对应的方格内打"√"。如果不做上面的操作,则在运营任务清单对应的方格内打"×"。

16.2.9 开始下一批生产

企业如果有闲置的生产线,尽量安排生产。因为闲置的生产线仍然需要支付设备维护费、计提折旧,企业只有生产产品,并将这些产品销售出去,这些固定费用才能得到弥补。操作要点如下。

(1) 生产总监
- 领用原材料。从采购总监处申请领取生产产品需要的原材料。

- 加工费。从财务总监处申请取得生产产品需要的加工费。
- 上线生产。将生产产品所需要的原材料和加工费放置在空桶中(一个空桶代表一个产品),然后将这些空桶放置在空置的生产线上,表示开始投入产品生产。
- 记录。在任务清单对应的方格内登记投产产品的数量。

(2) **财务总监**
- 支付现金。审核生产总监提出的产品加工费申请后,将现金交给生产总监。
- 记录。在任务清单对应的方格内登记现金的减少数。

(3) **采购总监**
- 发放原材料。根据生产总监的申请,发放生产产品所需要的原材料。
- 记录。在运营任务清单对应的方格内登记生产领用原材料导致原材料的减少数。

(4) CEO
在监督正确完成以上操作后,在任务清单对应的方格内打"√"。

16.2.10 更新应收款、应收款收现

在沙盘企业中,企业销售产品一般收到的是"欠条"——应收款。每个季度,企业应将应收款向现金库方向推进一格,表示应收款账期的减少。当应收款被推进现金库时,表示应收款到期,企业应持应收款到交易处领取现金。操作要点如下。

(1) **财务总监**
- 更新应收款。将应收款往现金库方向推进一格。当应收款推进现金库时,表示应收款到期。
- 应收款收现。如果应收款到期,持"应收账款登记表"、任务清单和应收款凭条道交易处领回相应现金。
- 记录。在运营任务清单对应的方格内登记应收款到期收到的现金数。

(2) CEO
在监督正确完成以上操作后,在运营任务清单对应的方各内打"√"。

16.2.11 出售厂房

企业如果需要筹集资金,可以出售厂房。厂房按原值出售。出售厂房当期不能收到现金,只能收到一张4账期的应收款凭条。年末时,如果没有厂房,必须支付租金。操作要点如下。

(1) **生产总监**
- 出售厂房。企业出售厂房时,将厂房价值拿到交易处,领回40M的应收款凭条,交给财务总监。
- 记录。在任务清单对应的方格内打"√"。

(2) **财务总监**
- 收到应收款凭条。将收到的应收款凭条放置在沙盘应收款的4Q处。
- 记录。在"应收账款登记表"上登记收到的应收款金额和账期,在任务清单对应的方格内打"√"。

(3) CEO
在监督正确完成以上操作后,在任务清单对应的方格内打"√"。

16.2.12　向其他企业购买成品、出售成品

企业参加产品订货会时，如果取得的销售订单超过了企业最大生产能力，当年不能按订单交货，则构成违约，按规则将受到严厉的惩罚。为此，企业可以从其他企业购买产品来交单。当然，如果企业有库存积压的产品，也可以向其他企业出售。操作要点如下。

1. 向其他企业购买产品

(1) 营销总监

- 谈判。在进行组间的产品买卖时，首先双方要谈妥产品的交易价格，并采取一手交钱一手交货的交易方式进行交易。
- 购买。从财务总监处申请取得购买产品所需要的现金，买进产品后，将产品放置在对应的产品库。注意：购进的产品成本应当是购进时支付的价款，在计算产品销售成本时应当按该成本计算。
- 记录。在任务清单对应的方格内记录购入的产品数量。

(2) 财务总监

- 付款。根据营销总监的申请，审核后，支付购买材料需要的现金。
- 记录。将购买产品支付的现金数记录在运营任务清单对应的方格内。

2. 向其他企业出售产品

(1) 营销总监

- 出售。从产品库取出产品，从对方取得现金后将产品交给购买方，并将现金交割给财务总监。
- 记录。由于出售导致产品的减少，因此营销总监应在运营任务清单对应的方格内填上因出售而减少的产品数量。

(2) 财务总监

- 收到现金。将出售产品收到的现金放进现金库。
- 出售收益的处理。如果出售产品多收到了现金，即组间交易出售产品价格高于购进产品的成本，表示企业取得了交易收益，应当在编制利润表示时将该收益记录在利润表的"其他收入/支出"栏(为正数)。
- 记录。将出售产品收到的现金数记录在任务清单对应的方格内。

(3) CEO

在监督营销总监和财务总监正确完成以上操作后，在运营任务清单对应的方格内打"√"。如果不做上面的操作，则在运营任务清单对应的方格内打"×"。

16.2.13　按订单交货

企业只有将产品销售出去才能实现收入，也才能收回垫支的成本。产品生产出来后，企业应按销售订单交货。操作要点如下。

(1) 营销总监

- 销售。销售产品前，首先在"订单登记表"中登记销售订单的销售额，计算出销售成本和毛利之后，将销售订单和相应数量的产品拿到交易处销售。销售后，将收到的应

收款凭条或现金交给财务总监。
- 记录。在完成上述操作后,在运营任务清单对应的方格内打"√"。如果不做上面的操作,则在运营任务清单对应的方格内打"×"。

(2)财务总监
- 收到销货款。如果销售取得的是应收款凭条,则将凭条放在应收款相应的账期处;如果销售取得的是应收款凭条,则将现金放进现金库。
- 记录。如果销售产品收到的是应收款凭条,在"应收账款登记表"上登记应收款的金额;如果收到现金,在任务清单对应的方格内登记现金的增加数。

(3)CEO
在监督营销总监和财务总监正确完成以上操作后,在运营任务清单对应的方格内打"√"。如果不做上面的操作,则在运营任务清单对应的方格内打"×"。

16.2.14 产品研发投资

企业要研发新产品,必须投入研发费用。每季度的研发费用在季末一次性支付。当新产品研发完成,企业在下一季度可以投生产。操作要点如下。

(1)营销总监
- 研发投资。企业如果需要研发新产品,则从财务总监处申请取得研发所需要的现金,放置在产品研发对应位置的空桶内。如果产品研发投资完成,则从交易处领取相应产品的生产资格证放置在"生产资格处。企业取得生产资格证后,从下一季度开始,可以生产该产品。
- 记录。在运营任务清单对应的方格内打"√"。

(2)财务总监
- 支付研发费。根据营销总监提出的申请,审核后,用现金支付。
- 记录。如果支付了研发费,则在运营任务清单对应的方格内登记现金的减少数。

(3)CEO
在监督正确完成以上操作后,在任务清单对应的方格内打"√"。如果不做上面的操作,则在运营任务清单对应的方格内打"×"。

16.2.15 支付行政管理费

企业在生产经营过程中会发生诸如办公费、人员工资等管理费用。沙盘企业中,行政管理费在每季度末一次性支付1M。无论企业经营情况好坏、业务量多少,都是固定不变的,这是与实际工作的差异之处。操作要点如下。

(1)财务总监
- 支付管理费。每季度从现金库中取出1M现金放置在综合费用的"管理费"处。
- 记录。在任务清单对应的方格内登记现金的减少数。

(2)CEO
在监督完成以上操作后,在运营任务清单对应的方格内打"√"。

16.2.16 其他现金收支情况登记

企业在经营过程中可能会发生除上述外的其他现金收入或支出,因此应将这些现金

251

收入或支出进行记录。操作要点如下。

(1) 财务总监

企业如果有其他现金增加和减少情况,则在运营任务清单对应的方格内登记现金的增加或减少数。

(2) CEO

在监督完成以上操作后,在运营任务清单对应的方格内打"√"。如果不做上面的操作,则在运营任务清单对应的方格内打"×"。

16.2.17 季末盘点

每季度末,企业应对现金、原材料、在产品和产成品进行盘点,并将盘点的数额与账面结存数进行核对,如果账实相符,则将该数额填写在任务清单对应的方格内。如果账实不符,则找出原因后再按照实际数填写。

余额的计算公式为:

现金余额=季初余额+现金增加额-现金减少额

原材料库存余额=季初在产品数量+本期在产品投产数量-本期完工产品数量

产成品余额=季初产成品数量+本期产成品完工数量-本期产成品销售数量

16.3 年末运营

企业日常经营活动结束后,年末还应当进行年末账项的计算和结转,编制各种报表,计算当年的经营成果,反映当前的财务状况,并对当年的经营情况进行分析总结。

16.3.1 支付利息、更新长期贷款、申请长期贷款

企业为了发展,可能需要借入长期贷款。长期贷款主要是用于长期资产投资,比如购买生产线、产品研发等。在沙盘企业中,长期贷款只能在每年年末进行,贷款期限在一年以上,每年年末付息一次,到期还本。本年借入的长期贷款下年末支付利息。操作要点如下。

(1) 财务总监

- 支付利息。根据企业已经借入的长期借款计算本年应支付的利息,之后,从现金库中取出相应的利息放置在综合费用的"利息"处。
- 更新长期贷款。将长期借款往现金库推进一格,表示偿还期的缩短。如果长期借款已经被推至现金库中,则表示长期借款到期,应持相应的现金和"贷款登记表"到交易处归还该借款。
- 申请长期贷款。持上年报表和"贷款申请表"到交易处,经交易处审核后发放贷款。收到贷款后,将现金放进现金库中;同时,放一个空桶在长期贷款对应的账期处,空桶内写一张注明贷款金额、账期和贷款时间的长期贷款凭条。如果长期贷款续贷,财务总监持上年报表和"贷款申请表"到交易处办理续贷手续。之后,同样放一个空桶在长期贷款对应的账期处,空桶内写一张注明贷款金额、账期和贷款时间的凭条。
- 记录。在任务清单对应的方格内登记因支付利息、归还本金导致的现金减少数,以及借入长期借款增加的现金数。

(2) CEO

在监督财务总监完成以上操作后,在运营任务清单对应的方格内打"√"。如果不做上面的操作,则在运营任务清单对应的方格内打"×"。

16.3.2 支付设备维护费

设备使用过程中会发生磨损,要保证设备正常运转,就需要进行维护。设备维护会发生诸如材料费、人工费等维护费用。在沙盘企业中,只有生产线需要支付维护费。年末,只要有生产线,无论是否生产,都应支付维护费。尚未安装完工的生产线不支付维护费。设备维护费每年年末用现金一次性集中支付。操作要点如下。

(1) 财务总监

- 支付维护费。根据期末现有完工的生产线支付设备维护费。支付设备维护费时,从现金库中取出现金放在综合费用的"维护费"处。
- 记录。在任务清单对应的方格内登记现金的减少数。

(2) CEO

在监督财务总监完成以上操作后,在运营任务清单对应的方格内打"√"。

16.3.3 支付租金、购买厂房

企业要生产产品,必须要有厂房。厂房可以购买,也可以租用。年末,企业如果在使用没有购买的厂房,则必须支付租金;如果不支付租金,则必须购买。操作要点如下。

(1) 财务总监

- 支付租金。从现金库中取出现金放在综合费用的"租金"处。
- 购买厂房。从现金库中取出购买厂房的现金放在厂房的"价值"处。
- 记录。在任务清单对应的方格内登记支付租金或购买厂房减少的现金数。

(2) CEO

在监督财务总监完成以上操作后,在运营任务清单对应的方格内打"√"。如果不做上面的操作,则在运营任务清单对应的方格内打"×"。

16.3.4 计提折旧

固定资产在使用过程中会发生耗损,导致价值降低,因此应对固定资产计提折旧。在沙盘企业中,固定资产计提折旧的时间、范围和方法可以与实际工作一致,也可以采用简化的方法。本教材的沙盘规则采用了简化的处理方法,与实际工作有一些差异。这些差异主要表现在:折旧在每年年末计提一次,计提折旧的范围仅仅限于生产线,折旧的方法采用直线法取证计算。在会计处理上,折旧费全部作为当期的期间费用,没有计入产品成本。操作要点如下。

(1) 财务总监

- 计提折旧。根据规则对生产线计提折旧。本教材采用的折旧规则是按生产线净值的 1/3 向下取整计算。例如,生产线的净值为 10,折旧为 3;净值为 8,折旧为 2。计提折旧时,根据计算的折旧额从生产线的"价值"处取出相应的金额放置在综合费用旁的"折旧"处。
- 记录。在运营任务清单对应的方格内登记折旧的金额。注意,在计算现金支出

时,折旧不能计算在内,因为折旧并没有减少现金。

(2) CEO

在监督财务总监完成以上操作后,在运营任务清单对应的方格内打"√"。

16.3.5 新市场开拓、ISO资格认证投资

企业要扩大产品的销路必须开发新市场。不同的市场开拓所需要的时间和费用是不相同的。同时,有的市场对产品有ISO资格认证要求,企业需要进行ISO资格认证投资。沙盘企业中,每年开拓市场和ISO资格认证的费用在年末一次性支付,计入当期的综合费用。操作要点如下。

(1) 营销总监

● 新市场开拓。从财务总监处申请开拓市场所需要的现金,放置在沙盘所开拓市场对应的位置。当市场开拓完成,年末持市场的费用到交易处领取"市场准入"的标识,放置在对应市场的位置上。

● ISO资格认证投资。从财务总监处申请ISO资格认证所需要的现金,放置在ISO资格认证对应的位置。当认证完成,年末持认证投资的费用到交易处领取"ISO资格认证"标识,放置在沙盘对应的位置。

● 记录。进行了市场开拓或ISO认证投资后,在运营任务清单对应的方格内打"√"。否则,打"×"。

(2) 财务总监

● 支付费用。根据营销总监的申请,审核后,将市场开拓和ISO资格认证所需要的现金支付给营销总监。

● 记录。在任务清单对应的方格内记录现金的减少数。

(3) CEO

在监督营销总监和财务总监完成以上操作后,在运营任务清单对应的方格内打"√"。

16.3.6 编制报表

沙盘企业每年的经营结束后,应当编制相关会计报表,及时反映当年的财务和经营情况。在沙盘企业中,主要编制产品核算统计表、综合费用计算表、利润表和资产负债表。

1. 产品核算统计表

产品核算统计表是核算企业在经营期间销售各种产品情况的报表,它可以反映企业在某一经营期间产品销售数量、销售收入、产品销售成本和毛利情况,市编制利润表的依据之一。产品核算统计表的格式如表16.17所示。

表16.17 产品核算统计表

	P1	P2	P3	P4	合计
数量					
销售额					
成本					
毛利					

产品核算统计表是企业根据自身实际销售情况编制的,其数量来源于"订单登记表"。前面已经介绍过,企业在取得销售订单后,营销总监应及时登记订单情况,当产品实现销售后,应及时登记产品销售的销售额、销售成本,并计算该产品的毛利。年末,企业经营结束后,营销总监根据订单登记表,分产品汇总各种产品的销售数量、销售额、销售成本和毛利,并将汇总结果填列在"产品核算统计表"中。

之后,营销总监将"产品核算统计表"交给财务总监,财务总监根据"产品核算统计表"中汇总的数据,登记利润表中的"销售收入"、"直接成本"和"毛利"栏。

2. 综合费用计算表

综合费用计算表是综合反映在经营期间发生的各种除产品生产成本、财务费用外的其他费用。根据沙盘上的"综合费用"处的支出进行填写,其格式如表 16.18 所示。

表 16.18 综合管理费用明细表 （单位:百万）

项目	金额	备注
管理费		
广告费		
设备保养费		
租金		
转产费		
市场准入开拓		□区域　□国内　□亚洲　□国际
ISO 资格认证		□ISO9000　□ISO14000
产品研发		P2(　)　P3(　)　P4(　)
其他		
合计		

综合费用计算表的填制方法如下:

• "管理费"项目根据企业当年支付的行政管理费填列。企业每季度支付 1M 的行政管理费,全年共支付行政管理费 4M。

• "广告费"项目根据企业当年年初的"广告登记表"中填列的广告费填列。

• "设备保养费"项目根据企业实际支付的生产线保养费填列。根据规则,只要生产线建设完工,无论是否生产,都应当支付保养费。

• "租金"项目根据企业支付的厂房租金填列。

• "转产费"项目根据企业生产线转产支付的转产费填列。

• "市场准入开拓"项目根据企业本年开发市场支付的开发费填列。为了明确开拓的市场,需要在"备注"栏本年开拓的市场前打"√"。

• "ISO 资格认证"项目根据企业本年 ISO 认证开发支付的开发费填列。为了明确认证的种类,需要在"备注"栏本年认证的名称前打"√"。

• "产品研发"项目根据本年企业研发产品支付的研发费用填列。为了明确产品研发的品种,应在"备注"栏产品的名称前打"√"。
- "其他"项目主要根据企业发生的其他支出填列,比如,出售生产线净值大于残值的部分等。

3. 利润表

利润表是反映企业一定期间经营状况的会计报表。该表把一定期间内的营业收入与其同一期间相关的成本费用相配比,从而计算出企业一定时期的利润。通过编制利润表,可以反映企业生产经营的收益情况、成本耗费情况,表明企业生产经营成果。同时,通过利润表提供的不同时期的比较数字,可以分析企业利润的发展趋势和获利能力。利润表的基本格式如表16.19所示。

表 16.19 利润表

项目	上年数	本年数
销售收入		
直接成本		
毛利		
综合费用		
折旧前利润		
折旧		
支付利息前利润		
财务收入/支出		
其他收入/支出		
税前利润		
所得税		
净利润		

利润表的编制方法如下。
- 利润表中"上年数"栏反映各项目的上年的实际发生数,根据上年利润表的"本年数"填列。
- 利润表中"本年数"栏反映各项目本年的实际发生数,根据本年实际发生额的合计填列。
- "销售收入"项目,反映企业销售产品取得的收入总额。本项目应根据"产品核算统计表"填列。
- "直接成本"项目,反映企业本年已经销售产品的实际成本。本项目应根据"产品核算统计表"填列。
- "毛利"项目,反映企业销售产品实现的毛利。本项目是根据销售收入减去直接成本后的余额填列。

- "综合费用"项目反映企业本年发生的综合费用,根据"综合费用表"的合计数填列。
- "折旧前利润"项目反映企业在计提折旧前的利润,根据毛利减去综合费用后的余额填列。
- "折旧"项目反映企业当年计提的折旧额,根据当年计提的折旧额填列。
- "支付利息前的利润"项目反映企业支付利息前实现的利润,根据折旧前利润减去折旧后的余额填列。
- "财务收入/支出"项目反映企业本年发生的财务收入或者财务支出,比如借款利息、贴息等。本项目根据沙盘上的"利息"填列。
- "其他收入/支出"项目反映企业其他业务形成的收入或者支出,比如出租厂房取得的收入等。
- "税前利润"项目反映企业本年实现的利润总额。本项目根据支付利息前的利润加财务收入减去财务支出,再加上其他收入减去其他支出后的余额填列。
- "所得税"项目反映企业本年应交纳的所得税费用,本项目根据税前利润除以 3 取整后的数额填列。
- "净利润"项目反映企业本年实现的净利润,本项目根据税前利润减去所得税后的余额填列。

4. 资产负债表

资产负债表是反映企业某一特定日期财务状况的会计报表。它是根据"资产=负债+所有者权益"的会计等式编制的。简化的资产负债表的结构如表 16.20 所示。

表 16.20 资产负债表

资产	期初数	期末数	负债和所有者权益	期初数	期末数
流动资产:			负债:		
现金			长期负债		
应收款			短期负债		
在制品			应付账款		
成品			应交税金		
原料			一年内到期的长期负债		
流动资产合计			负债合计		
固定资产:			所有者权益:		
土地和建筑			股东资本		
机器与设备 i			利润留存		
在建工程			年度净利		
固定资产合计			所有者权益合计		
资产总计			负债和所有者权益总计		

从资产负债表的结构可以看出,该表由期初数和期末数两个栏目组成。资产负债表的"期初数"栏的各项数字应根据上年末资产负债表"期末数"栏内所列数字填列。

资产负债表的"期末数"栏的各项目主要是根据有关项目期末余额资料编制,其数据的来源主要通过以下几种方式取得。

- 资产类项目主要根据沙盘盘面的资产状况通过盘点后的实际金额填列。
- 负债类项目中"长期负债"和"短期负债"根据沙盘上的长期借款和短期借款数额填列,如果有将于一年内到期的长期负债,应单独反映。
- "应交税金"项目根据企业本年"利润表"中的"所得税"项目的金额填列。
- "所有者权益类"中的股东权益项目,如果在本年度股东没有增资的情况下,直接根据上年末"利润表"中的"股东资本"项目填列,如果发生了增资,则为上年末的股东资本加上本年增资的资本。
- "利润留存"项目根据上年利润表中的"利润留存"和"年度净利"两个项目的合计数填列。
- "年度净利"项目根据"利润表"中的"净利润"项目填列。

16.3.7 结账

一年经营结束,年终要进行一次"盘点",编制"综合管理费用明细表"、"资产负债表"和"利润表"。一经结账后,本年度的经营也就结束了,本年度所有的经营数据不能随意更改。结账后,在运营任务清单对应的方格内打"√"。

16.3.8 总结

经营结束后,CEO应召集团队成员对当年的经营情况进行分析,包括分析决策的成功与失误、经营得与失、实际与计划的偏差及其原因等。

第17章 模拟经营成果分析

根据 ERP 沙盘模拟运营规则,参与沙盘模拟经营的各个企业可以通过沙盘运营总成绩计算进行评比。但是,参与 ERP 沙盘模拟的目的,是为了竞赛排名,而是要通过模拟企业运营,获得企业运营的真实感性认识和理性思维。因此,对模拟经营成果进行深入的分析非常必要。

17.1 基本的财务指标

在对企业的经营成果进行分析的时候,其基本的财务指标是进行分析的基础。本节将主要从偿债能力、营运能力、盈利能力等3个方面来介绍如何对相关的财务指标进行分析。

17.1.1 偿债能力分析

企业的偿债能力反映的是对长期借款、短缺借款等债务在某一个时点所具有的还本付息的能力。ERP 沙盘模拟训练中会涉及的债务有长期贷款、短期贷款、特贷三种方式。合理地利用好三种借款方式,重要的就是要选择合适的时间、合适的方式,而这必须进行偿债能力的分析。为了充分地和财务理论相结合,可以从短期偿债能力分析和长期偿债能力分析两个方面来进行分析。

1. 短期偿债能力分析

对于 ERP 沙盘模拟训练,要关注短期贷款和特贷两种短期负债的偿付能力的分析。短期贷款的贷款时间是每个季度的初期,贷款限额为上年所有者权益的两倍,利随本清,限期为1年期;特贷的贷款时间是认购时间,利随本清,限期为1年期。一般情况下,特贷的利率高于长期贷款,长期贷款高于短期贷款。

短期贷款能力在财务上使用流动比率、速动比率和先进比率来反映。

(1) 流动比率

流动比率是流动资产除以流动负债的比值,其计算公式为:

$$流动比率 = 流动资产 \div 流动负债$$

从 ERP 沙盘模拟训练来看,其涉及的流动资产有现金、应收账款、存货三项,而流动负债则包括短期贷款、特贷、应交税款三项。流动比率指标关注的是流动负债到期的时候是否有足够的现金流来偿付其本金和利息。一般认为,生产企业合理的最低流动比率为2。这是因为流动资产中变现能力最差的存货金额约占流动资产总额的一半,剩下的流动性较大的流动资产至少要等于流动负债。

在 ERP 沙盘模拟训练的每一年度末,要求提交相应的资产负债表,从自资产负债表可以计算出流动比率指标,在对该指标进行分析的时候,不要仅关注其计算结果,更重要的是要关注组成该指标的流动资产和流动负债;它们各自的组成及其所组成部分的具体账期,特别是要对流动资产中的存货进行具体分析。存货往往是由在制品、产成品和原料共同组成的,原料转化为现金还要经历在制品、产成品、应收账款。如果选择生产周期最短的全自动生产线(或者柔性生产线),并且所获订单要求的账期为零,则原材料转化为现金也需要 2 个账期。而实际经营的时候,零账期的订单很少,因此存货中的原材料不能够增加对短期负债的偿付能力,同样,在产品的偿付能力也很低。综合分析可知,产成品相对来说是模拟实训中具有一定偿付能力的存货(这还要取决于是否有订单,以及订单所要求的账期)。

(2) 速动比率

速动比率是从流动资产中扣除存货部分的流动比率,其计算公式为:

$$速动比率 = (流动资产 - 存货) \div 流动负债$$

速动比率将存货从流动资产中剔除,从 ERP 模拟训练所提供的经营环境来看,最为主要的原因就是存货的变现速度是流动资产中最慢的。有些种类的存货转化现金往往已经超过 4 个账期(一个年度),这些存货的存在就虚夸了流动比率所反映的短期偿付能力。把存货从流动资产总额中减去而计算出的速动比率反映的短期偿债能力更能让人信服。

通常认为正常的速动比率为 1,低于 1 的速动比率往往被视为是短期偿债能力偏低。当然,具体合适的比率应该是根据不同的行业而加以调整,如采用大量现金交易的商店,几乎没有应收账款,速动比率大大低于 1 也是很正常的。影响速动比率可信性的重要因素是应收账款的变现能力,即应收账款的账期的长短和产生坏账的可能性。就 ERP 沙盘模拟训练来看,应收账款对速动比率指标的影响主要是账期的长短,当应收账款期大于流动负债要求的偿换期,就会加剧风险。

(3) 现金比率

现金比率是企业现金类资产与流动负债的比率。现金类资产包括企业所拥有的货币性资金和持有的有价证券(即资产负债表重点短期投资),它是速动资产扣除应收账款后的余额。

$$现金比率 = (流动资产 - 库存 - 应收账款) \div 流动负债$$

现金比率能反映企业直接偿还流动负债的能力。如果在 ERP 沙盘模拟训练中使用该指标,可以保证流动负债的绝对偿付,但也会要求企业保持较大的现金存量,导致错过或者延迟构建企业生产线、进行产品研发和市场开拓的时间,并最终让企业失去发展机遇。

2. 长期偿债能力分析

长期负债能力分析关注的是企业对长期债务的偿还能力,具体到 ERP 沙盘模拟训练,则是关注长期贷款的偿付。长期贷款的贷款时间是每年年末,贷款限额为上年所有者权益的两倍,每年年底付息,贷款期限最长为 5 年期。

(1) 资产负债率

资产负债率是负债总额除以资产总额的百分比,也就是负债总额与资产总额的比例关系。资产负债率反映在总资产中有多大比例是通过借债来筹集的,也可以衡量企业在清算时保护债券人利益的程度。

$$资产负债率=(负债总额÷资产总额)×100\%$$

资产负债率反映债券人提供的资产占全部资本的比例。债券人关心的是贷款的安全,即到期能否按时收回本金和利息。而对于股东来说,通过借款,可以在较短的时间内扩大规模,只要其投资报酬率高于借款利息率,就可以获得超额回报,而如果实际的资本报酬率低于借款利息,则会侵蚀股东自己的利润。因此股东在进行借款的时候,一定要保持一个合理的资产负债率。

对于 ERP 沙盘模拟训练的一个开始年度,企业的资产负债率是 40%这样一个水平,现今持有量是 42M。在这样的局面下继续进行经营,经营者不同的经营理念就会有相应的筹资策略。如果经营团队是偏风险的,其必然会加大筹资力度,在发放股票受到限制的情况下,贷款是其唯一的选择。通过短期贷款或者长期贷款,扩大现金储备,充足的现金让经营者在生产线的扩建、产品和市场的开拓以及广告策略的制订上都增加了更多的选择,但高的负债率,必须要求制订好的广告策略,获得足够的广告订单,从而可以有现金流来还本付息,这样的经营方式可以让模拟企业获得高速发展,也可能资金链断裂而提前倒闭。如果经营团队是风险中性的,其可以保持现有的经营模式,不是通过借款,而是在现有的生产线、产品和市场状况下,稳步经营,获得了足够的现金流后,再图谋进一步的发展,这样的经营理念是完全通过自身的发展来逐步壮大自己,也就是先活着,再好好地活着。这样的经营方式让企业可以保持一个较低的资产负债率,其经营过程的初期风险较小,但其可能失去先发优势,被淘汰往往不是经营不好,而是先发企业经营太好而被淘汰出局。

(2) 产权比率

产权比率是负债总额与股东权益总额之比例,也叫做债务股权比率。其计算公式为:

$$产权比率=(负债总额÷股东权益)×100\%$$

该项指标是反映由债权人提供的资本和股东提供的资本的相对关系,反映企业的资本结构是否稳定。产权比率高,是高风险、高报酬的财务结构;产权比率低,是低风险、低报酬的结构。例如 ERP 沙盘模拟训练初始年度,长期负债为 40M,所有者权益为 66M,则计算出的产权比率为 60.61%;这个值偏低,表明企业经营者其实可以通过贷款的方式来使企业获得进一步的发展。

(3) 已获利息倍数

已获利息倍数指标是指企业息税前利润与利息费用的比率(息税前利润是指损益表中未扣除利息费用和所得税之前的利润。它可以用税后利润加所得税再加利息费用计算得出),用以衡量企业偿付借款利息的能力,也叫利息保证倍数、其计算公式为:

$$已获利息倍数=息税前利润÷利息费用$$

已获利息倍数指标反映企业息税前利润为所支付的债务利息的多少倍。只要已获利息倍数足够大,企业就有充足的能力偿付利息。如何合理确定企业的已获利息倍数,在实际经营过程中,是将企业的这一指标与其他企业,特别是本行业的平均水平进行比较,来分析决定本企业的指标水平。对于 ERP 沙盘模拟训练中所涉及的企业,它们初始年度的企业财务状况定都是统一的,第 1 年度初期的息税前利润为 7M,利息费用为 4M,可以计算出已获利息倍数为 1.75。从目前来看,该指标应该还是合理的。但随着企业业务的展开,贷款费用的增加会相应地增加每一年度的利息费用,生产线的扩展、市场的开拓、产品的研究、ISO 资格认证等费用在初期也必将显著增加。这些会使已获利息倍数这个指标变小,甚至让利润为负,这表明企业财务状况是非常紧张,利息支付压力将会很大。

17.1.2　营运能力分析

营运能力反映的是企业在资产管理方面效率的高低,这方面的财务指标有应收账款周转率、存货周转率和资产周转率等。

(1) 应收账款周转率

应收账款周转率是反映应收账款周转率速度的指标,也就是年度内应收账款转为现金的平均次数,它说明应收账款流动的速度。其计算公式为:

$$应收账款周转率 = 销售收入 \div 平均应收账款$$

一般来说,应收账款周转率越高,平均收现期越短,说明应收账款的收回越快。如 ERP 沙盘模拟训练的初始年度的销售收入为 32M,应收款的期初数为 15M,期末为 0,计算出的应收账款周转率为 10.27,即应收账款的平均周转天数为 810.31(360÷10.27 = 810.31)天。该指标与企业在每个年度初期所获得的订单的账期密切相关。

(2) 存货周转率

存货周转率是衡量和评价企业购入存货、投入生产、销售收回等各环节管理状况的综合性指标。它是销售成本被平均存货所除二得到的比率。计算公式为:

$$存货周转率 = 销售成本 \div 平均存货$$

一般来讲,存货周转率速度越快,存货的占有水平越低,流动性越强,存货转化为现金、应收账款的速度越快。如 ERP 沙盘模拟训练的初始年度的销售成本为 12M,存货的期初数为 17M,期末为 16M,计算出的存货周转率为 0.72,即存货的平均周转天数为 500 天(360÷0.72 = 500)天。存货周转率的期初数据反映出存货的周转速度是很慢的。这可能与企业初始经营时候的生产线大多为手工生产线有极大关系(用手工生产线进行生产,从原料到产成品,至少都要一个年度的时间),另外,初期的订单量较少也是原因之一(足够的订单才能够让产成品转化为应收账款或者现金)。

(3) 资产周转率

资产周转率是销售收入与平均资产总额的比值。其计算公式为:

$$资产周转率 = 销售收入 \div 平均资产总额$$

该项指标反映资产总额的周转速度。周转越快,反映销售能力越强。如 ERP 沙盘模拟训练的初始年度的销售收入为 32M,资产的期初数为 105M,期末数为 107M,计算出的资产周转率为 0.30,资产周转率的期初数据反映出企业总资产的周转速度是很慢的。当然,周转慢的原因是在企业经营初始年度,市场开拓、产品研发以及生产能力等都处于投入期,企业的销售量很低,因此资产周转率较低也是符合企业的生命周期的,但如果企业在经营的以后年度中该指标没有得到改善的话,企业的经营状况必然会恶化。

17.1.3　盈利能力分析

盈利能力就是企业赚取利润的能力。无论是股东、债权人还是企业的经营管理人员,都非常重视和关心企业的盈利能力。反映企业盈利的指标很多,通常使用的主要有销售利润率、资产利润率、净资产收益率等。

(1) 销售利润率

销售利润率是指净利润与销售收入的百分比,其计算公式为:

销售利润率=(净利润÷销售收入)×100%

销售利润率反映了每100元销售额所带来的利润是多少。如ERP沙盘模拟训练的初始年度的销售收入为32M,实现的净利润为2M,计算出的销售利润率为12.25%。该指标随着企业的发展,应该会进一步增加。

(2) 资产利润率

资产利润率是企业净利润与平均资产总额的百分比。其计算公式为:

资产利润率=(净利润÷平均资产总额)×100%

该指标反映的是企业资产利用的综合效果。该指标越高,表明资产的利用效率越高,说明企业在增加收入和节约资金方面取得了良好的效果。资产利润率是一个综合指标,其反映了债权人和股东投入的两个方面资产的收益情况。如ERP沙盘模拟训练的初始年度的净利润为2M,资产的期初数为105M,期末为107M,计算出的资产利润率为1.9%。

(3) 净资产收益率

净资产收益率是净利润与平均净资产的百分比,也叫净资产报酬率或权益报酬率。其计算公式为:

净资产收益率=(净利润÷平均净资产)×100%

该指标反映的是公司所有者权益的投资报酬率。如ERP沙盘模拟训练的初始年度净利润为2M,所有者权益的期初数为64M,期末为66M,计算出的净资产收益率为3%。

17.2 综合财务分析

基本的财务指标是对经营成果进行分析的基础。而要反映经营过程中的问题,就必须综合运用财务指标,将各个财务指标隔离开来进行单独的分析。本节通过杜邦财务分析、可持续增长率分析、本量利分析,并借助于案例介绍财务指标的综合运用。

17.2.1 杜邦财务分析

杜邦财务分析系统是由美国杜邦公司创造的,又称为杜邦系统,如图17-1所示。

从以上的杜邦架构图可以看出,杜邦财务分析体系是将权益净利率这样一个核心指标不断分解而形成的一个财务分析系统,从公式中看,决定权益净利率高低的因素有3个方面:销售净利率、资产周转率和权益乘数。权益乘数主要受资产负债比率的影响。负债比率大,权益乘数就高,说明企业有较高的负债程度,能给企业带来较大的杠杆利益,同时也给企业带来较大风险。销售净利率高低的因素分析,则需要从销售额和销售成本两个方面进行。资产周转率是反映运用资产以产生销售收入能力的指标。对资产周转率的分析,需要对影响资产周转的因素进行分析,即除了对资产的各构成部分从占用量上是否合理进行分析外,还可以通过对流动资产周转率、存货周转率、应收账款周转率等有关资产组成部分使用效率的分析,判断影响资产周转的主要

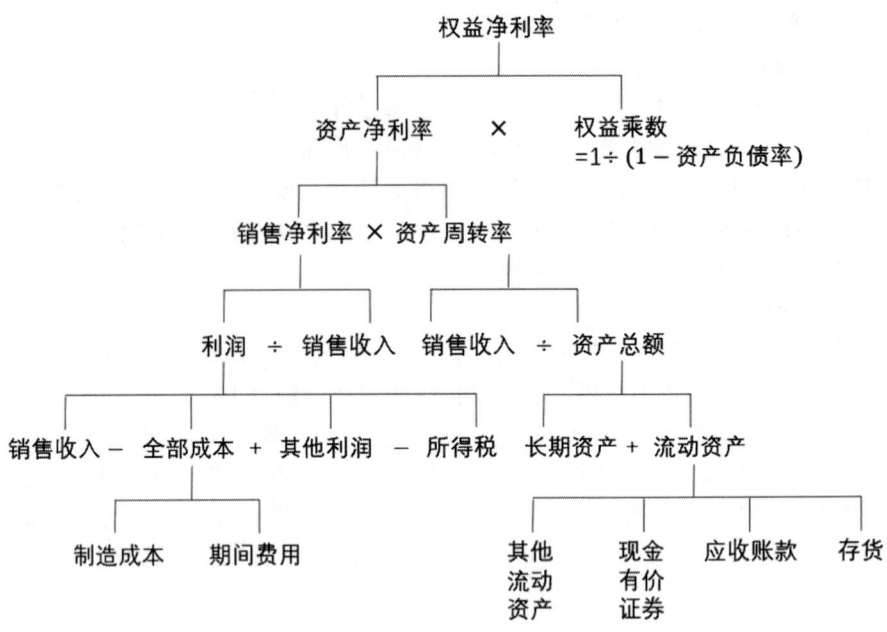

图17-1 杜邦财务分析框架

问题出在哪里。

例17.1 如某参赛组第三年编制的利润表和资产负债表如表17.1和表17.2所示。

表17.1 利润表　　　　　　　　　　　　（单位：百万元）

项目	上年数	本年数
销售收入	35	39
直接成本	15	9
毛利	20	30
综合费用	29	12
折旧前利润	-9	18
折旧		10
支付利息前利润	-9	8
财务收入/支出	10	11
其他收入	-4	-5
税前利润	-23	-8
所得税	—	—
净利润	-23	-8

表17.2 资产负债表 （单位：百万元）

资产	期初数	期末数	负债	期初数	期末数
流动资产：			负债：		
现金	17	21	长期负债	60	60
应收款	8		短期负债	60	60
在制品	11	4	应付账款	—	—
产品	17	10	应交税金	—	—
原料	3	4	一年内到期的长期负债	20	0
流动资产合计	56	39	负债合计	140	120
固定资产：			所有者权益：		
土地和建筑	40	40	股东资本	50	50
机器与设备	36	33	利润留存	−15	−38
在建工程	20	12	年度净利	−23	−8
固定资产合计	96	85	所有者权益合计	12	4
资产总计	152	124	负债和所有者权及合计	152	124

杜邦分析的计算过程如下：

销售净利率＝净利÷销售收入＝6÷39＝0.1538

资产周转率＝销售收入÷资产总额＝39÷124＝0.3145

资产净利率＝销售净利率×资产周转率＝0.1538×0.3145＝−0.0484

权益乘数＝1÷(1−资产负债率)＝1÷(1−120/124)＝31

权益净利率＝资产净利率×权益乘数＝−0.0484×31＝−1.5

从以上计算可以看出，该组目前的经营状况是不容乐观的。造成权益净利率为−1.5的原因在于，销售净利率没有实现正的增长，资产周转率也太低，特别要注意的指标是权益乘数，从这个指标可以看出，资产负债率过高会使财务风险加大，这将不利于经营业务的稳定增长。

17.2.2 可持续增长率分析

可持续增长率是指不增发新股并保持目前经营效率和财务政策的条件下，公司销售所能增长的最大比率。可持续增长比率的假设条件如下。

(1)公司目前的资本结构是一个目标结构，并且打算继续维持下去；

(2)公司目前的股利支付率是一个目标支付率，并且打算继续维持下去；

(3)不愿意或者不打算发售新股，增加债务是其唯一的外部筹资来源；

(4)公司的销售净利润将维持当前水平，并且可以涵盖负债的利息；

(5)公司的资产周转率将维持当前水平。

可持续增长率的思想，不是说企业的增长不可以高于或低于可持续增长率。问题在于管理人员必须事先预计并且解决在公司超过可持续增长率时所导致的财务问题。超过部分的资金只有两个解决办法：提高资产收益率或改变财务政策。提高经营效率并非总是可行的,改变财务政策是有风险和极限的,因此超常增长只能是短期的。

通常,可持续增长率的计算公式为:

可持续增长率=股东权益增长率

= (本期净利÷本期销售)×(本期销售÷期末总资产)

×(期末总资产÷期初股东权益)×期初权益期末总资产乘数

= (留存率×销售净利率×权益乘数×资产周转率)

÷(1-留存率×销售净利率×权益乘数×资产周转率)

在 ERP 沙盘模拟实验的训练中,参与的各个团队要求经营至少 5 年的时间。在这 5 年的时间里,经常出现的事件是当经营到第 2、3 年,由于资不抵债(权益为负)或者不能偿还到期债务而倒闭。而这些事件的发生,其实就是一个企业的可持续增长问题。ERP 沙盘模拟实验最终要对各组的经营业绩进行评测,评测涉及厂房、生产线、市场开发、市场地位以及权益等诸多方面。要在激烈的竞争中取得优势,各个经营团队必然要对自己的经营效率(体现为资产周转率和销售净利率)和财务政策(体现为资产负债率和收益留存率)进行调整。具体而言,如在企业经营的初期,企业所用的产品线比较单一(1 条半自动线和 3 条手工线),市场开发也是仅局限于本地市场,产品的研究仅是 P1 产品。企业要获得长足发展,必须抢占发展的先机,要进行超常规的发展。在策略上,一方面就是提高经营效率,即要提高资产周转率和销售净利率,销售净利率的提高要求开发并实现利润率较高的产品销售,同时要减少不必要的费用开支,而对于资产周转率的提高,必须提升销售额,要通过合理的广告分布来获得足够的生产订单。在另外一个方面,经营者还需要对自己的财务政策做出调整,即资产负债率和收益留存率的调整。结合 ERP 沙盘模拟实训来看,企业发展初期现金的持有量是 42M,但与实际的资金需求相比,其实是非常有限的,通过长期贷款或者短期贷款来获得发展资金是企业发展初期必然要进行的事情,这就必然涉及资产负债率的增加(企业没有股利分配的要求,故收益留存率是 100%)。资产负债率增加可以让企业超常发展,但超常发展也必然对企业的资金管理提出很高的要求。这就要求企业在进行贷款业务的时候,要进行准备的预算,这样的一个过程其实反映了 ERP 沙盘模拟训练中需要不断思考的两个问题:如何从能够活下来?如何才能够获得更精彩?

下面结合一组参赛队伍的经营数据,运用可持续增长率指标来对其经营状况进行分析。

例 17.2 在参加 ERP 模拟比赛中的某组,其 5 年的经营利润表和资产负债表如表 17.3 和表 17.4 所示。表 17.5 为根据期末股东权益计算的可持续增长率。

表 17.3 某组各年利润表 (单位:百万元)

年份 项目	第一年	第二年	第三年	第四年	第五年
销售收入	11	35	39	70	100
直接成本	4	15	9	25	34
毛利	7	20	30	45	66
综合费用	30	29	12	14	16

续表

项目 \ 年份	第一年	第二年	第三年	第四年	第五年
折旧前利润	−23	−9	18	31	50
折旧	4		10	11	12
息前利润	−27	−9	8	20	38
财务收/支	4	10	11	7	10
额外收/支		−4	−5		
税前利润	−31	−23	−8	13	28
所得税					
净利润	−31	−23	−8	13	28

表 17.4 C 组各年资产负债表 （单位：百万元）

项目 \ 年份	1	2	3	4	5	项目 \ 年份	1	2	3	4	5
流动资产						负债					
现金	66	17	21	17	38	长期负债	80	60	60	60	40
应收		8		12	17	短期负债	40	60	60	60	40
在制品	8	11	4		3	应付款					
产成品	14	17	10	13	8	应缴税					
原材料	6	3	4	5	6	1 年期长款		20	0	0	20
流动合计	94	56	39	50	69	负债合计	120	140	120	120	100
固定资产						所有者权益					
土地和建筑	40	40	40	40	40	股东资本	50	50	50	50	50
机器设备	5	36	33	22	26	利润留存	16	−15	−38	−46	−33
在建工程	16	20	12	25	10	年度利润	−31	−23	−8	13	28
固定资产合计	61	96	85	87	76	所有者权益合计	35	12	4	17	45
资产总计	155	152	124	137	145	权益总计	155	152	124	137	145

表 17.5 根据期末股东权益计算的可持续增长率 （单位：百万元）

年度	第一年	第二年	第三年	第四年	第五年
收入	11	35	39	70	100
税后利润	−31	−23	−8	13	28
股利	0	0	0	0	0
留存利润	−31	−23	−8	13	28
股东权益	35	12	4	17	45

续表

年度	第一年	第二年	第三年	第四年	第五年
负债	120	140	120	120	100
总资产	155	152	124	137	145
可持续增长率的计算：					
销售净利率	-2.8182	-0.6571	-0.2051	0.1857	0.2800
销售/总资产	0.0710	0.2303	0.3145	0.5109	0.6897
总资产/期末股东权益	10.4286	12.6667	31.0000	14.0588	9.2222
留存率	1.0000	1.0000	1.0000	1.0000	1.0000
可持续增长率	-0.4697	-0.6571	-0.6667	9.2500	1.6471
实际增长率		2.1818	0.1143	0.7949	0.4286

可以看出,在实际经营过程中,实际增长率和可持续增长率经常是不一致的。关键在于分析两个指标之间产生差异的原因是什么,并从中探讨经营业绩和财务政策有何变化。

(1) 经营政策的变化

经营政策的变化主要体现在销售净利率和总资产周转率这两个指标上,销售净利率在前三年为负,在第四年开始为正,但总体都是一个增加趋势;从第一年的销售每一元亏损 2.8182 元,到第四年的盈利 0.1857 元和第五年的盈利 0.28 元,表明每 1 元的销售利润一直还是在增加。而总资产周率指标也是表现良好,呈现比较好的增长趋势。

(2) 财务政策的变化

财务政策的变化体现在收益留存率和期末权益总资产乘数这两个指标上,收益留存率指标一直都设为 1,没有进行分红的策略。期末权益总资产乘数在第一年到第三年都有一个大的增长,第三年到第五年则开始递减;呈现这样一个趋势的主要原因是权益出现了大的波动。

(3) 总体指标的变化

在某组五年的经营过程中,其可持续增长率在前三年都是呈现负增长,第四年开始为正增长;实际增长率则一直为正增长,除了第二年有大的增长率外,其他年度增长都是较为平缓(这要考虑销售收入基数增大这一因素)。可持续增长率之所以出现这样的变化,最为主要的影响因素是财务杠杆,提示经营者在经营的过程中要控制风险。负债相对于权益来说,比例过高,这将不利于企业的可持续性发展,经营者应该控制负债水平,同时要通过市场开拓扩大销售,提高权益。可以看出,某组在第四年和第五年的经营情况就得到了极大改善,已经慢慢步入良性发展的轨道。

17.2.3 本量利分析

本量利相互关系的研究,以成本和数量的关系研究为基础,它们通常被称为成本性研究。所谓成本性态,是指成本总额对业务量的依存关系。业务量是指企业的生产经营活动水平的标志量。它可以是产出量也可以是投入量;可以是实物度量、时间度量,和可以使用货币度量。当业务量变化后,各项成本有不同的性态,大体上可以分为三种:固定成本、变得成本和混合成本。固定成本是不受业务量影响的成本；变动成本是随业务量增长而正比例增长的成本。混合成本分于固定成本和变动成本之间，可以将其分解为固定成本和变动成本两个部分。

1. 损益方程式

$$利润 = 销售收入 - 总成本$$
$$= 单价 \times 销量 - 变动成本 - 固定成本$$
$$= 单价 \times 销量 - 单位变动成本 \times 产量 - 固定成本$$

当产量和销售相同的时候，则有：

$$利润 = 单价 \times 销量 - 单位变动成本 \times 销量 - 固定成本$$

这个方程式是明确表达本量利之间数量关系的基本方程式，它含有 5 个相互联系的变量，给定其中 4 个，便可求出另一个变量的值。

2. 边际贡献方程式

（1）边际贡献

边际贡献是销售收入减去变动成本以后的差额，即：

$$边际贡献 = 销售收入 - 变动成本$$

如果用单位产品标识：

$$单位边际贡献 = 单价 - 单位变动成本$$

（2）边际贡献率

边际贡献率是指边际贡献在销售收入中所占的百分率。

$$边际贡献率 = (边际贡献 \div 销售收入) \times 100\%$$

（3）加权平均边际贡献率

当涉及到多个产品的时候，则可以使用加权平均边际贡献率来计算。

$$加权平均边际贡献率 = (\sum 各产品边际贡献 \div \sum 各产品销售收入) \times 100\%$$

3. 盈亏临界分析

盈亏临界点是指企业收入和成本相等的经营状态，即边际贡献等于固定成本时企业所处的既不盈利也不亏损的状态。

（1）盈亏临界点的销售量 = 固定成本 ÷（单价 - 单位变动成本）

又由于：

$$单价 - 单位变动成本 = 单位边际贡献$$

所以，上式又可写成：盈亏临界点销售量 = 固定成本 ÷ 单位边际贡献

（2）盈亏临界点的销售额 = 固定成本 ÷ 边际贡献率

（3）盈亏临界点作业率

盈亏临界点作业率是盈亏临界点销售量占企业正常销售量的比重。所谓正常销售量，是指正常市场和正常开工情况下企业的销售数量，也可以用销售金额来表示。

（4）安全边际和安全边际率

安全边际是指正常销售额超过盈亏临界点销售额的差额，它表明销售额下降多少企业仍不致亏损。安全边际率则是指安全编辑与正常销售额(或当年实际订货额)的比值。

$$安全边际 = 正常销售额 - 盈亏临界点销售额$$

安全边际和安全边际率的数值越大，企业发生亏损的可能性越小，企业就越安全。

安全边际率指标是相对指标,可便于不同企业和不同行业的比较。企业安全性的检验数据如表17.6所示。

表17.6 安全性检验标准

安全边际率	40%以上	30%~40%	20%~30%	10%~20%	10%以下
安全等级	很安全	安全	较安全	值得注意	危险

本量利分析在ERP沙盘模拟实训中具有较强的使用价值,各个团队在进行企业经营的时候,往往是凭主观臆断来进行经营决策,没有结合所给出的市场预测资料和自己目前的资产状况来进行指标分析,从而使自己的经营陷入很被动的局面。例如在进行广告投入时,不能确定自己所能给出的最大广告投入量;在制订了广告投入的市场分布和计划要实现的利润后,并不清楚在各个细分市场应该获得订单数量是多少。而借助于本量利分析工具,对所提供的数据分析后,将可以获得以上决策所需的指标。

例17.3 某组在经营的第三个年度拿到了3个订单,1号订单为本地市场,6个P1,账期为1Q,销售额为27M;2号订单为国内市场,2个P2,账期为2Q,销售额为17M;3号订单为国内市场,2个P3,账期为2Q,销售额为16M。其拥有5条生产线,3条全自动线(在第二年建设完工,原值16M,已提折旧5M),其中2条生产P3产品,1条生产P2产品,两条半自动生产线(原值8M,已提折旧7M)生产P1产品;其综合管理明细表为:管理费(支付人工工资)为4M,广告费为8M,保养费(各个生产线的设备维护费)为5M,所开拓市场的维持费用为1M,P3产品的研发费用为4M(P2在第二年已经开发完毕,P3在第三年的第二季度开发完毕)。另外,P1产品的单位变动成本为2M(1个原料R1和1M的加工费用),P2产品的单位变动成本为3M(1个原料R1、1个原料R2和1M的加工费用)。

根据以上资料,如何来进行本量利分析呢?从提供的资料来看,本量利分析所需要的销售收入和变动成本的数据都是很具体的,关键是如何来确定分析所需要的固定成本数据。该案例的固定成本包括3个部分:固定产品成本、固定销售费用和固定管理费用。固定产品成本由生产线的折旧来进行归集,固定销售费用由综合管理费用明细表中的广告费和市场准入开拓两项组成,除这两项之外的综合管理费用则组成了固定管理费用的数据。

计算分析如下。

销售收入 = P1销售额+P2销售额+P3销售额
       = 27M+16M+16M = 59M
固定产品成本 = 全自动生产线折旧额+半自动生产线折旧额
           = (11÷3)取整×3M = 9M
固定销售费用 = 广告费+市场准入开拓费 = 7M+1M = 8M
固定管理费用 = 管理费+保养费+产品研发费 = 4M+5M+4M = 13M
变动成本 = 2M×6+3M×2+4M×2 = 26M
总成本 = 变动成本+固定产品成本+固定销售费用+固定管理费用
     = 26M+9M+8M+13M = 56M
利润 = 销售收入−总成本 = 59M−56M = 3M

该条件下的加权边际贡献率为：

(2.5÷4.5)×(27÷59)+(5÷8)×(16÷59)+(4÷8)×(16÷59)=55.93%

该条件下的盈亏临界点销售额为：

固定成本÷边际贡献=(9M+8M+13M)÷55.93%=54M

现有销售额情况下的安全边际率为：

安全边际÷正常销售额（或实际订货额）×100%=(59M-54M)÷59×100%=8.47%

结合企业安全性的检验数据，企业经营目前仍处于危险状态。

在 ERP 沙盘模拟实训中，企业生产出的各种产品的单位变动成本是已知的(P1 产品是 2M，P2 产品是 3M，P3 产品是 4M，P5 产品是 5M)。对于各个产品的价格来说，这是变化的，不同订单的相同产品在同一市场的价格都是不一样的，但是借助于所给出的市场预测表，可以分析出不同产品在不同市场上的平均价格，这个价格可以成为本量利分析的数据。借助于本量利分析，参赛各组可以确定以下决策指标：①在给出的广告收入量的情况下，要实现目标利润所需要达到的销售额。②在确定了要求实现的销售收入的情况下，所需的最大可能的广告投入量。

例 17.4 结合以上给出的案例数据，假定在经营的第三年，通过分析给出的市场预测表得出：P1 产品第三年在本地、区域、国内的价格分别为 14.2M、8M 和 8M，P3 产品第三年在本地、区域、国内的价格分别为 14.2M、8M 和 8M，现计划投入广告费用为 7M(分别为本地市场的 P1 产品投入 3M、国内市场的 P2 产品投入 2M 和国内市场的 P3 产品投入 2M)，要实现 40M 的利润，则需要实现的销售额是多少？并请计算在盈亏临界点时候要实现的销售额。

因为本地市场 P1 产品、国内市场 P2 产品和国内市场的 P3 产品的广告投入量分别为 3M、2M 和 2M，故假定本地市场 P1 产品、国内市场 P2 产品和国内市场的 P3 产品产生的销售额比例分别为总销售额的 3/7、2/7 和 2/7，故计算出的加权平均边际贡献率为：

(2.5/4.5)×(3/7)+(5/8)×(2/7)+(4/8)×(2/7)=55.95%

例 17.5 结合以上给出的案例数据，假定在经营的第三年，通过分析给出的市场预测表得出：P1 产品第三年在本地、区域、国内的价格分别为 10.5M、5M 和 5M，P2 产品第三年在本地、区域、国内的价格分别为 14.2M、8M 和 8M，P3 产品第三年在本地、区域、国内的价格分别为 14.2M、8M 和 8M。现计划投入的广告费用为 7M(分别为本地市场的 P1 产品投入 3M、国内市场的 P2 产品投入 2M 和国内市场的 P3 产品投入 2M)，要实现 100M 的销售收入，并要实现利润 25M，则最大可能的广告投入量是多少？

因为本地市场 P1 产品、国内市场 P2 产品和国内市场的 P3 产品的广告投入量分别为 3M、2M 和 2M，故假定在本地市场 P1 产品、国内市场 P2 产品和国内是市场的 P3 产品产生的销售额比例分别为总销售额的 3/7、2/7 和 2/7，故计算出的加权平均边际贡献率为：

根据本量利分析公式可知：

固定成本=单价×销量-单位变动成本×销量-利润

=销售额×加权平均编辑贡献率-利润

=100M×511.95%-25M=31M

广告费用=固定成本-固定产品成本-固定管理费用-市场准入开拓费用

=31M-9M-13M-1M=8M

现要实现 100M 销售收入,并要实现利润 25M,则可能的广告投入量是不能超过 8M 的。

17.3　企业发展潜力分析

在 ERP 沙盘模拟实验结束的时候,实验要求在针对经营的各个企业的最终所有者权益基础上,综合考虑厂房、生产线等硬件条件,以及市场开发、产品研发、ISO 认证等软环境,来给出企业的最终经营业绩。从这些指标可以看出最终的经营成果重视企业的综合发展潜力。本小节将结合沙盘模拟实验,来讲解如何考量企业的发展潜力。

17.3.1　核心竞争力分析

美国战略学家哈默尔认为:"企业是一个知识的集体,它通过积累过程获得新知识,并使之融入企业的正式和非正式的行为规范中,从而成为左右企业未来积累的主导力量,即核心竞争力。"企业间的竞争最终将体现在核心竞争力上。通用电器凭借其核心竞争力,推行其"数一数二"战略,在多个领域成为了世界领先者,并确保相当大的领先优势。核心竞争力识别工具一直是该公司管理层最重要的战略工具之一。加里·哈默尔(Hamel)和普拉哈拉德(Prahalad)的核心竞争力(Core Competence)模型是一个著名的企业战略模型,其战略流程的出发点是企业的核心竞争力量。

1. 自内而外的企业战略(Inside-out Corporate Strategy)

传统的自外而内(Outside-in)战略(例如波特五力分析模型)总是将市场、竞争对手、消费者置于战略设计流程的出发点上。核心竞争力理论恰好与其相反,认为从长远来看,企业的竞争优势取决于企业能否以低成本、并以超过对手的速度构建核心竞争力。核心竞争力能够造就料想不到的产品。竞争优势的真正源泉是企业围绕其竞争力整合、巩固工艺技术和生产技能的能力,据此,小企业能够快速调整以适应变化了商业环境。核心竞争力是具体的、固有的、整合的或应用型的知识、技能和态度的各种不同组合。

1990 年,Hamel 和 Prahalad 在他们的 *The Core Competence of the Corporation* 一文中驳斥了传统的组合战略。根据他们的观点,把战略事业单元(SBU)放在首位,是一个明显的时代错误。Hamel 和 Prahalad 认为,应该围绕共享的竞争核心来构建企业。SBU 的设置必须要有助于强化发展企业的核心竞争力。企业的中心部门(如财务)不应该作为一个独立层面,它要能够为企业的战略体系链接、竞争力构建增加价值。

参与 ERP 沙盘模拟训练的各个经营团队,应该将核心竞争力的构建提升到一个战略的高度。经营团队不仅仅要考虑开始第一、二、三年的生存问题,更重要的是要考虑到第四、五、六年的发展问题。而对于强化自己的发展能力,经营团队要思考如何树立自己独一无二的核心竞争能力。核心竞争能力是一种自内而外的企业战略,这种竞争能力是企业自身在长期的发展过程中不断沉淀而积累成的一种特殊优势,这种能力不需要依靠任何外力而存在。

2. 构建核心竞争力

核心竞争力的构建是通过一系列持续提高和强化来实现的,它应该成为企业的战略核心。从战略层面讲,它的目标就是帮助企业在设计和发展某一独特的产品功能上实现全球领导地位。企业高管在 SBU 的帮助下,一旦识别出所有的核心竞争力,就必须要求企业的项目和人员都必须紧紧围绕这些竞争核心。企业的审计人员的职责是要清楚围绕企业竞争核心的人员配置、数量以及质量。肩负企业核心竞争力的人员应该被经常组织到一起,分享思想、交流经验。

参与 ERP 沙盘模拟训练的各个经营团队开始的起点是完全一样的,他们面临的市场状况也是统一的。但当第六年经营结束时,各个经营团队所带领的企业已经产生了极大的差异。有的企业建立了完善的生产线、开拓了足够多的市场;有的企业则成为某一个细分市场的霸主;有的企业是苟延残喘;而有的企业已经被淘汰或倒闭了。为什么会产生这么大的差异呢?原因在于某些经营团队在经营过程中,没有把握自己的核心竞争力。各个经营团队所具有的核心竞争力应该是不完全一样的,并且这种能力是瞬息万变的,甚至稍纵即逝。当某个经营团队在特定的市场环境下识别出自己所具有的核心竞争力时,就必须将企业的项目和人员紧紧围绕这些正经核心里来展开,不断地强化、积累、加深,当第六年经营结束的时候,经过六年的时间而构建成的核心竞争力就会成为这个企业安家立命的根源,而这样的核心竞争能力也是企业的竞争对手在短期内所不能模仿的。

3. 核心竞争力的构成要素

核心竞争力并不是企业内部人、财、物的简单叠加,而是能够使企业在市场中保持和获得竞争优势的、别人不易模仿的能力。具体地讲,核心竞争力包括下列一些构成要素:

- 研究开发能力。即企业所具有的为增加知识总量以及用这些知识去创造新的知识而进行的系统性创造活动能力。研究开发包含基础研究、应用研究和技术开发三个层次。
- 不断创新能力。即企业根据市场环境变化,在原来的基础上重新整合人才和资本,进行新产品研发并有效组织生产,不断开创和适应市场,实现企业既定目标的能力。所谓创新,包含技术创新、产品创新和管理创新三个方面的内容。
- 组织协调各生产要素有效生产的能力。这种能力不只局限于技术层面,它涉及企业的组织结构、战略目标、运行机制、文化等多方面,突出表现在坚强的团队精神和强大的凝聚力、组织的大局势和整体协调以及资源的有效配置上。
- 应变能力。客观环境时刻都在变化,企业决策者必须具有对客观环境变化敏锐的感应能力,必须使经营战略随着客观环境的变化而变化,即因时、因地、因对手、因对象而变化。

核心竞争力的构成要素是参与 ERP 沙盘模拟训练的各团队经常思考的问题,也是饱受困扰的问题。ERP 沙盘模拟训练,要求各经营团队面临本地、区域、国内、亚洲以及国际等 5 个市场,要进行 P1、P2、P3 以及 P4 等产品的研发,要进行 ISO9000 的质量认证和 ISO14000 的环境认证,要进行全自动生产线、柔性生产线的构建,甚至在经营过程中还要进行资金筹集、投放的财务管理。诸多的经营要素,哪些才能成为核心竞争力呢?其实,各个经营团队要认识到,核心竞争力是企业一种综合素质的构建,是企业在长期的经营过程中所积累沉淀而成的。单纯依赖开发某个市场、研发某个产品来创建可持续的核心竞争力,这样的想法都是不现实的。各个经营团队应该在充分调动自己的研究开发能力、创新能力、组织协调能力、应变能力的基础上,分析每一个经营年度的市场产品状况,同时考虑竞争对手产品市场策略,灵活机动地进行市场开发、产品研发、生产线构建以及相应的资金管理。各个方面是一个紧密的系统,经营团队要从全局角度来适时调整。

4. 核心竞争力识别

企业核心竞争力识别工具可以帮助我们认识企业自身所蕴含的核心竞争力。方法很简单：在企业的内部资源中，"与竞争对手相似的或比较容易模仿的"就属于一般的必要资源，"比竞争对手好的或不容易模仿的"属于企业独一无二的资源。在企业的能力中，与"竞争对手相似的或比较容易模仿的"是一般的基本能力；而"比竞争对手好的或不容易模仿的"是企业的核心竞争力了。

企业在识别核心竞争力时，需要区别资源和能力这两个概念。如果企业具有非常独特的价值资源，但是却没有将这一资源有效发挥，那么，企业所拥有的这一资源无法为企业创造出竞争优势。另外，当一个企业拥有竞争者所不具有的竞争能力时，那么，该企业并不一定要具有独特而有价值的资源才能建立起独特的竞争能力。

ERP沙盘模拟的各个经营团队识别自己所带领企业核心竞争力的时候，一定要保持清醒的头脑，某个阶段的领先优势并不代表你就具有了核心竞争力。判断所经营企业是否具备了核心竞争力，需要考虑自己的竞争对手的情况。你的领先优势是否是建立在你独一无二的资源上，这里的资源是广义上的资源，除了物质形态的资源，还包括非物质形态的资源，如管理能力、市场开拓能力、理财能力等。如果某经营团队通过努力，相对于其他企业先建立了柔性生产线，，此处的优势就并不意味着该经营团队构建了属于自己的核心竞争力，在以后年度里，其他的经营团队也可以通过不断投入资金来建立自己的柔性生产线；但如果经营团队意识到自己的核心竞争力可能是规模优势的时候，你就可以借助于自己的先入优势，循序渐进地投入资金扩展产能，同时有序地去开拓不同层次的市场，随着这种优势的保持并不断扩大，当经历四五个经营年度后，某个经营企业经过长时间累计起来的优势将有可能成为这个经营团队的核心竞争力。

17.3.2　SWOT分析

SWOT分析代表分析企业的优势（Strenght）、劣势（Weakness）、机会（Opportunity）和威胁（Threat），由著名的Mckinsey咨询公司创建。SWOT分析实际上是将企业内外部条件的各方面内容进行综合概括，进而分析组织的优劣势、面临的机会和威胁的一种方法。SWOT分析可以帮助企业把资源和行动集中在自己擅长和最多机会的地方，如图17-2所示。

优劣势分析主要是着眼于企业自身的实力及其与竞争对手的比较，而机会和威胁分析将注意力放在外部环境的变化及对企业的可能影响上。在分析时，应把所有因素（即优劣势）集中在一起，然后用外部的力量来对这些因素进行评估。

1. 机会与威胁分析（OT）

随着经济、社会、科技等诸多方面的迅速发展，特别是世界经济全球化、一体化进程的加快，以及全球信息网络的建立和消费需求的多样化，使企业所处的环境更为开放和动荡。这种变化几乎对所有企业都产生了深刻的影响。正因如此，环境分析成为一种日益重要的企业职能。环境发展趋势分为两大类：一类表示环境威胁，另一类表示环境机会。环境威胁指的是环境中一种不利的发展趋势所形成的挑战，如果不采取果断的战略行为，这种不利趋势将导致公司的竞争地位受到削弱。环境机会就是对公司行为富有吸引力的领域，在这一领域中，该公司将拥有竞争优势。

内部分析 外部分析	优势 S 1. 2. 列出优势 3.	劣势 W 1. 2. 列出劣势 3.
机会 O 1. 2. 列出机会 3.	SO 战略 1. 2. 发出优势利用机会 3.	WO 战略 1. 2. 克服劣势利用机会 3.
威胁 T 1. 2. 列出威胁 3.	ST 战略 1. 2. 利用优势回避威胁 3.	WT 战略 1. 2. 减少劣势回避威胁 3.

图 17-2　SWOT 分析

ERP 沙盘模拟实训中的各个经营团队将面临本地、区域、国内、亚洲、国际 5 个市场环境。这 5 个市场对 4 个 P 系列的产品的数量上具有不同程度的需求,对产品质量的要求(主要考虑的是 ISO9000 和 ISO14000 两项认证)也会体现差异性。这些变数对各个经营团队既是机遇,也是挑战,需要他们在充分考虑竞争对手的竞争策略的基础上,对市场状况作出实时反应同时确定要进入的市场、要研发的产品,有所为又有所不为。市场是充满变数的,各个经营团队只有充分分析市场状况,采用灵活机动的战术,才有可能去赢得先发优势。

2. 优势与劣势分析(SW)

识别环境中有吸引力的机会是一回事,拥有在机会中成功所必需的竞争能力是另一回事。每个企业都要定期检查自己的优势与劣势,这可通过"企业经营管理检核表"的方式进行。企业或企业外的咨询机构都可利用这一格式检查企业的销售、财务、制造和组织能力。每一要素都要按照特强、稍强、中等、稍弱或特弱划分等级。

当两个企业处在同一市场或者说它们都有能力向同一顾客群体提供产品和服务时,如果其中一个企业有更高的盈利率或盈利潜力,那么,我们就认为这个企业比另外一个企业更具有竞争优势。换句话说,所谓竞争优势是指一个企业超越其竞争对手的能力,这种能力有助于实现企业的主要目标——盈利。但值得注意的是,竞争优势并不一定完全体现在较高的盈利率上,因为有时企业更希望增加市场份额,或者多奖励管理人员。

由于企业是一个整体,并且由于竞争优势来源的广泛性,因此,在做优劣势分析时必须从整个价值链的每个环节上将企业与竞争对手作详细的对比,如产品是否新颖、制造工艺是否复杂,销售渠道是否畅通,以及价格是否具有竞争性等。如果一个企业在某一方面或几个方面的优势正是该行业企业应具备的关键成功要素,那么,该企业的综合竞争优势也许就强一些。需要指出的是,衡量一个企业及其产品是否具有竞争优势,只能站在现有潜在用户的角度上,而不是站在企业的角度上。

企业在维持竞争优势过程中,必须深刻认识自身的资源和能力,采取适当的措施。

因为一个企业一旦在某一方面具有了竞争优势,势必会吸引竞争对手的注意。一般来说,企业经过一段时期的努力,建立起某种竞争优势;然后就处于维持这种竞争优势的态势,竞争对手开始逐渐作出反应;而后,如果竞争对手直接进攻企业的优势所在,或采取其他更为有利的策略,就会使这种优势受到削弱。

而影响企业竞争优势的持续时间,主要涉及的是 3 个关键因素:

(1)建立这种优势要多长时间?

(2)能够获得的优势有多大?

(3)竞争对手做出有力反应需要多长时间?

如果企业分析清楚了这 3 个因素,就会明确自己在建立和维持竞争优势中的地位了。引申到 ERP 沙盘模拟实训中,各个经营团队如何来识别自己的竞争优势和劣势呢? 从上文的介绍中,我们可以看出,某个企业的优势和劣势其实是和竞争对手相比较而存在的,离开了竞争对手来谈优势和劣势是没有任何现实意义的。参与 ERP 模拟的各个经营团队相互之间就是竞争对手,有的经营团队所带领的企业有永远先进的柔性生产线,有的企业已经开发出了工艺要求较高的产品 P4,有的企业广告收入比控制较优等。经营的各个企业在发展过程中体现出的优势将呈现出极大的广泛性,但终极的竞争优势的确立,则是依靠建立在一两个关键优势上面的总体优势(企业不可能也没有必要在所有方面都确立优势,关键优势所带来的强势地位可以推动和其他经营企业的合作,来有效弥补经营劣势,如经营过程中出现的 OEM 现象就是一种体现)。一般这一两个关键优势在时间上能够持久保持,并能够充分弥补其经营劣势上所带来的不良影响。

17.3.3 波特五力分析

波特五力分析模型又称为波特竞争力模型。这一模型是迈克尔·波特(Michael Porter)在 20 世纪 80 年代初提出的,对企业战略制订产生了全球性的深远影响。用于竞争战略的分析,可以有效分析客户的竞争环境。五力分别是:供应商的讨价还价能力、购买者的讨价还价能力、潜在竞争者进入的能力、替代品的替代能力、行业内竞争者现在的竞争力。

五种力量模型将大量不同的因素汇集在某一个简便的模型中,以此分析一个行业的基本竞争态势。5 种力量模型确定了竞争的 5 种主要来源,即供应商和购买者的讨价还价能力、潜在进入者的威胁,替代品的威胁,以及来自同一行业的公司间的竞争。一种可行战略的提出首先应该包括确认并评价这 5 种力量,不同力量的特征和重要性因行业和公司的不同而变化,如图 17-3 所示。

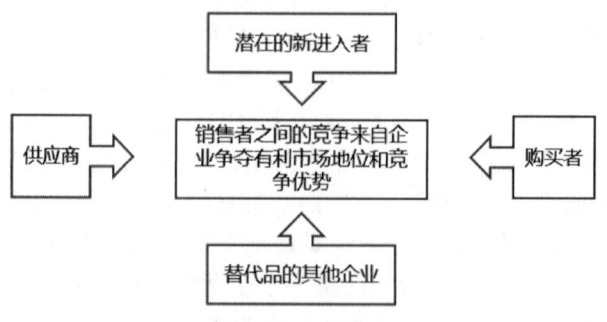

图 17-3 波特五力分析模型

企业可以采取将自身的经营与竞争力量隔绝开来、努力从自身利益需要出发影响行业竞争规则、先占领有利的市场地位再发起进攻性竞争行动等手段来对付这五种竞争力量,以增强自己的市场地位与竞争实力。表17.7显示了波特五力模型与一般战略的关系。

表17.7 波特五力模型与一般战略的关系

行业内的五种力量	一般战略		
	成本领先战略	产品差异化战略	集中战略
进入障碍	具备杀价能力以阻止潜在对手的进入	培育顾客忠诚度以挫伤潜在进入者的信心	通过集中战略建立核心能力以阻止潜在对手的进入
买方侃价能力	具备向大买家出更低价格的能力	因为选择范围小而削弱了大买家的谈判能力	因为没有选择范围使大买家丧失谈判能力
供方侃价能力	更好地抑制大卖家的侃价能力	更好地将供方的涨价部分转嫁给顾客方	进货量低,供方的侃价能力就高,但集中差异化的公司能更好地将供方的涨价部分转嫁出去
替代品的威胁	能够利用低抵御于替代品	顾客习惯于一种独特的产品或服务因而降低了替代品的威胁	特殊的产品和核心能力能够防止替代品的威胁
行业内对手的竞争	能更好地进行价格竞争	品牌忠诚度能使顾客不理睬你的竞争对手	竞争对手无法满足集中差异化顾客的需求

波特五力分析模型是一个很好的分析工具,但在实践运用中一直存在许多争论。该模型的理论是建立在以下3个假定基础之上的:
- 制订战略者可以了解整个行业的信息,显然现实中是难以做到的。
- 同行业之间只有竞争关系,没有合作关系。但现实中企业之间存在多种合作关系,不一定是你死我活的竞争关系。
- 行业的规模是固定的,因此,只有通过夺取对手的份额来占有更大的资源和市场;但现实中企业之间往往不是吃掉对手,而是与对手共同做大行业蛋糕来获取更大的资源和市场。同时,市场可以通过不断地开发和创新来增大容量。

对于ERP沙盘模拟课程,波特竞争力模型的意义在于,5种竞争力量的抗争中蕴含着3类成功的战略思想,那就是大家熟知的:成本领先战略、差异化战略、集中化战略。经营团队在经营的过程中,其所带领的企业必须从这三种战略中选择一种,作为其主导战略。要么把成本控制到比竞争者更低的程度;要么在企业产品和服务中形成与众不同的特色,让顾客感觉到你提供了比其他竞争者更多的价值;要么企业致力于服务某一特定的细分市场、某一特定的产品种类或某一特定的地理位置。这3种战略构架上差异很大,成功地实施它们需要不同的资源和技能,如有的经营团队选择区域或者国内作为自己的细分市场,有的经营团队选择P3或P4产品作为自己的研发和生产重点,而有的企业在所有的市场和所有的产品上都会涉及。这些实际的经营策略没有绝对的好坏之分,要具体结合5种竞争力量的抗衡情况来分析。

17.3.4 波特价值链分析

由美国哈佛学院著名战略学家麦克尔·波特提出的"价值链分析法"(如图17-4所示),把企业内外价值增加的活动分为基本活动和支持性活动。基本活动涉及企业生产、销售、进料后勤、发货后勤、售后服务;支持性活动涉及人事、财务、计划、研究与开发、采购等。基本活动和支持性活动构成了企业的价值链。在不同的企业参与的价值活动中,并不是每个环节都创造价值,实际上只有某些特定的价值活动才真正创造价值,这些真正创造价值的经营活动就是价值链上的"战略环节"。企业要保持的竞争优势,实际上就是企业在价值链某些特定的战略环节上的优势。因此运用价值链的分析方法来确定核心竞争力,就是要求企业密切关注组织的资源状态,要特别关注和培养在价值链的关键环节上获得重要的核心竞争力,以形成和巩固企业在行业内的竞争优势。企业的优势既可以来源于价值活动所涉及的市场范围的调整,也可以来源于企业间协调或合用价值链所带来的最优化效益。

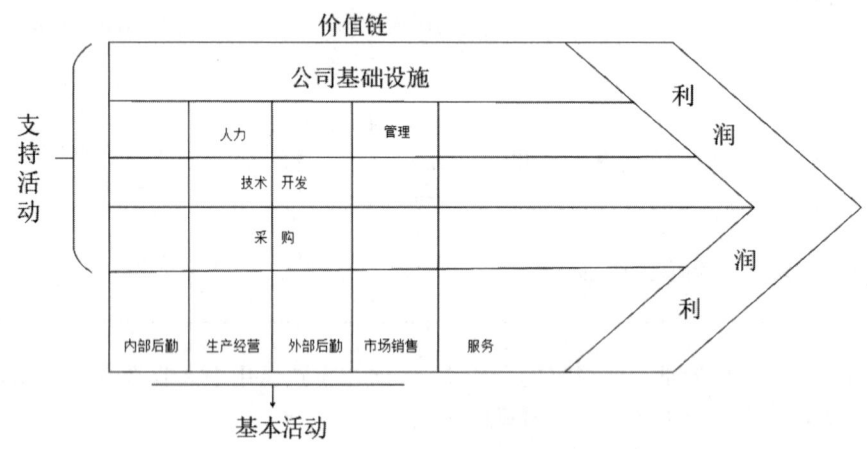

图17-4 价值链分析法

价值链列示了总价值,并且包括价值活动和利润。价值活动是企业所从事的物质上和技术上的界限分明的各项活动,这些活动是企业创造对买方有价值的产品的基石。利润是总价值与从事各种价值活动的总成本之差。

价值活动分为两大类:基本活动和支持性活动。基本活动是涉及产品的物质创造及其销售、转移买方和售后服务的各种活动。支持性活动是辅助基本活动,并通过提供采购投入、技术、人力资源以及各种公司范围的智能支持基本活动。

涉及任何产业内竞争的各种基本活动有5种类型:

- 进料后勤。与接收、存储和分配相关联的各种活动,如原材料搬运、仓储、库存控制、车辆调度和向供应商退货。
- 生产作业。与将投入转产为最终形式相关的各种活动,如机械加工、包装、组装、设备维护、检测等。
- 发货后勤。与集中、存储和将产品发送给买方有关的各种活动,如产成品库存管理、原材料搬运、送货车辆调度等。

- 销售。与提供买方购买产品的方式和引导他们进行购买相关的各种活动,如广告、促销、销售队伍、渠道建设等。
- 服务。与提供服务以增加或保持产品价值有关的各种活动,如安装、维修、培训、零部件供应等。

在任何产业内所涉及的各种支持性活动可以被分为4种基本类型:

- 采购。指购买用于企业价值链各种投入的活动,采购既包括企业生产原料的采购,也包括与支持性活动相关的购买行为,如研发设备的购买等。
- 研究与开发。每项价值活动都包含着技术成分,无论是技术诀窍、程序,还是在工艺设备中所体现出来的技术。
- 人力资源管理。包括各种涉及所有类型人员的招聘、雇佣、培训、开发和报酬等各种活动。人力资源管理不仅对基本和支持性活动起到辅助作用,而且支撑着整个价值链。
- 企业基础设施。企业基础设施支撑了企业的价值链条。

在ERP沙盘模拟实训中,各个经营团队通过对企业价值链进行分析,可以明确公司运行的哪个环节可以提高客户价值或降低生产成本,从而准确地分析价值链各个环节所增加的价值。沙盘模拟设置了5个职位:CEO、财务总监、生产总监、营销总监、采购总监。生产总监、营销总监进行的是企业生产、销售、售后服务等基本活动;CEO、财务总监、采购总监进行的是企业人事、财务、计划、研究与开发、采购等支持性活动。无论是基本活动还是支持性活动,都是企业确立最终优势的一个重要环节,各个环节之间需要密切的配合。如营销与生产之间,营销总监在参加每个经营年度的订货会的时候,必须向生产总监了解清楚这个年度的各个系列产品的产能情况,在充满变数的订货会上取得主动;在生产和采购之间,采购总监必须和生产总监进行充分的沟通,了解当年度各个季度的各个系列产品的生产情况,这样才能够去合理地进行原料采购;财务总监也需要和其他角色进行沟通,以便从容安排资金调度、合理进行筹融资;CEO则主要负责人力资源管理,确定各个角色的职能,让他们各司其职,同时配合其他职位做好市场开拓、产品研究等支持性工作。从以上分析可以看出,在ERP沙盘模拟实训过程中,价值链的思想得到较为充分的应用,各个环节协调配合,尽可能地减少无效动作,才有可能在激烈的竞争中不断地确立优势。

主要参考文献

[1]陈启申. ERP-从内部集成起步(第3版)[M]. 北京:电子工业出版社,2012.

[2]刘伯茵,周玉清,刘伯钧. MRP Ⅱ/ERP 原理与实施(第2版)[M]. 天津:天津大学出版社,2001.

[3]赛瓦软件(上海)有限公司,2BuzBox ERP 简易操作流程 V3.4.1. http://www.2BizBox ERP.cn

[4]苟娟琼,孟婕,常丹. ERP 原理与实践[M]. 北京:北京交通大学出版社,2007.

[5]佘镜怀. 企业资源规划(ERP)模拟实训教程[M]. 北京:清华大学出版社,2012.

[6]刘良惠. 企业行为模拟-沙盘推演与 ERP 应用[M]. 北京:经济科学出版社,2011.

[7]夏远强,叶剑明. 企业管理 ERP 沙盘模拟教程[M]. 北京:电子工业出版社,2007.

[8]王新玲等. ERP 沙盘模拟学习指导书[M]. 北京:电子工业出版社,2006.